三聯學術

# 巫阳招魂

亚里士多德《诗术》绎读

[增订本]

刘小枫　著

生活·讀書·新知 三联书店

Copyright © 2019 by SDX Joint Publishing Company.
All Rights Reserved.
本作品版权由生活·读书·新知三联书店所有。
未经许可，不得翻印。

**图书在版编目（CIP）数据**

巫阳招魂：亚里士多德《诗术》绎读／刘小枫著. —北京：生活·读书·新知三联书店，2019.2（2024.11重印）
ISBN 978-7-108-06426-4

Ⅰ. ①巫⋯　Ⅱ. ①刘⋯　Ⅲ. ①亚里士多德（Aristotle 前384-前322）–诗学–研究　Ⅳ. ① B502.233 ② I052

中国版本图书馆 CIP 数据核字（2018）第 274674 号

本书为国家社会科学基金重大项目"《牛津古典大辞典》中文版翻译"（项目批准号：17ZDA320）[阶段] 成果。

| | |
|---|---|
| 责任编辑 | 王晨晨 |
| 装帧设计 | 蔡立国　薛　宇 |
| 责任校对 | 龚黔兰 |
| 责任印制 | 董　欢 |
| 出版发行 | 生活·讀書·新知 三联书店 |
| | （北京市东城区美术馆东街22号 100010） |
| 网　　址 | www.sdxjpc.com |
| 经　　销 | 新华书店 |
| 印　　刷 | 河北鹏润印刷有限公司 |
| 版　　次 | 2019年2月北京第1版 |
| | 2024年11月北京第2次印刷 |
| 开　　本 | 880毫米×1092毫米　1/32　印张14.5 |
| 字　　数 | 256千字 |
| 印　　数 | 6,001-8,000 册 |
| 定　　价 | 56.00元 |

（印装查询：01064002715；邮购查询：01084010542）

垂袖腾腾傲世尘,葫芦携却数游巡。
——唐·吕岩


**献给袖手旁观者**

# 目 录

弁言 ............................................................. i
文献说明 ........................................................ v

引论：《诗术》寻找属己的读者 ................................... 1
  一　《诗术》与现代文教制度 ................................ 10
  二　《诗术》的内传 ........................................ 33
  三　《诗术》的外传与失传 .................................. 55
  四　《诗术》为何特别晦涩难解 .............................. 92

原"诗"：古希腊诗术的起源问题 ................................ 156
  一　希罗多德与诗术 ....................................... 162
  二　苏格拉底/柏拉图与诗术 ................................ 209
  三　诗术与智术 ........................................... 233

**诗术与立法术：《诗术》前五章绎读** .................... 245
 题解：何为诗术 ............................................ 245
 一 诗术与模仿 ............................................ 264
 二 模仿与行为的伦理品质 ............................ 308
 三 模仿与人性差异 ....................................... 358
 四 民主时代与诗人的品质 ............................ 382
 五 肃剧引论：城邦卫士与灵魂净化 ............... 416

**附录 "诗学"与"国学"**
   ——亚里士多德《论诗术》的译名争议 ........ 451

诗者,天地之心,君德之祖,百福之宗,万物之户也。诗者,持也,以手维持,则承负之义,谓以手承下而抱负之。在于敦厚之教,自持其心,讽刺之道,可以扶持邦家者也。

——《诗纬·含神雾》

μιμεῖσθαι δ' οὐδεὶς τῶν ἀσόφων δύναται.
没脑筋的人没谁能模仿 [我]。

——《忒奥格尼斯集》,行 370

事实上,我们所有人所说的,必定在某种意义上生成为模仿品或相似物。

—— 柏拉图《克里提阿》107b6

我们的时代肯定胜过古希腊时代的一个特点是:我们的时代更压抑,因而更深陷于绝望。

——基尔克果《或此或彼》

如果后辈要模仿前人,那么,他必须用怎样的眼力阅读啊!

——莱因哈特《〈伊利亚特〉疏证》

# 弁　言

亚里士多德的《诗术》(又译《诗学》《论诗》《创作学》)已经有不下十个中译本,有的还带颇为可观的注释,但读起来仍然费解。这一章或这一段究竟在说什么,前后章节是什么关系,甚至某些个语词究竟是什么意思,即便有了注释,仍然难以索解。古典文本不仅需要语词笺释,还需要分章析句、疏通文脉。古希腊罗马经典如此,我国古代经典同样如此。

传统的人文教学以研读原典为主,如今的大学用通史或概论乃至种种时论取代研读原典,教学质量难免下降。要改变这一状况,教书匠首先得自己研读原典。一旦意识到这一点,笔者不得不废掉自己从前所学专业知识,从头开始学习如何研读原典。

据说,亚里士多德的传世讲稿要数《诗术》最难识读。《诗术》迄今被视为文艺理论或美学专业的经典,笔者恰好靠这个专业吃饭,不得不硬着头皮面对。在艰难的阅读过程中,笔者逐渐体会到,《诗术》不是在谈文艺理论或美学问题,而是在谈治邦术——如今叫政治哲学或政治学。

麻烦来了:在文艺理论或美学专业的课堂上,要说清《诗术》为何以及如何是政治哲学或政治学,难乎其难。文学院学生或热爱文学的青年会觉得,政治哲学或政治学的事情与自己不相干。面对这样的习见,笔者常常感到束手无策。

其实,笔者念本科时也曾翻来覆去死记硬背《文学概论》或《美学概论》,否则没法报考研究生。年过半百后笔者才意识到,自己的青春被毁得很惨。想到这些,笔者再鼓起勇气,在文艺理论专业的课堂上尝试讲读《诗术》。毕竟,《诗术》通篇在谈如何作诗,而何谓"诗"以及何谓作诗,都是文学院学生或热爱文学的青年想要搞清楚的问题。

笔者试讲《诗术》首先为了弥补自己的青春时光。只要追求正确和美好的梦想永葆青春,无论多晚这种弥补都不会为时晚矣。

如今在大学教书,每年得填写"科研成果表",其中有"创新性"和"社会效益"一类栏目。笔者得承认,本稿没有一点儿"创新",也不会有任何"社会效益",不过力图依据西人笺注和义疏细嚼《诗术》。若能把古典文本复述清楚,已经很不容易,算不上"科研成果"。自己若有所得,无不归功于高明的前辈们。

本稿基于2006年春季学期（中山大学）和2010年冬季学期（中国人民大学）开设的本科生大课，属讲稿性质。给本科生讲解经典，需要深入浅出，但无论深入还是浅出，都殊为不易：进入越深，浅出越难。笔者学力不逮，力求浅入浅出，而非貌似深入深出：不求面面俱到，仅疏通脉络，初通文气，为有志深入细节者提供必要的基础。

讲稿分两部分，前半部分讲读《诗术》前五章（论诗），后半部分讲读《诗术》后十五章（论肃剧）。因编务繁重，整理讲稿进度极为缓慢。舒炜同志隔三岔五催促，让人心烦。这里先刊布已整理出来的前半部分，免得他不断唠叨。

由于属讲稿性质，加之笔者年迈，老人般的絮叨和重复在所难免，盼少壮之士多多包涵。

刘小枫  
2018年元月  
古典文明研究工作坊

# 文献说明

本稿中的《诗术》译文均出自笔者试译,文本依据卢卡斯笺注本(D. W. Lucas, *Aristotle Poetics*, Oxford: Clarendon, 1968/2002),杨柯英译笺注本(R. Janko, *Aristotle, Poetics I with the Tractatus Coislinianus, a Hypothetical Reconstruction of Poetics II, the Fragments of the On Poets*, translated with notes, Indianapolis / Cambridge, 1987),哈利维尔英译笺注本(S. Halliwell, *The Poetics of Aristotle: Translation and Commentary*, The University of North Carolina Press, 1987);伯纳德特/戴维斯英译简注本(S. Benardete / M. Davis, *Aristotle On Poetics*, 2002)。

参考译本有:罗念生中译注释本(《诗学》,北京:人民文学出版社,1982);马戈琉斯英译笺注本(D. S. Margoliouth, *The Poetics of Aristotle*, London, 1911),哈迪法译注释本(M. J. Hardy, *Aristote Poétique*, Paris, 1932/1999);葛贡德译本(O. Gigon, *Aristoteles Poetik*, Stuttgart, 1961/1981);特尔福德英译笺注本(K.

A. Telford, *Aristotle's Poetics: Translation and Analysis*, Chicago, 1961/2011); 弗尔曼德译注释本（M. Fuhrmann, *Aristoteles Poetik*, München, 1976）；马克连法译笺注本（M. Magnien, *Aristote Poétique*, Paris, 1990/2011）；瓦尔莱英译笺注本（G. Whalley, *Aristotle's Poetics: Translated and with a commentary*, McGill-Queen's University Press, 1997）；萨克斯英译简注本（Joe Sachs, *Aristotle's Poetics*, 2008）；塔兰/古塔斯笺注本（L. Tarán / D. Gutas, *Aristotle Poetics*, Leiden, 2012）。

义疏主要参考晚近半个世纪以来具有代表性的五种解读（按出版时间为序）：一，L. Golden / O. B. Hardison, *Aristotle's Poetics: A Translation and Commentary for Students of Literature*（University Press of Florida, 1968 / Second edition, 1982）；二，Stephen Halliwell, *Aristotle's Poetics*（The University of North Carolina Press, 1987 / 1998）；三，Arbogast Schmitt, *Aristoteles Poetik*（Berlin, 2008）；四，Michael Davis, *The Poetry of Philosophy: On Aristotle's Poetics*（London, 1992，戴维斯，《哲学之诗》，陈明珠译，北京：华夏出版社，2012）；五，Angela Curran, *Routledge Philosophy Guidebook to Aristotle and the Poetics*（London, 2015）。

亚里士多德其他讲稿的义疏参考：施特劳斯，《培育灵魂的技艺：亚里士多德〈尼各马可伦理学〉讲疏》

(1963，冯庆译，未刊稿)；施特劳斯，《修辞术与城邦：亚里士多德〈修辞术〉讲疏》(1964，何博超译，上海：华东师范大学出版社，2016)；施特劳斯，《古典政治哲学引论：亚里士多德〈政治学〉讲疏》(1965，娄林译，上海：华东师范大学出版社，2018)；特西托勒，《德性、修辞与政治哲学：〈尼各马可伦理学〉绎读》(1996，上海：华东师范大学出版社，2008)；戴维斯，《哲学的政治：亚里士多德〈政治学〉疏证》(1996，郭振华译，北京：华夏出版社，2012)；伯格，《亚里士多德与苏格拉底的对话：〈尼各马可伦理学〉义疏》(2008，柯小刚译，北京：华夏出版社，2011)；潘戈，《亚里士多德〈政治学〉中的教诲》(2013，李小均译，北京：华夏出版社，2017)。

其他参考文献：A. B. Neschke, *Die "Poetik" des Aristoteles*（Frankfurt am Main, 1980）; E. Belfiore, *Tragic Pleasures: Aristotle on Plot and Emotion*（Princeton University Press, 1992）; A. O. Rorty 编, *Essays on Aristotle's Poetics*（Princeton Universtiy Press, 1992）; O. Andersen / J. Haarberg 编, *Making Sense of Aristotle: Essays in Poetics*（London, 2001）; S. Halliwell, *The Aesthetics of Mimesis: Ancient Texts and Modern Problems*（Princeton University Press, 2002）; P. Murray / P. Wilson 编, *Music and the Muses*（Oxford, 2004）；刘小枫 / 陈少明编，《诗学解诂》（北京：华夏出版社，2006）。

本稿所引亚里士多德其他讲稿的中译，除《尼各马可伦理学》《政治学》《修辞学》外，均采用苗力田主编《亚里士多德全集》（北京：中国人民大学出版社，1999）。《尼各马可伦理学》《政治学》《修辞学》引文大多由笔者依据牛津希腊文本试译，《伦理学》参考 M. Ostwald 译注本（Bobbs-Merrill，1962/1999）和 J. Sachs 译注本（Focus Pulishing，2002），《政治学》参考 W. L. Newman 译注本（Oxford，1902/2000）和 J. Sachs 译注本（Focus Pulishing，2002），《修辞学》参考 G. A. Kennedy 译注本（Oxford，1991）。

本稿所引柏拉图作品的中译，采自刘小枫主编，《柏拉图全集：中短篇对话》（上、下册，北京：华夏出版社，2023），王扬译，《理想国》（北京：华夏出版社，2016），林志猛译，《法义》（未刊稿），凡有改动不一一注明。

文中引用以上文献，仅注书名和页码。若文献注不长，一律采用文中夹注，以免读者上下搜索。

# 引论：《诗术》寻找属己的读者

亚里士多德（公元前384/5—前322）出生在爱琴海北部的卡尔基迪克（Chalcidice）半岛东岸的斯塔吉拉（Stagira）镇。该镇属马其顿王国，亚里士多德的父亲（名叫Nicomachus）曾任马其顿国王阿敏塔斯（Amyntas，菲力二世的父亲，公元前393—前370在位）的御医。用今天的说法，亚里士多德出生知识人家庭。按当时的习惯，医生首先把医术传给自己的儿子，因此，亚里士多德很可能在少年时代就从父亲那里习得生理方面的知识。

17岁那年（公元前367），亚里士多德到雅典留学，进了柏拉图学园，因忒聪明而有"小驹"之称。亚里士多德进学园时，柏拉图年过六旬，已写下《普罗塔戈拉》《斐德若》《会饮》《斐多》《王制》（卷二至卷十）。这些作品关切的核心问题是如何热爱智慧，但无不与作诗相关。可以说，热爱智慧与作诗的关系问题，在亚里士多德的启蒙教育中已经播下了种子。

亚里士多德在柏拉图学园一待二十年，37岁时（公元前347），柏拉图去世，他的外甥斯培西珀斯（Speusippos，公元前395—前339）接掌学园。也许由于与学园的新掌门人在学问上谈不拢，亚里士多德离开雅典，东渡爱琴海去了小亚细亚西北岸的小城国阿塔尔纽斯（Atarneus），他早年的学园同学赫耳迈阿斯（Hermeias）已在那里当王多年。

亚里士多德在阿塔尔纽斯城国首府阿斯索斯（Assos）办了一所学园，但三年后他又不得不离开。原来，老同学赫耳迈阿斯先前借助波斯人的势力才当上王——史称僭主，并对波斯国纳贡称臣。马其顿崛起后，他又与马其顿暗通款曲，打算脱离波斯国控制。亚里士多德在阿斯索斯安顿下来不久，赫耳迈阿斯暗通马其顿事败，被波斯人处死，亚里士多德也因此被逐出阿斯索斯。

亚里士多德流落到勒斯波斯岛（Lesbos）首府米提勒涅（Mytilene）城，在那里待了两年，然后回到家乡斯塔吉拉镇，娶了跟他一路流落的赫耳迈阿斯的侄女皮悌阿斯（Pythias）为妻，生下一女。大约40岁时（公元前343），亚里士多德应马其顿国王菲力二世之邀，做时年13岁的太子亚历山大的老师。在马其顿宫廷侍奉王子的八年里，亚里士多德目睹了马其顿在菲力二世领导下迅速崛起。

亚里士多德用什么知识教王子，今人非常感兴趣却不得而知。从亚历山大熟悉荷马诗作以及后来与亚里士多德的外甥、纪事作家卡利斯忒涅（Callisthenes of Olyntus，公元前360—前328）关系紧密来看，亚里士多德少不了带王子阅读古诗和纪事作品（如今称"史书"）。用今天的话来说，亚里士多德用实践知识教王子，这类知识主要来自如今所谓的文学经典。据说，受亚里士多德影响，亚历山大也酷爱医学和自然科学，八成是后人编的"八卦"。[1]

公元前336年，菲力二世被刺身亡，年仅20岁的亚历山大继位。次年，亚里士多德回到雅典，创办吕凯宫（Lyceum）学园，从事教学直到亚历山大去世，历时长达十一年（史称"第二次留居雅典时期"）。

这时的雅典已经不再是如今所谓有独立主权的政治单位，而是属于马其顿王国领导的泛希腊同盟成员之一。在这十一年里，亚历山大承继父志，挥军横扫东地中海周边陆地，夺取受波斯帝国控制的叙利亚、腓尼基、埃及，然后东征波斯本土，进兵中亚腹地再南下印度，打造出实现希腊化帝国梦想的天下大势。

天公不作美，公元前323年，亚历山大远征印度归来不久，在他选定的帝国首都巴比伦城暴病而卒，年仅33岁。消息传来，雅典城一片欢腾，反马其顿情绪高涨，

---

[1] 关于亚里士多德生平的最早记叙，见拉尔修，《名哲言行录》，徐开来、溥林译，桂林：广西师范大学出版社，2010，页419—447。

政治家德摩斯特涅一向反对泛希腊城邦统一，他兴奋得盛装出席公民大会。雅典随即出现脱离马其顿主导的泛希腊同盟的分离动荡，亚里士多德被控渎神罪，其实不过因为他的祖籍是马其顿。

亚里士多德见势不妙，不等开庭审判，赶紧出走欧博厄阿岛（Euboea），那是他母亲的家乡，据说有祖传的地产。不到一年，亚里士多德即病逝。[1]

在雅典授学期间，亚里士多德的妻子皮俤阿斯病逝，他续弦娶了一位从老家斯塔吉拉镇来雅典打工的女孩赫耳琵尔丽斯（Herpyllis），两人生有一子，但儿子长大后年纪轻轻就死于战乱。

总起来看，亚里士多德一生不算太坎坷，但也经历过兵荒马乱，目睹过泛希腊城邦的分分合合。亚里士多德度过的学和教的一生，大致与我国战国中晚期同时：与慎到同年出生，年长孟子 12 岁。意识到这一点，我们就不会认为，对真正的热爱智慧者来说，我们所经历的时代有什么特别，即便有了手机和电脑。

亚里士多德从事教学，并非始于离开柏拉图学园之后。按学园规矩，资深学员也可以讲学，相当于如今的讲师或副教授。在柏拉图学园时期，亚里士多德不仅授

---

[1] 亚里士多德的生平，参见靳希平，《亚里士多德传》，石家庄：河北人民出版社，1996，页 2—18。

学，也发表作品。因此，亚里士多德的学述有公开发表的作品和学园内部授课"讲稿"（τὰ ἀκροαματικὰ）之分。《诗术》第15章结尾时有这么一句："在已发表的论述中，对此已说得足够多了。"（1454b17）据今人考订，这里提到的"已发表的论述"，很可能指亚里士多德的《论诗人》。可见，就同一个论题，亚里士多德很可能有两种不同讲法。

古代晚期的辛普利丘（Simplicius of Cilicia，公元490—560）是柏拉图学园派的最后一代掌门人，他注疏亚里士多德也成就斐然。讲解《物理学》（*Physica Auscultatio*）时，辛普利丘一开始就说：

> （亚里士多德）的著作（τῶν συγγραμμάτων）分两类，一类是对外的，这些著作是纪事和对话，精确性不高，属于一般作品；另一类是讲稿，包括此著；在这些讲稿中，［亚里士多德］故意行文晦涩，以此排除门外人，好让这些著作显得对他们而言从没写过。[1]

---

[1] Simplicius, *In Aristotelis Physicorum Libros Quattuor Priores*, H. Diels 编，Berlin, 1882, 页8。比较 P. M. Huby / C. C. W. Taylor 编译, *Simplicius: On Aristotle, Physics 1.3–4*, London: Duckworth, 2011。关于辛普利丘的注疏学，参见 Han Baltussen, *Philosophy and Exegesis in Simplicius: The Methodology of a Commentator*, London: Duckworth, 2008。

按照这种说法,所谓"对外的"著作相当于如今的通俗作品,而所谓内传讲稿(τὰ ἐξωτερικά)则针对圈内人,比较艰涩,《诗术》属于这一类。

亚里士多德的对外作品分为两类,一类是纪事作品(τὰ ἱστορικά),一类是对话体作品(τὰ διαλογικά),基本上没有流传下来,如今能够看到的完整的纪事作品据说唯有《雅典政体》。[1] 这部通俗性的雅典城邦简史属于所谓纪事书,但也有人认为是后人的托名伪作。

亚里士多德的对外作品没流传下来,据说因为他当时还没名气。古罗马共和国晚期的哲人—政治家西塞罗(公元前106—前43)也是学富五车的文史家,他早年曾留学雅典,并在后来的著述中盛赞亚里士多德的"外传"作品 flumen orationis aureum[金玉良言,字字珠玑]。但他是否真读到过这类作品,迄今仍是无头公案。[2] 在西塞罗传世的对话体作品中,他本人往往充当主要发言人。施特劳斯据此推测,西塞罗的对话作品很可能以亚里士多德的同类作品为楷模,因为柏拉图从未出现在自己所写的对话作品中,而色诺芬虽然出现在自己所写的对话中,

---

[1] 亚里士多德,《雅典政制》,冯金朋译疏,长春:吉林出版集团,2016。
[2] 参见 W. W. Fortenbaugh / P. Steinmetz 编,*Cicero's Knowledge of the Peripatos*,New Brunswick,1989。

却从来不是主要发言人。[1]

亚里士多德的内传讲稿大多流传下来，有的显得完整，如著名的《政治学》和《尼各马可伦理学》（以下简称《伦理学》），有的则像授课提纲（如《形而上学》中的某些章节），有的还显得残缺不全。[2]

柏拉图仅有公开作品传世，没听说过有内部讲稿，至多据说有什么"未成文学说"，即仅仅对内口传的学说。即便据说柏拉图讲课习惯于边走边谈，但是否真有柏拉图的"未成文学说"迄今仍有争议。[3]苏格拉底之死对柏拉图一生影响实在太大，他发表的公开作品从不以自己的名义说话，内部授课也不留下文字，免得被天性劣质的读书人逮着把柄，完全可以理解。

亚里士多德进柏拉图学园时，苏格拉底已经离世三十

---

[1] 施特劳斯，《西塞罗的政治哲学》，于璐译，上海：华东师范大学出版社，2018，页8。西塞罗未必亲自读到过亚里士多德的对话作品，但他的确凭靠亚里士多德后学的传闻模仿这类作品。William W. Fortenbaugh, "Cicero as a Reporter of Aristotelian and Theophrastean Rhetorical Doctrine"，见氏著，*Aristotle's Practical Side: On His Psychology, Ethics, Politics and Rhetoric*, Leiden: Brill, 2006, 页440。

[2] 关于亚里士多德的传世讲稿，参见伯内斯，《亚里士多德》（余继元译，北京：中国社会科学出版社，1989）；罗斯，《亚里士多德》（王路译，北京：商务印书馆，1997；罗斯对《诗术》的描述，几乎完全依据R. P. Hadis的《古希腊哲学史》）。

[3] 费勃，《哲人的无知：何以柏拉图未写下"未成文学说"》，王师译，北京：华夏出版社，2010。

年，对苏格拉底之死未必有柏拉图那样刻骨铭心的感受。但是，老师的作品几乎无不围绕苏格拉底问题，[1]亚里士多德耳濡目染，不可能不受影响。亚里士多德在柏拉图学园当教授时的讲稿和公开作品，多少与苏格拉底问题有关。

从马其顿宫廷回来之后，亚里士多德自己办学，不再围绕苏格拉底问题授学，尽管在其讲稿中仍不时可以见到苏格拉底的身影。亚里士多德在何种程度上以及如何偏离自己的老师，也成了传世不衰的哲学公案。[2]

亚里士多德在菲力二世的宫廷和雅典授学，虽然与马其顿王国崛起的岁月同时，但他对菲力二世统一泛希腊城邦似乎不感兴趣。亚历山大征服亚洲之举，据说甚至让他感到有些焦虑。[3]亚里士多德曾致信亚历山大明确表示，反对建立将东方的波斯人融入希腊的大帝国。

今存亚里士多德全集中，有一篇题为"亚里士多德致亚历山大关于修辞术的信"，已被判为后人的托名伪作。[4] 19世纪末（1891），有位古典学家在土耳其发现了

---

[1] 朗佩特，《哲学如何成为苏格拉底式的》，戚仁译，北京：华夏出版社，2010。
[2] 克莱因，《亚里士多德导论》，《克莱因文集》，张卜天译，长沙：湖南科技出版社，2015，页80。
[3] 沃格林，《柏拉图与亚里士多德》，刘曙辉译，南京：译林出版社，2014，页316。
[4] 《亚历山大修辞学》，见苗力田主编，《亚里士多德全集》，卷九，页553—638。

拜占庭宫廷收藏的亚里士多德致菲力二世和亚历山大的若干书简，由中古阿拉伯学者辑录，而且译成了阿拉伯文。如果设想中古阿拉伯学人没必要伪造这些书简，那么至多可以推想，很可能是希腊化时期的希腊学人伪造了这些书简。书简中有个段落谈及"世界城邦"，古典学家对勘亚里士多德的传世讲稿后得出结论，这个段落很可能确实出自亚里士多德本人。[1]

中古中期的阿拉伯学人和中古晚期的拉丁基督教学人皓首穷经研读并疏解亚里士多德讲稿，为近代欧洲学术的兴起奠定了基础。近代欧洲学人即便反对亚里士多德，也得采用他的学问样式和语汇。克莱因的如下说法毫不夸张：

> 在所有现存的科学和哲学术语当中，大约有四分之三，要么由亚里士多德的拉丁化词汇所决定，要么可以追溯到它们。[2]

如今的论说文及其逻辑推论的学问样式，从形式上讲来自亚里士多德，尽管这并非亚里士多德的发明，而是智术师的首创。

---

[1] Samuel Stern, *Aristotle on the World-State*, Oxford, 1970, 页1-24, 35-66.
[2] 克莱因，《亚里士多德导论》，前揭，页80。

随着欧洲哲学进入中国,亚里士多德学述也形塑了中国现代学术的样式和语汇。不过,《诗术》会让我们对亚里士多德的既有认识面临挑战——西方学人同样如此。因为,这部论说式讲稿似乎并非在论说,倒像在以作诗方式论述何谓诗及如何作诗。倘若如此,我们就面临这样一个问题:以作诗方式论述诗及如何作诗,意味着什么?

## 一 《诗术》与现代文教制度

亚里士多德何时讲授的"诗术"课程,今已无从查考(一说在公元前335年之前,一说在柏拉图去世那年,甚至更早)。可以确定的是,在亚里士多德的时代,雅典戏剧的繁荣已成明日黄花。

政治思想史家沃格林(1901—1985)说,《诗术》的诞生标志着"肃剧彻底瓦解",因为,在亚里士多德笔下,肃剧被肢解为一系列写作技艺,"成了一种文学类型"的典范,似乎谁能掌握肃剧谁就"能理解其他一切文学形式"。[1] 沃格林没有想一想,既然雅典戏剧已经衰落,亚里士多德讲授戏剧写作技艺干什么呢?难道他真的像我们今人以为的那样,企望总结雅典人的文艺经验,由此建立一套关于文艺创作或文艺批评的理论?

---

[1] 沃格林,《城邦的世界》,陈周旺译,南京:译林出版社,2009,页328。

现代文史家通常会这么认为，于是我们听说，亚里士多德的这部传世讲稿在西方文论典籍中具有无可争议的显要地位。

### 《诗术》是文艺理论或美学经典？

经典作品理应对教育具有指导意义和规范作用，但《诗术》的所谓显要地位仅仅看似如此。在如今的大学中，人文学科并没有"诗学"科目。大学有文学系，并没有"诗学系"，但"文学"等于"诗"或"文艺学"等于"诗学"吗？未必。作为一级学科"语言文学"属内的二级学科"文艺理论"，或属于哲学二级学科的"美学"，等于"诗学"吗？肯定不是。如果亚里士多德的"诗术"观对现代大学文教的开科设教并不具有规定性，那么，要说《诗术》有什么"显要"地位无异于学术神话。

其实，在西方古代的文教制度中，也没有"诗学"这个科目。古希腊人的确有诗教，但不能说诗教是"诗学"。古希腊的"高等"教育要么是哲学，要么是修辞学。在雅典民主政体时期，还出现过哲学与修辞学争夺教育领导权的著名争议。[1]

到了古罗马时代，教育的主体是修辞学而非哲学。

---

[1] 马鲁，《教育与修辞》，见芬利主编，《希腊的遗产》，张强等译，上海：上海人民出版社，2004，页204—219。

无论哲学还是修辞学，都会涉及对古传诗作的理解或解释，但无论在古希腊还是古罗马的教育中，都没有独立的"诗学"门类。希腊化时期的亚历山大里亚城出现了专门研究古传诗作的专家，他们被称为"语文学家"，而非"诗学家"。

在拉丁基督教中世纪晚期，"诗学"仍然是语法学、修辞学、逻辑学和艺学四科（算术、几何学、音乐和天文学）的辅助学科，依所附属的学科而有不同的批评模式。即便自近代以来，《诗术》也没有像亚里士多德的《政治学》或《伦理学》那样，成为现代西方文教制度中的一门独立学科的典范。现代文教中有一个名之为"文学批评"的专业门类，有的时候，文学批评显得与文学研究有所不同：文学批评指对同时代文学作品的品评，文学研究则指对文学写作的理论性探讨。但在更多时候，文学批评与文学研究很难区分。古代文学研究也可以被称为文学评论；反过来说，研究文学史实际上也是在做文学批评。

现代文教中的文艺批评实际包含文学史、文学理论以及对具体文学作品的分析，这门学科何时、为何以及如何获得独立地位，的确是个值得考究的思想史问题。一旦关注这个问题，人们就会发现，它恰好与亚里士多德《诗术》的历史命运相关。毕竟，16世纪的法国著名人文学者卡洛·斯特芳（Carolus Stephanus，1504—1564）编的《诗学历史辞典》（*Dictionarium historicum ad poeticum*，

1553），史称法国的第一部百科全书。

《诗术》讨论了古希腊的三种诗作类型（叙事诗、肃剧诗、谐剧诗），现代西方学人往往把亚里士多德视为西方文学批评的始祖，其实是误会。"批评"这一观念是文艺复兴时期的产物，包含对古代和当代诗作的研究或评论。但在古代，这类"批评"或"评论"并非呈现为一种独立的文类形态。比如，柏拉图的《伊翁》或《斐德若》或《普罗塔戈拉》或《会饮》乃至《王制》（又译《理想国》）中有大量这样的"文学评论"，我们不能说，柏拉图的这些对话作品是"文学批评"经典。

现代的"批评"观念其实来自近代的所谓"考据"，首先是《圣经》考据，亚里士多德的"诗术"并非这类"考据"。[1]古希腊早就有对古传诗作或当代诗作的解释，但与现代人所理解的文学"批评"不是一回事。正如西方很早就有《圣经》解释，但与近代才有的《圣经》考据［批评］不是一回事。

因此，用现代的文学批评观念来衡量，今人难免理所当然地认为，亚里士多德的《诗术》够不上文学批评的档次。据说，《诗术》没有重视文学批评或文学研究应

---

[1] 比较 Klaus Scholder, *The Birth of Modern Critical Theology: Origins and Problems of Biblical Criticism in the Seventeenth Century*, trans. John Bowden, London & Philadelphia, 1966/1990。

该重视的东西,比如,命运或诸神对肃剧结局的重要作用,似乎现代文学批评比亚里士多德更看重命运或诸神的作用。同样,若用现代的文学理论观念来衡量,今天的文学研究者也得说,《诗术》还够不上文学理论的档次。据说,《诗术》"没有提及希腊悲剧的起源和发展的宗教背景,也忽略了悲剧的存在、兴盛和趋于衰落的社会原因"。何况,《诗术》"不是一篇完整的、经过作者认真整理润色的、面向公众的著作",其中的术语"有的模棱两可,个别概念缺少必要的界定。文章的布局有些凌乱,某些部分的衔接显得比较突兀",等等。[1] 既然如此,我们断乎不能说,《诗术》对如今的文学研究或文学批评有什么典范意义。

如今大学文科中还有庞大的美学专业,甚至有全球性的美学学会和各国分会,《诗术》对现代的美学是否有典范意义呢?

《诗术》开篇第一句就出现"美"这个语词,但亚里士多德并没有谈论什么"美学"问题。如伽达默尔所说,美学是现代学术的产物,其奠基者是康德。在西方学界晚近出版的哲学史"权威"教科书中,甚至亚里士多德专家也承认,"如果按照我们现在对美学这一领域的理

---

[1] 参见亚里士多德,《诗学》,陈中梅译注,北京:商务印书馆,1996/1999,"引言",页7—8。

解,那么,亚里士多德的任何一本著作好像都没有专门涉及这一题材。"[1]施特劳斯也告诉我们:

> 根据现今的大学课程表,或根据19、20世纪构建的哲学系统的目录页,就可以轻松地编出一份当今认可的哲学科目清单。请将这份清单与比如说法拉比或阿维森纳的哲学科目划分做一个比较。这些差别如此巨大,如此鲜明得骇人,以致连最短视之人也不会忽视;这些差别又是如此富有刺激性,以致连最懒惰的研习者也会被迫对其做一番思考。
>
> 举例来说,人们一眼就可以看到,中古并不存在如美学或历史哲学这样的哲学科目,从而立马产生一种不容置喙且绝对正当的对诸多现代学者的不信任,这些学者连篇累牍地讲论中古美学或者中古历史哲学。
>
> 于是,人们有兴趣询问:"美学"和"历史哲学"这些术语到底从什么时候开始冒出来?当得知了它们的出现始于18世纪,人们便开始反思它们的出现所隐含的条件——这样,人们便已经步入正轨了。[2]

---

[1] 福莱主编,《从亚里士多德到奥古斯丁》,冯俊等译,北京:中国人民大学出版社,2004,页90。

[2] 施特劳斯,《如何着手研究中世纪哲学》,见氏著,《古典政治理性主义的重生》,潘戈编,郭振华等译,叶然校,北京:华夏出版社,2017(重订本),页287。

问题是，如今谁会有兴趣去"比较"现代与古代的学科差异？我们虽然不是"最短视之人"，也绝非"最懒惰的研习者"，但我们断乎不会产生对现代学术的不信任。

18世纪中期，"美学"和"历史哲学"几乎同时成为显学绝非偶然，两者均为此前两百年欧洲学术变迁的结果，而总结这一结果的则是19世纪初的黑格尔。我们应该注意到，普鲁士王国的大哲人黑格尔在47岁那年开设美学大课，从1817年至1829年共讲了五个学期。几乎与此同时，他也开设了法权哲学和历史哲学大课。开设"法权哲学"大课是在1818—1819年冬季学期，随后出版的讲稿《法哲学原理》（1821）在授课时已作为讲义印发给学生。[1] 黑格尔开设"世界历史哲学"大课共五次，第一次在1822—1823年冬季学期，最后一次在1830—1831年冬季学期，历时近十年，与开设"美学"大课几乎并行。

黑格尔身前仅出版了"法权哲学"大课讲稿，因为，早在开设这门大课十多年前，他就已经在讲授这门课程的实际内容，即批判英格兰哲人提出的市民社会式的国家构想。可以说，无论黑格尔的"美学"还是"历史哲学"，都与他对现代式国家构想的批判有关。至于英格兰哲人的市民式国家哲学为何会引出"美学"问题，翻阅

---

[1] 黑格尔，《法哲学原理》，邓安庆译，北京：人民出版社，2016，"译者序"，页2—4。

一下沙夫茨伯里伯爵三世（3rd Earl of Shaftesbury，1671—1713）在1711年匿名出版的《人、道德风尚、意见及时代之品格》（*Characteristics of Men，Manners，Opinions，Times*）也就清楚了。[1]

那么，美学与历史哲学有何内在关联，两者与市民国家批判又有何关系？

黑格尔去世后，其后学依据学生的听课笔记将"美学"大课的讲稿整理成《美学》出版（1835）。[2] 此前和之后，德意志学界撰写美学论著的学人代不乏人，但就系统性和理论深度而言，黑格尔的美学讲稿无人能及。一百年后，德国大哲海德格尔尖锐抨击美学，矛头直指黑格尔而非康德。可见，美学专业的真正奠基人是黑格尔。

黑格尔的美学与亚里士多德的《诗术》毫无关系：何谓"美"的问题明显与何谓"诗"的问题是两码子事。在美学讲稿中，如何"作诗"的问题变成了如何呈现"美"。在"浪漫型艺术"这个分类题目下，黑格尔才系统论述"诗"。[3] 沃格林显然搞错了：严格来讲，是黑格尔而非亚

---

[1] 沙夫茨伯里，《人、风俗、意见与时代之特征》，李斯译，武汉：武汉大学出版社，2010。

[2] 黑格尔，《美学》，三卷本，朱光潜译，北京：商务印书馆，1979—1981。

[3] 黑格尔，《美学》，前揭，第三卷，下册；比较黑格尔，《悲剧、喜剧和正剧的原则》，见刘小枫编，《德语美学文选》，上海：华东师范大学出版社，2007，上卷，页115—130。

里士多德,才把"诗"变成了一种文学类型。在《美学》中,《诗术》中的"作诗"问题压根儿就不见了。

海德格尔算得上现代的亚里士多德专家,晚近半个多世纪以来,他对亚里士多德哲学的现象学解释影响极大。[1]在尖锐抨击现代美学的同时,海德格尔解释过好些古希腊诗人和现代诗人的作品,似乎要回到亚里士多德的"诗术"。其实,就背弃亚里士多德的"诗术"而言,海德格尔的现象学式的诗说比黑格尔的美学更为决绝和彻底。

尽管如此,与亚里士多德一样,无论黑格尔还是海德格尔,都不是如今意义上的文艺理论家,而是哲学大家。黑格尔的美学也好,海德格尔的诗说也罢,既非文学批评亦非文艺理论。由此我们值得意识到:哲人如何理解诗和作诗,无论对西方思想史还是中国思想史而言,都是应该搞清楚的大问题。从这一问题意识出发,我们才有可能触及亚里士多德《诗术》的典范问题的要害。

### 诗学与哲学品质的古今之辨

尽管海德格尔尖锐抨击美学学科,这个专业在现代文教中的地位并未受到丝毫动摇。在海德格尔启发下,伽达默尔的《真理与方法》甚至成了近半个世纪以来据

---

[1] 参见拙著,《海德格尔与中国》,上海:华东师范大学出版社,2017,页143—197。

说最有影响的美学要著。

其实,《真理与方法》并非美学专著,而是力图推进海德格尔所开拓的解释学路向的哲学专著。如伽达默尔自己所说:他论及艺术理论或美学问题不过是为其哲学解释学铺路。伽达默尔自信地以为,他的《真理与方法》超越了海德格尔的《存在与时间》。因此,我们有必要关注这样一个问题:诗学与理解何谓哲学究竟有什么关系?

施特劳斯读过《真理与方法》后给伽达默尔写了封信,非常坦率地批评自己的老朋友:

> 您的著作包含了一种艺术哲学,但是,除了拒斥黑格尔的(以及柏拉图与亚里士多德的)那种认为哲学理解优越于艺术理解的观点,哲学与艺术关系的论题并没有得到处理。我不知道,这是否由于不充分的"历史的"反思所致。[1]

施特劳斯所说的"艺术",相当于亚里士多德所说的"诗"。在《诗术》中,亚里士多德不仅论及音乐,也涉及绘画和雕塑。哲学与诗的关系论题,就是哲学理解与

---

[1] 施特劳斯,《回归古典政治哲学》,迈尔夫妇编,朱雁冰、何鸿藻译,北京:华夏出版社,2017(重订本),页408(以下简称《回归》,并随文注页码)。

诗的理解何者更高的问题。

施特劳斯继续写道:

> 如果艺术的概念已经成问题,如果因此而预示了[应该]重新赢回某种丢失的东西,我的推论毋宁是,我们必须以回复到[艺术]那个概念或产生那个概念的意识后面来开始。这样我们将会被带回到这一观点,我们称作艺术的东西原本被理解作 sophia[智慧]。
>
> 在这一阶段,"艺术就是知识"得到承认。但是,什么样的知识呢?显然不是哲学的知识。随着哲学的出现,哲学与诗的张力也出现了,它对哲学与诗都是一种本质性的张力,正如哲人们必然知道、诗人们或许知道的那样。(同上)

施特劳斯提醒伽达默尔,他压根儿遗忘了古老的诗与哲学之争。在施特劳斯看来,这种遗忘绝非无关紧要的事情,因为这关系到对何谓热爱智慧[哲学]的理解。沿着德意志古典哲学的发展轨迹,哲学最终显得成了美学,海德格尔尖锐地攻击美学,也不过是为了让哲学"必须在存在之谜上去作诗"。[1] 无论哪种情形,哲学与诗

---

[1] 海德格尔,《林中路》,孙周兴译,北京:商务印书馆,1997,页383。

的张力都彻底消失了。

施特劳斯对伽达默尔说,要重新获得对源初的热爱智慧[哲学]的理解,就必须致力于重新理解古老的哲学与诗的张力:

> 为理解这张力,必须倾听来自两方面的声音(参《王制》卷十论哲学与诗之争)。关于诗对抗哲学之事件最伟大的文献是阿里斯托芬的《云》。这一经典文献是一出谐剧而非肃剧,这并非偶然。不管怎样,在研究《云》(以及阿里斯托芬的其他谐剧)时,我学到了某些在任何现代人那里都学不到的东西:对阿里斯托芬谐剧最深刻的现代解释(黑格尔的)远不及柏拉图在《会饮》中对阿里斯托芬所做的阿里斯托芬式的呈现。(海德格尔对谐剧保持沉默。至于尼采,请参《快乐的科学》,格言1)一句话,我相信,现代艺术哲学即便摆脱了美学的偏见,其基础也太狭小了。(同上,页408—409)

阿里斯托芬的谐剧《云》从诗人的立场出发并以诗的方式向热爱智慧[哲学]的生活方式发出挑战,苏格拉底的学生柏拉图在《会饮》中以其人之道还治其人之身,即以拟谐剧的方式或作诗的方式回击阿里斯托芬。作为柏拉图的学生,亚里士多德当然熟悉这一历史的哲学事件，尽管阿里斯托芬离世时（公元前380）他才四岁。

施特劳斯没有提到亚里士多德的《诗术》，他为何对此保持沉默？毕竟，接下来"关于诗对抗哲学之事件最伟大的文献"，恐怕非亚里士多德的《诗术》莫属。难道不可以设想，《诗术》是在以拟肃剧的方式回击阿里斯托芬？

响鼓不用重锤，施特劳斯写在括弧里的话提到尼采《快乐的科学》的开篇格言，已经暗示了尼采与亚里士多德的《诗术》之间的关系。尼采在这段格言结尾时说：

> 以此次附录于本书的若干诗作为例，作者以无可原谅的方式嘲弄所有诗人，可是，我这个复活的人发泄恶意的对象，绝不仅仅是诗人及其优美的"抒怀式情感"。谁又知道，他究竟要为自己寻觅什么样的祭品呢？那些诙谐诗作素材里究竟是何猛兽，一下子就把他刺激起来了呢？是"开始了的肃剧"啊，这部疑书又不是疑书在结尾时这样回答。当心啊，有害的、凶恶至极的东西——"开始了的讽刺模仿"——宣告将要来临。这毫无疑问……[1]

尼采极为夸张地要以作诗方式"嘲弄所有诗人"，他把这种方式称为"讽刺模仿"，即阿里斯托芬式的谐剧模

---

[1] 尼采，《快乐的科学》，黄明嘉译，上海：华东师范大学出版社，2007，页34。

仿，但这种谐剧式模仿仅仅是一部真正的肃剧开始之前的序曲。从亚里士多德《诗术》的文本结构来看，尼采的说法是否来自《诗术》的启发？

还应该注意到，在提到尼采之前，施特劳斯说"海德格尔对谐剧保持沉默"。显然，施特劳斯提请伽达默尔思考这样一个问题：作为哲人的尼采为何在看待诗的问题上与海德格尔有如此差别？对我们来说，搞清这个问题对理解《诗术》极为重要。

施特劳斯接下来谈到，伦理相对主义在20世纪已经泛滥成灾。所谓伦理相对主义指抹去人性品质的好坏、优劣、高低之分，我们都知道，尼采对此深恶痛绝，发誓要与抹去这种区分的歪风邪气血战到底。

伦理上的相对主义来自哲学上的相对主义，施特劳斯在信中紧接着就对伽达默尔说：

> "相对主义"一词表示了您所讨论的最广泛的问题。您认为"所有人类价值"的相对性、所有世界观的相对性乃理所当然。您认识到，这一"相对主义的"论题本身注定是"绝对和无条件为真的"。(《回归》，页409)

作为一种哲学的解释学，竟然是在致力于论证"相对主义"，而热爱智慧［哲学］的生活本来是靠追求普遍

的确定性才获得自己的正当性。用苏格拉底的说法,"以正确的方式热爱智慧"所面临的最大威胁是相对主义,因为有人主张:

> 绝对既没有健全的东西也没有牢靠的东西,万事万物简直就像欧里珀斯水流那样,一上一下翻转,无一刻不变动不居。(柏拉图,《斐多》,90b4–d7)

吊诡的是,持有这种观点的人自认为"自己成了最智慧的人",即最聪明的哲人。显然,要成为这样的哲人并不容易,同样需要经历艰难的智性思考。

> 普遍解释学或解释学本体论所属于的历史处境,并非一个与其他处境一样的处境;它是"绝对的时刻"——与黑格尔的体系之属于在历史进程中的绝对时刻相类似。我说的是类似而不是相同。
> 我则想提到一种消极的绝对处境:从存在之遗忘状态中的觉醒,属于所有存在者的震颤,而一个人所醒悟到的东西并非以一种体系形式所表现的最终真理,而毋宁是一个永不会得到完全回答的问题——一个必定作为最终层面的探问与思想的层面。(《回归》,页409)

这段话不仅一针见血地点出了解释学哲学的历史主义品质，而且深刻地揭示了解释学哲学何以必然导致相对主义的哲学理据："属于所有存在者的震颤"（Erschütterung alles Seienden）抹去了人的德性差异，因为，"震颤"属于每个存在者在历史中的"绝对时刻"。换言之，解释学哲学恰恰体现了现代美学与历史哲学的内在关联。施特劳斯紧接着写道：

> 请让我从这里出发来看一下"所有人类价值的相对性"。如您所说，实存（existence）本身即在理解（verstehend）；这一理解当然"也"是对 to kalon kai to dikaion［美与正义］的理解，因此它本质上"做着价值评估"。这意味着，存在必然是在一种特定的道德风尚中，或通过这道德风尚而存在，这种存在不是作为纯然强加的、而是作为被理解且明见的东西而具有约束性；这特定的道德风尚的明见性正是对世界之特定理解的明见性的基本特征。而这便意味着，对于存在来说，相对主义问题从来不曾出现过。那么，解释学本体论（或不论怎么称呼它）便在这样的意义上本身是历史的：它根植于一种特定的"历史世界"，从而根植于一种必定带有解释学本体论之终极特征的特定风尚与德性之中。（同上，页 409—410）

"理解"固然是属人的本质性［实存性］活动，但即便从日常经验来看，人的"理解"活动也有伦理性情上的差异。首先，世人的"理解"所关切的对象依各自的天性而有差异：并非每个人都对理解美和正义有兴趣，也并非每个人都对理解权利或财富有兴趣。其次，即便所关切的"理解"对象相同，每个人的理解也明显不同：无论理解美和正义还是权利或财富，世人的理解都因自然德性上的差异而明显不同，以至于难免产生分歧。

在古代文明政治体中可以看到，礼法对世人的在世理解所做出的规定乃是共同体形成道德秩序的基础。这意味着，无论"理解"的对象还是对同一对象的理解本身，都有优劣、高低、先后之分。然而，对于启蒙智识人来说，这类道德规定是"纯然强加"给每个人的。解释学哲学把"理解"还原为人的基本生存行为，或者说寻求所谓"本真的"理解，把"理解"视为人的生存在世的"在"本身，意味着视传统礼法为无物，"理解"的德性差异因此被取消了。

所以，施特劳斯说，解释学本体论看似很哲学，其实是某种"特定的道德风尚"的产物。换言之，把"理解"还原为人的所谓"本真"的生存行为，在伽达默尔看来是一种哲学真理的发现，在施特劳斯看来则不过是一种特定的历史的"道德风尚"的表达，因为"它根植于一种特定的'历史世界'"。

倘若如此我们就值得问：什么样的"历史世界"或何种"特定的道德风尚"？

我们知道，"道德风尚"（Sitte / Sittlichkeit）这个语词在黑格尔的《法哲学原理》中是个关键词。我们也知道，并非黑格尔的枯涩思辨，而是比他早差不多一个世纪的沙夫茨伯里的华彩文章，让这个语词成了时代的重点语词。在整个18世纪的欧洲，《人、道德风尚、意见及时代之品格》的影响都相当大，对德意志思想界的影响尤为显著而且持久。[1]因此我们应该问：沙夫茨伯里为何在当时会有如此大的影响？答案很简单：他扭转了霍布斯以及他自己少年时代的老师洛克的智识关注对象，即不是关注人性的自我保存欲望或拥有私人财富的权利，而是关注人性的各种类似于本能的道德情感。

沙夫茨伯里在1709年匿名发表的《共通感：论机趣和幽默的自由》（*Sensus Communis, an Essay on the Freedom of Wit and Humour*）和《道德论者：哲学狂想曲》（*The Moralists, a Philosophical Rhapsody*）两文最重要，其中大量谈到"美"和"诗的艺术"以及所谓审美情感之类的问题，均收入文集《人、道德风尚、意见及时代之

---

[1] Gustav Zart, *Einfluss der englischen Philosophen seit Bacon auf die deutsche Philosophie des 18ten Jahrhunderts*, Berlin, 1881, 15-17, 94-127, 140-156, 198-235. 比较 Christian Friedrich Weiser, *Shaftesbury und das deutsche Geistesleben*, Leipzig, 1916/ Darmstadt, 1969。

品格》。[1]

我们知道,"共通感"是后来康德在《判断力批判》中深究的重要论题之一。笔者在20世纪80年代初学习美学的时候就碰到这个论题,但一直没有明白,"共通感"成为一个话题意味着什么。二十多年后,笔者才渐渐明白,"共通感"成为重要论题,乃因为它涉及"自然状态"论出场之后对人性的重新理解。在沙夫茨伯里看来,霍布斯和洛克对于人性的看法是错的,因为人性既非计算式的理性,也不是那么自我中心。

有一种观点不无道理:沙夫茨伯里的文章堪与洛克的《政府论》媲美。[2]这意味着,如果洛克的《政府论》旨在为一种后基督教的政体立法,那么,沙夫茨伯里的道德论就是在为后基督教时代的道德风尚立法。莱布尼茨在评《共通感:论机趣和幽默的自由》时说得很清楚:这篇作品"似乎既想要让我们时代的人变得更有教养,又想让这个过程变得更令人愉悦一些"。因为,作者反对把人与人的关系视为与狼共舞,而是相信人性本善。

---

[1] 沙夫茨伯里,《人、风俗、意见与时代之特征》,前揭,页34—137;比较 Lawrence E. Klein, *Shaftesbury and the Culture of Politeness: Moral Discourse and Cultural Politics in Early Eighteenth-Century England*, Cambridge University Press, 1994。

[2] 沙夫茨伯里,《人、风俗、意见与时代之特征》,前揭,英文版"编者导言",页1(以下简称《特征》,并随文注页码)。

莱布尼茨似乎对两种观点都不以为然，他仍然相信，如马基雅维里观察到的那样，人通常既不善也不恶，至善或极恶之人都非常罕见。其实，这种观点与其说来自马基雅维里的观察，不如说来自古典哲人的见识。因此，莱布尼茨还提到，这些问题涉及亚里士多德关于政治的见解。[1]

由此来看，沙夫茨伯里的道德论的确应当被视为一种政治哲学，尽管他的文章带有突出的如今所谓文艺批评的特征。反过来说，我们应该明白，所谓"美学"其实是传统政治哲学的现代替代品。从而可以理解，沙夫茨伯里谈论的诸种道德情感或艺术趣味，为何在18世纪会成为美学论题。

尤其值得注意到，在讨论人性的道德情感时，沙夫茨伯里非常看重民族生活及其历史给人性打下的烙印，并凭此认为，真理无不受历史的规定或塑造：

> 要恰当地判断历史真理，以及判断来自不同民族、年代与时代，其性格和兴趣也各不相同的古代作家遗留给我们的关于人类过往行为和环境的描述，还需要检验和理解先前的真理。（《特征》，页80）

---

[1] 赖利编，《莱布尼茨政治著作选》，张国帅等译，北京：中国政法大学出版社，2014，页245—246。

这一说法堪称典型的历史主义主张,迈内克把沙夫茨伯里视为历史主义思想的开山祖,完全有道理。[1]

在沙夫茨伯里影响下,哲人纷纷成了道德论者,让尼采非常恼火:哲人难道应该是如此黏乎乎的道德家吗?我们知道,尼采对这类哲人或作为道德论的哲学发起了猛烈攻击。尽管如此,就文体风格或具有文学批评的特征而言,尼采与沙夫茨伯里一脉相承。

海德格尔接续尼采的关切,决意彻底清除浮在哲学思考上面的道德论泡沫:现象学的解释学本体论就出场了。现在我们可以理解,施特劳斯为何在给伽达默尔的信中会说:

> 也许可以更准确地说,这作为主题的本体论属于一个当其衰落的世界,当其特有的风尚与德性已经丧失其明见性或约束力,因此解释学本体论必定——当然不会梦想制造一种新的风尚与德性,而是——使人们对它可能的到来有所准备,或让人们易于接受它可能的出现。(《回归》,页410)

相当尖锐地剖析过解释学哲学的品质之后,施特劳斯毫

---

[1] 梅尼克,《历史主义的兴起》,陆月宏译,南京:译林出版社,2009,页6—16。

不客气地批评伽达默尔：

> 然而，即便在这两个世界"之间"，高贵与低贱之间的基本区别及其至关紧要的含义，对于每一个不是野兽的人都仍然保持着其明见性与约束力。这些以及类似的事物并没有像您自己在第295页以下所解释的那样，因其普遍性而丧失其确定的含义。（同上）

按照亚里士多德的《伦理学》，高贵与低贱之间的区别具有普遍性，所谓伦理普遍主义指人的伦理差异具有普遍性。在《诗术》中，如何展示人性的伦理差异成了中心议题。现代美学用审美意识取代传统的伦理意识，意味着用所有公民共通的"趣味"或"鉴赏力"之类的风尚取代高贵与低贱之间的伦理品质区分，其结果因此是伦理相对主义。

施特劳斯已经把话说得如此明了，伽达默尔仍然没有领会，并在回信中为自己辩护。施特劳斯的再次回复很简短，他说：

> 您将不得不承认，在您的后—历史主义解释学与前—历史主义（传统的）解释学之间存在一种根本区别；这便足以涉及您关于艺术作品与语言的学

说，它至少按您的陈述绝非一种传统学说。如果是这样，那便有必要反思要求这种新解释学［出现］的处境，即反思我们的处境；而这种反思将必然揭示一种彻底的危机，一种史无前例的危机，而这正是海德格尔用世界黑夜的临近所意指的东西。或者，您否认这样一种反思的必要性与可能性？在您对这一至关重要的问题保持沉默与您未能就我关于"相对主义"的评论做出回答之间，我看有一种关联。（同上，页418）

据伽达默尔回忆，他后来继续给施特劳斯写信，而施特劳斯再也没有回复。看来，与其说施特劳斯没有时间和精力回信，不如说他觉得没有必要继续说服老朋友。伽达默尔对人性的高贵与低贱的伦理差异缺乏敏感，从而对伦理相对主义所显明的"史无前例的危机"毫无感觉，一如我们对阿伦特凭靠康德的《判断力批判》发皇"公民哲学"强化这一危机毫无感觉——岂止毫无感觉，甚至趋之若鹜。[1] 既然如此，即便是朋友，苦口婆心有何作用。

施特劳斯对《真理与方法》的批评让我们应该看到，

---

[1] 比较阿伦特，《康德政治哲学讲稿》(1970)，曹明、苏婉儿译，上海：上海人民出版社，2013。

如果没有先搞清楚亚里士多德为何以及如何论"诗"和"作诗",那么,我们很难真正搞懂黑格尔如何论"美",或海德格尔如何论"作诗",更不用说明白《真理与方法》的问题所在,难免跟随伽达默尔的"解释学本体论"及其"审美意识"翻来覆去想问题。殊不知,康德以来的现代哲人津津乐道的所谓"审美意识",不过是现代历史意识的伴生现象,其结果是伦理相对主义大行其道。

西方思想史上的一个大问题由此浮现出来:无论黑格尔还是海德格尔,都力图超越亚里士多德,他们与亚里士多德在何谓诗以及何谓作诗的问题上的思想差异,竟然涉及伦理相对主义这一"史无前例的危机"。如果这也是我们中国学人今天必须面对的危机,那么,我们也必须回到柏拉图所展开的哲学与诗的"本质性张力"。

亚里士多德的《诗术》是回到这一"本质性张力"的门径,可是,即便要回到这一门径也明显困难重重。因为,我们阅读《诗术》所面临的首要问题是:能否像亚里士多德自己所理解的那样理解《诗术》。

## 二 《诗术》的内传

《诗术》在西方思想史上并不具有"典范意义",其实源于一个简单明了的事实:《诗术》是内传文本。用有点儿耸人听闻的说法,《诗术》讲稿甚至可以被称为"秘传"文本(esoteric 这个词既可译作"内传",也可译作"秘传")。著名古典学家桑兹(1844—1922)说,亚里士多德的《诗术》为"诗学系统批评之最早典范",它"开启了文学批评之范式"。[1] 既然是内传文本,即便在当时的雅典或后来的古代晚期,也并非只要是读书人都能看到,所谓"开启了文学批评之范式"的说法,无异于无稽之谈。

要理解亚里士多德为何以及如何论诗,首先得进入这个内传文本。这不是容易的事情。我们不妨从《诗术》的文本流传以及识读史入手来认识这个问题,[2] 借此了解《诗术》在西方思想史乃至文教史上的具体遭际。

今本《诗术》源于两千多年前亚里士多德在蜡板上写下的讲稿,除引论外,原本很可能有两部分,第一部分论肃剧(旧译"悲剧"),第二部分论谐剧(旧译"喜剧")。如今我们能够看到的仅为引论(前五章)和第一部分,第二部分很可能遗失了,也可能根本就没写。[3]

---

[1] 桑兹,《西方古典学术史》,张治译,卷一,上册,上海:上海人民出版社,2010,页91。

[2] 《诗术》文本流传史概述,主要依据 Thomas Busch, "Chronologische Übersicht zur Textgeschichte",见 Arbogast Schmitt, 前揭,页 XVII–XXVI。

[3] 杨柯试图重构据说失传的谐剧部分,见 Richard Janko, *Aristotle on Comedy: Towards a Reconstruction of Poetics II*, London, 1984/2002; 跟进研究见 Walter Watson, *The Lost Second Book of Aristotle's "Poetics"*, University of Chicago Press, 2012。

亚里士多德在课堂上经常说,同一个问题,他在对外的通俗作品中也曾讲到。这意味着,亚里士多德谈论一个论题会有两种讲法,似乎内外有别。比如,据说亚里士多德还有通俗对话作品《论诗人》。由于这部作品很早就遗失,我们没法对比亚里士多德内外有别的讲法究竟有何不同。[1]

尽管如此,为何哲人亚里士多德要写《论诗人》的通俗作品,这件事情本身仍然值得思考。黑格尔18岁时就写过《论古代诗人的某些特征》,当时他还在人文中学念书。施特劳斯18岁那年写的人文中学毕业论文,以索福克勒斯《安提戈涅》中的名句"强大的东西多又多,可没有什么强过人"为题。热爱智慧的爱欲似乎与诗人或诗作有一种源初的心性关系,倘若如此,亚里士多德的《论诗人》也未必是我们以为的那类通俗作品。

### 《诗术》讲稿下落不明

亚里士多德去世前离开雅典时,他早年在柏拉图学园时的学弟(后来成为学生)忒奥弗拉斯图(Theophrastus,公元前371—前287)接掌学园。随后,这个学园中人逐渐有了自己的称呼——"漫游派",实际含义是"亚里士

---

[1]《论诗人》残篇辑佚,见R. Janko,《诗术》笺注,前揭,页56—65,175—195。

多德的门徒"。我国学界过去将 the Peripatetics 译作"逍遥学派",明显不妥,后来又译作"漫步学派",也未必妥帖。Peripatêtikos〔漫游者/游荡者〕的含义既非指逍遥自在,亦非指亚里士多德授课时边走边说,而是雅典百姓对亚里士多德及其吕凯宫学园人士的称呼。亚里士多德并非雅典人,没有如今所谓"固定资产",其学园中人也大多如此,因此被视为"游荡/漫游者"。[1]

忒奥弗拉斯图著有大量自然学著作,用今天的话来说,是个自然科学家。但从其著名的《伦理品格》(Ἠϑικοὶ χαρακτῆρες,成书约在公元前 319)来看,[2]他不仅会"作诗",而且懂得用作诗的方式教授如何作诗。若联想到沙夫茨伯里的传世之作的书名,我们就不难理解,为何现代西人更热衷关注普遍人性或道德风尚或时代意

---

[1] 比较 F. Grayeff, *Aristotle and His School*, London, 1974。
[2] 中译本《人物素描》,见水建馥编/译,《古希腊散文选》,北京:人民文学出版社,2000,页 167—214。忒奥弗拉斯图的著作大多失传,但古人引述其著作的很多。参见拉尔修,《名哲言行录》卷一,5,前揭;P. M. Huby / A. A. Long, *Theophrastus of Eresus: On his Life and Work*, New York, 1985。比较 William Fortenbaugh 等, *Theophrastus of Eresus: Sources for His Life, Writings, Thought and Influence*,两卷,Leiden: Brill, 1992。由 William W. Fortenbaugh 等主持编辑(借助不少中古阿拉伯语文献)的忒奥弗拉斯图辑佚《全集》,自 1992 年起陆续出版(共九卷)。第八卷为修辞术和诗术,涉及诗术的内容极少,见 William W. Fortenbaugh 编, *Sources on Rhetoric and Poetics* (*Texts 666-713*), Leiden: Brill, 2005,页 347-390。

见，而非世人"性情"的伦理品质。

亚里士多德离世后，其讲稿由忒奥弗拉斯图掌管，忒奥弗拉斯图去世前传给了自己的学生涅勒乌斯（Neleus of Scepsis）。大约在斯特拉托（Strato of Lampsacus）担任学园主持（scholarch）时期（约公元前288—前269），漫游派逐渐门庭冷落。涅勒乌斯回到位于小亚细亚的家乡Scepsis镇，亚里士多德的讲稿一同到了小亚细亚。

涅勒乌斯死后，他的后人并不好学，据说把亚里士多德的讲稿卖给了帕伽马王国（Pergamon）的王室。一百多年后（大约公元前133），一位名叫阿佩利孔（Apellicon）的漫游派传人从帕伽马王室得到这批讲稿，如获至宝。毕竟，他在吕凯宫学园时也没见过这批讲稿。[1]

阿佩利孔把讲稿带回雅典，收藏在吕凯宫学园。公元前86年，罗马将领苏拉（Sulla，公元前138—前78）洗掠雅典，阿佩利孔的所有藏书被运到了罗马。公元世纪之交，漫步派的第11代主持安德罗尼科（Andronicus of Rhodes，约生于公元前60）着手整理亚里士多德的讲稿，按主题分类编纂，编辑成第一个亚里士多德全集（Corpus

---

[1] H. J. Drossart Lulofs, "Neleus of Scepsis and the Fate of the Library of the Peripatos"，见Rita Beyers编，*Tradition et Traduction. Les Textes Philosophiques et Scientifiques Grecs au Moyen Age Latin*，Leuven University Press，1999，页9-24.

aristotelicum），实为全部内传讲稿（Pragmatien），《诗术》也在其中。[1]

大约公元 200 年前后，出生于伊奥尼亚 Caria 城（今土耳其境内）的亚历山大（Alexander of Aphrodisias，生卒年不详）在雅典任漫游派主持时，撰述了一系列亚里士多德讲稿注疏。这是今人能够看到的最早的亚里士多德注疏，而亚历山大也得了注疏家（ὁ ἐξηγητής）这个了不起的名称。[2]

今人所能看到的最早的亚里士多德讲稿篇目，见于拉尔修（大约生活在公元 3 世纪上半叶）的《名哲言行录》，依据的底本据说是公元前 3 世纪晚期亚历山大里亚城的一位名叫赫尔米普斯（Hermippus）的文史家所做的亚里士多德讲稿编目，可信度较高。

---

[1] 夏普雷斯，《亚里士多德的外传作品和内传作品：概要与述评》，见刘小枫编，《城邦与自然：亚里士多德与现代性》，柯常咏等译，北京：华夏出版社，2010，页 237—249。比较 Jonathan Barnes, "Roman Aristotle"，见 J. Barnes / M. Griffin 编, *Philosophia Togata II. Plato and Aristotle at Rome*, Oxford University Press, 1997, 页 24-44; H. Flashar 编, *Ältere Akademie-Aristoteles-Peripator*, Basel, 2004, 页 147 以下; Paul Moraux, *Der Aristotelismus bei den Griechen, Von Andronikos bis Alexander von Aphrodisias*, I: *Andronikos*, Berlin: Walter Gruyter, 2001.

[2] Kevin L. Flannery, *Ways into the Logic of Alexander of Aphrodisias*, Leiden: Brill, 1995; Paul Moraux, *Der Aristotelismus bei den Griechen, Von Andronikos bis Alexander von Aphrodisias*, III: *Alexander von Aphrodisias*, Berlin, 2001.

在整个罗马帝国时期,都未见有哪位大文豪提到过亚里士多德的《诗术》。[1] 贺拉斯(Quintus Horatius Flaccus,公元前65—公元8)不仅是诗人,也是大学问家,年轻时(大约19岁)曾留学雅典习哲学和修辞术。从名称上看,贺拉斯的《诗艺》(Ars poetica)像是《诗术》的仿作("诗艺"与"诗术"在字面上是一个意思)。但他进的是柏拉图后学主持的学园,没有文献能够证实他读过《诗术》。[2]

《诗艺》共476行,内在结构可分两个部分:第一部分(行1—294)论诗的基本性质,第二部分(行295—476)论完美的诗人,看起来与亚里士多德《诗术》的内在结构大致一致。此外,与《诗术》一样,《诗艺》谈论的诗作主要是史诗[叙事诗]和戏剧诗(行136—294),并未论及所有诗作类型,比如没有涉及所谓"正诗"(justum poema)亦即抒情诗。[3]

这些类似并不足以证明《诗艺》是《诗术》的仿作,毕竟,贺拉斯并没有写过一部名为《诗艺》的书。所谓

---

[1] H. B. Gottschalk, "Aristotelian Philosophy in the Roman World from the Time of Cicero to the End of the Second Century a. d",刊于 *ANRW*, II, Principat, 36/2, Berlin, 1987, 页 1079-1174。

[2] C. O. Brink, *Horace on Poetry: Prolegomena to the Literary Epistles*, Cambridge, 1963.

[3] 科尔特/库什纳,《古代诗学》,见让·贝西埃等编,《诗学史》,上册,史忠义译,天津:百花文艺出版社,2001年,页33。

Ars poetica［诗艺］其实是贺拉斯的诗体书信集《书札》（*Epistulae*）卷二中的一封致皮索（Piso）父子的诗体长函,"诗艺"这个题目是后来昆体良（Quintilianus,公元35—95）的题赠。

《书札》主题杂多,并非以文学问题为主。卷一中有写给各色人的20封信,论题相当广泛,比如对伊壁鸠鲁派和廊下派的评述。[1]即便说到文学,贺拉斯谈的也是实践哲学问题。比如,在致马克西姆（Lollius Maximus）的第二封信中谈到荷马的《奥德赛》时（行19—31）,贺拉斯把荷马说成道德教师。由此看来,贺拉斯的《诗艺》至少不会是如今意义上的诗学或文艺理论。

《诗艺》主要谈论史诗［叙事诗］和戏剧诗,据文史家说,这是因为当时的罗马已经出现了好几位模仿古希腊戏剧诗的拉丁语诗人,而且贺拉斯很可能接触过柏拉图的弟子赫拉克利德斯（Heraclides Ponticus,约公元前390—前310）的著述。[2]作为柏拉图后学的学生,贺拉斯的《诗艺》与亚里士多德的《诗术》有品格上的类似,并非不可思议。

公元3世纪以后,日耳曼蛮族不断侵扰西罗马帝国,

---

[1] Horace, *Epistles Book I*, O. A. W. Dilke 笺注, London, 1966, 页16-17。
[2] 科尔特/库什纳,《古代诗学》,前揭,页34及下页。比较 H. B. Gottschalk, *Heraclides of Pontus*, Oxford, 1980。

罗马城也曾遭洗劫。随后，西罗马帝国经历了长达数百年的蛮族化"黑暗"时期。随着漫游派的消失，保存和传抄亚里士多德讲稿的使命落在了基督教和伊斯兰学人身上。

## 中古阿拉伯学人与《诗术》

公元431年，罗马帝国的各地基督教主教在以弗所召开公会议（the Council of Ephesus），东部和西部地区的主教因信义不合产生严重分歧，二十年后（公元451）在迦克墩再次召开公会议（the Council of Chalcedon）解决分歧未果，帝国东部和西部的基督教会正式首次分裂。教会分裂看似因为信义分歧，其实，根本原因是罗马帝国东西部的政治分离。

保存和传抄古希腊文典的基督教学人因此也分为东西两支，西方一支主要是罗马地区的本笃会修士，东方一支主要是叙利亚地区的聂斯托利派（Nestorians）修士。公元7世纪中叶，伊斯兰国在阿拉伯半岛崛起，逐渐向东罗马帝国南部扩张，切断了亚历山大大帝当年打造的今中东地区与地中海地区的文明联系。这时，东方的修士们需要将古希腊文典译成叙利亚文。东部基督教会在政治上脱离罗马帝国转而归属伊斯兰国后，伊斯兰学人得以借助学习叙利亚文接触到古希腊文典，然后再学会了自己将古希腊文典译成阿拉伯文。

东方和西方的基督教学人保存和传抄的古希腊文典显得出自同一来源，但西方基督教修士将古希腊文典译成拉丁文，明显晚于东方基督教修士将古希腊文典译成叙利亚文。比如，大约公元9世纪时，漫游派注疏家亚历山大的好些亚里士多德注疏就有了阿拉伯文译本，12世纪的犹太教学人迈蒙尼德（公元1135—1204）也喜欢引用亚历山大的注疏，而直到13世纪，教宗国一时具有帝国气象，西方基督教修士才开始翻译亚历山大的注疏，正式出版则是在文艺复兴时期（威尼斯，1454）。

中古伊斯兰学人传承古希腊学术取得的辉煌成就，史载称为阿拔斯王朝（the Abbasid dynasty，公元750—1258）早期帝国气象的历史表征。阿拔斯帝国强劲崛起的初期，史称阿拉伯帝国的黄金时期（公元775—861），[1] 据说王朝的第二任哈里发曼苏尔（Al-Mansur，公元754—775在位）因喜欢天象术，招募了一批学人翻译古希腊数术书，一场名垂青史的译经"运动"由此肇始。其实，早在伍麦叶时期，酷爱炼金术的哈里发叶齐德（公元704即位）已经让人从希腊文翻译这类文典。

公元830年（唐大和四年），哈里发麦蒙（al-Ma'mūn，

---

[1] 参见希提，《阿拉伯通史》，马坚译，北京：新世界出版社，2008/2012，上册，页270—287；法胡里，《阿拉伯文学史》，郅傅浩译，银川：宁夏人民出版社，2008，页316—329。

公元813—833在位）喜欢哲学，他把曼苏尔招募的巴格达学人团体变成了国家性质的"智慧的皮藏"（Khizanat al-Hikma），专事翻译古希腊文典，其中不乏叙利亚的基督教修士。在随后的世纪里，巴格达涌现出大批杰出的伊斯兰学人，后来人们习惯于将他们统称为"智慧之家"（Bayt al-Hikma）成员。[1]

这场翻译古希腊典籍的"运动"持续了两个多世纪，史称伊斯兰世界的"文艺复兴"。据说，除了韵文体作品（诗歌、戏剧）和散文体作品（史书），几乎所有古希腊哲学和带技术含量（医术、算术、天象术、炼金术）的书籍都译成了阿拉伯文。[2]

伊斯兰学人也整理阿拉伯语的文学作品，却不迻译古希腊文学书和史书。即便传承古希腊哲学，伊斯兰学人为何也有所选择或偏重，迄今仍是一个思想史谜题。

---

[1] 据美国的阿拉伯文史家古塔斯考订，Bayt al-Hikma 是［智慧的皮藏］的误译，所谓"智慧之家"是后世之人用来泛称伊斯兰学人的比喻。Dimitri Gutas, *Greek Thought, Arabic Culture: the Graeco-Arabic Translation Movement in Baghdad and Early Abbasid Society*, London: Routledge, 1998, 页 53-60. 比较 Jonathan Lyons, *The House of Wisdom: How the Arabs Transformed Western Civilization*, New York, 2009; Jim Al-Khalili, *The House of Wisdom: How Arabic Science Saved Ancient Knowledge and Gave Us the Renaissance*, New York, 2011。

[2] 古迪，《文艺复兴：一个还是多个》（2010），邓沛东译，杭州：浙江大学出版社，2017, 页 96—122；比较 Shlomo Pines, *Studies in Arabic Versions of Greek Texts and in Mediaeval Science*, Brill, 1986。

比如，伊斯兰学人更重视柏拉图的《王制》和《法义》，而非亚里士多德的《政治学》。显然，在吸纳古希腊哲学时，伊斯兰学人充分考虑到自己所属国体的性质。[1]

与眼下的问题相关，我们同样应该注意：东方基督教学人和伊斯兰学人看重《诗术》，西方基督教学人则几乎完全忽视《诗术》。大约公元 9 世纪末期，《诗术》有了今人能够知道的第一个外文译本，即叙利亚文译本。译者伊沙克（Ishaq ibn Hunain，约公元 830—910）是个自然学家，其父侯奈因是医师，虽是阿拉伯人，但不是穆斯林，而是基督教涅斯托利派信徒，当时负责主持"智慧的皮藏"的翻译事工。

伊沙克的《诗术》译本采用直译，据古典学家考订，颇贴近今人发现的 7 世纪的古希腊文抄本残段。可惜，这个译本并未流传下来，仅见于几百年后的一位名叫萨科（Jacob bar Sakko）的学人所编的古哲语录《对话录》(*Dialogues*)，其中引用了伊沙克译本涉及肃剧的一段（1449b24–50a9）。萨科逝于 1241 年，由此可以推断，直到 13 世纪，当时的学人还能见到这个译本。[2]

---

[1] 施特劳斯，《如何着手研究中世纪哲学》，前揭，页 291—293；比较罗森塔尔，《中古伊斯兰的政治哲学》，见法拉比，《政治制度与政治箴言》，程志敏编／译，北京：华夏出版社，2018，页 186—198。

[2] 关于《诗术》的阿拉伯语译本和注疏，参见 J. Tkatsch, *Die Arabische Übersetzung der Poetik des Aristotlles und die Grundlage der Kritik des griechischen Textes*，两卷，A. Gudeman／Th. Seif 编，Wien／Leipzig，1928／1932。

伊沙克的叙利亚文译本出现大约30年后，一个名叫比沙尔·马塔（Abū Bishr Mattā，公元870—940）的伊斯兰学者把这个译本转译为阿拉伯文（公元932），并有选择地翻译了其中的注疏。这是今人能够见到的最早的《诗术》译本——阿拉伯语译本。当时，马塔在巴格达学习哲学和医术，被人叫作"逻辑家"（这是敬重之称）。伊沙克不仅翻译过《诗术》，还翻译了亚里士多德的其他讲稿，比如《后分析篇》，马塔也把这部讲稿由古叙利亚文译成阿拉伯文。

伊斯兰学人把《诗术》（以及《修辞术》）归入亚里士多德的工具性学问，让今天的我们犯难。因为，如今喜欢文艺理论或热爱文学的青年，不会耐得下性子阅读《范畴篇》《解释篇》《前分析篇》《后分析篇》《论题篇》《辩谬篇》等等。直到今天，仍然有西方学者指责伊斯兰学人把《诗术》归在逻辑学部分，却没有动脑筋想想为何如此。[1]

随后两百年间，阿拉伯文的《诗术》译本接连不断，均出自伊斯兰学人。[2] 公元951年，法拉比（al-Fārābi,

---

[1] 哈迪森，《阿威罗伊〈诗术〉注疏在中世纪批评史上的地位》，见阿威罗伊，《论诗术中篇注疏》，刘舒译，北京：华夏出版社，2009，页145—150。

[2] 关于中古伊斯兰僧侣哲人，参见 Nicholas Rescher, *Studies in Arabic Philosophy*, University of Pittsburgh Press, 1968；穆萨威，《阿拉伯哲学》，张文建、王培文译，北京：商务印书馆，1997。

约870—950，西方人用拉丁语称为 Alpharabius）的《诗术》译本问世。[1] 法拉比谙熟柏拉图和亚里士多德的学问统绪，在巴格达被圈内人称为亚里士多德之后第二大师，他为何看重《诗术》，对我们来说也算得上一个思想之谜。

仅仅几年之后，一位叙利亚的基督徒学人、马塔的学生、法拉比的朋友雅赫亚（Yahya ibn Adi，公元893—974）又从叙利亚文译出了一个新的阿拉伯文译本（约公元960），但没有流传下来。[2]

几十年后（我国进入宋初之际），阿维森纳（公元980—1037）完成了今人能够看到的第一个《诗术》义疏。阿维森纳在伊斯兰学人圈内有亚里士多德之后第三大师之称，算是法拉比学问的传人。他的《诗术》义疏共八章，第一章是对"诗"的一般解释，依据法拉比对诗的看法阐述自己对诗的理解，与《诗术》的文本关系不明显。随后分七章（第2—8章）较为宽泛地疏解《诗术》文本中的主题，并未疏解整个《诗术》

---

[1] A. J. Arberry 考订、编辑和翻译的文本 "Canons of Poetry"，见 *Rivista degli Studi Orintali*，17（1938），页 266-278。法拉比的亚里士多德内传讲稿注疏，参见法拉比，《亚里士多德的哲学》，程志敏编，上海：华东师范大学出版社，2016。

[2] 参见 Augustin Périer, *Yahyâ Ben 'Adî, un Philosophe Arabe Chrétien du Xe Siècle*, Paris, 1920/2018 影印本。

文本。[1]

一百多年后，阿威罗伊（1126—1198，宋靖康元年至宋庆元四年）完成了亚里士多德所有内传讲稿的翻译和义疏。对同一个讲稿，阿威罗伊作的注疏分短篇、中篇和长篇三种。《诗术》有短篇注疏（大约成于1160年之前）和中篇注疏（大约成于1175年）两种，中篇注疏（有两个抄件传世）明显基于马塔、法拉比的翻译和阿维森纳的注疏，对《诗术》文本的分章与阿维森纳大致相同。[2]

《诗术》的阿拉伯语译者和注疏者都是神权政体治下的学人，为何异教哲学在这样的政治制度中能够如此传衍，对今天的我们来说是个非常有趣的问题。毕竟，我们会难以理解：神权政体怎么可能容许思想自由的哲学呢？反过来看，伊斯兰学人看重亚里士多德的《诗术》，与此是否有什么关系呢？

还值得提到中古时期译自叙利亚文的希伯来语《诗术》译本，尽管版本情况不明。1337年，居住在法国的

---

[1] 1953年，阿拉伯语考订本在开罗出版；比较 I. M. Dahiyat, *Avicenna's Commentary on the Poetics of Aristotle: A Critical Study with an Annotated Translation*, Leyden, 1974. 阿维森纳的哲学思想，参见阿维森纳，《论灵魂》（译自俄文），北京大学哲学系译，中译本前言，北京：商务印书馆，1995。

[2] 1953年，阿拉伯语考订本在开罗出版，中译（依据英译本）见阿威罗伊，《论诗术中篇注疏》，前揭。

犹太教学人多德罗西（Todros Todrosi，公元1313—?）将法拉比、阿维森纳和阿威罗伊的柏拉图—亚里士多德注释译成希伯来语，其中包括阿威罗伊的《诗术》《辩谬篇》和《修辞学》注疏。

我国学人接受柏拉图和亚里士多德，主要依循欧洲近代以来的柏拉图和亚里士多德研究传统。尽管我们注意到这一现代传统与拉丁基督教学人的柏拉图和亚里士多德解释传统的复杂关系，却并未注意到拉丁基督教学人与伊斯兰学人的柏拉图和亚里士多德解释的差异。如果我们在接受古希腊哲学时考虑到自家的儒学传统，那么，深入认识西方自中古以来接受柏拉图和亚里士多德的三大不同传统的差异，对中国思想的未来发展可能会具有意想不到的重大意义。

阿威罗伊注疏了亚里士多德的几乎所有内传讲稿，13世纪的基督教学人则几乎将这些注疏全部译成了拉丁文（仅两部注疏未译）。把阿威罗伊的《诗术注疏》译成拉丁语的是日耳曼修士阿勒曼（Hermannus Alemannus，生年不详，约逝于公元1272），成于公元1256年（宋宝祐四年），这个名为 *Poetria Aristotilis* 的拉丁语译本有24个抄本传世。

阿勒曼还翻译了阿威罗伊为《尼各马可伦理学》和《修辞学》写的中篇注疏。他本打算从阿拉伯语译本翻译《诗术》正文，据说因感到难度太大，不得不放弃。

值得提到，阿勒曼要求按照伊斯兰学人的家法来理解《诗术》，他在为《修辞学／诗术》注疏拉丁语译本写的前言中说：

> 任何读过法拉比、阿维森纳、阿威罗伊和诸多其他学者著作的人，都不会怀疑这两部著作属于逻辑学的一部分。的确，从文本本身来看，这也显而易见。任何人也不可能从西塞罗的《修辞学》和贺拉斯的《诗艺》找理由。西塞罗把修辞学当作"通俗哲学"的一部分，并从这个角度仔细研究它，贺拉斯则把诗当作语法的一部分来研究。[1]

看来，在接受亚里士多德《诗术》之前，西方基督教学人已经熟悉西塞罗和贺拉斯的著作。这段说法无意间挑明了亚里士多德的讲稿与公开作品的差异，因为阿勒曼意识到，贺拉斯的《诗艺》属于通俗作品，从《诗艺》来理解《诗术》行不通，正如西塞罗的《论演说家》是理解亚里士多德《修辞术》的障碍。

尤其值得注意到，阿勒曼强调，亚里士多德的《修辞术》和《诗术》属于所谓逻辑学的工具论性质。由此

---

[1] 转引自哈迪森，《阿威罗伊〈诗术〉注疏在中世纪批评史上的地位》，前揭，页153。

看来,《诗术》内传性质的失传,始于中古晚期的西方亚里士多德主义。

阿勒曼的阿威罗伊《诗术》注疏的拉丁文译本问世二十多年后,出身于弗兰德(今荷兰)的基督教修士莫尔贝克的威廉(Thierry Wilhelm of Moerbeke,公元 1215—1286)直接从希腊文将《诗术》翻译成拉丁语(公元 1278,宋祥兴元年)。但今人无从得知,威廉所依据的希腊语原文是哪个年代的抄本。

威廉有如伊斯兰教的阿威罗伊,以翻译亚里士多德讲稿(以及古代晚期新柏拉图派的普罗克洛斯著作)留名青史。他与当时的智识精英如神学家圣托马斯·阿奎那(Thomas Aquinas,公元 1225—1274)、数学家康帕努斯(John Campanus,公元 1220—1296)、天象学家墨克林(Henri Bate of Mechlin,公元 1246—1310)都有交际。据说,翻译亚里士多德的全部讲稿,包括中古阿拉伯学人并未重视的《政治学》(成于公元 1260),还是受托马斯·阿奎那之托,而阿奎那撰写的《论灵魂》注疏即依据威廉的拉丁语译本。[1]

据今人考证,威廉所获得的古希腊文典抄本来源于拜占庭。不过,莫尔贝克的威廉的《诗术》译本长期湮

---

[1] Jean Pierre Torrell, *Saint Thomas Aquinas: The Person and His Work*, Washington: The Catholic University of America Press, 1996, 卷一, 页 161。

没无闻,直到20世纪30年代才被古典学家发现,也算得上怪事一桩。无论如何,至少直到14世纪,研读《诗术》仍然是极少数人的学问。两百多年后(1481,明成化十七年),威尼斯出版商泽里斯(L.de Zerlis)出版了阿勒曼翻译的阿威罗伊《诗术中篇注疏》(*Determinatio in poetria Aristotilis*)的印刷本,与他翻译的阿威罗伊《修辞术中篇注疏》合刊,这是《诗术》的第一个现代印刷本(Philipus Venetus版)。

## 复原希腊语《诗术》文本

15—16世纪间,也就是莫尔贝克的威廉据希腊文翻译出《诗术》拉丁语译本近两百多年之后,文艺复兴时期的人文学者陆续从梵蒂冈图书馆和巴黎图书馆发现了《诗术》的古希腊文抄件残段(最早的残段为7世纪的抄本)。其中有一个较为完整的10世纪抄本(文献编号cod. Parisinus gr. 1741),与亚里士多德《修辞术》讲稿的抄本残段以及其他古希腊修辞术文献抄本夹在一起,比如德莫特瑞俄斯(Demetrios)的《论解释》(*Peri hermemeias*)和哈里卡尔纳斯的狄俄尼索斯(Dionysios von Halikarnass)论修辞术的著作抄本。

经古典学者识读,这个抄本出自四位抄写者,其中出自相同抄写者的抄件时间大致在公元924—988年间,也就是伊斯兰学人从希腊文把《诗术》译成阿拉伯文的时期。十字军东征时,西方的基督教军队突然掉头攻打拜占庭,掠走不少文物,想必这些抄件来自拜占庭的收藏,因为这些抄本上有君士坦丁堡图书馆注录的时间(13世纪中期),被运达意大利和法国的时间大致在15世纪中期(1427—1468)。

文艺复兴时期的学者在梵蒂冈图书馆和巴黎图书馆发现的《诗术》希腊文抄件还有一些,其中重要的有三个:Vaticanus 1388号抄件,Estensis 100号抄件和cod. Parisinus gr.2038号抄件。所有这些抄件的年代都比公元10世纪的1741号抄本晚。

文艺复兴的人文学者陆续依据这些抄件把《诗术》翻译成拉丁语。公元1498年(明弘治十一年),瓦拉(Giorgio Valla)依据100号抄件翻译的拉丁文本在威尼斯出版。至1930年发现莫尔贝克的威廉的译本之前,这个译本一直被视为第一个译自希腊文的拉丁语译本。

路德发起宗教改革那年(公元1517,明正德十二年),维达(Marcus Hieronymus Vida)的拉丁语译本问世。在随后短短半个世纪里,意大利连续出现了好几个拉丁语译本。[1]

---

[1] 文献著录有:Giovanni Giorgio Trissino 译本(Venedig, 1529/1562), Franziscus Utinensis Roborielli 译本(Florentiae, 1548), Madius [Maggi] 译本(Venetiis, 1550), Antonio Sebastiano Minturno 译本(Venetiis, 1559/1564)。

1548年，罗伯特罗（F. Robortello）用拉丁语撰写的《诗术》注疏《亚里士多德诗术诠解》（*In librum Aristotelis de arte poetica explicationes*）在佛罗伦萨出版，这是近代第一个拉丁语的《诗术》注疏。马基（Maggi）和伦巴蒂（Lombardi）的拉丁语注疏紧随其后，也很有名（Venedig, 1550）。

与此同时，意大利文艺复兴时期的古典学人开始着手复原《诗术》的古希腊文本。瓦拉的拉丁文译本问世（1498）十年后，威尼斯出版商 Aldus Manutius 出版了第一个《诗术》希腊文考订本，由阿尔德（Alde）编订，但并非以10世纪的1741号抄本为底本。

由于抄件模糊不清的地方很多，复原考订工作极为艰难，进展很慢可想而知。1794年，牛津版希腊文亚里士多德全集本中的《诗术》已经更新到第七版，在当时算最好的本子，仍然不如人意。三十多年后（1831，清道光十一年），贝克（Bekker）编辑的亚里士多德希腊文全集考订本问世（即著名的柏林科学院版，如今的亚里士多德文本编码即来自这个版本的页码），随即取代了牛津本。可是，贝克版中的《诗术》希腊文本很快就受到挑战。1867年，瓦棱（Vahlen）根据1741号抄本这一最早的来源复原《诗术》的希腊文原文，但这个抄本本身也不完整。

19世纪末，古典学者又发现了一个源于拜占庭的古希腊语抄本，但年代晚得多，是 14 世纪的抄本（cod. Riccardianus gr. 46，现存佛罗伦萨图书馆）。从此以后，再没有发现有价值的抄件。现代西方语文译本的译者在翻译时若要核定抄件原文，主要依赖这些古希腊语抄件（尤其 1741 号和 46 号这两个较为完整的抄件）。[1]

由于发现了希腊文抄件，西方校勘家们理所当然不再看重中世纪的阿拉伯语译本。德国学者卡瑟尔（R. Kassel）的《诗术》希腊文编本（1965）问世后，一度被视为定本。但没过多久，这个复原本就受到批评，其缺陷据说主要在于没有充分重视 46 号抄件和中古阿拉伯语译本这两个来源。直到晚近，《诗术》新译本仍在吸纳最新校勘成果：Fuhrmann 德译本（1976）据抄件订正卡瑟尔本达十多处，杨柯的英译笺注本（1987）订正更多，伯纳德特与戴维斯合作的英译本（2002）以及 Sachs 英译本（2006）也都有个别订正，Schmitt 德译本（2008）的订正有三十多处。

由于所有古希腊文抄件要么不完整、要么有模糊不清的地方，校勘家逐渐认识到，中古阿拉伯语译本仍应被视为重要的文本考订凭据。毕竟，这些译本的年代甚至与来自拜占庭的古希腊文抄件的年代差不多！当然，

---

[1] 著名的有意大利学者 A. Rostagni 编本（Turin, 1928），法国学者 J. Hardy 编本（Paris, 1932），德国学者 A. Gudeman 编本（Berlin, 1934）。

中世纪晚期的拉丁语译本也具有校勘学上的价值，因为，在帕兹（A. de' Pazzi）发表希腊语文本与拉丁语译本对照版（1536）之前，依据阿威罗伊的阿拉伯语译本翻译的拉丁文本一直占支配地位。

最早的阿拉伯语译本对今人来说已是古本，同样需要考订校勘的复原工作才能使用。何况，同时兼通古希腊语、拉丁语、中古阿拉伯语和叙利亚语的学者，又能有几个？2012年，终于有两位学者联手（分别对付古希腊文抄件—拉丁文译本和叙利亚—阿拉伯译本），共同完成了依据希腊文抄本和阿拉伯文—叙利亚文—拉丁文译本四语综合考订的希腊文复原本，并做了详细的语词校勘，此即笔者在"文献说明"中提到的塔兰/古塔斯笺注本。

## 三 《诗术》的外传与失传

文艺复兴时期，随着西欧地区俗语学术写作的出现，也开始出现《诗术》的俗语（即现代西方语文）译本。塞尼（B. Segni）译本（1549）据说是第一个意大利语《诗术》译本，半个多世纪后又有 Daniel Heinsius 的意大利语译本（Lugduni Batavorum 版，1610）。达西尔（André Dacier, 1651—1722）的第一个法译本（*La Poétique d'Aristote*）问世于 17 世纪末（Paris, 1692），当时古今之争正趋激烈,可谓来得正是时候。

随着俗语译本的出现,欧洲文人会怎样理解《诗术》呢?

### 《诗术》的现代式理解的开端

卡斯忒尔维特洛(Lodovico Castelvetro,1505—1571)用意大利语写成《俗语的亚里士多德诗术疏证》(*Poetica D'Aristotele Vulgarizzata Et Sposita*, Basel, 1570 [明隆庆四年]),标志着现代西方学人理解《诗术》的开端,[1]也是译成中文的第一篇《诗术》义疏(节译,1963)。译者是燕京大学西语系毕业的大才子、著名诗人吴兴华(1921—1966),时为北京大学西语系二级教授,"文革"初期惨死于红卫兵之手。[2]

直到16世纪初期,阿威罗伊的《诗术》注疏还具有影响力:萨沃纳罗拉(Savonarola)、罗伯特罗(Robortello)、塞尼(Segni)、马基(Maggi)和伦巴蒂

---

[1] Lodovico Castelvetro, *Poetica D'Aristotle Vulgarizzata Et Sposta* (1756), Kessinger Publishing 影印本, 2010;意大利语—英语对照本(节译):Andrew Bongiorno 编/译, *Castelvetro on the Art of Poetry: An Abridged Translation of Lodovico Castelvetro's Poetica D'Aristotle Vulgarizzata Et Sposta*, 1984。

[2] 中译题为《亚里士多德〈诗学〉疏正》,原刊《古典文艺理论译丛》,第六辑,北京:人民文学出版社,1963;重刊于刘小枫/陈少明主编,《诗术解诂》,前揭,页241—266。

（Lombardi）用拉丁语撰写的《诗术》注疏，无不追随阿威罗伊，即把诗术视为逻辑学的一个分支。1527年，维达（Marco Girolamo Vida，1485—1566）用拉丁语写成的仿贺拉斯的教诲诗《论诗艺》（*De arte poetica*，三卷）问世，[1] 贺拉斯的《诗艺》便成了新兴诗学的引路人，阿威罗伊的注疏传统从此中断。

卡斯忒尔维特洛的《诗术》义疏用意大利俗语写作，抵制其前辈以贺拉斯的《诗艺》为楷模，但他并非意在领会亚里士多德"诗术"的内传含义，而是借重述《诗术》来发挥自己对意大利俗语诗歌和戏剧实践的看法，实际上与《诗术》没多大关系。据说，他所"推绎出来的戏剧时间和地点的单一律"，后来成了新古典主义戏剧家的"三一律"教条。[2]

由于涉嫌翻译新教宣传品，卡斯忒尔维特洛被当地教会判为"异端"，被迫流亡他乡（1557），一生命运不济。[3] 但他留下的《诗术疏证》，却成了文艺学作为一门独立学

---

[1] Marcus Hieronymus Vida, *Poeticorum libri tres*，考订本，Agnieszka Paulina Lew 撰，Frankfurt am Main，2011。

[2] 参见吴兴华为《亚里士多德〈诗学〉疏正》撰写的"译按"，《诗术解诂》，前揭，页239—241。

[3] Stefano Jossa, "Ludovico Castelvetro between Humanism and Heresy"，见 F. De Donno / S. Gilson 编，*Beyond Catholicism: Heresy, Mysticism, and Apocalypse in Italian Culture*，New York，2014，页77-103。

科在欧洲出现的标志。卡斯忒尔维特洛积极推动俗语写作不遗余力，他为本博（Pietro Bembo，1470—1547）的《俗语散文》（*Prose della volgar lingua*，写于1506—1512年间，1525年出版）撰写笺注，与他用意大利语撰写《诗术》疏证的意图一致，都是为了推动俗语写作。

威尼斯人本博是新柏拉图主义大师斐奇诺（Marsilio Ficino，1433—1499）的传人，既是诗人又是教会政治家，晚年出任威尼斯共和国史官时，还写过1487年至1513年的《威尼斯［当代］史》（*Historia Veneta*，1551）。他的《俗语散文》研究彼得拉克的诗作，尝试以图斯卡纳方言为基础，建立一套统一的意大利语书面语文规则，史称最早的意大利语语法。但他自己写的史诗《克里斯提阿德》（*Christiados*，六卷）模仿维吉尔风格，仍然用拉丁文写成。[1]

无论俗语写作还是用俗语翻译古籍，都并非为了普及教育，而是为了捍卫俗世趣味和领土性民族国家诉求。西欧各君主国出现俗语写作几乎与经院学的兴盛同步，这意味着出现了两类知识人：修院内的僧侣学人和如今

---

[1] Marco Girolamo Vida, *Christiad*, James Gardner 英译, Harvard University Press, 2009; 比较 M. Di Cesare, *Vida's Christiad and Vergilian Epic*, Columbia University Press, 1964; Christine Raffini, *Marsilio Ficino, Pietro Bembo, Baldassare Castiglione: Philosophical, Aesthetic, and Political Approaches in Renaissance Platonism*, Frankfurt am Main, 1998.

所谓"社会上"的俗世学人。僧侣学人自然会传承拉丁语学术，恪守拉丁语写作传统。但某些僧侣学人有俗世取向，追求俗语文学，也并不奇怪。换言之，用俗语写作的文人学士，未必一定是彻底的现代派。一切取决于个体心性的伦理取向：用俗语写作未必就"俗"，用拉丁语写作未必就不"俗"。

在16世纪，英语、西班牙语、意大利语和法语的文学写作已经有相当积累，但学者大多仍然固守拉丁语的权威地位。17世纪的古今之争，可以说源于日趋尖锐的俗语学术与用拉丁语写作的传统学术之间的紧张。[1]若为俗语写作辩护，贺拉斯的《诗艺》比亚里士多德的《诗术》更为有用，因为，虽然希腊语和拉丁语文典本来就是用当时的俗语写成，对于欧洲人来说，拉丁语毕竟与各蛮族的俗语有生存上的血脉关系。坦普尔（William Temple, 1628—1699）在《论古今学问》（1689）中曾说：

> 三种现代语言最受人看重：意大利语、西班牙语和法语，这些都是高贵的罗马人的方言，都有缺陷。起初，众多不同的野蛮民族长期侵扰罗马帝国

---

[1] 贝西埃等，《诗学史》，上册，前揭，页225—229，374—380；彼得曼，《马基雅维利与但丁》，见刘小枫/陈少明主编，《马基雅维利的喜剧》，北京：华夏出版社，2006，页142—195。

时,他们刺耳的词语和后缀进入这些方言,使它们不再纯正;后来,经过大众长期使用,这些来自拉丁废墟上的方言成了几种不同的语言,也成了那些长期统治这些地区的野蛮民族(如西班牙的哥特人和摩尔人、意大利的哥特人和伦巴底人以及高卢的法兰克人)的主流语言。除此之外,还有高卢和西班牙土著语的混合语,这些土著语在罗马征服当地、建立起政权之前都已经存在。[1]

由此可以理解,在17世纪时,亚里士多德的《诗术》虽然已经有了俗语译本,仍然不及贺拉斯的《诗艺》有影响力:布瓦洛(Nicolas Boileau, 1636—1711)的《诗艺》(*L'art poétique*)就是证明。

布瓦洛尚且属于古今之争中的崇古派,别的人也就可想而知了。崇今派学人眼中的学术权威是笛卡尔(1596—1650),而非西塞罗或贺拉斯,遑论亚里士多德。

1644年,笛卡尔在以自由开放著称的阿姆斯特丹出版了用拉丁文写成的小册子《哲学原理》(*Principia Philosophiae*),随后被人译成法文(俗语)出版,笛卡尔

---

[1] J. E. Spingarn 编, *Sir William Temple's Essays On Ancient and Modern Learning, and On Poetry*, Oxford, 1909/2013, 页33-34。

为此写了"作者致法文译者的信,兼作序言"。[1]其实,所谓法译本很有可能是笛卡尔自己用法文写的,谎称由人翻译成法文而已。这篇"作者致法文译者的信"堪称高妙的作诗,它既泄露又没有泄露《哲学原理》的如下意图:废黜亚里士多德这样的古代权威。

笛卡尔在"信"中首先告诉读者:

> 自夸懂得哲学的人,往往比从来不研究哲学的人还不明智,还少智慧,因此,他会不肯同意我的这些学说。(《哲学原理》,页xi)

在当时的学界,所谓"懂得哲学的人"大多不是文艺复兴之后的柏拉图主义者就是亚里士多德主义者,而且后者居多。笛卡尔的这话无异于说,这些人以为自己懂哲学,其实不然。不难看出,这话还暗含一种强制性逻辑:谁若不同意作者在本书中讲的"原理",就证明他既缺乏"智慧"(la sagesse)也缺乏"明智"(la prudence)。

笛卡尔接下来说,人们获得"智慧"通常凭靠四种途径。首先是不凭靠思维就能获得的"智慧",这种智慧

---

[1] 笛卡尔,《哲学原理》,关文运译,北京:商务印书馆,1958,页ix-xxi(以下随文注页码,译文据法文版略有改动)。

等级最低；其次是凭靠感官经验获得的"智慧"，再就是通过与别人交谈获得的知识，但获得智慧的最高方式是"阅读那些能启发人的著作家的作品"，亦即与古老的灵魂交谈。凭靠"神圣的启示"所获得的东西不是"知识"而是"信仰"，不属于获得"智慧"的方式之列。

这些说法听起来让人觉得，笛卡尔是个崇古派，非常看重通过阅读与古人交谈。接下来他就说了这么一段著名的话：

> 著作流传于后代的首要的哲学家是柏拉图和亚里士多德，不过他们两人亦无甚差别，所谓差别仅在于：一个坦白（ingénument），一个不坦白。柏拉图步其先师苏格拉底的后尘，坦白承认自己没能力发现任何确定的原理（Principes），仅仅把自己认为大概可靠的原理写出来就算了。为此目的，他仅想象出一些原理，努力以此来解释别的事物。亚里士多德则少了几分坦白，虽然他师从柏拉图20年，且没有掌握胜于其师的原理，可他的讲学方式一反其师之所为，往往把自己大概也并不能认为真实的原理说得来好像是真的、确定的。(《哲学原理》，页xii）

有学者依据这段言辞认为，笛卡尔深谙亚里士多德讲稿的内传性质,或者说懂得他讲课时的高妙修辞。[1]这种看法与笛卡尔的说法并不相符,毕竟,笛卡尔接下来就悄然推翻了上述四种获得"智慧"的途径,代之以他所推荐的途径,亦即所谓的"第一原理":唯有凭靠自己的思维去"推理"才能获得智慧。

> 正如我既然凭思考知道,怀疑一切的人在怀疑时不能怀疑其自身的存在,而且在怀疑一切独不怀疑自己时,能推理的那种东西,不是我们所谓的身体,而是我们所谓的人心或思考。因此,我就把这种思考的存在视为第一原理。(《哲学原理》,页 xiv)

在这样说之前,笛卡尔已经说:

> 近代想做哲学家的大多数人,由于不知道这层道理,或者虽然知道却忽略了,都盲目地追随亚里士多德,往往曲解了他的著作的本义。(《哲学原理》,页 xiii)

从笛卡尔曲里拐弯的说法来看,他的意思是,柏拉图也好,亚里士多德也罢,他们所写的东西都是些意见

---

[1] 潘戈,《亚里士多德〈政治学〉中的教诲》,前揭,页2。

而已，算不上可靠的知识。如果说"感官在许多情况下可以蒙骗人"，那么，柏拉图和亚里士多德的著作同样如此。何况，"智慧不仅指处理事情的机智，也指一个人在行为、保持自己的健康（conservation de sa santé）和发明种种技艺（l'invention de tous les Arts）方面所应有的完备知识"，而"达到这些目的的知识，必须得由第一原因推演出来"（《哲学原理》，页 xiv）。

这无异于说，即便古希腊先贤的著作中有"智慧"，也与笛卡尔倡导的"实利"（utilité）知识不相干。可以看到，凭靠作为获得"实利"知识的方法即哲学方法的"第一原理"本身，笛卡尔干净利索地废黜了古传经典的"智慧"权威。既然如此，我们没可能指望笛卡尔教我们注意到亚里士多德的讲课方式或修辞。毋宁说，他倒是教会我们在阅读柏拉图或亚里士多德时自以为是地推理。

由此来看，所谓"启蒙"意味着：不再把柏拉图或亚里士多德的著作视为"智慧"的权威，而是把自己的推理视为衡量一切的权威——我们马上就会看到笛卡尔启蒙的结果。

随着启蒙运动的推进，《诗术》的俗语译本也在更新：德意志学者库尔提马斯（Michael Conrad Curtius, 1724—1802）的德译本（带注释和义疏，Hannover, 1753），法国哲学家巴托（Charles Batteux, 1713—1780）的法译本（Paris，1771）和崔宁（Thomas Twining，1735—1804）的英译本（1789，牛津版1794），都是当时的著名译本。这并不意味着，《诗术》会得到恰切的理解。

库尔提马斯的兴趣在新兴的史学，崔宁的兴趣在新兴的音乐学，他们翻译《诗术》都带有偶然性，并非出自对古希腊经典发自内心的热爱。法国的巴托更是如此，他虽然早年受神学教育，却是个新派哲人，年轻时就热爱艺术及俗语诗歌。30岁出头时，巴托发表了《简约为同一原则的美的艺术》（*Les Beaux Arts Réduits à un même Principe*，1747）一文，用洛克哲学的感觉论来解释诗艺，以便为当时刚刚出现的"美的趣味"议题找到"一个单一原则"，并用"美的艺术"这个概念来含括绘画、戏剧、音乐、舞蹈和雕塑，迄今被视为"美学"或"文艺批评"的重要先驱。[1]

随后，巴托把贺拉斯的《诗艺》译成了法文（1750），但他接下来又沿着新派哲学的感觉论思路转向了感觉主义的源头——伊壁鸠鲁哲学，编著《伊壁鸠鲁的道德：伊壁鸠鲁原著选粹》（*La Morale d'Épicure*，*Tirée*

---

[1] Paul Oskar Kristeller, *Renaissance Thought and the Arts*, New York, 1965, 页199-213；Ludwig Tavernier, *L'imitation de la belle nature. Zum Verständnis des Künstlers in der Nachahmungstheorie von Charles Batteux*，见 Hans Körner 等编，*Empfindung und Reflexion. Ein Problem des 18. Jahrhunderts*, Olms: Hildesheim, 1986, 页49-98。

*de ses Propres Écrits*, 1758），依据伽桑狄（Pierre Gassendi, 1592—1655）的新哲学为伊壁鸠鲁的原子感觉论辩护。

接下来，巴托又集十年之功，完成了两卷本《第一因史》（*Histoire des Causes Premières*, 1769），算得上最早一批西方哲学简史中颇富特色的一种。[1] 可见，巴托是个地道的新派哲学迷，他的诗学或美学探究与他热爱的新派感觉论哲学不可能没关系。

1771年出版亚里士多德《诗术》法译本时，巴托一同发表了《诗学四章：亚里士多德、贺拉斯、维达、布瓦洛》（*Les Quatre Poétiques d'Aristote, d'Horace, de Vida, et de Boileau*, 1771），让两位现代人与两位古人平起平坐。有趣的是，20世纪末，牛津大学出版社出版的《美学文选》则让巴托与亚里士多德以及诸多现代文艺学家和美学家平起平坐。[2]

随后，巴托又发表了《文学原理概论》（*Principes Abrégés de la Littérature*, 1774），史称最早的文艺学教科书之一。但这个文艺迷的压卷之作，却是临逝前完成的

---

[1] 笔者感到奇怪，Giovanni Santinello 主编的《哲学史的诸模式》非常著名，却在描述这一时期时对巴托只字未提。参见 G. Santinello 主编，*Models of the History of Philosophy: Vol. II, From the Cartesian Age to Brucker*, Brescia, 2010, 页49-98。

[2] S. Feagin / P. Maynard 编，*Aesthetics*, Oxford University Press, 1997, 页102-104。

《王家军事学校学员研修课程》(Cours d'études à L'usage des Élèves de L'écoleroyale Militaire),多达45卷。这样的新派学人会带着什么样的现代感觉来翻译《诗术》,可想而知。

可以说,《诗术》在启蒙时代才开始真正外传,即用现代的哲学观念来理解或解释《诗术》,从而建构出现代的美学和文艺理论。这意味着,《诗术》成了时代文人搞文学批评或建构文艺理论时断章摘句的材料,与亚里士多德的实际教诲了不相干。

不过,即便在这样的时代,并非所有学人都像巴托那样,把《诗术》中的论述视为诗学或美学问题。莱辛(Lessing,1729—1781)的《汉堡剧评》(1769)具有时论性质,其中多次提到甚至深入讨论到《诗术》,明显与启蒙文人不同调。由此可见,能否恰切地理解《诗术》,与其说取决于时代风气,不如说取决于个人的灵魂样式。[1]

库尔提马斯的《诗术》德译本出版那年,24岁的莱辛随即在报纸上撰文,给予很高评价。但仅仅两年后,在与两位朋友(门德尔松和尼柯莱)通信讨论市民悲剧时(1755—1757),莱辛对《诗术》的理解已经明显有所不同,他体会到:

---

[1] 莱辛的时代风气,参见 Stehen Martus, *Aufklärung: Das deutsche 18. Jahrhundert-ein Epochenbild*, Berlin, 2015, 页 525-579。

我无法想象,一个人不读《修辞术》第二编和《尼各马可伦理学》全书就能够理解这位哲人的《诗术》。[1]

十一年后,莱辛在写作《汉堡剧评》时多次援引《诗术》,让这部古希腊文典发挥现实作用。[2] 恰恰是在这样的语境中,莱辛强调应该按亚里士多德自己的理解来理解《诗术》:在解释"肃剧性恐惧"时,莱辛援引《修辞术》,在解释"净化"时,则援引《政治学》(《汉堡剧评》,页 360—364)。库尔提马斯在翻译《诗术》第 14 章时觉得有一处说法不通,便凭靠自己的推理怀疑亚里士多德"可能未慎重思考"。莱辛则认为,

> 老实说,我倒觉得这八成不可能。亚里士多德不会轻易搞出明显的矛盾。当我在这样一个人物的作品里发现这种矛盾的时候,我宁可怀疑自己的智力,也不会怀疑亚里士多德的智力。……我愿意满足于用较大的谦虚美德来对待像亚里士多德这样一位哲人。(《汉堡剧评》,页 188)

---

[1] 莱辛,《关于悲剧的通信》,朱雁冰译,北京:华夏出版社,2010,页 81。
[2] 莱辛,《汉堡剧评》,张黎译,北京:华夏出版社,2016,第 37—39,73—80,89—90 篇(以下随文注页码)。

像莱辛这样拥有眼力的学者文人实在凤毛麟角,毕竟,商化时代的来临已催生新的艺术感觉和智识趣味,绝大多数智识人趋之若鹜,显然是天性使然。从这一意义上讲,鲍姆伽通(A. G. Baumgarten,1714—1762)在1750年出版的《美学》(Aesthetica,两卷本)的确具有划时代意义,毕竟,它标志着新型知识人的艺术趣味开始谋求名正言顺的学科地位。[1]

## 启蒙时代的美学如何取代《诗术》

我们知道,Aesthetics[美学]的词源来自希腊文的"感觉"一词,这意味着,"美学"是关于美的感觉或趣味的科学。前文曾提到,沙夫茨伯里在1709年匿名发表的《共通感:论机趣和幽默的自由》长文已经预示了所谓审美趣味的品质:这是一种致力摆脱基督教世界观而获得精神解放的自由感觉。此后,巴托发表《简约为同一原则的美的艺术》(1747),凭靠英国的新派哲学为审美趣味提供哲学论证,美学原理已经呼之欲出,显得非常新锐。

其实,鲍姆伽通比巴托还小一岁,他在21岁那年就以《涉及诗歌作品的若干哲学沉思》(*Meditationes Philosophicae De Nonnullis Ad Poema Pertinentibus*)为题撰写了博

---

[1] 鲍姆嘉滕,《美学》,简明、王旭晓译,北京:文化艺术出版社,1987。

士论文（Halle，1735）。[1] 仅仅四年后（1739），鲍姆伽通发表了用拉丁文写成的处女作《形而上学》（1766年译成德文），时年才25岁，不禁让今天的我们想想自己多大了。

我们应该注意到，鲍姆伽通在进入形而上学时，其问题意识同样基于新的艺术感觉，但在哲学方面的推进，显得比巴托更生猛。在这部少壮之作中，鲍姆伽通把 gustus［趣味］界定为文明人的鉴别和判断能力。这种能力凭靠人的感觉而非理智，具体体现即所谓人性的愉悦或不愉悦感（《形而上学》，451节）。[2] 我们应该问，趣味问题成为普遍人性论的重要论题究竟是什么意思？

在十年后完成的《美学》一书中，鲍姆伽通提出，Aesthetices finis est perfectio cognitionis sensitivae［审美学的目的是感性认知的完善］。perfectio［完善］这个语词表明，趣味问题或者审美学提法，与其说是单纯的哲学认识论命题，不如说是如今所谓的公民哲学命题，即如何让自然人成为公民的政治哲学命题。[3]

---

[1] 英译本见 Alexander Baumgarten, *Reflections on Poetry*, K. Aschenbrenner / W. B. Holther 译，University of California Press，1954。

[2] 参见 Alexander Baumgarten, *Metaphysics: A Critical Translation with Kant's Elucidations, Selected Notes, and Related Materials*, Courtney D. Fugate / John Hymer 编、英译和导论，London，2013。

[3] 比较 Howard Caygill, *Aesthetics and Civil Society: Theories of Art and Society, 1640-1790*, University of Sussex，1982。

两百年后的20世纪中期，阿伦特仍在致力揭示康德的《纯粹判断力批判》的政治理论含义，并结合新的政治现实进一步阐发康德的公民哲学原理。这充分表明，被学界视为德国思想传统的审美理论是一种公民哲学理论。[1] 倘若如此，我们就得搞清审美理论为何以及如何是一种公民哲学论，而非忘乎所以地在这种政治理论中畅想。

德意志学人对审美问题的兴趣并非仅仅直接来自英国的沙夫茨伯里，而是也通过史称德意志启蒙思想先驱的托马秀斯（Christian Thomasius，1655—1728）直接承接自霍布斯（1588—1679）。也许由于研习法学的经历，托马秀斯很早就关注到霍布斯的新自然法理论。在他看来，就个体而言，霍布斯关于人性的看法有道理，即人的生存愿望受三种本能支配：voluptas［快乐］（Lust）-avaritia［贪欲］（Habgier）-ambitio［野心］（Ehrgeiz）。问题在于，个体聚合为社会共同体时就得改塑人的生存本能。

32岁那年（1687），托马秀斯发表了《论模仿法兰西人》（*Von der Nachahmung der Franzosen*），并因提出如下问题而在德意志学人中名声大噪："应该与法兰西人在共同生活和转变中模仿何种形象"（Welcher Gestalt man denen Frantzosen in gemeinem Leben und Wandel nachahmen

---

[1] 比较 Eric Watkins 编，*Kant's Critique of Pure Reason: Background Source Materials*，Cambridge University Press，2009，第3章。

solle）。在讨论这一问题时，托马秀斯对三大人性要素即知性—意志—情感（Verstand-Willen-Affekte）做出了分析性区分。由此我们得知，康德的知—情—意三分法并非原创，而是一个源于霍布斯自然状态论的话题。[1]

"模仿法兰西人"这个标题应该让我们想到，"模仿"是亚里士多德《诗术》的中心论题。模仿是属人的行为，如今的宠物一旦模仿人的动作，我们会因惊奇而感到欣喜。但亚里士多德讨论人的模仿行为所关切的问题是：模仿高尚抑或低劣的行为，决定了一个人的伦理品质。严格来讲，托马秀斯所讨论的"模仿法兰西人"这个论题，同样涉及伦理问题。与亚里士多德的差异在于，托马秀斯的伦理标准是现代市民/公民德性。

1692年，不到40岁的托马秀斯出版了一本书题为"德性学说导论"。现代学人著述喜欢给书名附加一个解释性书名（所谓"副标题"），17世纪欧洲学人给出的解释性书名往往很长，有时还不止一个。托马秀斯的《德性学说导论》用了两个副标题，以便让读者清楚看到，艺术感觉或审美趣味问题如何与公民社会问题关联在一起：《论理性地且富有德行地爱的艺术：作为达至幸福、

---

[1] 最早注意到托马秀斯的是新马克思主义哲学家布洛赫，参见 Ernst Bloch, *Christian Thomasius, ein deutscher Gelehrter ohne Misere*, Frankfurt am Main, 1968；比较 Werner Schneiders 编, *Christian Thomasius（1655—1728）: Interpretationen zu Werk und Wirkung*, Hamburg, 1989。

文雅、愉快生活的唯一途径》。[1]

由此来看，要说"模仿法兰西人"这个论题具有标识古今之变的历史意义绝不为过，因为这个论题表明：人们不再关切模仿高尚抑或低劣的区分，而是追求如何模仿时髦的幸福文雅的愉快生活——正如今天的我们追求如何模仿美利坚人。

鲍姆伽通的哲学博士论文关切艺术感觉和趣味问题，可以视为对托马秀斯的问题意识的推进。鲍姆伽通智识超群，23岁（1737）就受聘为哈勒大学的哲学讲师，27岁被一所新办大学聘为"俗世智慧与美的科学教授"（Professor der Weltweisheit und der schönen Wissenschaften），年纪轻轻就成了一代宗师。所谓"俗世智慧"即哲学的代名词，这个教授头衔意味着，新派哲学的旨趣在于废黜基督教精神治权。与此相应，"美的科学"是后基督教时代的公民科学的代名词。

德意志新古典主义创始人温克尔曼（Johann Joachim Winckelmann, 1717—1768）比鲍姆伽通只小3岁，早年

---

[1] 书名原文为 *Von der Kunst Vernünfftig und Tugendhafft zu lieben. Als dem eintzigen Mittel zu einen glückseligen / galanten und vergnügten Leben zu gelangen / Oder Einleitung Zur Sitten Lehre*。比较 Werner Schneiders, *Naturrecht und Liebesethik. Zur Geschichte der praktischen Philosophie im Hinblick auf Chr. Thomasius*, Hildesheim, 1971; Martin Kühnel, *Das politische Denken von Christian Thomasius: Staat, Gesellschaft, Bürger*, Berlin, 2001, 页310-321。

在神学院就读，因心仪新派哲学，不久就逃离神学院，跑去听鲍姆伽通开设的大课。38岁那年，温克尔曼的《关于古希腊绘画和造型艺术作品中的模仿的思考》(1755)一时引起学坛关注。他颇会作秀，在随即刊印第二版时，自己撰写了反驳性质的"通信"(Sendschreiben)，然后又对驳文做出回应(*Beantwortung des Sendschreibens über diese Gedanken*)，作为附录一并刊印，以论辩形式挑起是否应该模仿古代艺术的争议。[1]

我们会以为，温克尔曼是个古典艺术精神的捍卫者，其实，他不过是要借古希腊艺术来打击当时占据主流地位的巴洛克艺术感觉，终结基督教艺术传统。在温克尔曼所发现的古希腊艺术的"单纯"和"静穆"品质背后，实际潜藏着现代人的激情和趣味。因此，当20世纪英国的日耳曼文学专家巴特勒(Eliza M. Butler, 1885—1959)用生花妙笔揭发温克尔曼的意图时，也不经意地暴露了自己的低劣心性。[2]

温克尔曼的文章与其说是在探究古希腊绘画和雕塑

---

[1] Johann J. Winckelmann, *Gedanken über die Nachahmung der griechischen Werke in der Malerei und Bildhauerkunst*, Dresden / Leipzig, 1756; 比较 Rudolf Wittkower, "Imitation, Eclecticism, and Genius", 见 Earl R. Wasserman 编, *Aspects of the Eighteenth Century*, Baltimore, 1965。

[2] 巴特勒，《古希腊人对德国的暴政》，林国荣译，北京：社科文献出版社，2017，页23，60—63。

中的模仿，毋宁说是在表达现代式的人性激情和趣味。带着这种激情和趣味，温克尔曼在40多岁时接连发表了一系列作品：《对古代造型艺术的观察》(1762)，书信体论文《论艺术中的美》(1763)，最为著名的当数1764年出版的《古代艺术史》。在这部传世之作中，温克尔曼提出了这样的观点：古希腊艺术是古希腊民族在其自然（如气候）和政治环境中的产物，或者说，任何民族的艺术都是地缘环境的产物。在温克尔曼看来，艺术有如自然生命机体，有其生长、成熟和衰落的过程。个中隐含的逻辑不言自明：不同时代和不同地缘环境，自然而然会有不同的艺术感觉和趣味。

通过描述古希腊艺术，温克尔曼致力展示古希腊文明的政治、社会和思想的自然成长条件，无意中也开启了现代人类学式的古典研究。[1]发表《对古代造型艺术的观察》那年，温克尔曼同时发表了《关于赫库兰尼姆[考古]发掘的通信》，两年后又发表了《赫库兰尼姆最新[考古]发掘报告》，充分利用庞培遗址尤其著名的被苏维尼火山吞噬的古城赫库兰尼姆（Herculaneum）的考

---

[1] Alex Potts, *Flesh and the Ideal: Winckelmann and the Origins of Art History*, Yale University Press, 1994/2000; K. Harloe, *Winckelmann and the Invention of Antiquity History and Aesthetics in the Age of Altertumswissenschaft*, Oxford University Press, 2013; K.-W. Haupt, *Johann Winckelmann: Begründer der klassischen Archäologie und modernen Kunstwissenschaften*, Weimar, 2014.

古发掘成果,以支撑自己的艺术观念。我们接下来即将看到,正是凭靠人类学的考古成果,20世纪的人类学古典学家在研究古希腊戏剧时,趾高气扬地一脚踢开了亚里士多德的《诗术》。

年轻的鲍姆伽通还有一位年轻学生名叫迈尔(Georg Friedrich Meier,1718—1777),比温克尔曼小一岁,但成名更早。28岁那年(1746),迈尔发表了《从美的科学探究德意志人趣味衰败的若干原因》,紧接着接连推出三卷本《美的艺术和科学的初始奠基》(1748—1750),成书比鲍姆伽通的两卷本《美学》还早。

迈尔并非是要抢在老师前面争得美学这门科学的发明权,毋宁说,他知道老师的美学理论学理艰深,需要通俗化的解释才能传播。鲍姆伽通的《美学》用拉丁文写成,迈尔的三卷本大著则用俗语(德语)写成,以论战姿态高扬鲍姆伽通致力树立的 felix aestheticus [愉悦的感觉人/审美人]这一新人类型,以此取代所谓"学究狂式"(schulfüchsig)的 felix logicus [愉悦的逻辑人]类型。[1]

---

[1] Georg F. Meier, *Untersuchung einiger Ursachen des verdorbenen Geschmacks der Deutschen in Absicht auf die Schönen Wissenschaften*, Halle, 1746; Georg F. Meier, *Anfangsgründe aller schönen Künste und Wissenschaften sein*, Halle, 1748-1750; 详参 Ernst Bergmann, *Die Begründung der deutschen Aesthetik durch A. G. Baumgarten und G. F. Meier*, Leipzig, 1911; F. Grunert / G. Stiening 编, *Georg Friedrich Meier (1718-1777):Philosophie als "wahre Weltweisheit"*, Berlin, 2015。

中古伊斯兰哲人把亚里士多德的诗术视为逻辑学的分支，这意味着诗术属于少数人的技艺。"美的科学"（die schöne Wissenschaften）致力于打造"愉悦的感觉人/审美人"，从而属于公民哲学的技艺，其具体的施展领域便是报刊文艺批评。

可见，在18世纪，虽然《诗术》的文本考订、翻译和注疏不断取得进展，柏拉图—亚里士多德的诗术原理也开始失传：内传理解意义上的失传。

美学看似德意志学界的特产，其实不然。毕竟，审美问题即艺术感觉或文雅感觉问题，从根本上讲来自霍布斯的自然状态/政治社会的二元论，或者说，德意志哲人的美学问题源于英国哲人的政治哲学问题。与此相应，报刊文艺批评的兴起属于新自然法引出的新兴公民哲学。18世纪的英国著名戏剧作家菲尔丁（Henry Fielding, 1707—1754）也是积极推动法律改革的政治活动家，曾出任伦敦执政官，他在1752年写道：

CRITIC. Like homo, a name common to all the human race.［批评者：与"人"（这个名称一样），乃整个人类共有的名称。］

由此可以理解，作为报刊文学批评的推动者，法学家托马秀斯在西方文艺批评史上也算得上一位转折性人物。[1]

19世纪初,黑格尔在柏林大学开讲"美学",标志着审美学[艺术感觉学]问题取代了古典的诗术问题,或者说"美"[自然美和艺术美]的观念正式取代了"诗"的观念。前文已经提到,黑格尔几乎是在即将完成专论现代国家即市民国家的"法哲学"时开讲"美学",两者联结得如此之紧,看来绝非偶然。

另一方面,随着古希腊哲学文典的考订、翻译和注疏不断取得进展,黑格尔又不得不面对亚里士多德。他在《美学讲演录》一开始就说,Ästhetik甚至Kallistik这个语词并不恰当,因为这门学科的对象范围是"美的艺术"。德语的Kunst不是来自希腊文,而是地道的俗语[德语],但德意志学人习惯于用它来对译希腊文的"技艺[术]":亚里士多德的《城邦术》(即《政治学》)译作Staatkunst,《诗术》译作Dichtungskunst。

黑格尔说,"在当时的德意志,人们通常从艺术作品所应引起的愉快、惊赞、恐惧、哀怜之类情感去看艺术

---

[1] 比较 Herbert Jaumann, *Critica. Untersuchungen zur Geschichte der Literaturkritik zwischen Quintilian und Thomasius*, Leiden, 1995, 页276-283。Jaumann 用菲尔丁的话作为扉页题词,以此点题。比较 Friedrich Vollhardt 编, *Christian Thomasius (1655-1728): Neue Forschungen im Kontext der Frühaufklärung*, Tübingen, 1997, 页379-444。

作品"。[1]显然,"恐惧"和"哀怜"这两个语词来自《诗术》,可见,黑格尔熟悉亚里士多德的《诗术》。

黑格尔认为,"美学"的正确名称应该是"艺术哲学",尽管如此,他仍然依据德语哲学的"审美学"目的置换了"诗术"的目的:

> 诗的艺术作品只有一个目的:创造美和欣赏美;在诗里,目的和目的的实现都直接在于独立自足的完成的作品本身,艺术的活动不是为着达到艺术范围以外的某种结果的手段,而是一种随作品完成而马上就达到实现的目的。(同上,卷三[下册],页46)

在黑格尔的"美学"体系中,"诗"成了"各门艺术"的一个种类,亚里士多德的《诗术》重点讨论的戏剧诗,在黑格尔所划分出来的这个种类中处于最末位置。黑格尔专门提到"古代戏剧体诗与近代戏剧体诗的差别",这无异于说,亚里士多德的"诗术"相当于如今的戏剧理论。[2]在讨论戏剧诗时,黑格尔对亚里士多德《诗术》的理解尽管不乏哲学视野,他的问题意识来源却早已远离

---

[1] 黑格尔,《美学》,前揭,卷一,页3。
[2] 黑格尔,《美学》,前揭,卷三[下册],页240以下,页297—300;比较黑格尔对亚里士多德的"肃剧"观的解释,见页287—289。

亚里士多德。毕竟，黑格尔的《美学》明确以康德—席勒的美学论述为前提。[1]

针对黑格尔的现代式戏剧理解，基尔克果在《或此或彼》第一部中题为"现代戏剧的肃剧因素中反映出来的古代戏剧的肃剧因素"一节提出反驳：

> 为了恰当地理解希腊肃剧中深刻的悲痛，我必须体验希腊意识。因此，当那么多人赞美希腊肃剧时，无疑常有鹦鹉学舌一样的重复，因为，很明显，我们时代至少对真正的希腊悲痛没有伟大的同情。[2]

基尔克果的这一观点让我们想起差不多一百年前的莱辛对《诗术》的理解。莱辛和基尔克果都算得上哲人，但他们都善于用作诗方式探究政治哲学问题，包括现代的公民哲学或法哲学问题。由此可见，即便在启蒙时代和后启蒙时代，《诗术》的内传血脉并没有彻底中断。我们也不能说，以作诗方式探究政治哲学已经过时。问题仅仅在于：如今的我们愿意跟随康德或黑格尔的美学传统，还是跟随柏拉图—亚里士多德的诗术传统。这

---

[1] 黑格尔《美学》，前揭，卷一，页70—78。
[2] 基尔克果，《或此或彼》，阎嘉译，上册，北京：华夏出版社，2007，页153—188，引文见页168。

意味着，我们得在现代公民哲学与古典政治哲学之间做出选择。

### 现代之后的《诗术》翻译和理解

黑格尔的《美学讲演录》虽然建构出一个美学体系，却没有产生什么实际影响。19世纪末，随着新康德主义兴起，审美主义式的艺术自律论成了学界显论。依据康德所谓的审美经验"无涉利害"说，这种艺术理论把与文艺相关的审美经验视为独特且自主的领域，有别于宗教经验、政治经验和伦理经验。[1]

1907年，英国的古典学家布切尔（Samuel H. Butcher，1850—1910）出版了考订版《诗术》译本，附有长达四百多页的专著性质的解释，题为"亚里士多德的诗和美的艺术论"。[2] "美的艺术"（fine arts）是个现代观念，布切尔让它与"诗"这个古老概念并置。言下之意，亚里士多德的所谓"诗"指"美的艺术"，理由是《诗术》第25

---

[1] 比较 Hermann Cohen（1842—1918），*Kant's Begründung der Aesthetik*，Berlin, 1889/Nabu Press, 2010；柯亨，《艺术作品的辩证法》，见刘小枫选编，《德国美学文选》，前揭，上册，页274—288。

[2] Samuel Henry Butcher, *Aristotle's Theory of Poetry and Fine Art: With a Critical Text and a Translation of the Poetics*, London, 1907/1932; New York, 1951; Cornell University Library, 2009. 希腊文依据1741号抄本和10世纪中期从叙利亚文转译的阿拉伯文译本（Paris, 882A）。

章中有这样一句:

> 属于政治术的正确本身,与属于诗术的正确本身不同,属于其他技艺的正确,与属于诗术的正确本身也不同。(1460b14)

布切尔说,这证明亚里士多德认为,诗或广义的文艺与宗教和政治不相干,是一种自由而独立的心智活动,其目的甚至与教育或道德熏陶也不相干。因为,美的艺术无涉政治或道德的实践需求,不寻求影响现实世界。

参与编辑柏林版考订本希腊文《亚里士多德全集》的牛津亚里士多德专家拜瓦特(Ingram Bywater, 1840—1914)在1909年发表的《亚里士多德论诗艺》中承认,肃剧能够给雅典公民带来道德和政治方面的教益。但他仍然认为,对戏剧诗人自己来说,肃剧的目的无非是带来"无涉利害的审美愉悦"。[1]

不难设想,在艺术自律论的支配下,即便《诗术》希腊文本的校勘和译注日益精进,人们也不可能对《诗术》有符合内传传统的理解。玛戈琉斯的《诗术》笺释(1911)注重对勘亚里士多德的其他讲稿和中古阿拉伯学

---

[1] Ingram Bywater, *Aristotle on the Art of Poetry. A Rev. Text, with Critical Introd., Translation, and Commentary*, Oxford, 1909 / 1945, 页 160-161.

者的译注，相当难能可贵，但其英译文和义疏也无不带有艺术自律论色彩。

布切尔和拜瓦特的艺术自律论式的《诗术》解释，支配西方学界长达半个多世纪。特尔福德的《诗术》译笺（1961）和卢卡斯的《诗术》笺注（1965）在古典语文学方面不乏成就，笺释却明显受布切尔误导。美国的古典学家厄尔瑟（Gerald F. Else，1908—1982）的《诗术》新译本和新解释试图取代布切尔和拜瓦特的解释模式，但他也认为，亚里士多德对"诗"持有非政治的理解，因为，《诗术》的写作目的在于反对柏拉图将诗人逐出城邦的主张，为诗人恢复名誉。[1]

直到20世纪80年代，对《诗术》的去政治化解读才遭到有力批驳。年轻的英国古典学家哈利维尔（Stephen Halliwell，1953—　）写道：

> 当一个现代学者在《诗术》第25章发现"纯审美的价值"设想时，他将一种支离破碎的经验投射到亚里士多德身上，正好割裂了这位哲人的思想纹理。亚里士多德不像柏拉图那样，专横地断定诗

---

[1] Gerald F. Else, *Aristotle's Poetics*, University of Michigan Press, 1957/1967, 页3；比较 Gerald Else, *Aristotle's Poetics: The Argument*, Harvard University Press, 1963; Gerald Else, *Plato and Aristotle on Poetry*, Peter Burian 编, The University of North Carolina Press, 1986/2011。

如何如何，不过，虽然如此，他仍是从一种统一的、具有等级秩序的人类生活观念出发来看待作诗。[1]

哈利维尔不仅强调《诗术》与亚里士多德的政治学、伦理学、修辞术的紧密关联，而且强调《诗术》与柏拉图关切的诗与哲学之争有紧密关联。他在《亚里士多德的诗学》一书中提供了一个列表，详细罗列《诗术》文本中与柏拉图对话作品的对应关系。[2] 显然，哈利维尔的《诗术》识读和翻译及其笺释，致力于回到《诗术》的内传理解。

然而，在此之前的20世纪60年代末，结构主义语言学—人类学式的古典学研究异军突起，亚里士多德的《诗术》已经遭遇彻底否弃。1972，韦尔南（Jean-Pierre Vernant，1914—2007）与维达尔—纳凯（Pierre Vidal-Naquet，1930—2006）合写的《古希腊的神话与肃剧》（*Mythe et tragédie en Grèce ancienne*）出版，迄今仍是古典学界的圭臬。韦尔南在书中宣称，即便他所倡导的古希腊肃剧解释还无法取代传统的哲学解释，至少也"增加了一种全新的视角"。在韦尔南笔下，亚里士多德受到这样的指责：

---

[1] 哈里维尔，《〈诗学〉的背景》，见刘小枫/陈少明编，《诗学解诂》，前揭，页44—45。

[2] Stephen Halliwell, *Aristotle's Poetics*, Unversity of North Carolina Press, 1986/1998（第二版）/2009，页331—336。

肃剧出现在公元前5世纪末的古希腊，然而，甚至还不到一个世纪，肃剧之泉就枯竭了，这是因为，在公元前4世纪，亚里士多德就在《诗术》一书中开始研究创设悲剧理论。由此可见，亚里士多德已经不了解什么是"悲剧的人"这一概念，这对他来说已变得非常遥远而陌生。肃剧是继史诗和抒情诗之后出现的，消失于哲学兴盛之时，作为一种文学样式，它应被视为一种人类经验的特殊表达方式，与当时特有的社会条件和思想条件紧密相关。[1]

人类学路数的古典学把列维—施特劳斯（Claude Lévi-Strauss, 1908—2009）的结构主义人类学法则用于研究古希腊的神话和肃剧。既然《诗术》的主体部分是论肃剧，人类学式的肃剧解释必须首先废黜亚里士多德这个古代权威，才可能建立自己的话语权威。因此，韦尔南指责亚里士多德不能理解肃剧情景，没有把古希腊肃剧视为独特的历史时刻的产物，没有审视肃剧中那些深刻的历史和人类难题，从而看不到肃剧所教导的善之脆弱（同上，页24—25，31—33）。

人类学式的古典学在智识技术上显得新锐，其观点

---

[1] 韦尔南/维达尔—纳凯，《古希腊神话与悲剧》，张苗、杨淑岚译，上海：华东师范大学出版社，2016，页14—15。

并不新锐,毕竟,著名的大众戏剧作家布莱希特(1898—1956)已经说过:《诗术》"阻碍了观众批判地反思人类苦难的社会根源"。这种说法让我们可以看到,18世纪的公民哲学在20世纪已经变成大众哲学。

20世纪90年代以降,人类学路数的古典学在西方古典学界成了显学,甚至汉语学界的戏剧理论家也跟着说:《诗术》在最关键的地方背离了古希腊肃剧的特质。因为,《诗术》仅仅关注成文剧作,并由此推衍出一种关于文艺的普遍真理,无视戏剧表演和剧场,无视当时的文化生态和观众参与,无视肃剧诗要靠歌曲和抑扬顿挫的吟咏来展现。毕竟,戏剧的特质在于演出,而非成文剧本——因此,

> 探讨肃剧时,亚里士多德有着极严重的盲点,或者可以说是戏剧欣赏的智障,因为他着眼的只是剧本,只是参见理念与知性范畴的故事与性格发展,只是文化的展现。[1]

多么有勇气的说法!古希腊人亚里士多德的言辞是肃剧"欣赏的智障",今天的戏剧理论家反倒不是。难怪有评论者说:人类学式的古典学的确非常厉害,它能够

---

[1] 郑培凯,《古希腊政治、文化与戏剧:兼论中国曲剧之文化生态前瞻的另类思考》,见《当代》(台北),1998年第131期,页71以下。

把学术智障培养成自以为是的评论家。郝兰说得有道理,

> 韦尔南对肃剧意识的**历史主义**解释会产生这样一个问题:为什么他就能描述(就理解程度而言)连亚里士多德都不能理解的这种肃剧意识。[1]

人类学路数的古典学观点并非具有原创性,早在两百年前,赫尔德(Johann Gottfried Herder,1744—1803)就在为柏林科学院征文赛撰写的征文(1775)中说过:荷马的趣味乃至繁荣的雅典戏剧,都生长于希腊的社会土壤,"舞台是对雅典人公共生活的生机勃勃的展现"。由此来看,20世纪的人类学式古典学不过是18世纪萌生的历史主义思想最为新锐的表达而已。

尽管如此,我们应该注意到,赫尔德还说,《诗术》所讨论的"所有肃剧元素——情节、风尚、思想、音乐、言辞和场景","其中并无半点儿学园秘密(Schulgeheimnis)",因为:

> 亚里士多德这整本理论著作来自于人民之口(Munde des Volks),这就正如在北方的法院里被选举

---

[1] 郝兰,《悲剧性过错:重启〈诗学〉》,见刘小枫/陈少明主编,《诗学解诂》,前揭,页271。

出来的共同体的法官通过事情的本质来进行裁决。[1]

这一说法提醒我们,即便在启蒙运动的高潮时期,仍然有人懂得《诗术》属于"学园秘密"。

施特劳斯并非古典学家,但他倡导的古典政治哲学研究呼吁像古人理解自己那样理解古人。20世纪50年代末,施特劳斯倡导的政治哲学路向的古典研究已经开始影响对《诗术》的理解。1959年,施特劳斯最早的学生之一伯恩斯在芝加哥大学通识教育系列讲座"心智的作品"中主讲《诗术》时,一开始就回到莱辛提出的问题,直接冲撞凭靠康德式的审美自律论阅读《诗术》的风气。[2] 人类学式的古希腊肃剧研究成为古典研究的圭臬之时,施特劳斯的再传弟子戴维斯出版了《哲学之诗》(1992)。我们不必说这部著作别开生面,毋宁说,它的确开启了像亚里士多德理解自己那样理解《诗术》的可能性。

### 《诗术》在中国的接受

我国的西方古学研究向来寂寞,但亚里士多德学是个例外。自民国以来,我国学人致力研究亚里士多德远

---

[1] 赫尔德,《各民族趣味兴衰的原由》,见刘小枫编,《从普遍历史到历史主义》,北京:华夏出版社,2017,页119。
[2] 伯恩斯,《〈诗学〉管窥》,见刘小枫/陈少明主编,《诗学解诂》,前揭,页20—40。

勤于研究柏拉图。《亚里士多德全集》是继《马克思恩格斯全集》之后成就的第一个西方大哲的汉译全集。《诗术》汉译本之多，恐怕也算得上西方古代经典汉译之最。据笔者不完全统计，从傅东华（1893—1971）译本到如今，已经有11个译本。

1925年，傅东华译自英文的《诗学》在《小说月报》上连载，次年，上海商务印书馆推出单行本。时值"五四新文化"运动之际，这个译本多次重印，足见颇有市场。20世纪40年代末，天蓝依据18世纪的英译本迻译出新译本（1948/1953），缪灵珠译本可能成于20世纪50年代初（有少量删节），但出版较晚。[1]

20世纪60年代以来，海峡两岸学者前赴后继地不断重译《诗术》，每十年就有一个新译本问世，有时甚至有两个新译本：

罗念生译本（《诗学》，北京：人民文学出版社，1962/1982，重印于《罗念生全集》卷一，上海：上海人民出版社，2004）；

姚一苇译本（《诗学笺注》，台北：国立编译馆，1966）；

胡耀恒译本（《诗学》，台北：中外文学出版社，

---

[1] 见章安琪主编，《缪灵珠美学译文集》第一卷，北京：中国人民大学出版社，1998。

1976）；

崔延强译本（《论诗》，北京：中国人民大学出版社，1994）；

陈中梅译本（《诗学》，北京：商务印书馆，1996）；

王士仪译本（《创作学译疏》，台北：联经出版公司，2003）；

郝久新译本（《诗学》，北京：九州出版社，2007）；

刘效鹏译本（《诗学》，台北：五南出版公司，2008）。

译本虽多，我们对《诗术》的理解未必有长进。稍加检视就可以看到，即便在翻译方面，我们仍然面临诸多一般性困难。天蓝译本和姚一苇译本虽依据英文本迻译，由于翻译时基于潜心研究，反倒比貌似依据希腊文迻译的译本有启发。天蓝译本分论诗、肃剧、史诗、批评、肃剧之优于史诗五个部分，带有义疏性质。姚一苇译本不仅参考了松浦嘉一的日译本，还采用中国古学传统的笺释方式，交互引证亚里士多德的其他传世讲稿。

缪灵珠译本和罗念生译本可能都参照过希腊语原文，罗译本有可观的注释，陈中梅译本进一步丰富了注释和相关研究资料。王士仪的《创作学译疏》基于细致的语文学研究，采用希腊语直译方式迻译（主要依据卢卡斯笺注本），文献功夫做得非常踏实。王士仪译本辅有研究专著，而且专著先行出版，可见其译本所下的研究功夫不浅。

发人深省的是，这个译本恰恰问题最明显。因为，译者完全从现代戏剧学理论来识读《诗术》，难免把《诗术》说得面目全非。翻译经典固然必须基于研究，但若研究路子有问题，则可能前功尽弃。

清末民初的王国维是我国第一位与西方诗学照面的热爱智慧者，他撞见了启蒙时代的康德而非西方智慧的先祖亚里士多德，只能算是时代的不幸。若非与《诗术》失之交臂，《人间词话》或《红楼梦评论》定然会有另一番景观。

不过，是否能避免王国维式的不幸，对今天的我们来说仍然是个机运问题。

施特劳斯关注柏拉图所面临的苏格拉底问题，即阿里斯托芬对苏格拉底的批评所引发的诗与哲学之争，他的学生巴特基尝试由此入手识读《诗术》。[1]亚里士多德进入柏拉图学园之时，柏拉图已经完成一系列回击阿里斯托芬的作品。人类学式的古希腊肃剧研究即便能够揭示肃剧的社会历史面目，也与亚里士多德从自己的老师那里承接的问题不相干。毕竟，社会科学式地理解肃剧诗人与理解亚里士多德的肃剧论，是完全不同的两回事情。现代人类学家的头脑不等于亚里士多德的头脑，若要比斗理解人世的智慧高低，谁胜谁负不难决出高下。

人类学式的古希腊肃剧研究破碎《诗术》之前，施

---

[1] 巴特基，《从〈诗学〉看古今之争》，见刘小枫主编，《古典诗文绎读西学卷·古代编》，北京：华夏出版社，2009，页486—495。

特劳斯学派已经开启理解《诗术》乃至理解古希腊戏剧的古典研究路向。直到今天,这一解读方向仍未成为《诗术》研究的主流。因此,笔者跟随施特劳斯开启的古典研究进路,不会有务竞新奇赶时髦之嫌。对笔者来说,选择这一进路的理由在于:宁可向亚里士多德学习智慧,也不跟随人类学式的古典学家玩智术。

## 四 《诗术》为何特别晦涩难解

我们经常听说,亚里士多德的传世讲稿看起来论述缺乏平衡,还有明显的抵牾、没兑现的承诺以及脱节和含糊其词的说法,似乎不像精心写就之作。在《诗术》中,类似情形尤为突出。即便文辞上的表面困难,也并非仅仅凭靠古典文献学考释就能获得解决。早前,有古典学业内人士认为,《诗术》传本在早期流传过程中很可能有佚失,或者文本顺序被搞乱,甚至还有可能遭到窜改,因此才会出现段落缺乏连贯、莫名其妙的转折、枯燥乏味的重复。遗憾的是,直到今天,《诗术》文本考订并没有解决文本识读的所有表面困难。[1]

---

[1] 1935年,Solmsen 应用著名古典学家耶格(Werner Jaeger, 1888—1961)在1912年提出的"历史生成方法论"(the historic genetic methodology)考订原则,首倡辨别《诗术》形成年代层的校勘法。

### "内传"讲稿也有表演性？

人们不得不回到古传说法：亚里士多德著作有对外的作品和内传的"讲稿"之分，而《诗术》属于内部讲稿。但是，对外的作品与内传"讲稿"的关系究竟如何，今人并不清楚。比如，《诗术》第25章关于诗的判别标准的说法明显过于简扼，亚里士多德很可能在对外作品《荷马诗作中的疑难》（*Homeric Problems*）中有较为详细的说明。由于亚里士多德的对外作品没有流传下来，甚至古人提到的也不多，今人没法比较作为内部"讲稿"的《诗术》与对外作品中的说法究竟有何差异。

那么，我们是否可能通过亚里士多德自己关于修辞术的说法来把握他讲述诗术时的修辞呢？至少，亚里士多德的《修辞术》与《诗术》的关系显得非常直接。讲授《修辞术》时，亚里士多德说过：

> 同理，既然娱乐，各种放松和笑也令人快乐，那么引人发笑的事情——人、言语或行为——也必定令人快乐。可笑之事在《诗术》中已经专门讨论过了。（《修辞术》1371a31，何博超译文）[1]

这里显然指《诗术》中对谐剧的讨论，但在《诗术》

---

[1] 比较施特劳斯，《修辞术与城邦》，前揭，页175—176。

传本中,今人并没有见到"专门讨论""可笑之事"的部分。也许,《诗术》的确有论谐剧的部分。

又比如,亚里士多德在《修辞术》中谈到隐喻的优越性时说:

> 在《诗术》中已经说过了上述这些内容,也说过了有多少种隐喻。隐喻在诗和文中都非常重要。但是,演说者必须在文中多多关注隐喻,因为散文可用的资源比格律文少。隐喻最能带来明晰、快乐、新异,而且它不可能从其他人那里学来。(《修辞术》1405a3-10,何博超译文)[1]

看来,亚里士多德的内部讲稿具有内在的融贯性。内部讲稿与对外作品不同,明显因为受众不同,讲述方式也有所不同。在讲授修辞术时,亚里士多德提到《诗术》的地方更多,乃因为修辞术和诗术都涉及表演性质的言辞制作,其对象会涉及常人。如施特劳斯所说,"如果听众是高级知识分子而且道德高尚,那么,表演就完全多余"。这一说法指向亚里士多德的如下说法:

> 起初,诗人自己演他们[写]的肃剧。所以显

---

[1] 比较施特劳斯,《修辞术与城邦》,前揭,页432—433。

然，修辞术和诗术的情况有点相似；[就诗术来说]，特奥斯的格劳孔（Glaucon of Teos）就处理了[表演]这个问题。表演与语音有关，它关涉的就是通过什么模式使用语音可以产生每种特殊情感；什么时候应该大声，什么时候低下来，什么时候中度；如何使用尖利、深沉、中度的音调；每个主题适合的韵律是什么等等。有三种性质需要考虑：响度、音谐和节奏。那些正确使用这些因素的人几乎总能在戏剧比赛中获奖；而在今天，演员对舞台的影响力也超过诗人，这跟政治竞争中的情况一样，都归因于我们政体的堕落。(《修辞术》1403b25-35，何博超译文)

读到这些说法，我们就应该说，如今那些认为亚里士多德不懂表演技艺的戏剧理论家实在是自以为是地不知所谓得可笑。亚里士多德继续说：

> 但是，还没有一部论著讨论过表演，因为措辞只是很晚才被注意到；正确来看，它可以认为是鄙俗之事。但是，既然修辞术的全部任务就是影响意见，故而我们必须关注表演，这并非因为它是对的，而是因为它很必要；正当的做法就是，应该认准如何不激起痛苦或快乐。正当就应该是围绕事实展开争论，这样，除了证明之外，其他所有事情都是多余的；⋯⋯

由此看来，在内部讲课中，亚里士多德仅仅诉诸"证明"，不会有表演。但是，我们不能凭此认为，今人难以识读的《诗术》细节，只是由于我们不清楚亚里士多德当时怎样使用这类内部讲稿，更不能认为，由于亚里士多德的内部讲课不重视文辞表达，我们大可不必深究文本的表面困难，否则，我们会遭到亚里士多德自己的反驳。亚里士多德紧接着上面的说法接下来说：

> 尽管如此，如我们刚才所说，措辞之所以非常重要，是因为听众的败坏。但是，在每种教育体系中，关注措辞几乎毫无必要；就澄清事实来说，以这种方式或那种方式说话确实是有不同，但差别不是非常大，相反，所有这些［措辞和表演］都仅仅是表面之事，为了愉悦听众；所以，没有人用这种方式教授几何学。（《修辞术》1403b36–1404a12，何博超译文）[1]

的确，内部讲课不是公开演说，更不是演戏，无须"讨听众欢心"。但是，亚里士多德并没有说，内部讲课无须讲究表达的技艺，这样讲或那样讲都无所谓。古人已经知道，亚里士多德喜欢用含混的表达刻意制造思考

---

[1] 比较施特劳斯，《修辞术与城邦》，前揭，页427—430。

时的困难,"有如一条鲤鱼随时要滑走"(Atticus 辑语,7),要逮着他的思路不容易。亚里士多德授课带有临场探究性质,看起来是在清晰地论述,其实往往暗藏"设疑式"(aporetic)提问,或故意制造不明不白的转折。因此,阅读亚里士多德的讲稿,让人苦恼多于激动。[1]这意味着,亚里士多德的内部讲学同样注重修辞,以引导学生动脑筋自己寻求解答,而非像现代哲学论著那样,直接给出公理化的陈述。《形而上学》卷三仅有问题目录,其他章节讨论的问题也往往没有给出明确答案,就是著名例子。

即便在讲授自然学这类如今所谓自然科学的学问时,亚里士多德也讲得并不直白。毕竟,在雅典城邦,常人会认为探究自然是渎神行为。但作为学园教师,亚里士多德谈及自然探究时,不可能不谈有关"是什么"的知识,至少在学园内,他得对学生们讲出自己的真实看法。为了缓解自然探究与荷马教诲的抵触,亚里士多德会在讲课中凭靠修辞技艺夸大自然探究与流行信念的一致,以至显得自相矛盾,并非不可思议。

比如,亚里士多德说可见的世界永久持存,事物有变化是善的目的因所致,这种说法就是一种修辞。换言之,亚里士多德面临两种义务:既要维护社会稳定,又要对得

---

[1] 伯内斯,《亚里士多德》,前揭,页76。

起自己作为自然探究者的初心。由于未必直话直说,有时甚至不惜混杂一些表面说法以模糊自己对自然的真实看法,亚里士多德的讲稿难免带有某种修辞上的蒙骗性。[1]

《诗术》何以尤其缺乏论述上的平衡,甚至出现明显的矛盾或含糊其词,戴维斯的解释是:《诗术》以仿肃剧的表达方式来展示政治哲学的品质。与柏拉图的对话作品一样,亚里士多德的讲稿实质上是仿戏剧体,文本表面充满戏剧张力,尽管没有呈现为戏剧式对话形式。看似莫名其妙的转折、枯燥乏味的重复、漫不经心的比喻,不过是在激发听者(读者)去体味热爱智慧的精妙含义。雅典城邦的肃剧是一种政治教育方式,即借助复杂难辨的故事来展现某种难以简单呈现的政治意见,促使人们返己照察。肃剧故事给城邦民造成理解上的困难,不过是要他们"通过受苦来学习[智慧]"。同样,《诗术》中的论说有如带悬念的戏剧故事,其情节线索出自某种哲学教诲的意图。今天的读者若对文本表面的矛盾或含糊其词缺乏自觉的敏感,就不可能读出其中隐含的哲学含义。[2]

戴维斯的看法并非自己的发明,而是依循中古时期

---

[1] 波罗廷,《探求〈物理学〉:尤其关注亚里士多德写作方式的作用》,万昊译,北京:中国社会科学出版社(即出),"导言"。
[2] 戴维斯,《哲学之诗》,前揭,页1—9。

阿拉伯学人的见解：《诗术》被归在工具论一类讲稿，意味着把《诗术》视为关于思辨艺术之书。[1]倘若如此，古典学家桑兹的说法会让人错失学习良机——他说，《诗术》"题旨宏深，惜传至今世的本子未够良善，多有阙佚与窜衍"。[2]文艺复兴时期的欧洲学人重新发现《诗术》以来，人们把《诗术》视为戏剧理论或文艺理论或美学名著，更是严重误导。

不过，《诗术》也可以被理解为热爱智慧［哲学］之"术"吗？毕竟，《诗术》明显在讨论"作诗"之"术"。即便总体而言，亚里士多德的学问就是关于"逻格斯"的学问，[3]亚里士多德的传世讲稿也让人可以看到，热爱智慧［哲学］呈现为多种面相，涉及各种不同的认知对象。若说《诗术》的总体特征是以作诗的方式呈现热爱智慧［哲学］，那么，它所呈现的至多是热爱智慧［哲学］的"诗性"。问题在于，热爱智慧［哲学］的"诗性"是否就等于热爱智慧［哲学］的"城邦"［政治］性质呢？

## 三种知识类型的划分

凡此问题表明，对于我们来说，即便没有语文障碍，

---

[1] 比较巴特沃斯为阿威罗伊的《诗术》中篇注疏英译本撰写的长篇导言，见阿威罗伊，《论诗术中篇注疏》，前揭。
[2] 桑兹，《西方古典学术史》，卷一，上册，前揭，页88。
[3] 克莱因，《亚里士多德导论》，前揭，页78—79。

也未必看得懂《诗术》。其实，对现代西方学人来说同样如此。既然内传讲稿是讲给有学问基础的人听的，对亚里士多德的同时代人来说，要具备这样的学问基础也很难。因为，这里的所谓学问基础并非指一般读书人或文士具备的文史知识，比如说，不是我们现代人所具备的人文—社会科学知识，而是亚里士多德所探求的知识。换言之，要读懂《诗术》，至少必须先熟悉《形而上学》《伦理学》《政治学》《修辞术》等等。对如今从事文学批评、文艺理论甚至美学研究的我们来说，这样的要求显然过高。

按照亚里士多德的看法，学问或知识可分三大类：静观性（theoretical）知识、实践性知识和制作性（poetic）知识（《形而上学》981b26–982a3）。静观的学问指涉及纯粹地思考抽象的"理"的知识，所谓"理"不外乎万事万物的本质（物理、数理、心理、天理一类纯粹的理则）。这类知识之所以纯粹，乃因为这类知识不涉及推论和行动，其知识对象是按法则、规律变化的东西。比如说，关于自然的首要原理（"目的因"或"终极因"）的知识，或者说"为了什么而在"（所谓"善"，亚里士多德称为"神圣的原因"）的知识，就属于这类学问要探究的对象。

亚里士多德并没有发明"形而上学"这个语词，关涉这类知识的学问叫"第一哲学"或目的论哲学，也叫神学。《形而上学》(1026a)中就有这样一句著名说法:"由于神学是首要的,所以是普遍的。"[1]静观性学问还包括关涉诸种自然物的知识,如物理学、动物学、天象学、植物学(《形而上学》1025b–1026a),有如现代的自然科学,只不过如今的自然科学(理科)已经相当实用技术化。

由于"第一哲学"探究诸种自然学之后的所谓 being qua being(在之为在的那个性质[普遍的性质]),诸自然科学也可以称为第二哲学。关涉形式化公理和演绎原则的数学知识也属于静观性学问,至于逻辑知识,既可以是哲学的"工具",也可以是如自然神学那样的"第一哲学"。毕竟,逻辑作为公理系统本身就是普遍的东西。在这一意义上讲,逻辑学与神学(或第一哲学)可以是二而一的,因为,"逻辑家具有和热爱智慧者相同的面目",尽管逻辑学仍然具有独立性(《形而上学》1005a20)。[2]

实践性知识指可以影响、规导、调节人的道德—政治行为的知识,而非单纯为了认知的知识。《伦理学》中有一句著名说法经常被人引用:伦理学"不是为了知道什么是好,而是为了做一个好人"(《伦理学》1103b26)。因此,实践性知识以追求具体的好为目的,《伦理学》

---

[1] 比较 Frita-Peter Hager 编,*Metaphysik und Theologie des Aristoteles*, Darmstadt, 1969。
[2] 伯内斯,《亚里士多德》,前揭,页49—55。

《政治学》就属于关于这类知识的讲稿。

所谓制作性知识指促成事物生成的学问,诗术、修辞术、农业术、工程术都属于这类知识,听起来有点儿像我们如今的实利性知识。其实,从《修辞术》和《诗术》来看,制作性知识更像如今我们所理解的关涉具体政治实践的技艺性知识。

我们不难理解,任何制作都需要某种特殊的技艺。但今天的我们难以理解,为何诗术和修辞术会与农业术和工程术归为一类。"作诗"是一种技艺,这种技艺带有道德—政治目的,即追求具体的好,农业术或工程术也属于这类技艺?

仔细一想,情形真还如此。亚里士多德关于农业术的讲稿没有流传下来,但从赫西俄德的《劳作与时日》或后来古罗马人瓦罗的《论农业》可以推知,古人所谓的"农业术"其实是在讲常人的道德生活方式,而不是在讲农科技术知识。现代的实利性知识几乎等于不问道德—政治目的的单纯技术知识,除非人们重新界定何谓"道德"或何谓"政治"。换言之,制作性技艺知识的德性品质受实践性知识的规定,一旦关于道德—政治行为的知识即实践性知识的性质变了,制作性技艺知识的德性品质必然随之改变。

16世纪以来,欧洲文明的崛起看起来以制作性技艺知识的发展为标志,实际上更为根本的标志是实践性知识的性质发生了改变（自然权利论夺取领导权），而这种改变又与静观知识要么被删除要么发生质变直接相关。

反过来看，我们若要理解亚里士多德学问统绪中作为制作知识的诗术，就得致力于理解制作知识与实践知识乃至静观知识究竟是什么关系。我们可以假定，在亚里士多德那里，三类知识是一个融贯整体。倘若如此，问题就来了：我们应该从哪类知识入手跟随亚里士多德学习？要听懂伦理学和政治学课程，是否得先学习形而上学、物理学、天象学乃至工具论一类课程？或者，要听懂亚里士多德讲静观知识课程，是否得先听他讲实践知识或制作知识课程呢？

按照一种设想，学习亚里士多德学问的进路是，从最切近人的静观知识（如动物学）入手，由此进到实践知识（伦理学和政治学），再过渡到制作知识（修辞术和诗术），然后回到静观知识：从灵魂的静观开始，通过学习逻辑学培养自己的静观思维方式，再凭靠探究形而上的理则逐步上升到对天宇的静观。[1]

按照另一种看法，跟从亚里士多德学习当从他谈论的主题入手，而首要的主题非 Logos 莫属。Logos 的主要含义是言说，显然，人才有言语。从理解 Logos 入手

---

[1] 参见靳希平，《亚里士多德传》，前揭，页 75 以下。

意味着，从理解何谓"人"入手；反过来说，理解何谓"人"，当从理解 Logos 入手。毕竟，人所理解的一切都得通过言语来表达，并被他人所理解。可是，理解人恰恰是世上最难的事情，因为，人未必能够用言语清楚表达自己，哪怕他想要表达自己熟悉的周遭一切。亚里士多德似乎认为，只有一种言语能清晰表达人所要表达的东西，即陈述性言语。为了让这种言语成为探究学问的基础，就需要有一门关于 Logos 的科学，即通常所说的"逻辑学"。换言之，"工具论"知识才是学习亚里士多德所有课程的基础。[1]

这两种学习进路都有道理，但仍然没有解决这一问题：如何理解诗术在亚里士多德学问统绪中的位置和作用。既然亚里士多德讲形而上学课程时区分了静观知识和实践知识，讲伦理学课程时区分了实践知识与制作知识，我们就得问，"制作"（poiesis）在亚里士多德的学问中究竟有何独特意义？

在戴维斯看来，亚里士多德的三类知识"在某些层面"固然有差异，但这并不排斥它们"在另一层面的相同"。[2] 通过绎读《诗术》和《政治学》，戴维斯致力于在呈现三类知识的差异层面的同时，始终坚持不懈地探

---

[1] 参见克莱因，《亚里士多德导论》，前揭，页 165—168。
[2] 戴维斯，《哲学之诗》，前揭，页 4—5。

寻三者的相同层面。三类知识的标志性文本分别是《形而上学》《政治学》和《诗术》，因为，亚里士多德既明确将政治学称为"主导性学问"，又明确将形而上学称为"支配性学问"。《诗术》之所以算得上标志性文本，乃因为它展现了亚里士多德关于"人"的三个著名定义中堪称首要的定义：人不仅是理性/言辞动物—城邦动物，毋宁说，人首先是模仿动物。

按戴维斯的体会，《诗术》才是进入亚里士多德学问统绪的门径，"我对《诗术》的研读教我看到，《政治学》作为一个整体，尽管显然是一部深奥的极富政治性的著作，但它还是其他某种东西"，即形而上学的东西。[1] 这无异于说，只有先理解人何以是模仿动物，才能理解人何以是城邦动物，由此才能进一步理解，亚里士多德为何说人是理性/言辞动物。

戴维斯的体会不乏见地，但我们还得进一步问：应该如何理解人是模仿动物这一定义？难道理解《诗术》不需要某种前设知识？如果需要的话，那么，这种知识是什么？

### 《伦理学》与诗术

笔者赞同一种比较老派的观点，即亚里士多德的所

---

[1] 戴维斯，《哲学的政治》，前揭，页1—2。

有学问都基于他的伦理学。[1]《尼各马可伦理学》(简称《伦理学》)以一般地谈论"技艺"开篇,从贴近日常生活的话题入手。与此不同,《诗术》开篇就显得学究、抽象,不像刚入门的学生能听得懂的课程。这并不意味着《伦理学》容易理解,毋宁说,它的看似容易理解,恰恰是在要求我们特别注意学习应该如何理解。

《伦理学》虽然从"技艺"与人的制作活动的关系开始谈起,却随即提出,"政治学"($πολιτική$)这门知识据说"最具主宰性质,尤其最具艺匠大师性质"。因为,它表明"在城邦中哪些知识需要学习,哪一部分人需要学习哪一部分知识,并学习到什么程度"。这意味着,不同的人需要学习不同的知识。亚里士多德具体提到,统兵术、管理术和言说术都从属于政治学(《伦理学》1094a29-b2)。按三种知识类型的区分,伦理学和政治学都属于实践知识,何以又与制作知识联系如此紧密?看来,对亚里士多德来说,制作知识从属于实践知识。

随后亚里士多德又说,

> 政治学要考察美/高贵的东西和正义的东西($τὰ$

---

[1] 耶格尔和阿兰的观点,参见耶格尔,《亚里士多德:发展史纲要》(1948),朱清华译,北京:人民出版社,2013;D. J. Allan, *The Philosophy of Aristotle*, London, 1952。

δὲ καλὰ καὶ τὰ δίκαια），这些东西［相互间］差异极大，变化多端，所以，据说它们仅仅出自约定／礼法（νόμῳ），而非出自自然。（《伦理学》1094b15-16）。

"美／高贵"与"正义"这两个语词是复数，所谓"差异极大"（πολλὴν διαφορὰν）和"变化多端"（πλάνην）指世人眼中的"美"与"正义"观念多种多样，而且不稳定，似乎依时而变。不仅如此，"美／高贵"与"正义"看似并举，实际上两者不仅有差异，还可能相互对立。施特劳斯曾举过一个例子来说明这一点：实现正义难免离不了严厉惩戒，行刑是必要的，但行刑本身谈不上美和高贵。

看来，亚里士多德要求我们从源初的政治现象入手开始问学。一方面，世人都追求好的生活，另一方面，世人对何谓好生活的理解又存在分歧。所谓政治现象并非仅指世人实际上如何生活——如今的人类学和社会学致力为此提供实证知识，而且指世人"因习性"（ἔθεσιν）不同而对"美"或"正义"的理解有差异，进而在何谓好生活的问题上起纷争。政治学是"最具主宰性质，尤其最具艺匠大师性质"的技艺意味着，这门"技艺"应该能平息世人关于应该如何生活的纷争。

从《伦理学》结尾时的说法可以看到，平息纷争的唯一有效方式是"立法"（νομοθεσία），也就是建立πολιτείας［政体］。这意味着必须制度化地确立某种"美"

和"正义"观,对有些世人眼中的"美"和"正义"观念则施行管制。

倘若如此,我们为什么不从亚里士多德的《政治学》入手进入他的学问统绪?《伦理学》开篇就回答了这一问题:

> 要想学习美和正义的事物,也就是学习城邦[政治]的事物,必须从种种习性开始才可取得成效。(《伦理学》1095b3–5)

我们不难理解,如果立法对于共同体生活来说是必需的,那么,首先得解决谁有权立法的问题。既然亚里士多德在"美的事物和正义的事物"与"城邦[政治]的事物"（ περὶ καλῶν καὶ δικαίων και ὅλως τῶν πολιτικῶν ）之间画了等号,问题就成了:谁能正确理解"美"和"正义"本身。

因此,亚里士多德接下来说,并非每个世人都适合学习政治学。在现代自由民主政体的意识形态语境中,所有人都有平等的政治权利,那些并不关切"美/高贵"的心性低劣之人也有权利撰文或翻译书籍就政治事务发言,政治学才变得适合所有人学习。亚里士多德让我们首先想想世人如何理解最为普遍的属人的好东西:eudaimonia［幸福］。一旦问什么是幸福,我们马上会发现,对这个问题无法给出普遍有效的一般回答。因为,世人都追求快乐，但不同心性的人所理解的快乐有品质差异。

亚里士多德说，通常认为，世人的生活方式大致可分三种：多数常人把基于财富的身体快乐等同于幸福，生活目的就是"享乐"（*ἀπολαυστικόν*），政治人则看重荣誉带来的快乐。第三种是静观者的生活，但亚里士多德在这里没有说，静观者会把什么快乐视为幸福（《伦理学》1095b15–1096a4）。

这段说法非常著名，也颇为含糊其词，值得细看。首先，"常人"是多数人（*πολλοί*只能是复数），在说到"城邦[政治]人"（*ὁ πολιτικός*）和"静观者"（*ὁ θεωρητικός*）时，亚里士多德用了单数。我们会想：相比于多数常人，政治人已经是少数，静观者更为罕见。问题在于，亚里士多德为何要以这三种人的心性来划分生活方式或幸福观？

亚里士多德在这里给出了并不含糊且会得罪我们现代人的回答：常人的生活方式是奴性的，即受动物属性支配的未经选择的生活。由于常人生活方式只追求个体自身的享乐，常人心性本质上是非政治的。相比之下，"政治人"这个名称已经表明，这种人的心性关切城邦的共同体生活，热爱政治活动。就世人的生活是城邦[政治]生活而言，政治人追求的快乐明显比常人追求的快乐要显得美和高贵。

由此便出现了受到赞誉的伦理德性：勇敢、节制、大度、正义之类的德性会赢得荣誉。反过来说，谁自觉自愿地寻求伦理德性，才可能成为政治人。一般而言，常人不会自觉自愿地寻求伦理德性，即便某些常人身上自然而然地具有某种伦理德性的性情品质。

我们应该进一步想到：多数常人仅仅追求个体自身的享乐，若要求他们追求伦理德性从而成为政治人，是否会有违常人天性呢？或者说，强制多数人成为政治人或强制他们追求伦理德性，是否可能？常人都知道，健康对于享乐生活来说非常重要，但多数常人不会因此自觉自愿地努力成为医生。

由此看来，政治人的生活目的与其说是追求荣誉，不如说是追求政治德性，"德性是比荣誉更高的目的"。可是，亚里士多德同时又说，政治人的生活目的与"应该追求的东西"（$ζητουμένου$）相比未免"肤浅"（$ἐπιπολαιότερον$）。

我们可以理解，所谓"应该追求的东西"指"美/高贵的事物和正义的事物"，但我们难以理解，为何政治人追求政治德性仍不足以实现追求"美/高贵和正义"这一目的。亚里士多德在这里举例说，政治德性不牢靠，即便有政治德性，政治人也未必一定会成就正义云云。凡此理由有敷衍之嫌，不具说服力。

亚里士多德的意思倒是很清楚：与静观者的生活目的相比，政治人的生活目的未免"肤浅"。但是，静观者如何实现追求"美/高贵和正义"这一目的，亚里士多德却没有说，仅仅说这个问题"将留待以后再着手考察"（《伦理学》1096a5）。应该注意到，这里的"着手"一词的原文 ποιησόμεϑα 与"制作"或"作诗"是同一个语词，而且是第一人称复数将来时。难道亚里士多德会以"作诗"方式来考察静观者的生活？这并非没可能，因为，"以后再着手考察"的说法，无异于抛下了一个戏剧悬念或推动情节发展的动机。但这里的"我们"指谁？以"作诗"方式考察静观生活与含混的"我们"有什么关系？

这段说法让我们体会到，含糊其词并非是《诗术》独有的特征，《伦理学》同样如此。简要描述过世人理解"幸福"的差异后，亚里士多德转而讨论世人理解"好东西"（善）的差异乃至 διαπορῆσαι ［争议］。这意味着进一步理解"幸福"，因为"幸福"与"好东西"（善）几乎是同义词。

亚里士多德说，常人会把财富视为值得追求的好东西，政治人和静观者的生活方式固然也得以一定的财富为基础，但在这两类人眼中：

> 财富显然不是必须追求的好东西，它只是有用的东西，并因别的东西而［变得］可爱。这样比较起来，前面所说的东西（引按：指伦理德性）就更有资格被当作目的，它们是由于自身而受到喜爱。（《伦理学》1096a7–9）

好东西未必有用,有用的东西未必是好东西。通过区分"好东西"与"有用的东西",亚里士多德提出了如下问题:

> 什么东西可以被当作就自身而言的好呢?抑或是那些不需要任何其他理由而被追求的东西,如思忖(τὸ φρονεῖν)、观看(τὸ ὁρᾶν)、某些快乐和荣誉。……荣誉、明智(φρονήσεως)、快乐虽然同样是好东西,但它们的道理(οἱ λόγοι)却各不相同。所以,好东西并不是由单一理念形成的共同名称。(《伦理学》1096b16–25)

世人在何谓好东西(善)的问题上出现分歧乃至争议,仍然源于三种心性的差异。应该注意到,这段说法仍然含混:"荣誉、明智、快乐"三项列举固然挑明了三种心性的差异,但唯有"明智"堪称德性,而且是理智德性。"荣誉"是对某种德性的表彰,不等于某种德性本身。何况,思忖和观看可视为"静观"的同义词,但明智等于"静观"吗?亚里士多德的脑子不可能逻辑不清楚,我们只能设想他故意言辞含混,以便激发我们去追索某种东西,如果我们愿意严肃思考的话。

亚里士多德接下来就提出,既然好东西"是由于自身而受到喜爱",那么,τὸ αὔταρκες[自足]就可以被视为衡量何谓最高"善"的标尺。我们必须注意到，他的表述是："因为，自足据说是（εἶναι δοκεῖ）完满的善"（《伦理学》1097b7）。似乎，这并非他自己的看法。

"自足"的生活显得自由，与受支配的奴性生活相对，"享乐"生活要依赖的东西太多，明显不"自足"；政治人的生活依赖众人，因为荣誉来自他人的赞许，所以也并非完全"自足"。相比之下，"思忖、观看"的生活方式倒堪称"自足"，但亚里士多德并没有随即把静观生活与"自足"生活等同起来，反倒马上强调：

> 我们所说的自足并不是就单一的自身而言，并不是孤独地生活，而是既有父母，也有妻子，并且和朋友们，同邦人生活在一起，因为，世人在本性上是城邦［政治］的。（《伦理学》1097b10-12）

这一说法与其说在表述静观者生活方式的"自足"性质，不如说让这种生活方式受到城邦［政治］的质疑：满足自己的生活不是"自足"的生活，否则，常人的"享乐"生活一旦实现，也称得上"自足"生活。我们不得不提出这样的问题：如果说政治人因追求伦理德性而获得世人赞誉——即便他在政治行动上失败，那么，静观者因追求何种德性而理应值得世人赞誉呢？

《伦理学》的第一卷已经让我们看到，伦理学探究人的德性亦即优异品质，但德性问题的提出由"技艺"问题来引导。随后提出的问题则是如何获得幸福，似乎幸福生活的实现依赖于某种技艺。毕竟，幸福不是一种状态，而是一种"合乎德性的行动"，而好的行动离不了某种技艺。

展示了世人关于幸福和好东西的分歧之后，亚里士多德提出，德性大致可分两类：由习性而来的伦理德性和经由教导才能养成的理智德性（《伦理学》1103a14-16）。第二卷大致讨论了何谓德性之后，亚里士多德以一贯的困惑式论述方式讨论了种种伦理德性，它们无不带有政治性质：勇敢、节制、慷慨、大度、恭谦、正义等（卷三至卷五）。

显然，伦理德性对于共同体（城邦/国家）来说是"好东西"。但亚里士多德同时让我们看到，在具体的政治生活中，要实现伦理德性非常难。《伦理学》用了整整一卷篇幅（第五卷）来展示，实现正义德性尤其难，因为践行正义行为并不容易。由此引出了这样的推论：伦理德性的实现基于正确选择/权衡，而这又基于正确的认识。

可以理解，亚里士多德接下来转而讨论 phronēsis [明智/实践智慧]（第六卷）。他说，这种德性虽然属于理智德性，却不同于静观/思辨的思考（$\vartheta \varepsilon \omega \rho \eta \tau \iota \varkappa \tilde{\eta} \varsigma\ \delta \iota \alpha \nu o i \alpha \varsigma$），而是实践性的思考，即思考事情该如何做才会"漂亮"

($τὸ$ $εὖ$) 而非"低劣"($τὸ$ $κακῶς$)，与思考某个观看对象是"真实"($τἀληθές$) 抑或"虚假"($ψεῦδος$) 不是一回事。明智具有"选择/权衡术的品质"($ἕξις$ $προαιρετική$)，是关乎伦理德性的正确选择的理智德性（《伦理学》1139a22–30）。

亚里士多德提到五种理智德性：知识（epistēmē）、技艺（technē）、明智（phronēsis）、理智（nous）和智慧（sophia）。明智位于列举的中间，居于枢纽地位。由于亚里士多德用"智慧"来含括其他三种理智德性（知识－技艺－理智），明智（实践智慧）与智慧的关系实际上成了中心议题。如果说热爱智慧堪称一种理智德性，那么，明智（实践智慧）就成了伦理德性和理智德性的粘合剂：

伦理德性←明智（实践智慧）→热爱智慧［静观］

在这个关节点上，亚里士多德突然谈到"制作"（$ποίησις$）与"实践"（$πρᾶξις$）或者"制作术的品质"（$ἕξις$ $ποιητικῆς$）与"实践术的品质"（$ἕξις$ $πρακτική$）的区分：技艺与制作相关，因为，某种可能生成的东西得以生成才需要技艺。与此相应，技艺与"机运"（$τύχη$）而非与"必然"（$ἀνάγκη$）相关（《伦理学》1140a1–22）。我们应该注意到，"制作"的原文与"作诗"是同一个语词，"制作术的品质"与"诗术的品质"是同一个语词，但在这个语境中显然都不能译为"作诗"。

尽管如此，亚里士多德在这里两次援引肃剧诗人阿伽通的诗句来说明"制作术的品质"，至少表明这里所说的"制作"包含"作诗"。

第七卷回到"快乐"主题重新开始，但不再以德性/劣性为分析范畴，而是以"自制"/"不自制"为分析范畴。这意味着从另一视角亦即灵魂学的视角来审视德性/劣性，以便考察人的灵魂品质的极致现象：接近神性或近乎甚至超过兽性的灵魂。

俗话说：有的坏人坏得来不可思议，有的好人好得来超乎想象。何以如此？因为，无论伦理德性还是理智德性，都还有正/邪之分或高贵与低俗之别。比如说，知识、技艺、明智、理智乃至智慧都是理智德性，但无论哪种德性，也都有正/邪之分或高贵与低俗之别：有高贵的智慧，也有低俗甚至邪门的智慧。在日常生活中我们也不难看到，有的人在某种理智德性方面（比如智性）显得指数很高，但他实实在在是个坏人。由此看来，有的人坏得来不可思议也就并非不可思议了。

亚里士多德从灵魂学的视角来审视德性，完全有道理。结束这项考察时，亚里士多德说：

> 静观快乐与痛苦，属于城邦［政治］的热爱智慧者［的职分］，因为，就考察我们所谓的每种简单

的坏（τὸ κακὸν）和好（τὸ ἀγαθὸν）这一目的而言，他是艺匠大师。（《伦理学》1152b1-3）

这无异于告诉我们，看人还得从最为质朴简单的"好"和"坏"着眼，而这种质朴的"看"实为一种"静观"，亦即所谓形而上的观看。卷七对"自制""不自制"的考察，就属于这种"静观"。由于亚里士多德在这里用了如今所谓"政治哲人"的表达式，而且在《伦理学》中是唯一一次用这个语词，这句话得到特别关注，绝非小题大做。[1]

从原文来看，"城邦［政治］的热爱智慧者"（τοῦ τὴν πολιτικὴν φιλοσοφοῦντος）这个表达式的重点在政治热情与热爱智慧的热情相互规定。与此前的讨论不同，这个"政治人"也热爱智慧，因此他"静观快乐与痛苦"。与单纯的静观者不同，这个静观者对快乐与痛苦的静观着眼于共同体生活的伦理目的。

"明智"论题由此得到进一步深化：如果实践智慧没有与静观生活维系在一起，伦理德性最终缺乏正确实践的根基。随后我们看到，不仅实践领域与静观领域的分

---

[1] 比较特西托勒，《德性、修辞与政治哲学》，前揭，页89—90；伯格，《亚里士多德与苏格拉底的对话》，前揭，页235—236；盖拉，《亚里士多德论快乐与政治哲学》，见刘小枫编，《城邦与自然：亚里士多德与现代性》，前揭，页153—154。

隔被撤销了——因为对自然身体的快乐与痛苦的静观会涉及"真"与"假"的分辨（《伦理学》1154a23-25），而且卷六提到的实践领域与制作领域的区分也被勾销——因为"城邦［政治］的热爱智慧者"被比作"艺匠大师"（ἀρχιτέκτων），这意味着他擅长制作。

我们不难想到，关切城邦［政治］的热爱智慧者或热爱智慧的政治人若需要掌握某种制作技艺，那一定应该是立法术。但我们还值得想到：也应该包括诗术吗？

亚里士多德随后用了两卷篇幅（第八卷到第九卷）讨论"友爱"现象，似乎偏离了刚刚重新开始的快乐论题，颇让人费解。不过，"友爱"也会带来快乐。何况，一旦我们想起，亚里士多德在卷一提出"自足据说是完满的好东西"时马上强调，自足的生活并不意味着"孤独地生活"，那么，我们应该恍悟到，亚里士多德兑现了自己在卷一说静观生活何以幸福这个问题"留待以后再着手考察"的承诺。

于是我们在《伦理学》结尾时（卷十）看到，亚里士多德再次回到卷一提出的快乐和幸福的论题，并说唯有静观生活才真正"自足"：

> 所谓的自足兴许主要体现在静观者（τὴν θεωρητικὴν）身上：固然，智慧人（σοφὸς）、正义人（δίκαιος）以及其他人都需要生活必需的东西，但这

些东西得到充分供应之后，正义人还需要其正派行为的承受者和一起行为的人，节制之人和勇敢之人以及其他每个人同样如此。智慧人靠自己活着（καθ' αὐτὸν ὢν）就能静观，而且越这样兴许就越智慧。当然，若有同类人一起固然更好，但同样最为自足。（《伦理学》1177a28-35）

这无异于说，静观者是真正的自由人。所谓"自由"的含义是：静观生活不以人之常情的身体快乐为目的，也不像政治人那样把自己的快乐建立在多数人的评价之上，完全凭靠沉思本身，从而可以超离城邦生活。

可是，这番道理与第一卷说自足"并不是孤独地生活"岂不明显抵牾？难道我们不可以推论，静观生活的"自足"必然否定城邦生活的正当要求？[1]

亚里士多德在说上面那段话之前曾交代，静观生活最为幸福的道理在前面"已经说过了"（εἴηται，《伦理学》1177a18）。可以推知，讨论"友爱"的两卷与从政治上为静观者的生活方式辩护有关。毕竟，亚里士多德所说的"友爱"既包含亲属关系（尤其夫妻），也包含城邦民的同胞关系。

即便如此，上面那段话与卷一中的说法乃至"友爱"

---

[1] 比较《伦理学》1177a22-27，1179a13-16；《欧太谟伦理学》1216a11-16。

论题仍然无法相容。[1] 如果静观生活的"自足"就是沉思的自由，那么，这种自由会遭到政治人的质疑甚至否定。

如何理解这一再明显不过的抵牾？一种观点认为，亚里士多德在《伦理学》中既要为热爱政治生活的青年提供指导，又要为热爱静观生活的青年提供引导，卷六的"明智"论题显得是分水岭，让两种生活方式都受到挑战。然而，尽管亚里士多德提供了"两种不一致的教诲"，两者之间的"张力持久存在"，他仍然致力提供某种"一以贯之的教诲"，即政治德性与理智德性之间有深切的内在关联。[2]

这种理解无法解释卷七中出现的"城邦［政治］的热爱智慧者"这个表达式。我们可以设想，亚里士多德必定清楚，真正的静观者天性世所罕见，有政治热望的天性则多得多。这类人往往出自本能地蔑视静观生活（βίος θεωρητικός），并指责热爱静观者的静观于事无补，至少远水救不了近火。反之，热爱静观者则瞧不起政治人，就像我们在《伦理学》卷一开头看到的说法：政治人的生活目

---

[1] 参见伯格，《亚里士多德与苏格拉底的对话》，前揭，页306—323。
[2] 参见特西托勒，《德性、修辞与政治哲学》，前揭，页22—29，142—153；比较泰西托雷，《亚里士多德对最佳生活的含混解释》，见刘小枫/陈少明主编，《政治生活的局限和满足》（"经典与解释"第23辑），北京：华夏出版社，2007，页56—74（泰西托雷以及后注中的特西陶与特西托勒是同一人，中译名不同而已）。

的对"应该追求的东西"来说未免"肤浅"。然而,"城邦[政治]的热爱智慧者"打破了这种对立:世上还有既热爱智慧又关切政治生活的天性。在亚里士多德看来,养育这样的天性最为重要。因为,这种人沉思政治生活问题,而且不乏行动意愿,一不小心就会变成某类激进人士。[1]

亚里士多德的意图是否如此,仍有待探讨。毕竟,《伦理学》不是按如今的学术规范写成的理论著作。我们已经看到,《伦理学》的确更像以作诗方式作成的思考戏剧,其中不仅有复杂的情节,还有既隐又显的戏剧人物苏格拉底,尽管亚里士多德采用了论说文体。[2]

倘若如此,亚里士多德的《伦理学》与《诗术》定会有诸多相互发明之处。把《伦理学》视为进入亚里士多德学问的门径,看来不无道理。

## 亚里士多德所面临的时代精神挑战

《伦理学》不仅具有戏剧品质,也不是我们通常以为的那类普通伦理学教科书,其中有太多困惑式细节,显

---

[1] 参见朱柯特,《亚里士多德论政治生活的局限与满足》,见刘小枫/陈少明主编,《政治生活的局限和满足》,前揭,页2—26。

[2] 伯格,《亚里士多德与苏格拉底的对话》,前揭,页3—17;比较特西陶,《苏格拉底在〈尼各马可伦理学〉中的政治形象》,见刘小枫编,《古典诗文绎读·西学卷/古代编》,上册,北京:华夏出版社,2008,页451—467。

得特别针对某类人或某个重大问题。毕竟,亚里士多德在特定的历史语境中思考和言说,很可能直面某种时髦观点展开辩难。对我们来说,这丝毫不难理解,因为,我们如今求学问道,同样受时代的精神问题困扰:海德格尔的存在哲学或福柯的快乐理论就让我们很难辨识,他们的知识、技艺、理智乃至智慧具有怎样的灵魂品质。

如果把三种知识类型与三种生活方式对起来看,那么,似乎静观知识对应静观者、实践知识对应政治人、制作知识对应常人。可是,常人不会有进亚里士多德学园学习的热望,进来后也待不住。有政治热望的人倒可能进学园,不过其目的肯定不是为了将来过静观生活,多半最终也待不住。如果一个人天生有政治德性,也有过静观生活的热情和德性,那么,这种人就是苏格拉底所说的"哲人—王"胚子。显然,这样的人别说百年难遇,甚至五百年也难遇上一个。倘若如此,《伦理学》的教诲对象是谁呢?

对于将从学习《尼各马可伦理学》中受益的读者,亚里士多德似乎提供了一个相当不错的说明。可是,他做到了吗?一方面,亚里士多德提出了有力的证据来说明,为何青年人会对他此处所阐述的教诲无动于衷。另一方面,亚里士多德事实上也承认,对那些熟谙这种教诲的人来说,它无异于多此一举。

在这种情况下似乎便不需要像《伦理学》这样的书。那么,为何亚里士多德会撰写一部冗长的论著来论述伦理和政治科学呢?它又是为谁而著的呢?这些问题仍不甚明了。[1]

这个蹊跷体现于《伦理学》讨论的根本问题:如何看待身体的快乐。卷一在起头提到三种生活方式时,追求身体[感觉]快乐的"享乐"明显受到贬低,与我们在柏拉图的《泰阿泰德》和《斐多》中可以看到的贬低同调。但在卷七"静观快乐与痛苦"时,情形发生了逆转:

> 对于大部分快乐都是坏的这个意见,亚里士多德回应道,身体的快乐和高贵的快乐一样都是好的,只不过身体的快乐只是"在某个点上"才是好的(《伦理学》1154a13)。(盖拉文,同上,页160)

为什么亚里士多德恰恰在从灵魂学视角"静观快乐与痛苦"时反倒肯定身体的快乐?

西塞罗曾记载过一件轶事:由于毕达哥拉斯被世人视为静观者,有人问他"静观者"是什么意思——他回答说,

---

[1] 盖拉,《亚里士多德论快乐与政治哲学》,前揭,页152;比较潘戈,《亚里士多德〈政治学〉中的教诲》,前揭,页4—7。

有人参加节庆是为了竞技，有人是为了谋利，有人则仅仅为了静观沉思。[1]这段轶事让我们看到，毕达哥拉斯的静观沉思并没有与城邦生活隔绝。亚里士多德在进入"自足"论题时，首先就提到毕达哥拉斯派（《伦理学》1096b6）。

与此不同，伊壁鸠鲁（Epicurus，公元前341—前270年）倡导的静观生活方式代表了另一类静观者的看法：静观生活应该与政治共同体生活隔绝，是一种非政治（apolitical）亦即"遁世的生活"（λάϑε βιώσας），尽管这并非意味着"孤独地生活"，而是在一个特别的"友爱"共同体中生活。

> 由于伊壁鸠鲁对政治、宗教、人生幸福的特有见解，以及他特立独行的生活姿态，尤其他对快乐的奇特论述（如"没有一种快乐本身就是坏的"，明显抹杀了快乐的高下之分）和对感觉的特别推重，使他在后世遭遇了毁誉参半的历史命运。这一复杂的历史命运或许最深刻地刻画了西方思想中的某些重要冲突。[2]

---

[1] 西塞罗，《图斯库卢姆论辩录》（*Tusculanae Quaestiones*），卷五，3.8—9。
[2] 罗晓颖编，《菜园哲人伊壁鸠鲁》，罗晓颖、吴小峰等译，北京：华夏出版社，2010，"编者前言"，页5。

伊壁鸠鲁比亚里士多德晚生四十多年,他倡导的"遁世的生活"似乎与亚里士多德无关,其实不然。[1]在阿里斯托芬的谐剧《鸟》中我们已经可以看到,有些雅典公民身上有一种低俗的脱离城邦生活的愿欲:贪图自己活得安逸舒服的身体快乐,厌烦城邦事务打搅自己的自在生活和种种城邦法律的约束。

在色诺芬的《回忆苏格拉底》中,我们则可以看到,理智德性指数颇高的安提斯特涅(Antisthenes,公元前445—前365)和阿里斯提珀(Aristippus of Cyrene,公元前435—前356)也有类似的愿欲——不妨称为清高的脱离城邦生活的愿欲。由于这种愿欲的品质同样是追求安逸舒服的身体快乐,他们两位获得了"犬儒派"鼻祖的头衔。[2]著名的第欧根尼(Diogenes of Sinope,公元前412/404—前323)比亚里士多德年长不到30岁,在他那里,这种非政治的哲人式清高成了哲人的符号,史称"犬儒精神"——著名传说"第欧根尼与亚历山大"就是

---

[1] 比较努斯鲍姆,《伊壁鸠鲁的诊疗:论证与虚妄的欲望》,见罗晓颖编,《菜园哲人伊壁鸠鲁》,前揭,页64—89。

[2] 参见拙文,《苏格拉底谈自由与辛劳》,见刘小枫,《昭告幽微:古希腊诗文绎读》,北京:华夏出版社,2018。比较Ugo Zilioli, *The Cyrenaics*, New York: Acumen / Routledge, 2012; Susan Prince, *Antisthenes of Athens: Texts, Translations, and Commentary*, University of Michigan Press, 2015。

这种清高的典型表达。[1]

亚里士多德刚离世不久，14岁的塞浦路斯人芝诺（Zeno of Citium，公元前334—前262）到雅典留学（公元前314）。对雅典的各色学园做过一番考察后，他决定加入犬儒派学园。毕业后，芝诺基于犬儒精神提出了"世界城邦公民"构想，构造出一种非政治的政治哲学，催生出影响深远的廊下派。[2]

廊下派的世界城邦观并非空穴来风，因为安提斯特涅和第欧根尼都写过关于城邦政体的书，没有流传下来而已。由此看来，在苏格拉底的时代，脱离城邦的非政治的"自足"生活，作为一种社会理想相当时髦。后来的伊壁鸠鲁和芝诺不过是这一思潮的两大集成者，尽管两者并非一回事，而伊壁鸠鲁的快乐论也远比犬儒派的快乐论精致。[3] 就对后来的欧洲思想的影响而言，伊壁鸠鲁的快乐论作为一种政治哲学远远胜过廊下派。据说，尽管"伊壁鸠鲁没有说明为什么人们为了过拥有最高快乐和幸福的

---

[1] Luis E. Navia, *Diogenes The Cynic: The War Against The World*, Amherst / New York, 2005.
[2] 比较斯科菲尔德，《廊下派的城邦观》，徐健译，北京：华夏出版社，2016；Theodore Scaltsas/Andrew S. Mason 编，*Zeno of Citium and His Legacy: The philosophy of Zeno*, Larnaca, 2002。
[3] 比较弥特希斯，《快乐、幸福和欲望》，见罗晓颖编，《菜园哲人伊壁鸠鲁》，前揭，页33—43。

生活就必须正义",他的教诲仍然"值得被看作是柏拉图、亚里士多德和廊下派的自然正确论强有力的替代品"。[1]

按政治思想史家沃格林的看法,古希腊城邦时代晚期出现这种非政治的哲人生活理想,与大量外邦智识人来到雅典有关。由于没有雅典城邦的公民身份,他们自然而然有一种脱离城邦生活的取向。安提斯特涅的父亲是雅典人,但他母亲是外来移民,其追随者也大多来自腓尼基、小亚细亚和忒腊克(Thrace,旧译"色雷斯")。比安提斯特涅小10岁的阿里斯提珀来自北非,第欧根尼的家乡则远在黑海边的西诺坡(Sinope)。因此,非政治的生活理想有其如今所谓的社会原因,即外来智识人作为移民对所在的城邦既无公民责任,也没有公民义务。[2]

沃格林没有考虑到:亚里士多德同样是生活在雅典的外籍人士,为何他没有成为这样的智识人。阿里斯托芬笔下的戏剧人物欧厄尔庇得斯(Euelpides)是地道的雅典人,而且并非智识人——这个戏剧人物的名字的希腊语含义既指雅典人,又有"安逸或安逸之子"的意思。他离开雅典为的是寻求一个"自在的地方好安身立业",在"无所事事的城邦"过日子(《鸟》44-45)。这个城邦被称为"鸟儿咕咕城",

---

[1] 瓦尔德特,《伊壁鸠鲁式的正义》,见罗晓颖编,《菜园哲人伊壁鸠鲁》,前揭,页111—124。
[2] 沃格林,《希腊化、罗马和早期基督教》,谢华育译,上海:华东师范大学出版社,2009,页93。

也就是无政治的地方。阿里斯托芬用这个名字暗示，追求身体安逸舒服的非政治的生活，是世人的自然天性，并非某些外来智识人才有追求远离政治［城邦］的生活愿欲。

沃格林并非没有看到这一点，他提醒我们注意到：没有支配欲望，也不打算承担任何政治义务和责任，是一种相当普通的人性品质。人虽然是城邦［政治］动物，但人的自然天性是非政治的。毕竟，多数常人对政治事务漠不关心，反倒认为政治事务是生活的累赘和负担。在经历过激烈的政治纷争和战争之后，这种非政治的自然愿欲甚至会成为一种热望。在漫长的人类文明史上，这种非政治的热望持久不衰。沃格林敏锐地看到，现代自由主义就是这种自然愿欲的再度高涨：第一次世界大战前后，欧洲民主社会中的工人阶级和中产阶级对舒适生活的向往为这种自然愿欲提供了强有力的历史驱动力。由此可以理解，伊壁鸠鲁教义为何尤其"能吸引忧虑软弱的灵魂"，在他所打造的非政治的"菜园子城邦"中，甚至有不少普通妇女和儿童，遑论其他普通男人。[1]

如果沃格林活到20世纪90年代，他没准儿会补充说，60年代开始走红的"消极自由论"堪称非政治的自

---

[1] 沃格林，《希腊化、罗马和早期基督教》，前揭，页88—94，101—102；瓦尔德特，《伊壁鸠鲁式的正义》，见罗晓颖编，《菜园哲人伊壁鸠鲁》，前揭，页111—124。

然愿欲的最新高涨。这种哲学主张与发达资本主义时代急剧膨胀的中产阶级市民的非政治愿欲合流,从而产生了相当广泛的共鸣。

由此看来,伊壁鸠鲁派—廊下派的非政治化的政治哲学对后世具有持久影响,实际基于相当自然的民意基础,身体的快乐则堪称其所谓本体论基础。问题在于,常人有这种非政治的愿欲完全可以理解,有理智德性的少数人也有这种愿欲,对苏格拉底这样的热爱智慧者来说,无疑是巨大挑战。尤其值得注意,与今天的情形一样,在民主的雅典城邦,智识人的自足生活愿欲与常人的自足生活愿欲已经合流,希腊城邦时代的终结,不过为这种愿欲突然之间变得广泛而强烈提供了现实条件。[1] 在阿里斯托芬笔下,欧厄尔庇得斯离开城邦寻求"鸟儿咕咕城",是受智识人佩斯特泰罗斯(Peisthetairos)忽悠。佩斯特泰罗斯与欧厄尔庇得斯的根本差别在于,他有非政治的政治志向,即打造一个非政治的城邦。

沃格林的看法不无道理:从政治思想史上讲,犬儒第欧根尼的影响力足以抗衡柏拉图。因为,第欧根尼所表达的静观者的非政治化自足生活方式足以抗衡柏拉图形塑的苏格拉底式的静观者生活方式。对于我们理解伊

---

[1] 比较 Hard Robin, *Diogenes the Cynic: Sayings and Anecdotes, With Other Popular Moralists*, Oxford University Press, 2012。

壁鸠鲁在近代欧洲哲学中的复兴而言,沃格林的如下洞见尤其富有启发性:伊壁鸠鲁的唯物论形而上学观虽然精巧,但其"主要目的不是研究自然",而是"旨在消除作为心灵烦扰之源的自然",以便带来 ataraxia〔内心的平静〕。换言之,伊壁鸠鲁并非对探究自然之理有纯粹的静观兴趣,而是为了追求平静的快乐这一功利目的而探究自然中的原子和虚空。[1]

但沃格林的如下看法就有问题了:柏拉图离世之后,基于苏格拉底的生活方式形塑出来的城邦政治观念失去了现实活力。亚里士多德虽然把这种观念转换成一种理想,但"就灵魂生活而言,这种转变就像在解剖僵尸",一个精神史的伟大时代已经被穷尽。毕竟,亚里士多德不遗余力地将静观生活解释为政治生活,也没有抵挡住犬儒派和伊壁鸠鲁派的迅猛势头:静观生活何以应该是一种城邦中的政治生活这个根本问题被抛弃了(同上,页96-99)。

这种说法有历史主义之嫌,似乎苏格拉底—柏拉图—亚里士多德的精神活力受限于具体的历史时代,而非受限于人的禀性差异。即便从思想史上来看,也不能

---

[1] 沃格林,《希腊化、罗马和早期基督教》,前揭,页103;比较梅奥,《伊壁鸠鲁与霍布斯》,见罗晓颖编,《菜园哲人伊壁鸠鲁》,前揭,页319—331。

说在古代晚期，亚里士多德哲学已被廊下派的思想势头完全淹没：第一位亚里士多德注疏家亚历山大言辞激烈地抨击廊下派，并倾毕身之力疏解亚里士多德的讲稿，未必不是对廊下派势头做出反击。[1]

由此来看，亚里士多德的《伦理学》实际上提醒我们，不仅应该看到三类人（常人—政治人—静观者）的灵魂禀性差异，还应该看到甚至更应该看到，每类人都有灵魂禀性差异。换言之，热爱智慧者也有灵魂禀性差异：阿那克萨戈拉—苏格拉底—犬儒第欧根尼或伊壁鸠鲁的灵魂禀性差异，与三类人的灵魂禀性差异并无差异。常人—政治人—静观者的生活旨趣之间的冲突固然是政治常态，不同灵魂禀性的热爱智慧者的生活旨趣之间的冲突同样如此。黑格尔的一句名言生动地刻画了这一精神世界的自然状态：哲学史是堆满头盖骨的战场。

一旦意识到这一点，我们能够更恰切地理解《伦理学》卷七中出现的"城邦［政治］的热爱智慧者"这个表达式，尤其是更恰切地理解随后两卷关于"友爱"的讨论，[2] 更不用说《伦理学》为何以政治学问题起头和收尾。

---

[1] 参见库普瑞娃，《从漫步派思想而来的廊下派主题？》，见萨勒斯编，《廊下派的神和宇宙》，徐健、朱雯玪译，北京：华夏出版社，2018，页197—198。
[2] 比较克莱，《伊壁鸠鲁学园中的个人与共同体》，见罗晓颖编，《菜园哲人伊壁鸠鲁》，前揭，页152—180。

## 从《政治学》到《诗术》

《伦理学》结束时把政治学问题归结为"对立法术的需要",其建议相当严厉:

> 有人认为,立法者们(τούς νομοθετοῦντας)应该勉励人趋向德性,激励人热爱美好的东西。那些已经养成习惯受到正派指引的人,自会积极向德,对那些不服从以及天性有欠缺的人(ἀφυεστέροις),就得动用惩罚和处罚,并干脆把不可救药者(ἀνιάτους)从他们中间赶出去。(《伦理学》1180a5–10)

这里的"有人认为",据说指柏拉图《法义》中的雅典客人亦即影子苏格拉底的主张。从今天的语境来看,这一建议仍然具有现实性。毕竟,自由民主意识形态勾销了这一建议的伦理学前提,却未能勾销这一建议所针对的政治状态:追求快乐的智识人愿欲与常人追求"享乐"的愿欲再度合流。[1]

由此来看,亚里士多德的《伦理学》与《政治学》的同构关系乃至与《诗术》的内在关联,并非仅仅是学

---

[1] 比较林德《〈尼各马可伦理学〉的现代性》和伯恩斯《亚里士多德与现代人论自由与平等》,见刘小枫编,《城邦与自然》,前揭,页193—199,200—221;潘戈,《亚里士多德〈政治学〉中的教诲》,前揭,页12—17。

问统绪问题。《政治学》以讨论城邦教育结尾，而《伦理学》结尾有关立法术的说法已经让我们看到，城邦教育属于立法术问题，而且谁有权成为立法者的问题似乎已经解决，这也意味着谁有权成为教育者的问题已经解决。但从《政治学》以谈论作为自然共同体的"家庭"开篇来看，情形又显得并非如此。[1]

与《伦理学》一样，《政治学》的论说方式颇富戏剧意味，有太多困惑式情节，不是我们以为的那类普通政治学教科书。比如，亚里士多德一开始就谈论"家庭"的构成和城邦的自然构成之类的常识，显得是在反驳某种非政治的政治观，因为"自足"的生活不能理解为"单一的自身"或"孤独地生活"，既没有父母也没有妻子更没有朋友和同胞。[2]

在第二卷讨论城邦的自然构成时，亚里士多德提到米利都城邦民希普珀达摩斯（Hippodamus），说他"发明了城邦规划"，是"最早没有从政经验（πρῶτος τῶν μὴ πολιτευομένων ἐνεχείρησέ）却谈论最佳政体的人"。亚里士多德还说，此人的生活方式有些乖张，他蓄长发，戴昂贵

---

[1] 潘戈，《亚里士多德〈政治学〉中的教诲》，前揭，页17—32；比较 A. W. H. Adkins, "The Connection between Aristotle's *Ethics* and *Politics*"，见 D. Keyt / F. D. Miller 编, *A Companion to Aristotle's Politics*, Cambridge, 1991, 页75-93。

[2] 比较阿莫伯勒，《亚里士多德对城邦自然性的理解》，见刘小枫编，《城邦与自然》，前揭，页83—108。

装饰,不分冬夏都穿一件廉价但暖和的外套,尤其提到他"有意愿[探究]整个自然"(《政治学》1267b22–30)。古希腊有个著名的自然哲人学派名叫米利都学派,亚里士多德的说法让我们会觉得,非政治的政治哲人似乎老早就有了。但施特劳斯评论说,亚里士多德谈论此人的方式更像是在转述坊间的"流言蜚语"。[1] 言下之意,亚里士多德的说法无异于编故事施教。

接下来的第三卷就进入了《政治学》要讨论的政体选择这一根本问题。与希普珀达摩斯的故事联系起来看,我们有理由推想,对亚里士多德来说,政体选择的纷争与何谓热爱智慧者的纷争相关。

《政治学》第三卷重新界定何谓"城邦",即不是从自然出发,而是从政治出发——从 politeia [政体]的样式出发——静观城邦。这意味着,城邦在一开始就并非自然体,而是政治体——或者说体现为某种政体,它反映了共同体中有德性的人对生活方式的自我理解。由于共同体成员之间对何谓好生活的理解有分歧,"政治"庶几等于分歧和纷争的同义词,而关于何谓好生活的观念性纷争最为根本性。

从而,politeia [政体]作为一套法律制度也意味着

---

[1] 参见施特劳斯,《古典政治哲学引论》,前揭,页69—70;比较潘戈,《亚里士多德〈政治学〉中的教诲》,前揭,页10—11。

形塑和引导城邦生活的权能,平息政治纷争。如果说城邦有如共同体的身体,那么,政体就是这个身体的灵魂及其由此体现出来的行为方式和德性品质。一旦政体发生改变,同一个身体就会变成另一个模样。为了说明这一点,亚里士多德拿雅典戏剧中的歌队做比喻:

> 就像我们说,谐剧歌队是一个样,肃剧歌队是另一个样,尽管[歌队]往往是同一些人。所有其他共同体(κοινωνίαν)和组织(σύνθεσιν)也如此,组合不同其样式就不同。就像我们说,音阶是同一些音符,但要么是多里斯调式,要么是佛里吉亚调式。(《政治学》1276b4–11)

谐剧模仿低俗行为,肃剧模仿高尚行为,亚里士多德把政体差异比作谐剧与肃剧的差异,无异于说政体样式有高尚与低俗之别。我们应该期待进一步得知:在亚里士多德看来,什么政体样式高尚,什么政体样式低俗。

亚里士多德提出,有三种类型的政体样式及其变体值得讨论:君主制/僭主制—贤良制/寡头制—共和制/民主制。政体样式的划分,既按统治者人数的多少,也按统治者的德性品质。这意味着,统治与被统治的关系是政体的核心。每类政体都有相应的变体,僭主制是君主制的反面,寡头制是贤良制的反面,民主制是共和制的反面,这种划分类似于从灵魂学的好/坏—高贵/低劣之分来划分统治者的品质。

亚里士多德随后讨论到我们今天仍在热议的一些政治主题,比如,多数人统治是好还是坏——尤其讨论到平等问题。因此,下面这段话非常有名,不断被反复研读:

> 正义的东西是城邦[政治]的好东西,也就是共同的利益。据说,在所有人看来,正义就是某种平等($ἴσον$),并且他们在某种程度上同意那些符合热爱智慧[哲学]的说法,在这些说法中,某些涉及伦理的东西已经得到划分——因为他们说,正义就是什么东西归什么人,平等的人应该享有平等的东西。但是,不应忽略,这里讲的是哪种平等、哪种不平等。因为,这里包含着一个困惑和城邦[政治]的热爱智慧[哲学]。(《政治学》1282b17-23)

这段话出现在第三卷中段,可谓恰是时候。亚里士多德提请我们应该想到:要解决关于"正义"或"平等"的争议,先得解决谁有德性资格决定何谓"正义"或何谓"平等",此即真正的伦理问题。

亚里士多德的回答相当稳健:首先,他承认这里"包含着一个困惑"($ἀπορίαν$),亦即共同体成员因这类问题起纷争非常自然；第二，解决困惑需要"城邦［政治］的热爱智慧"（φιλοσοφίαν πολιτικήν）——如今通常译作"政治哲学"。在整个《政治学》中，这个表达式仅出现过一次，正如"城邦［政治］的热爱智慧者"（政治哲人）在《伦理学》中仅出现过一次，恐怕并非偶然。[1] 亚里士多德在这里提到自己在《伦理学》中的"那些符合热爱智慧［哲学］的说法"（τοίς κατὰ φιλοσοφίαν λόγοις）意味着，除非先澄清德性的高低和好坏问题，否则，关于何谓"正义"或"平等"的政治争议不会有好结果。

在这个决定性的问题上，亚里士多德没有含糊其词。如施特劳斯指出的那样，按照亚里士多德的结论，

> 我们必须接受一个出类拔萃的有德性的人统治，即便他是个穷人，因为钱财的匮乏同有智慧的判断能力之间，有什么关系呢？我们可以更进一步，尽管亚里士多德在此处仅仅暗示了这一点：倘若如此，为什么不把最高权力给予一个奴隶出身的人，如果他比他的所有主人阶级都更智慧的话？如果他的智慧无人能及，他为什么不应该统治呢？这个完整的论证得出的结论就是：最佳政体应该是优秀的人的

---

[1] 参见戴维斯，《哲学的政治》，前揭，页52—59；潘戈，《亚里士多德〈政治学〉中的教诲》，前揭，页189—194。

绝对统治。[1]

然而,"优秀的人的绝对统治"在现实中如何可能呢?随后的第四卷到第六卷进入了实际政治的漩涡,论述线索似乎突然中断。20世纪30年代,有古典学家提出,卷三与卷七的论述明显衔接得更紧密,第四卷至第六卷的内容很可能放错了位置(有如我们所谓的"错简")。这种观点引发了长达半个世纪的论争,直到人们考虑到亚里士多德的论述采用了作诗笔法,论争才得以平息。换言之,亚里士多德有可能在这里刻意制作了戏剧性突转,以便转换视角,从常识性的政治条件出发考察人们实际上能够期待的最佳政体是什么。这意味着亚里士多德无意于仅从静观层面考量最佳政体,他更关切实际的最佳政体如何可能。[2]

虽然亚里士多德将政体划分为三种类型及其变体,但是,我们知道——亚里士多德更清楚,历史上和现实中的政体很少见到单一政体。人们以为的纳粹专制实为僭主制与民主制的混合;在某些所谓海权大国身上,据

---

[1] 施特劳斯,《古典政治哲学引论》,前揭,页132—133。
[2] 参见 Ernst Barker, "The Life of Aristotle and the Composition and Structure of the *Politics*", 刊于 *Classical Review*, 45(1931),页162—172,此文提出的"窜乱"说见页167;"突转"说比较潘戈,《亚里士多德〈政治学〉中的教诲》,前揭,页214—215及注1。

激进智识人说，则不难见到寡头制与民主制的混合，尽管国体名为共和制。看来，亚里士多德考察各色具体的政体时，尤其关注民主制和寡头制这两种负面政体及其混合变体，的确有道理。

在考察混合政体的复杂多样之后，亚里士多德说：

> 对大多数城邦和大多数世人来说，什么是最佳政体，什么是优良的生活，衡量［这些问题］不能以超出常人（τὴν ὑπὲρ τοὺς ἰδιώταις）的德性为准，也不能以与幸运的天性和财富绑在一起的教育为准，更不能按祈愿出现（τὴν εὐχὴν γινομένην）的政体为准，而是以大多数人可能共同享有的生活为准，以大多数城邦都可能有其一份的政体为准。(《政治学》1295a25–30)

亚里士多德以倡导"中庸"之道著称，这段话算得上标志性表述，它出现在第四卷的中间位置尤其发人深省。初看起来，亚里士多德否弃了君主制和贤良制所凭靠的标准，更不用说想象出来的理想城邦标准——用我们的话说，一切以"人民利益"为重。尽管如此，"最佳政体"和"优秀的生活"（ἄριστος βίος）这两个语词依然保留了"超出常人的德性"和"与幸运的天性和财富绑在一起的教育"应有的政治权利。"对大多数城邦和大多数世人来说"这个与格短语表明，在亚里士多德看来，"政治的热爱智慧者"在考量什么是最佳政体和什么是优良的生活时，必须意识到自己"祈愿出现的"理想政体的局限。[1]

这段话显得是热爱智慧的政治思考的一个新着眼点。《政治学》以讨论城邦教育结尾，这里所说的"不能以与幸运的天性和财富绑在一起的教育为准"，对于我们理解亚里士多德关于音乐教育的含混论述非常重要，[2]但愿我们能记住这一点。

亚里士多德在第五卷进一步考察政体发生变革的种种实际情况，涉及政体的瓦解和维系。在第六卷，亚里士多德更为细致地研究了民主制和寡头制，似乎从实践上来讲，这两种负面政体及其混合的实际情况最值得关注。亚里士多德说，人们通常认为，民主制最为根本的原则是"自由"（ἐλευθερίας）。这个观念的含义有二：首先，城邦民轮流统治和被统治；第二，"谁都如其所愿地生活"（τὸ ζῆν ὡς βούλεταί τις）。这种"自由"观包含的政治平等的意涵是，"人不应该被统治（τὸ μὴ ἄρχεσθαι），甚至不应该被任何人统治"（《政治学》1317a40-b17）。奇妙

---

[1] 比较巴特莱特，《亚里士多德的最佳政制学》，见刘小枫/陈少明主编，《政治生活的局限和满足》，前揭，页29—55。
[2] 比较福特，《亚里士多德的音乐政治学》，见娄林主编，《柏拉图和古典乐教》（"经典与解释"第42辑），北京：华夏出版社，2015，页64—101。

的是，这两个观念都不是对雅典民主制的实际描述，倒像是在转述非政治的智识人的"自由"观：安提斯特涅和阿里斯提珀都曾宣称，自己既不想统治也不想被统治。由此我们看到，亚里士多德所讨论的实际政治状况，包括政治观念的实际状况。

经过长达三卷篇幅的实际政治考量，亚里士多德才回头继续探讨最佳政体问题（第七卷和第八卷）。这意味着，亚里士多德致力于从实际出发探问什么样的生活方式最值得选择，这取决于从实际出发知道选择的原则是什么。但这又并非意味着亚里士多德抛弃了静观者的视角，相反，恰恰在这里，他再次提到《伦理学》中的困惑：静观生活究竟有何充足理由。

> 显而易见，最佳政体必然会是这样一种政体，凭靠其安排，无论谁都能够最好地作为和有福气地生活（ζῶν μακαρίως）。不过，赞同富有德性的生活最值得选择的人们会有争议（ἀμφισβητεῖται），即城邦［政治］的和实践的生活更值得，抑或摆脱所有外在事务的生活即某种静观那样的生活更值，据某些人说，只有这才是热爱智慧的生活。(《政治学》1324a24-30)

"赞同富有德性的生活最值得选择的人们"显然是一

个德性上分化的群体，其中肯定不乏热爱智慧者。我们应该记得，《伦理学》恰恰在讨论"友爱"的政治形式时提到过政体选择问题（《伦理学》1160a30–1161b10）。亚里士多德似乎提醒我们，即便在特定的"友爱"关系之中，仍然难免政治争议。在这段说法中，"摆脱所有外在事务（ὁ πάντων τῶν ἐκτὸς ἀπολελυμένος）的生活"与"城邦［政治］的和实践的生活"明显对立，而且亚里士多德还说，"据某些人说，只有这才是热爱智慧的生活"。

我们是否可以把这里的"某些人"视为犬儒派或者后来的伊壁鸠鲁派呢？无论如何，亚里士多德并未把这些热爱智慧者主张的生活方式直接与"静观生活"本身画等号，而是说"某种静观那样的生活"（οἷον θεωρητικός τις）。这意味着，亚里士多德自己并不认同，所有静观生活样式都与"城邦［政治］的和实践的生活"绝然对立。

我们应该意识到，亚里士多德在这里接上了卷三的结论：出类拔萃的有德性的人施行统治是最佳政体。可以设想，如果犬儒式或者伊壁鸠鲁式的有德性的人主张的观念施行统治，那么，自由民主的意识形态就会得到普世认同。由此来看，上述说法显得表明，亚里士多德的讨论所针对的潜在对象是谁。我们在第七卷看到，亚里士多德像希普珀达摩斯一样，不仅大谈最佳政体应该是什么样，而且同样在发明"城邦规划"——不同的是，他显得颇有"从政经验"。

在第七卷的最后部分（第14章），亚里士多德开始讨论到最佳城邦的教育制度，这应该是"大多数城邦都可能有其一份"的最佳政体要素中最重要的要素，否则，他不会随后又花整整一卷（第八卷）来谈城邦教育。

他首先强调，设计教育制度必须先确定，"所有政治共同体（πᾶσα πολιτικὴ κοινωνία）都由统治者与被统治者构成"（《政治学》1332b13），这意味着统治者与被统治者应该受到的教育会有本质差异。亚里士多德在这里用了全称主词"所有政治共同体"，我们应该意识到，第六卷提到的那个自由民主制的根本原则——"人不应该被统治，甚至不应该被任何人统治"——遭到否弃，其政治平等的意涵同样遭到否弃。

随之而来的问题是，教育制度的设计如何与第四卷所说的"不能以超出常人的德性为准，也不能以与幸运的天性和财富绑在一起的教化为准"相协调。亚里士多德紧接着谈起了"忙碌"（ἀσχολίαν）生活与"闲暇"（σχολήν）生活的区分，这被等同于"实践活动"（τῶν πρακτῶν）是为了"必需且实用的东西"（τὰ ἀναγκαῖα καὶ χρήσιμα）抑或为了"美/高贵的东西"（τὰ καλά）的区分（《政治学》1333a30-33）。由于这一区分支配了一直到整个第八卷的讨论，我们必须意识到，这并非德性上的区分，而是灵魂样式的区分。毕竟，谁要是生活"忙碌"或善于追求"必需且实用的东西"，往往显示出他有某些出众的伦理德性或理智德性,但这并不意味着他的灵魂对美/高贵的东西有感觉。

我们会感到困惑:亚里士多德为什么会在这个关节点大谈这种区分?如果我们没有忘记他在前面提到的那个"赞同富有德性的生活最值得选择的人们会有"的争议,那么,我们应该意识到,亚里士多德很可能在促请我们想清楚:"摆脱所有外在事务的生活"是否等于追求"美/高贵的东西"的闲暇生活。反过来看,亚里士多德现在宣称,无论"对优秀的男子还是最佳政体"($τῷ\ τε\ ἀρίσῳ\ ἀνδρὶ\ καὶ\ τῇ\ ἀρίστῃ\ πολιτείᾳ$)来说,"德性始于闲暇"($τὰς\ εἰς\ τὴν\ σχολὴν\ ἀρετὰς\ ὑπαρχειν$),也就不奇怪了。

对亚里士多德来说,"闲暇"生活绝非意味着没有辛勤劳作,毋宁说,为追求"美/高贵的东西"辛勤劳作才是"闲暇"的本质。因此,"闲暇"并不意味着非政治的生活。亚里士多德甚至说,若真有诗人们所说的"福乐岛",那么,生活在这岛上的人们"尤其需要热爱智慧[哲学]、节制和正义"(《政治学》1334a11–32)。这里的三项列举无异于具体定义了什么是"城邦[政治]的热爱智慧",即如今所谓的"政治哲学"。

必须始终意识到,亚里士多德是在"立法术"的论题下谈论城邦教育。立法的技艺基于对世人的德性和灵魂品质差异的认识,订立什么样的具体法律法规,取决于立法者要为共同体建立什么样的伦理和灵魂秩序。因此，什么样的政体会相应地需要什么样的教育，以便让共同体成员养成与政体品质相适宜的"习性"。

亚里士多德在第七卷末尾的说法让我们看到，他会赞同斯巴达政体的城邦教育。但在第八卷一开始，他随即指出，这种政体的城邦教育也有偏颇，并由此提出这样一个问题：城邦教育仅仅是以实用为目的，还是也应该有超出实用的目的。亚里士多德引用《奥德赛》中的诗句来证明：

> 显而易见，儿子们应该接受的某种教育是这样一种教育，它既不是为了实用的东西，也不是为了必需的东西，而是为了自由的东西（ἐλευθέριον）和美／高贵的东西。（《政治学》1338a30–32）

我们应该注意到，亚里士多德在这里重新界定了"自由"的含义：真正的自由并不是与"统治和被统治"的问题相关，而是与是否能够追求"美／高贵的东西"相关。直到今天，我们中的绝大多数人脑子里有的仅是前一种"自由"观。亚里士多德在这里说"显而易见"（φανερόν ἐστιν），而非说"有些人说"或"据说"，显然表达了他自己的看法。

这话仍然不乏含混之处，因为亚里士多德没有清楚界定，谁的"儿子们"应该接受这种"为了自由的东西和美／高贵的东西"的教育。同样让人困惑的是，亚里士多德接下来主要讨论音乐教育的作用，对于古希腊城邦生活来说，音乐恰恰带有"必需且实用的部分"。

亚里士多德曾以戏剧歌队和音乐中的调式为例谈政体差异，第八卷关于城邦教育的讨论主要以"音乐"为例似乎不难理解，其实不然。古希腊城邦中的"音乐"（μουσική）有时泛指今天所谓的"文艺"，但在亚里士多德笔下仍指狭义的音乐（涉及节奏、和声、调式等乐理）。他说，常见的基础教育内容大致有四种，即读写、体育、音乐和绘画。学习读写、体育和绘画的实用目的似乎比较明确：体育旨在培育勇敢和坚韧，读写和绘画能力则"用途多样"（πολυχρήστους）。唯有为什么学习音乐会让人"产生困惑"（διαπορήσειεν），尽管"大多数人分享音乐是为了娱乐"（《政治学》1337b23-28）。

我们会感到奇怪：既然"大多数人分享音乐是为了娱乐"，让"儿子们"从小学习音乐何以会让人"产生困惑"？其实，问题恰恰来自"为了娱乐"（ὡς ἡδονῆς χάριν）这个表达式：娱乐这个说法中包含的"快乐"这个语词即《伦理学》一开始就让人感到困惑的语词。我们不得不问："娱乐"时光是"闲暇"时光吗？或者说"闲暇"中的快乐与"娱乐"中的快乐在伦理品质上相同吗？

"娱乐"的另一个古希腊语词是 παιδιάς [玩耍]，但热爱智慧的"闲暇"是一种"玩耍"吗？对不少读书人来说，似乎的确如此。

亚里士多德随后就说，其实音乐与读写、体育和绘画一样"用途多样"，因人而异：

> 每个人都认为，与幸福相随的是快乐而非痛苦。不过，他们认定的快乐绝非同一种快乐，毋宁说，每个人按各自的品格（τὴν ἕξιν τὴν αὑτῶν）各有各的快乐，优秀的人有优秀的快乐，它源于最美/高贵的事物（ἀπὸ τῶν καλλίστων）。（《政治学》1338a5-9）

我们应该回想起亚里士多德在《伦理学》第七卷中曾说，

> 据说，热爱智慧因纯净和持久而有让人惊异的快乐（θαυμαστὰς ἡδονάς）。（《伦理学》1177a25）

现在我们得知，这里的所谓"据说"其实就是亚里士多德自己的看法。学习音乐对于"大多数人"来说是为了"娱乐"，对于"自由人"（τῶν ἐλευθέρων）来说，则是"为了闲暇人生"（πρὸς τὴν ἐν τῇ σχολῇ διαγωγήν）的纯粹快乐（《政治学》1338a21-22）。音乐固然有实用功能，但音乐也隐含纯粹数理，音乐中的纯粹与热爱智慧中的纯粹都与最为纯粹的美相关。

亚里士多德说完这句话，随即就引用了《奥德赛》中的诗句。由此我们得知，所谓"儿子们应该接受某种教育"，指某类灵魂样式的"儿子们"，而且他们完全有可能是某个农夫或士兵或小市民的儿子，某些高级官员或大牌教授的儿子反倒未必属于此列。

亚里士多德接下来又说，"按某些热爱智慧中人（τινες τῶν ἐν φιλοσοφίᾳ）的划分"，旋律的作用可按品质分三类：要么培育"性情"（τὰ ἠθικά），要么有"实用"（τὰ πρακτικά）作用，要么"感发心志"（τὰ ἐνθουσιαστικά）（《政治学》1341b32-34）。这段说法看似让此前刚刚做出的区分又消失了，其实不然。因为，培育"性情"首先指塑造城邦民情感，雅典城邦的肃剧演出就显得尤其注重教育刚刚成年的男子，因为肃剧歌队往往由这个年龄段的男子组成，歌队的舞蹈和歌唱训练也带有准军事化的严厉。[1]

所谓"实用"作用则指缓解疲劳，也就是一般所谓的"娱乐"。换言之，"热爱智慧中人"对旋律品质的"划分"没有忽略"大多数人"的日常需要。如果回想起亚里士多德在卷四中的说法——"不能以超出常人的德性为准，也不能以与幸运的天性和财富绑在一起的教育为准"，那么，我们现在能够体会到，亚里士多德对音乐作用的解释无异于在解释他所理解的混合政体。

---

[1] 郝兰，《悲剧性过错：重启〈诗学〉》，前揭，页269。

看来，我们若仅仅知道亚里士多德主张的最佳政体是混合政体，远远不够。更重要的是应该知道，在亚里士多德对混合政体的理解中，贤良政体的要素具有决定性。因此，他在结束讨论之前再次强调：音乐教育除了应采用表达性情的旋律和调式，也应接受对"在热爱智慧中赋闲的同仁们"（οἱ κοινωνοὶ τῆς ἐν φιλοσοφίᾳ διατριβῆς）有益的旋律和调式——紧接着他就点名批评了柏拉图《王制》中的苏格拉底关于音乐教育的说法（《政治学》1342a32–35）。我们知道，苏格拉底当时谈的是城邦卫士应该接受怎样的音乐教育。

我们值得问，对"在热爱智慧中赋闲的同仁们"有益的旋律和调式具有怎样的品质呢？难道是亚里士多德在前面"按某些热爱智慧中人的划分"说到的"感发心志"？

的确，亚里士多德在那里紧接着就说到了音乐"净化"（katharsis）性情的作用。但他又说，这个问题眼下没可能谈清楚，得等讨论诗术时再谈（《政治学》1341b39–40）。可是，《诗术》在谈到肃剧的"净化"作用时又说，这个问题在《政治学》最后已经说过了。结果，两个地方都没有让我们看清楚："净化"究竟指谁的性情净化。

看来，要理解亚里士多德的混合政体，关键在于如何理解"感发心志"的作用。倘若如此，亚里士多德在学园内讲"诗术"时也讲究如何讲，或以作诗方式讲，并不奇怪。如今的影视传媒专业的理论预设是，竭尽全力表达常人的快乐。若有人非要在课堂上讲解《诗术》，就必须把《诗术》变成近代以来的审美［感觉/趣味］理论，否则只会让学生们一头雾水。

《政治学》卷八在开始讨论音乐教育时说，这里的讨论仅仅是相关问题的一个"引论"（ἐνδόσιμον，《政治学》1339a13）。由此我们可以说，《政治学》第八卷（甚至包括第七卷）是《诗术》的"引论"。[1]倘若如此，我们不仅能够理解亚里士多德为何说"政治学"是"主宰性"学科，《诗术》在其学问统绪中的位置也清楚了：

$$《伦理学》 \leftarrow 《政治学》 \rightarrow 《诗术》/《修辞术》$$

《伦理学》以提出"对立法的需要"结尾，《政治学》以讨论立法术中的乐教问题结尾，由此可以推知，所谓"作诗"技艺本质上属于立法技艺。

我们已经看到，亚里士多德的《政治学》实现了他在《伦理学》开头做出的承诺：在考量城邦［政治］政体问题时最终没有离弃"美/高贵的事物"，并充分展现了"政治的热爱智慧者"的伦理品质。若将亚里士多德的《政治学》与如今大学里的政治学教科书相比，两者

---

[1] 比较戴维斯，《哲学的政治》，前揭，页127—145。

的差异实在太大。

## 传授诗术为何也需要诗术

最后我们值得再回到亚里士多德的"内学"和"外学"之分问题。因为,现在我们知道,《诗术》看起来特别费解,《伦理学》和《政治学》反倒看起来相对容易理解,原因很可能在于,《伦理学》和《政治学》以《诗术》中探究的诗术写成。但我们还需要理解,为什么《诗术》至少表面上看起来比《伦理学》和《政治学》费解。

如果亚里士多德研究的"诗术"源头在柏拉图,那么,我们就不妨看看史称"第二亚里士多德"的法拉比如何理解"内学"和"外学"之分。

在解读柏拉图的《法义》时,法拉比一上来就说:

> 聪颖的柏拉图在向所有人启发和揭引每一种知识时,并未感到自由。所以,柏拉图采用了象征、谜语、晦涩和笨拙之类的成法,好让知识不会落入那些不配享有反而会使知识变形的人手中,或者不会落入那些不识货或不会恰当运用的人手中。在这方面,柏拉图是对的。[1]

---

[1] 法拉比,《柏拉图的哲学》,程志敏译,上海:华东师范大学出版社,2006,页55—56。

我们可能会以为，法拉比生活在神权政体之下，传授热爱智慧的学问是禁忌，因此他会特别在意柏拉图的写作方式。其实，这样的推想并不靠谱。至少，在法拉比的时代，神权政体的君主并没有遏制热爱智慧的学问，否则也就不可能有什么当时所谓的"文艺复兴"。

事实上，法拉比说，柏拉图的写作方式不是用来提防神权政体的迫害，而是提防"会使知识变形的人"以及"不识货或不会恰当运用的人"。显然，在任何政体或任何时代，都有这样的人，亚里士多德的《伦理学》和《修辞学》应该有助于我们提高对这类人的辨识能力。在我们的时代，追求言论自由是理所当然的事情，因为，英国共和革命以来的启蒙思想家喜欢把欧洲式的神权政体对思想自由的压制说成人类的普遍现象。[1] 生活在神权政体之下的法拉比却看到，柏拉图在表达自己时"并未感到自由"，并非因为神权政体，而是因为世人在伦理和灵魂样式上的差异。哲人受到政治或宗教迫害，不过是人性差异与实际政治中的实力较量耦合的结果。

如今的我们面临这样的问题：如果可以变革传统政

---

[1] 参见唐宁，《〈论出版自由〉中的公民自由与哲思自由》，刊于刘小枫编，《古典诗文绎读：西学卷/现代编》，李小均等译，上册，北京：华夏出版社，2009，页332—342；比较 Stephen H. Daniel, *Toland: His Methods, Manners and Mind*, McGill-Queen's University Press, 1983。

体使之非常"宽和"（按孟德斯鸠的说法），那么，是否也能够因此而消除世人在伦理和灵魂样式上的差异呢？如果结论是否定的，那么，柏拉图在表达自己时"并未感到自由"，就会是一个"恒久的问题"。法拉比相信这一点，因此，他接下来说：

> 一旦柏拉图知道并肯定自己已由这样的做法而变得有名，而且他随便想说什么都会通过象征来表达，也已在人群中广为流传，那么他有时就会直接转向他想讨论的问题，公开而又真实地和盘托出自己的看法。但任谁读了或听了他的讨论，都会假定他的说法是象征性的，而他的意图与他公开表达的东西大异其趣。这种观念就是柏拉图著作的秘密之一。此外，除非有人本身就对此道训练有素，否则就没人能懂得柏拉图公开表达的和以象征来阐述的东西，而且，如果对目下所说的这种训练不是很精通的话，那么也无法区分这两种东西。（《柏拉图的哲学》，前揭，页56）

法拉比的意思是，柏拉图的文本有如一面灵魂的镜子，从中能鉴照出读者的灵魂样式，正如我们可以从诸多对柏拉图和亚里士多德的解读中看到的那样。除非本身就是"训练有素"的读者，否则没有指望能读出"大异其趣"的内容。这意味着,热爱智慧的生活方式与政治生活的诉求在目的上存在着深刻的异质性。问题并不在于任何时代都会有某种官方意识形态,毕竟,政治共同体向来受"意见"主导。毋宁说,由于真正的热爱智慧与追求"美/高贵的东西"相关,而非关切"统治和被统治"的问题,所谓"训练有素"指对灵魂的自我认识下过功夫,而非对"统治和被统治"的问题下过功夫。

从这个意义上讲,所谓"外学"与"内学"之分,实际上指区隔两种不同生活方式的习性。毕竟,"外学"与"内学"之分,并非古希腊的大智慧者独有。这种区隔在柏拉图的文本中体现为对话式的论证方式,其目的就在于训练灵魂的自我认识。因此,要想探究柏拉图对话中的"什么",决然离不开对话形式所呈现出来的"如何"。

亚里士多德的《伦理学》和《政治学》"采用了象征、谜语、晦涩和笨拙之类的成法",尽管不是对话文体而是论说文体,想必与训练某类"儿子们"的自我认识有关。但是,《诗术》若"采用了象征、谜语、晦涩和笨拙之类的成法",情形恐怕就有所不同。毕竟,讲授诗术为的是与"政治的热爱智慧者"一起探讨如何"作诗",即如何运用"象征、谜语、晦涩和笨拙之类的成法"。如戴维斯看到的那样,《诗术》模仿肃剧,意在以模仿方式引发政治的热爱智慧[哲学]的诗性特质,重现无法直接呈现的政治思考，以揭示政治的热爱智慧［哲学］的面相，从而《诗术》是政治的热爱智慧［哲学］之"诗"。[1]

《诗术》的确"特别晦涩难解"，但也因此特别值得我们花费心力求解。

---

[1] 戴维斯，《哲学之诗》，前揭，页30。

# 原"诗":古希腊诗术的起源问题

《诗术》这个书名是亚里士多德自己所拟,抑或后人追加,考据家们一度有争议。一般认为,*Περὶ ποιητικῆς* / Peri poiētikēs [technēs] [诗术] 这个书名来自开篇起头句,从而有可能是后人追题。但亚里士多德在《政治学》中曾提到,"*ἐν τοῖς περὶ ποιητικῆς* [在《诗术》中] 将解释净化"(1341b39),有考据家据此推断,这个书名出自亚里士多德本人的可能性蛮大。

拉尔修约生活在公元3世纪上半叶,大约与罗马皇帝瑟维儒斯(Alexander Severus)的执政时期(公元222—235)及其继位者的执政时期同时。在他的《名哲言行录》所著录的亚里士多德文稿目录中,唯有这部文稿被冠名 *Πραγματεία τέχνης ποιητικῆς* [诗术论稿]。[1] 据说,这可能是因为文稿不完整,或尚未最后完成。

古希腊的莎草纸书或羊皮书并没有如今意义上的书

---

[1] 拉尔修,《名哲言行录》,前揭,页438。

名页，更不用说目录页，除非展读，读者不知道一部书要讲什么内容。因此，书商往往会在莎草纸书或羊皮书卷上贴个标签，注明该书作者及其基本主题。如今能够看到的最早（公元8世纪）的《诗术》抄件，即标有这样的书名：Ἀριστοτέλους περὶ ποιητικῆς［亚里士多德的《诗术》］。[1]

其实，值得追究的问题，并非书名是否出自亚里士多德本人，而是 poiētikē［诗术］的语义。这个语词看起来与以 ikē 结尾的形容词衍生而成的名词如 aulētikē［簧管术］—politikē［城邦术］—rhetorikē［言辞术］没有什么不同，其实不然。与"簧管""城邦""言辞"不同，[2] poiē- 的原初含义来自行为动词 poiein［制作］（to make），带有相当宽泛的作为意涵，如果直译的话，poiētikē 当译为"制作的［技艺］"（省略 technēs）。有注疏家建议，最好将这个书名径直转写为 poietic［art］，以便保留"制作"（making）原义，突显 the poet 的本义是 maker［制作者］。据说，亚里士多德并未区分 art［艺术］和 craft［技艺］，与此相应，所谓 poiēsis［诗］实际指制

---

[1] Leonardo Tarán / Dimitri Gutas, *Aristotle Poetics*，前揭，页222。
[2] 古希腊的"簧管"（aulos）是带簧片的吹奏乐器，发音原理有如现代的单簧管，形状虽类似箫或笛子却并非"箫"或"笛子"。参见威尔森，《奥乐斯在雅典》，戈尔德希尔／奥斯本编，《表演艺术与雅典民主政制》，李向利、熊宸等译，北京：华夏出版社，2014，页73—122。

作过程（the process of making）。[1]

人世中的制作行为相当广泛，制作房屋、船舶、兵器之类的实用物，都需要相应的制作技艺。亚里士多德的讲稿明显在讨论如何制作属于言辞作品的诗，译为"作诗［术］"也许更恰切。即便如此，为何希腊文 poiētikē［作诗］这个语词衍生自极为日常的制作行为，已经引发柏拉图和亚里士多德思考如下问题：这种特定的制作与人世中的其他制作有何不同，作诗与其他制作技艺在性质上有何差异。今天的我们仍然不能抛开这一问题，否则，我们没可能恰切把握古希腊"诗学"的源初含义。

要理解这个问题，首先得了解，为何恰恰在雅典民主时期，作诗与其他制作技艺在性质上的差异会成为一个问题。进一步说，我们值得从政治史学入手，尽可能搞清这个问题的历史语境。

我们所要理解的历史语境，并非指现代实证史学所追求的社会史状况，而是当时的优秀头脑面临自己的政治处境时所思索的涉及人世生活根本的哲学问题。如何才能接近古典大哲的智慧，对生活在现代语境中的我们来说始终是个大难题。施特劳斯 30 岁出头时就已经认识

---

[1] George Whalley, *Aristotle's Poetics*, 前揭, 页 44; Telford 则建议译作 Concerning The Productive 或 Concerning Productive Science, 见 K. A. Telford, *Aristotle's Poetics Translation and Analysis*, 前揭, 页 1。

到这一点,他在给友人克莱因的信(1932年12月27日)中曾这样袒露自己的看法:

> 我一点不否认,**必须历史地**哲学思考,即我们必须使希腊人无须使之上升为意识的事实上升为意识。我一点不否认,"素朴"在我们只是一个要求,今天没有谁能够"素朴地"进行哲学思辨。但我要问的是:这种变化是我们原则上比希腊人认知更多("偏见"问题比 $\delta \acute{o} \xi \alpha$ [意见] 问题更彻底)的一个结果,还是这种变化原则上——即从人之为人所必须认识的知识来看——成效甚微,是一种可憎的厄运,强迫我们走一条"不自然的"弯路?[1]

为什么今天的我们很难"素朴地"思考真正的哲学问题?因为我们受各种现代理论支配,以为古人的智慧已经不再是"人之为人所必须认识的知识"。自觉地追求"素朴地"思考,意味着摆脱种种现代人文—社会科学理论或哲学,直面历史上的思想者所面临的问题本身,对我们来说当然很难。

施特劳斯所说的"素朴",来自席勒的著名文章《素

---

[1] 施特劳斯,《回归古典政治哲学》,前揭,页58—59(以下凡引此书简称《回归》,并随文注页码)。

朴的诗和感伤的诗》的头几页。[1]他在信中接着说：

> 素朴的人是自然，对于感伤的人而言，自然性只是一个**要求**。我们现代人必然是"感伤的"。这就是说：我们必须以"感伤的"[方式]即回忆的、历史的方式探求希腊人"素朴地"探求到的东西；精确地说：我们必须通过回忆将自己带进我们在其中一方面理解希腊人，一方面能够与他们一起"素朴地"进行探求的层面。(《回归》，页59)

现代人即"感伤的"人意味着，现代人已经远离"自然"或者说远离"人之为人所必须认识"的事情。今天的我们要回到"自然的"思考，就得让自己"以回忆的、历史的"方式探求希腊人"素朴地"探求到的东西，这就是笔者上面所说的**历史语境**。

施特劳斯接下来用谜语般的说法指出了这一历史语境的具体含义：

> 现代的反思也好，自我审视抑或深刻性也好，可能不单单揭示了个别事实，而且也泄露了一个希

---

[1] 比较席勒，《席勒经典美学文选》(注释本)，范大灿等译，北京：生活·读书·新知三联书店，2015，页403—408。

腊人不曾泄露的整个维度（Dimension）。于是，问题仍然是，这个维度具有怎样的Dignität？这果真是一个更彻底的维度？我们真的比希腊人更了解生活之根、生活之不可靠状态？（《回归》，页58）

这段话颇值得认真体味，尤其是Dignität这个语词，它既有"尊严"的含义，也指某种"特定品质"。要说现代人对"生活之根、生活之不可靠状态"未必比古人理解得深刻和全面，理由在于：现代人相信，自由民主的实现就是人的Dignität［尊严］的实现，而雅典民主时期的优秀头脑则看到，自由民主的意识形态掩盖了人世的"生活之根"以及"生活之不可靠状态"的本相——或者说掩盖了人世生活的Dignität［特定品质］。

然而，古人为什么"不曾泄露"整个维度，又如何做到"不曾泄露"呢？施特劳斯质疑现代人，"我们真的比希腊人更了解生活之根、生活之不可靠状态？"既然古希腊人"不曾泄露"，施特劳斯又何以得知这"不曾泄露的整个维度"呢？追问"作诗"与理解"生活之根、生活之不可靠状态"有怎样的关系，兴许有助于我们澄清这些困惑。毕竟，施特劳斯借用席勒关于"素朴的诗"与"感伤的诗"来比喻古人与现代人在生存理解上的差异，恐怕不是信笔而至。因此，我们不妨从认识古希腊诗术的起源开始。

## 一 希罗多德与诗术

英文的 poetry 源于希腊文 poiēsis，所谓 poet［诗人］则源于希腊文 poiētēs。要搞清古希腊诗学何以诞生，得从希罗多德（Herodotus，公元前484—前425）的纪事入手。因为，从今人能够看到的传世文献来看，"诗"和"诗人"这两个古希腊语词的含义，最早见于希罗多德在《原史》中的用法：

> 据我看，赫西俄德以及荷马生活的年代大约离我四百年，但不会更早。正是他们把诸神谱系（θεογονίην）教给希腊人，并给诸神起名，把尊荣和诸技艺（τέχνας）分派给神们，还描绘出诸神的模样。至于据说有比这些男人更早的诗人（ποιηταί），我觉得［这些人］其实比他们生得晚。（2.53；比较2.23）[1]

希罗多德称赫西俄德和荷马为"诗人"，但在此之前，赫西俄德被称为"众人的教师"（《赫拉克利特辑

---

[1] 本稿所引希罗多德《原史》，均出自笔者自己的译文（随文注希腊文编本标准编码）。译文依据 Josef Feix 希德对照本（München, 1963），笺释依据 David Asheri / Alan B. Lloyd / Aldo Corcella, *A Commentary on Herodotus I–IV*, Oxford, 2007；参考 W. W. How / J. Wells, *A Commentary on Herodotus*, 2卷, Oxford, 1928。

语》,57),比他更早的荷马则被称为"[游吟]歌手"(*ἀοιδός*),都不称"诗人"。所谓"据说有比这些男人更早的诗人",指传说中的俄耳甫斯(Orpheus)和缪塞俄斯(Musaeus),他们也被称为"歌手",不称"诗人"。亚里士多德在《形而上学》(983a1–5)中还说:"按照谚语,歌手多谎话(*πολλὰ ψεύδονται ἀοιδοί*)。"用今天的说法,"[游吟]歌手"相当于如今所谓"民间歌手"。为什么希罗多德要改称赫西俄德和荷马为"诗人/制作者"?难道因为"歌手"不制作言辞,从而不能称"诗人/制作者"?倘若如此,我们就值得了解,对希罗多德来说,"制作/作诗"意味着什么。

希罗多德说,正是赫西俄德和荷马"把诸神谱系教给希腊人"。动词"教给"的原文是"制作"(*ποιήσαντες*),现代西文译本未必会把这个动词译为"作诗",更不用说译成"教给"。[1] 毕竟,希腊文的"教给"有一个专门

---

[1] 迄今为止,西方学者对这个语词的翻译仍然五花八门,并未达成共识。18世纪的Littlebury译本(1737)译作introduced,而W. Beloe带注释的译本(1791/1812)解释性地译作 invention of the Grecian theogony... be ascribed to Hesiod and to Homer。在19世纪,T. Gaisford / P. E. Laurent译注本(1827)和I. Taylor译本(1829)均译作framed[制定],G. Rawlinson译本(1858)则译作compose,而G. C. Macaulay译本(1890, D. Lateiner修订本1988/2002)又译作made。到了20世纪,Leob古典丛书中的A. D. Godley译本(1920/修订版1926)译作taught,同时代的W. G. Waddell笺注本(1939)则译作composed,而评价甚高的Grene(1987)译

语词。希罗多德说(《原史》1.23),科林多歌手阿瑞翁(Arion)"作了酒神颂歌"(διθύραμβον ποιήσαντά),这里与"作诗"一词连用的动词还有 ὀνομάσαντα [命名] 和 διδάξαντα [教给]。

由诗人给事物命名,似乎是所有民族的共性(比较《原史》9.43:οὔνομα ὑπὸ ποιητέω ποιηθέν [由某个诗人取

---

(接上页)本又译作 created。晚近 R. Waterfield 的新译本(1998)同样译作 created,未必胜出前人。T. Gaisford / P. E. Laurent 译本在注释中提到,如何理解这里的 ποιέω 的语义有争议,并陈述了自己译为 framed 的理由(见页 123 注释 3)。晚近 A. B. Lloyd 的笺注本(1976)详细得多,对 2.53 节的笺释长达数页,但对这个语词及其争议未置一词,似乎这并非值得关注的问题。

17 世纪的 A. De Sommaville 和 A. Courbé 法译本(1645)译作 enseigner [教给],1889 年的 P.-H. Larcher 法译本译作 décrire [描述],1913 年的 P. Giguet 法译本直译为 faire [制作],权威的 Les Belles Lettres 版中的 Ph.-E. Legrand 译本(1930)译作 fixer [确立/拟定],晚近的 A. Barguet 译本(1964)又译作 donner [给予]。

18 世纪的 J. E. Goldhagen 德译本(1756)译作 gemacht 算直译,但 M. Jacobi 译本(1799)译作 dichteten [作诗] 也算得上直译,随后的 A. Schöll 译本(1829)同样译作 gedichtet。半个世纪之后的 F. Lange 译本(1885)译作 gebildet 明显是意译,C. F. Bähr 译本(1898)和 W. Marg 译本(1973)均译作 geschaffen,而 A. Horneffer 译本(1955)和 Josef Feix 的希德对照本(1963)则译作 aufgestellt。可以看到,唯德语学界不断有人译为"作诗":H. Stein 的笺注(1901)译作 gedichtet,H.-G. Nesselrath 的最新译本(2017)译作 dichterisch dargestellt,可谓信达雅兼备。

名〕)。笔者译作"教给",沿用了王以铸先生的译法,[1]而这种译法很可能意在化用我国古人所谓"制礼作乐"的说法,似乎荷马和赫西俄德堪比我们的圣王周公。但希罗多德的用法有这个意思吗?

## 希罗多德与"诗术"

从前,赫西俄德被称为"众人的教师"(διδάσκαλος δὲ πλείστων),这一称谓表明,古希腊民族的确很早就关切人民的教化——如今叫作关切国民的文明德性。问题在于,即便"民间歌手"或"诗人"都可能是"众人的教师",但恐怕不能说,这两种教师有相同的灵魂样式,他们传授的德性没有品质差异。

这让笔者想起一件事情,即迄今仍然没有定论的"荷马问题"。

17世纪末,英国伦敦和法国巴黎的知识界爆发了著名的"古今之争",论争焦点之一是:究竟有没有荷马这个制作言辞的高手或"诗人"。论争持续了两百多年,欧洲学界也没有得出让所有古典学家都满意的结论。[2]

20世纪初,有位姓帕里(Milman Parry,1902—1935)

---

[1] 希罗多德,《历史》,王以铸译,北京:商务印书馆,1959 / 1983(修订版),页134—135。
[2] 参见刘小枫,《古典学与古今之争》(增订本),北京:华夏出版社,2017,页92—130。

的美国青年到巴黎大学研修古典学,遇上正在勃兴的人类学。他带着现代知识人发明的人类学"技艺"来到南部斯拉夫地区,对当地民间歌手开展田野调查,其间生发出一个奇妙推论:荷马不就是如今在南斯拉夫还能见到的那类民间歌手嘛。据说,这个推论"革命性地"一举解决了"荷马问题"。毕竟,"荷马问题"并非自17世纪以来才诉讼纷纭,而是在亚里士多德时代就已经成为问题。[1]

帕里33岁时不幸因枪击身亡,并未完成其推论——枪击系自杀抑或他杀,迄今仍是个谜。哈佛大学比较文学教授兼古典学家洛德(Albert B. Lord,1912—1991)当时是帕里的助手,差不多三十年后,他以《故事的歌手》(*The Singer of Tales*,1960)一书完成了帕里的未竟之业。在这部人类学"口头诗学"(Oral Poetics)的奠基之作中,洛德开篇就说:荷马不过是"从洪荒难稽的古代直至今天所有的故事歌手"的名称,当今南斯拉夫民间歌手中的"每一位,即使是最平庸的一位歌手,也和其中最具天才的代表荷马一样,都属于口头史诗演唱传统的一部分"。[2]

---

[1] 纳吉,《荷马诸问题》,巴莫曲布嫫译,北京:中国社会科学出版社,2008,页1—15。比较 Adam Parry 编,*The Making of Homeric Verse: The Collected Papers of Milman Parry*,Oxford University Press,1971。

[2] 洛德,《故事的歌手》,尹虎彬译,北京:中华书局,2004,页38,详见页141—226。

"口头诗学"的基本观点认为,民间歌手的演唱绝非仅仅是"口头表演"(oral performance),毋宁说,他们的演唱即"口头创作"(oral *composition*)。凭靠现代人类学的民俗研究,洛德建立起一条新古典学原理,即"传统的讲故事"(traditional storytelling)原理,并应用这一原理来解释所有古代史诗:古典史诗无不出自民间歌手的"口头创作"。

按照这条古典学原理,"最平庸"的民间歌手也有权利与最天才的荷马平起平坐,或者,最具天赋的荷马成了被用来提升"最平庸"的民间歌手的杠杆。无论哪种情形,"最天才"与"最平庸"的巨大伦理差异消失了,两者在诗学上获得了平等——当然首先是政治上获得了平等。如今,我们有理由仰慕当下的民间歌手,因为,即便"最天才"的荷马也不过是当时的民间歌手。由此可以理解,帕里—洛德开创的口头诗学为何会被恰切地称为"民主"的美学。[1]

笔者想起这件事情,是因为希罗多德说上面那段话时的口吻:他似乎在告诉雅典民主时代的读者,古希腊人民所信奉的诸神不仅来自异族,而且是四百年前的两位希腊人"制作"(等于"编造")出来的。言下之意,希腊人所信奉的诸神未必那么神圣。由此看来,当今

---

[1] 参见洛德,《故事的歌手》,前揭,纳吉撰"重版序言",页19。

"口头诗学"对古典史诗的去神圣化,在希罗多德身处的雅典民主时代已经可见端倪。

在《原史》卷二,希罗多德记叙了海伦被亚历山大从斯巴达抢走后去往埃及的故事(《原史》2. 113–115)。希罗多德强调,他的讲述来自祭司们(οἱ ἱρέες)的"说法",似乎这是"海伦纪事"(ἱστορέοντι τὰ περὶ Ἑλένη)的真实版本。然后他又说,荷马明明知道关于海伦的这种"说法"(τὸν λόγον),却"故意放弃这个说法",用另一个"说法"取而代之,原因是这说法不切合他制作的τὴν ἐποποιίην [叙事诗]。

希罗多德还告诉我们,荷马在提供另一个"说法"的同时,又刻意让人知道他知道祭司们的说法,其手法即"在《伊利亚特》中制作出"(ἐποίησε ἐν Ἰλιάδι)自己的一套说法(《原史》2. 116. 1–2)。随后,希罗多德就引用了《伊利亚特》和《奥德赛》中关于海伦的"诗句",让读者对比荷马如何既泄露又不曾泄露关于海伦的真实"说法"。

希罗多德还说,这些 τὰ ἔπεα [歌句] 清楚表明,"居普利亚之歌"(τὰ Κύπρια ἔπεά)并非出自荷马,而是出自"别的诗人"。[1] ta epea 这个语词的原义是"言辞"(τὸ

---

[1] 这里的希腊文原文并未出现 poiētēs,而是省略用法 ἄλλου τινός [别的某个(诗人)](《原史》2. 117)。

ἔπος），引申为"故事、歌句"，希罗多德在这里没有用 poiēsis［诗］。注疏家通常认为，希罗多德的这段关于海伦故事的说法表明，他不信靠荷马这个权威。其实，与其说希罗多德在质疑荷马的权威，不如说在揭示荷马如何"制作"（ἐποίησε）他的 τὴν ἐποποιίην［叙事诗］。[1]

对比这段说法与前面关于荷马的简扼说法（《原史》2.53），我们还应该注意到，希罗多德的纪事笔法有两个特征。首先，希罗多德让自己关于荷马的说法分置不同的文本位置，除非读者留心，否则很难看出其间有什么关联。比如，他在卷二 53 节说，赫西俄德和荷马"把诸神谱系制作（ποιήσαντες）给希腊人"，但没有说如何"制作"。在这里（《原史》2.116-117），希罗多德则清楚展示了荷马如何"制作"：既泄露又不曾泄露真相。所谓"叙事—诗"（τὴν ἐποποιίην），其实是荷马这样的高人的制作，尽管其形式是所谓 τὰ ἔπεα［叙事歌］。如果祭司们关于海伦故事的"说法"代表了某种宗教传统，那么，荷马的"制作/作诗"就无异于改造了这一传统。

希罗多德在展示荷马如何"制作/作诗"时，同样采

---

[1] 比较 David Asheri 等笺注和 W. W. How / J. Wells 笺注（前揭），以及 Ludwig Huber, "Herodots Homerverständnis", 见 H. Flashar 和 K. Gaiser 编, *Synusia: Festgabe für Wolfgang Schadewaldt*, Pfulingen, 1965, 页 29-52。荷马对纪事［史书］作家的影响，参见 Hermann Strasburger, *Homer und die Geschichtsschreibung*, Heidelberg, 1972。

用了既泄露又不曾泄露的方式。因此，我们的确很难说希罗多德是在质疑荷马的权威，也没法说，从古至今所有民族的"史诗"歌手或如今的民间叙事歌手有希罗多德所理解的这种深切著明的荷马"制作/作诗"。许多民族有类似于"居普利亚之歌"（τὰ Κύπρια ἔπεά）的"歌句"（τὰ ἔπεα），但荷马不是这类演唱之"歌"的作者，他制作的是"叙事—诗"。我们不得不虚心地承认，中国三千年文明史上从未出现过《伊利亚特》和《奥德赛》这样的鸿篇巨制，尽管不乏类似的精妙短制。

poiēsis［诗］这个语词在希罗多德笔下出现时的语境（《原史》2.82），也颇有意思。他说，埃及人把"每个月和每一天"（μείς τε καὶ ἡμέρη ἑκάστη）分配给诸神，以便由此推断，谁某月某日出生，"谁就会撞上怎样的命运、有怎样的结局，以及会是怎样的［个体］禀性（ἐγκυρήσει καὶ ὅκως τελευτήσει καὶ ὁκοῖός τις ἔσται）"。

据注疏家考证，在埃及的法老王时代，埃及人把每月的第一天分配给托忒神（Thoth），第二天分配给何儒斯神（Horus），第三天分配给奥希瑞斯神（Osiris）。这种推算个人禀性及其命运的方式，绝非仅仅与诸神信仰有关，也与在古代地中海世界有广泛影响的古天象学（astrology，或称"占星术"）相关。我国古人凭天干地支推算个人禀性及其命运的技艺（所谓"算卦"），差不多与此类似。在今天看来，这套技艺属于没有"科学根据"的迷信，尽管迄今仍然有不少人还相信这一套。

希罗多德说，希腊人中也有人"在制作［诗作］中用上（οἱ ἐν ποιήσι γενόμενοι）这套"（《原史》2.82）。这里所说的"诗作"指谁的不清楚，但可以推断，很可能指荷马或赫西俄德的诗作，因为，这与前面（《原史》2.53）的说法相吻合。希罗多德自己是否相信这套"算卦"不清楚，因为他的记叙口吻似乎表明，这种推算方式不过是某些作诗之人"制作"（等于"编造"）出来的。

笔者产生如此推测不是要无事生非，毕竟，希罗多德所生活的时代的确出现了不信传统诸神的苗头。希罗多德的同时代人普罗塔戈拉就曾著文《论诸神》公开宣称，自己会对诸神是否存在的问题存而不论，理由是这问题太艰深，而人生过于短促，没时间探出个究竟。[1] 因此，要说希罗多德把赫西俄德和荷马视为诸神信仰的"制作/编造"（ποιήσαντες）者，未见得离谱。毕竟，希罗多德的《原史》是雅典政体变革时代的产物，相当程度上反映了当时新生的民主政治意识。

古典学家迄今没有发现公元5世纪之前的散文作品，仅有为数不多的韵文歌体作品。歌手与作歌者（后来称为"诗人"）并未区分，所谓 aeidō［吟咏/诵唱］也可能包含"作歌"的含义。据古典语文学的考订，古典时期

---

[1] 拉尔修，《名哲言行录》，前揭，页917。

之前，与"作诗"含义最切近的动词 poiein 用法，仅见两个孤例，而这两个孤例恰好传达了源于荷马的古希腊"诗术"的两个基本特征。[1]

第一个孤例见于梭伦，他在表达自己的人生感悟时说，他要从差不多一百年前的诉歌手米姆涅默斯（Mimnermos，活跃期大约在公元前 630—前 600 年间）的一首诉歌中"摘取"一部分，直接放进自己的诉歌中"歌咏"（ὦδε δ' ἄειδε）。这里出现的"摘取"（μεταποίησον）是个复合动词，词干即"作/制作"，但加上介词成为复合动词后，其含义就不是"造作"，而是相当于"拼置"（συν-τιϑέναι，即拉丁文 com-positio）。

这种诉歌"作法"当然算得上一种技艺，但并非单纯制作意义上的技艺，而是一种分享古人情感和经验的技艺。米姆涅默斯制作诉歌时同样如此：他在复述荷马表达的人生情感和经验的同时，添加进自己的在世体验——所谓"作诗"显得是人生体悟的一种"拼置"。[2]

---

[1] Andrew Ford, *The Origins of Criticism: Literary Culture and Poetic Theory in Classical Greece*, Princeton University Press, 2002, 页 132-133, 及页 133 注释 2。

[2] 残篇辑佚见 A. Allen, *The Fragments of Mimnermus: Text and Commentary*, Stuttgart, 1993; D. E. Gerber, *Greek Elegiac Poetry*, Harvard University Press, 1999 (Loeb 丛书); 比较 M. L. West, *Studies in Greek Elegy and Iambus*, Berlin, 1974; 鲍勒,《古希腊早期诉歌诗人》, 赵翔译, 北京: 华夏出版社, 2016, 页 16—22。

事实上，希罗多德的《原史》写法就是一种地道的"拼置"，只不过文体不再是韵文歌体。

第二个孤例见于忒奥格尼斯（Theognis of Megara，约公元前585—前540）诉歌中的一个短语：ψεύδεα μὲν ποιοῖς[编造谎话]（《忒奥格尼斯集》713-714）。[1] 动词"编造"的原文即"作"（poiois），似乎作诗就是编造谎话。古典学家通常认为，"歌手多谎话"的指责来自自然哲人。其实，所谓"谎话"的说法来自荷马笔下的著名情节：奥德修斯返乡后对妻子佩涅罗佩"说了许多谎话，说得如真事一般"（ἴσκε ψεύδεα πολλὰ λέγων ἐτύμοισιν ὁμοῖα），佩涅罗佩听得泪流满面（《奥德赛》19.203-204）。人们有理由设想，荷马诗作未必不是"说了许多谎话，说得如真事一般"，让后人听得泪流满面。

如果说自然哲人对"歌手"的指责反映了古希腊人智识的发展，那么，希罗多德的非韵文体［散文］纪事则反映了时代的民主化风气。然而，围绕希罗多德本人是否信奉"自由民主"的争讼迄今没有了结，也算得上一大古学奇案。[2]

---

[1] 关于忒奥格尼斯，参见费格拉/纳吉编，《诗歌与城邦：希腊贵族的代言人忒奥格尼斯》，张芳宁、陆炎译，北京：华夏出版社，2014；鲍勒，《古希腊早期诉歌诗人》，前揭，页120—150。

[2] 参见弗洛瑞，《自由与法纪：残暴僭主与哲人王》，吴小峰编/译，《希罗多德的王霸之辨》，北京：华夏出版社，2011，页125—126及其注释。

问题在于，即便希罗多德心仪雅典民主，他也并非像如今的史学家那样，凭靠这种信仰来修史，或者说通过修史来传扬自由民主信仰。毋宁说，希罗多德的《原史》是因应雅典民主政治时代及其问题的纪事体制作［作诗］。

德国古典学家梅耶曾提出过一个很好的问题：

> 史书究竟是怎样起源的？民主制与史书差不多同时产生，这究竟是偶然，抑或表明史书与民主制之间有着某种谱系上的关联？以下情形是否可能呢？即：伴随着那些促成民主制发展的历史进程，人们对过往之事也产生了一种旨趣，故此他们便陡然开始了对从前种种事件及其相互关联的研究？[1]

如今意义上的实证史学看似在客观地纪实，其实仍然受某种现代信念支配。希罗多德的《原史》算不上实证式纪实史书，却未必没有揭示史实。在雅典民主时代，民众仍然信赖荷马史诗和赫西俄德的教诲诗，或者说城邦秩序仍然依赖传统的忒弥斯秩序。但民主政治又的确带来了新的政治观念，雅典人因此陷入两难困境：要么凭靠新派智识人提供的技艺知识来看待人世生活，要么

---

[1] 梅耶，《古希腊政治的起源》，王师译，上海：华东师范大学出版社，2013，页347，亦参页352—414。

仍然听从诸神的旨意。[1]可以说，希罗多德的《原史》是时代的政治观念冲突的结果，与如今的纪实史书一样具有实证性。

因此，我们需要关注的问题是：希罗多德以怎样的笔法探究过往之事，他的《原史》与雅典民主政治时期出现的 poiēsis［诗］以及 poiētēs［诗人］用法有什么关系？如果说古希腊人的诗术诞生于民主政治时代，那么，希罗多德的《原史》透露出这种诗术具有的品质吗？

## "诗人"与雅典民主政治

《原史》并未讨论"诗"的问题，但的确为我们展现了古希腊诗术诞生的历史语境。为了恰切理解古希腊诗术面对的源初问题，我们有必要深入理解这一历史语境。毕竟，在今天人们能够看到的古传文献中，poiētēs［诗人］和 poiēsis［诗］的用法首次见于希罗多德的《原史》，绝非偶然。

据统计，《原史》中出现的与 poieō 有关的语词有1215见，其中有16处数十见与"诗人""作诗"用法相关。[2]为何雅典民主时代会出现这样的用法？智术师们的

---

[1] 沃格林，《城邦的世界》，前揭，页325—335。
[2] J. Enoch Powell, *A Lexicon to Herodotus*, Cambridge, 1938, 页309；比较 Gerhard Friedrich 主编, *Theologisches Wörterbuch zum Neuen Testament*, 卷六, 词条 *ποιέω, ποίημα, ποίησις, ποιητής*, Stuttgart, 1959, 页464。

发明？智术师的文献大多佚失，无从查考。即便是普罗塔戈拉（公元前490—前420）的发明，他仅年长希罗多德几岁，也未见得有资格与希罗多德争夺这种用法的发明权。[1]

也许，与其说 poiētēs［诗人］和 poiēsis［诗］是希罗多德或某个智识人的发明，还不如说是雅典民主政治时期的俚俗说法。毕竟，在当时的雅典城邦生活中，戏剧制作和演出已经相当活跃。埃斯库罗斯（公元前525—前456）去世时，希罗多德还不到30岁，而索福克勒斯（公元前497—前406）仅比希罗多德年长十多岁，据说两人交谊甚笃。希罗多德笔下的 poiētēs［诗人］和 poiēsis［诗］用法来自雅典的生活现实，符合他的纪实风格。克腊提努斯（Cratinus，公元前519—前422）史称雅典三大谐剧诗人之首，与埃斯库罗斯双峰并峙，所谓的 poiēma［戏剧作品/制作品］这个语词，最早就见于克腊提努斯笔下（fr. 198）。

希罗多德的阅历也伴随着雅典民主戏剧的变迁：当时的声誉堪与索福克勒斯比肩的谐剧诗人欧珀利斯（Eupolis，公元前446—前411）以及苏格拉底的诤友阿

---

[1] A. Ford, *The Origins of Criticism: Literary Culture and Poetic Theory in Classical Greece*，前揭，页139-140。

里斯托芬比希罗多德年轻整整一辈。[1]在阿里斯托芬笔下，出现了 μελοποιός［歌曲诗人］和 τραγῳδοποιός［肃剧诗人］的用法；在欧里庇得斯笔下则有 ὑμνοποιός［赞美歌诗人］的用法。[2]可以说，希罗多德的纪事意识与雅典戏剧诗人的"作诗"意识有值得注意的同时代关联。雅典人用 poiētēs 指称当时的剧作家，用 poiēsis 指称他们所制作的戏剧，相当于今天我们说"搞戏剧"或"做戏"。希罗多德在《原史》中把赫卡泰乌斯（Hecataeus）称为 λογοποιός［制作故事者］（《原史》2.143），今天的文史家把这个词译为"史家"，其实，希罗多德不过是把"搞［制作］戏剧"这个俚俗说法用到自己的前辈身上而已。[3]

由此值得提出这样的问题：希罗多德也称得上 poiētēs［诗人/戏剧制作者］吗？他的《原史》也是一种"作诗"吗？要回答这个问题，我们需要考察他的纪事制

---

[1] 克腊提努斯和欧珀利斯的谐剧均仅存辑佚残篇，见 R. Kassel / C. Austin 编，*Poetae Comici Graeci*，IV，Berlin: Walter De Gruyter，1983。比较 David Harvey / John Wilkins 编，*The Rivals of Aristophanes: Studies in Athenian Old Comedy*，London，2000；苟姆，《阿里斯托芬与政治》，见刘小枫/陈少明主编，《雅典民主的谐剧》（"经典与解释"第 24 辑），北京：华夏出版社，2007，页 2—24。

[2] A. Ford，*The Origins of Criticism: Literary Culture and Poetic Theory in Classical Greece*，前揭，页 134。

[3] 据说赫卡泰俄斯曾著有《论作诗》（Περὶ ποιήσεως）一文，但这个标题很可能是后人所题。

作与雅典政治的关系。

关于雅典文明的各类普及读物往往大而化之地告诉我们，雅典戏剧的繁荣是雅典民主政治的产物。这种说法让我们以为，文艺繁荣与民主政治有一种必然的因果关联，而专制政体则必然导致文艺凋敝。历史的实情真的如此吗？莎士比亚和伏尔泰生活在绝对王权的专制时代，他们都向我们表明，情形并非如此。[1]

雅典戏剧源于如今所谓民俗宗教的节庆传统，与民主政治的兴起并没有直接的因果关系。但是，民俗性的宗教节庆表演演化成 poiētēs [诗人] 的"制作"（poiēsis），恰恰发生在雅典民主政体的历史时刻，要说 poiētēs [诗人] 和 poiēsis [诗] 或者古希腊"诗学"诞生于民主政体并不为过。问题在于，无论肃剧诗人还是谐剧诗人的戏剧"制作"（poiēsis [诗]），都没有把雅典民主呈现为如今所谓具有人类普遍性的政体理想，反倒呈现为一系列严峻的政治—宗教问题。要说民主的雅典政体具有世界史意义，那么，雅典诗人的 poiēma [制作品/戏剧作品] 同样具有世界史意义，而其意义就在于：后世之人不得不跟随他们一起思考民主政体的德性品质问题，除非我们已经自觉或不自觉地成为民主信徒。

---

[1] 比较伏尔泰，《路易十四时代》，吴模信等译，北京：商务印书馆，1982/1996，页456—501。

今天不断有人说，雅典民主是人类的民主政治最早的世界史典范，由于雅典诗人乃至希罗多德并非民主信徒，我们便面临这样的选择：要么与雅典戏剧诗人一起思考民主政治的德性品质问题，要么用欧洲近代以来建构出的民主意识形态埋头讴歌雅典民主如何垂范千古。[1]

雅典民主是雅典城邦历时近三个世纪的政治大变局的结果，要历史地认识雅典民主的来龙去脉，就值得从政治史学角度把握雅典城邦如何从君主制到贵族制然后到僭主制再到民主制的整个历程。显然，要做到这种史学式的把握非常不容易。

近百年来尤其晚近半个多世纪以来，西方古典学界的雅典政治史研究成果已经汗牛充栋。但是，最早面对这一历史认识问题的是雅典民主时期的优秀头脑。当今的实证史学有能力在收集文史资料时穷尽文献，人类学史学则有能力凭靠考古发掘和社会学理论得出社会科学研究结果，[2]凡此都不能取代当时优秀头脑的观察、思考

---

[1] 比较芬利，《古代世界的政治》，晏绍祥译，北京：商务印书馆，2013。
[2] 据说德国古典学家贝尔夫（Helmut Berve, 1896—1979）已经将所有涉及古希腊僭政的基本史料一网打尽，见 Helmut Berve, *Die Tyrannis bei den Griechen*, München, 1967（两卷）。人类学式古典学的雅典民主研究的典范之作当推 Pierre Lévêque / Pierre Vidal-Naquet, *Cleisthenes the Athenian: An Essay on the Representation of Space and Time in Greek Political Thought from the End of the Sixth Century to the Death of Plato*（法文版 1964），Humanities Press, 1996。

和写作。

通常认为,第一部雅典政治史出自亚里士多德手笔:他的《雅典政体》从德拉孔改制起笔,记叙了雅典城邦从君主制到民主政体的历史。[1]这种说法并不准确,因为,希罗多德的《原史》才算得上记叙并思考雅典城邦政治变迁的开山之作。

问题的麻烦在于,希罗多德究竟是如今所谓的实证史学家抑或善于"制作"的诗人,古典学家迄今没有定论。[2]显而易见的文本事实是,《原史》中有太多凭靠叙事笔法建构(或虚构)出来的故事而非史实,为澄清这些故事的历史真相,如今的实证史学家使尽浑身解数,最终仍然无功而返。比如,《原史》开篇讲述的"偷看王后裸体的代价"故事(《原史》1.8–12),今人很难通过发掘史料或田野考古搞清是否确有其事,抑或不过是希罗多德编的故事。[3]施特劳斯研读希罗多德时,曾兴奋地给友人写信(1938年10月15)说:

---

[1] 亚里士多德,《雅典政制》,冯金龙译,前揭,比较 P. Rhodes, *A Commentary on the Aristotelian Athenian Politeia*, Oxford University Press, 1981。

[2] 贾米,《希罗多德论王与僭主:客观的史撰还是守旧的描绘》,吴小峰编/译,《希罗多德的王霸之辨》,前揭,页71—109;梅耶,《古希腊政治的起源》,前揭,页345—351。

[3] 参见刘小枫编修,《凯诺斯:古希腊语文读本》,上册,上海:华东师范大学出版社,2013,页230—233。

我敢以天主教徒的名义发誓,他同样是一个隐微(esoterisch)作家,而且是至为完美的一个。……悲哉,巨吉斯(Gyges),他看见的是一个并非属于自己的"女人"。这就是:隐微。(《回归》,页277—278)

施特劳斯并非天主教徒,但他模仿希罗多德的隐微"以天主教徒的名义发誓"——这也是隐微。

史学史家汤普森说,希罗多德"不但是一位历史家,还是一位诗人"。[1] 可是,对我们现代人来说,很难理解希罗多德何以能够同时是史家和诗人。如果他是诗人,那么,他笔下的纪事何以算得上史实?

对于古希腊人来说,似乎没这样的问题。柏拉图的同时代人伊索克拉底(Isocrates,公元前436—前338)所传授的修辞术,就包括如何采用作诗(尤其肃剧诗)"技艺"来写史。在亚里士多德眼里,希罗多德是个擅长"讲传说故事的人"(ὁ μυϑολόγος / myth-teller,《动物的生殖》756b7),他喜欢收集传说。在《修辞学》中亚里士多德谈到,讲述者应该避免不妥当的修辞风格,比如不要含混,除非有意为之(1407a39)。他举希罗多德为例:《原史》描述克洛伊索斯在决断是否奔赴战场时得

---

[1] 汤普森,《历史著作史》,谢德风译,北京:商务印书馆,1999,第一分册,页33。

到神谕，但神谕颇为含混，似乎希罗多德在这里的含混并非属于有意为之。因为，既然希罗多德许诺要"探究"过去的事情，就不应该含混。

在亚里士多德的讲稿中，直接提到希罗多德有7次，间接提到的地方很多，大多带有批评。用今天的话来讲，对亚里士多德来说，《原史》属于作诗式的故事（poetic-mythic）作品，而非实证性史书。[1] 由此来看，亚里士多德在《诗术》中明确说到作诗与纪事的区分（1451b1–32），很可能因为当时人们的确还搞不清楚"作诗"与纪事究竟有何不同。[2]

总之，直到今天，史学界人士仍然很难把希罗多德视为"诗人"。显然，现代实证史学专业的压力太大，即便是当代极为聪明且能不被意识形态牵着鼻子走的古史学家，也不敢越过雷池一步，至多越过半步溜达溜达。

> 希罗多德首先要设法保证，他所收集的一切事实都可信，因此，区分亲眼所见的事实和他从别人那里听到的事实，是他众所周知的习惯。他会尽量呈现不同的说法，并确立其相对的价值，虽非总是

---

[1] 参见巴特基，《史与诗之争》，刘小枫编，《古典诗文绎读·西学卷/古代编》，前揭，页200—204。

[2] 参见 A. W. Gomme, *The Greek Attitude to Poetry and History*, Berkeley, 1954, 页49-115。

这么做，但依然具有一贯性。……然而，这位史学之父从来没有（或几乎从来没有）被公认为典范性的史学家，即便是赞赏他的人，也从不认为他的叙述可信。[1]

对不靠实证史学专业为生的我们来说，搞清希罗多德何以是"诗人/制作者"，对澄清poiētēs［诗人］和poiēsis［诗］或者古希腊"诗学"如何乃至为何诞生于雅典民主政体时期，具有决定性意义。因为，如果希罗多德的纪事无异于"作诗"，那么，《原史》中呈现的问题就有可能也是古希腊"诗学"即柏拉图—亚里士多德的"诗学"所面对的问题。

公元前621年，贵族出身的司法执政官德拉孔（Δράκων）为雅典城邦立法，史称雅典城邦从君主制转向贵族制的标志。德拉孔改制的后果是，经济和政治权力集中到了贵族手里，以至贵族与平民的关系日趋紧张，这又引发了公元前594年的梭伦改革。两次政治改革相距不到三十年，可见雅典城邦虽小，却在短时期内持续剧烈动荡。

---

[1] 莫米利亚诺，《史学的书面传统和口述传统》，刘小枫编，《西方古代的天下观》，杨志城等译，北京：华夏出版社，2018，页20—21；比较莫米利亚诺，《现代史学的古典基础》，冯洁音译，上海：华东师范大学出版社，2009，页43—50。

雅典动荡的根源，并非仅仅来自城邦内部的阶级冲突，泛希腊城邦之间的地缘政治冲突很可能是导致雅典动荡更重要的根源。最有力的证据恰恰来自《原史》的叙事，尤其是希罗多德的叙事万花筒般的谋篇布局。《原史》以如下问题开篇：为应对波斯人的进逼，吕底亚国王克洛伊索斯不得不考虑与爱琴海西岸的希腊陆地上相互敌对的城邦中的某个城邦结盟。换言之，《原史》展示的地缘政治背景，绝非仅仅是希腊人与波斯人的冲突，泛希腊城邦之间的内部兼并同样重要。

简扼来讲，德拉孔改制之前，斯巴达发起的第二次墨斯瑟尼亚战争（the Second Messenian War，公元前640—前630）已经成功向伯罗奔半岛西南部（即墨斯瑟尼亚地区）扩张，从而开始坐大。在此之前，泛希腊地区最发达的城邦是科林多，还轮不上雅典。公元前657年，那里也发生过一场重大政治事变：贵族出身的居普瑟鲁斯（Cypselus）推翻巴克基亚德（Bacchiad）家族的王权统治成为"僭主"。可以说，这次政变是科林多为应对斯巴达崛起做出的本能性反应，因为，公元前730—前710年，斯巴达曾发起第一次试图夺取墨斯瑟尼亚的战争，明显威胁到科林多的地缘政治优势。

居普瑟鲁斯执政三十年，科林多不仅得以继续保持政治优势，经济实力也进一步增强。公元前625年，居普瑟鲁斯的儿子珀瑞安德（Periander）接掌政权，延续僭主统治,在其治下,科林多的手工业和制造业相当繁荣。只有民主政体才能带来经济繁荣,是现代学人制造出来的传说。

在希罗多德笔下,居普瑟鲁斯虽然是僭主,但治国有方,压制反对派毫不手软,得到人民广泛拥戴;其子珀瑞安德的僭主统治也取得可观的经济成就,而且执政长达四十年(至公元前585年去世),却遭到人民憎恨。由此看来,希罗多德笔下的僭主有好有坏,没法一概而论。如何评价僭政,直到今天仍是棘手的政治哲学问题,而希罗多德的《原史》最早展示了这一问题的复杂性。《原史》大量述及各色僭主故事,以至于如今的史学史家说,希罗多德开创了西方传记体纪事的典范。

无论如何,要说何谓真正的"王者"是《原史》探究的重大主题,不会离谱。可是,希罗多德的叙事笔法高超,以至于他本人对僭主的态度究竟如何,古典学家们直到今天还争执不休。[1] 如果希罗多德的叙事笔法就是

---

[1] tyrannos[僭主]本是来自小亚细亚西部的外来词,原义为"统治者",并不带贬抑,但在《原史》中,"僭主"的道德形象虽然有时显得含混,"僭主"这个语词的用法基本上带贬抑,与basileus[王]的褒义用法明显有分别。在希罗多德笔下,monarchos[君主]这个语词才具有中性含义,既可用于basileus[王者],也可用于tyrannos[僭主]。但在整部《原史》中,basileus及其变体出现860次之多,tyrannos出现了128次,而monarchos仅出现19次。参见费瑞尔,《希罗多德论僭政》,吴小峰编/译,《希罗多德的王霸之辨》,前揭,页57。

如今我们所说的文学笔法，那么，我们就可以说《原史》在"制作/作诗"王者问题。进一步说，柏拉图的《王制》（又译《理想国》）的主题是"王者"问题，但为何两头两尾（卷二结尾和卷三开头及卷十开头）都在讨论"作诗"问题，就能得到更好的理解。

政治体的内部动荡源于险恶的外部地缘政治处境即如今所谓国际状况，这种情形在后来的世界历史中不胜枚举。兰克说过，法国大革命的重要起因，并非是法兰西王国内部的阶级冲突，而是王国在欧洲地缘冲突中丧失了曾经有过的政治优势。在19世纪末至20世纪初的日本、俄国、德国乃至我们中国，这样的例子更多。

德拉孔改制后，雅典仍然在斯巴达与科林多争夺地缘政治优势的两面夹击处境中处于劣势，梭伦（Solōn，公元前638—前559）年轻的时候，甚至墨伽拉（Megara）也能夺取阿提卡的前卫岛屿萨拉米（Salamis），扼住雅典的对外贸易出口，雅典人多次企图夺回萨拉米岛，不仅没有成功还大伤元气。出身于贵族家庭的梭伦在城邦危难之际脱颖而出，成功动员雅典人再战萨拉米岛，夺回控制权。

梭伦出任雅典执政官（公元前594）后即推行政治改革，还提出了关于城邦的 δίκη［正义］和 Εὐνομίη［良法］的新观点。按古典学家耶格（W. W. Jaeger，1888—1961）的解释，梭伦提出的政治观念具有革命性意义，即取消了赫西俄德教给希腊人的政治观念背后的神学前设,使得城邦"正义"植根于城邦本身,而非来自天上的诸神。用晚近的古典学权威人士弗拉斯托斯(G. Vlastos,1907—1991)的说法,这叫作"正义的自然化"。[1]

不过,梭伦立法却不君临:完成立法改革后不久,他就离开了雅典。梭伦还是著名的诉歌手,但在希罗多德笔下,他并非以"诗人"而是以我们所谓的"圣人"名重史载(《原史》3.30-32)。其实,当时泛希腊城邦有好些著名诉歌手,他们并非像梭伦那样也是立法者。[2]顺便说,按希罗多德的记叙,梭伦未必像今天的古典学家们以为的那样,排除了天神对人世的支配权。

梭伦改革后的雅典并没有实现长治久安,反倒出现了僭政,以致今天有古典学家不得不说,尽管梭伦是伟大的立法者,但他也是"政治失败的典型",因为,他的改革虽然具有民主化取向,却为僭政铺平了道路。[3]

公元前560年,梭伦的姨兄庇希斯特拉图(Peisistratos)有一天先把自己身上的衣服撕烂,然后给自己身上抹满猪血,气喘吁吁跑到公民大会上说,"人民的敌人对他

---

[1] 刘小枫编修,《凯诺斯:古希腊语文读本》,前揭,页211—218。
[2] 参见鲍勒,《古希腊早期诉歌诗人》,前揭,页14—21。
[3] 麦格琉,《古希腊的僭政与政治文化》,孟庆涛译,上海:华东师范大学出版社,2015,页156—169。

行刺",要求大会同意他组成一支卫队保护自己。公民代表们同意了,庇希斯特拉图随即组成一支"棍棒队"(korunēphoroi)夺取政权,成为雅典第一个成功揽权的僭主(《原史》1.59.5)。

希罗多德对庇希斯特拉图的起势故事描绘得绘声绘色,被有的古典学家拿来与索福克勒斯以"作诗"方式探究权力问题的剧作相提并论,似乎希罗多德的"讲故事"(storytelling)与戏剧诗人的"作诗"别无二致。[1] 倘若如此,这种相似性恰恰在于,古典学家们迄今仍在争议希罗多德对庇希斯特拉图僭政的态度。有人说,在希罗多德笔下,庇希斯特拉图执政期间(公元前561—前527),雅典人没有自由,而且整个城邦被搞得"四分五裂";凭靠同一文本有人则说,在希罗多德笔下,庇希斯特拉图的僭政给雅典带来了秩序,并取得了造福城邦的优良政绩。[2] 19世纪的史学大家兰克(Leopold von Ranke,1795—1886)对庇希斯特拉图的评价正是依凭希罗多德:

> 庇希斯特拉图上台的方式并无甚光彩之处——

---

[1] 葛芮,《庇希斯特拉图的起势》,吴小峰编/译,《希罗多德的王霸之辨》,前揭,页211—245。
[2] 弗洛瑞,《自由与法纪:残暴僭主与哲人王》,前揭,页121。

趁内乱而从外部介入，但雅典在他治下兴旺发达，是不争的事实。庇希斯特拉图将雅典调教成真正的海上力量，色雷斯人的海岸地盘——连同他的金银财宝——全部归入希腊人囊中。

雅典在重重包围下站稳了脚跟。谈及庇希斯特拉图，人们很轻易就对其冠以"独裁者"的头衔，只因这一概念使人联想起可憎的暴力独裁。他确实拥有了绝对的权威，但他的身体里却流淌着雅典和泛希腊的血液。他成就了雅典以后的地位。[1]

庇希斯特拉图死后，其子希琵阿斯和希帕库斯继续推行僭政，随后发生了著名的刺杀希帕库斯事件，接下来的激烈政争催生了雅典的民主时代（《原史》6.123）。公元前510—前508年，史称"雅典民主之父"的克莱斯忒涅（Cleisthenēs，约公元前570—前508）推行政改，确立"平等参政权"（isonomia）原则，开启了长达近两个世纪的雅典民主政体时期的旅程：公元前500年，雅典城邦设立狄俄尼索斯戏剧节（Dionysia）。

有古典学家认为，希罗多德笔下的"平等参政权"仅关乎城邦民的政治平等及其他可能拥有的权力，属于

------

[1] 兰克，《世界史》，陈笑天译，长春：吉林出版集团，2017，上册，页124—125。

政治原则而非政体形式,确立"平等参政权"不等于建立民主制。[1]其实,区分作为政治原则的"平等参政权"与作为政体的民主制,不仅对理解希罗多德来说毫无意义,从政治哲学上讲也毫无意义。今天的我们倒是应该感到好奇:克莱斯忒涅干吗推行"平等参政权"?他不是出身贵族豪门阿尔喀迈俄尼德(Alcmaeonid)宗族吗,难道他有民主理想?

其实,克莱斯忒涅也是个僭主,从《原史》中我们读到,克莱斯忒涅提倡"平等参政权"不过为了拉拢雅典民众对抗其政争对手,即同样出身于贵族豪门的伊萨哥拉斯(Isagoras)。换言之,"平等参政权"原则不过是有政治抱负者之间政争时手中的一张牌。[2]

看来,柏拉图笔下的苏格拉底把政体的循环逻辑说成民主制源于僭主制,并非空穴来风。一位当代古典学

---

[1] M. Ostwald, *Nomos and the Beginnings of the Athenian Democracy*, Oxford, 1969,页 116;相反的看法比较 Victor Ehrenberg, *From Solon to Socrates Greek: History and Civilization During the 6th and 5th Centuries BC.*, London, 1968/2010,页 178,190—192。

[2] 现代的实证史学家未必这样看,比较 J.Ober, *Mass and Elite in Democratic Athens. Rhetoric, Ideology, and the Power of the People*, Princeton, 1989,页 68—75。当代日本学界最著名的左翼批评家柄谷行人依据阿伦特的政治哲学立场来解释"平等参政权",为我们提供了另一个有趣的例子,比较柄谷行人,《哲学的起源》,潘世圣译,北京:中央编译出版社,2015,页 14—48。

家在其普及性的古希腊简史中这样界定古希腊的僭主政治：

> 古希腊的僭主政体是一种独特的政权形式，其原因有以下几点。虽然从定义来看，僭主是以武力夺取政权的统治者，他们与拥有合法继承权的国王不同，但是后来，为了保持其统治，他们建立了家族式王朝——儿子可以继承父亲的城邦统治权。另外，成为僭主的人往往是精英阶层的成员，至少也是接近此阶层的人，为了发动政变取得统治地位，他们努力争取广大平民的支持。
>
> 在一些城邦，没有财产的男子可能享受不到公民权，或至少实质上是被剥夺了参与城邦政治生活的权利；僭主们想必是通过承诺赋予更多的人公民权以及其他特权而赢得了这些平民的支持。再者，在夺取政权后，僭主们有时会继续采用城邦的现行法律和政治制度，以此促进城邦的社会稳定。[1]

这样说来，"僭主"与"暴君"（despot）是两回事，关键在于他并非通过合法程序取得王权。就此而言，政

---

[1] 马丁，《古希腊简史：从史前到希腊化时代》，杨敬清译，上海：上海三联书店，2011，页99—100。

治体的任何积极变革,都难免是僭主式的。

### 希罗多德的"作诗"与雅典的激进民主

希罗多德的《原史》记叙了克莱斯忒涅施行民主改革之后的雅典与波斯王国的战争,由于当时的雅典城邦仍然处于劣势,却击败波斯王国的进犯,人们往往以为,《原史》意在证明西方民主制何以能够战胜东方君主制,或者民主制何以优于君主制。情形真的如此吗?希罗多德的这部纪事之作的书名原意为"探究",如希罗多德自己所说,他的写作意图是探究爱琴海周边长期处于战争状态的历史"成因"或"责任"(αἰτίαν)。但是,希罗多德让我们看到,要搞清"成因"已经不容易,若还要追究"责任"那就更难。

公元前490年著名的马拉松(位于阿提卡东北海岸)之战是后来的希波战争(公元前485—前479)的直接"成因"。当时,波斯国王大流士(Darius I,公元前550—前486)本来满有胜算,未料遭遇惨败,发誓要雪耻。那么,马拉松之战的起因又是什么呢?专制的波斯王国肆意侵略希腊半岛?

希罗多德让我们看到,波斯进犯希腊半岛的真正起因是惩罚雅典人言而无信。原来,伊萨哥拉斯在公元前508年成为雅典执政官,由于克莱斯忒涅凭靠许诺"平等参政权"获得雅典民众支持,他感到难以掌控政局,便说服斯巴达国王率军介入雅典内政，压制克莱斯忒涅派势力。没想到克莱斯忒涅成功动员雅典人击退斯巴达军，还从伊萨哥拉斯手中夺得政权（《原史》5.72）。据现代古史学家考证，在这次希腊城邦之间的内战中，大约七百多户雅典家庭不得不离乡背井，对小小的雅典城邦来说，这个数目不算小。

斯巴达王国的威胁并未解除，为了求得战略平衡，克莱斯忒涅向爱琴海东岸的波斯王国寻求保护。长期以来，雅典的头号敌人不是异族的波斯人，而是同族的斯巴达人。当时，波斯王国正在巩固从吕底亚王国手里夺取的爱琴海东岸地区（伊奥尼亚），尽管在大流士眼里，区区雅典小城微不足道，仍然同意提供保护。雅典使者献上泥土和水，作为信物表示臣服于波斯王国（《原史》5.73）。

波斯王国对待臣服之地的一贯政策是：保留原有政体。当时伊奥尼亚地区的希腊城邦大多是僭主统治，波斯国王借助僭主施行统治有如"以夷制夷"。伊奥尼亚地区的希腊僭主臣服波斯王国已经近半个世纪，公元前499年，伊奥尼亚地区突然爆发针对波斯王国的大规模起义，史称"伊奥尼亚叛乱"（Ionian revolt）。直到今天，古史学家仍然没法最终确定，伊奥尼亚希腊人的起义究竟是反抗波斯王国还是反抗僭主的实际统治——希罗多德的记叙颇为含糊（《原史》5.35–38）。情形有可能是，当地的希腊人憎恨僭主,而波斯王国支持僭主,于是,民众针对波斯王国揭竿而起。

希罗多德说,波斯王国镇压起义之后,波斯将领玛多尼乌斯(Mardonius)曾答应在伊奥尼亚地区施行民主政治,从而证明当地的希腊人憎恨僭主(《原史》6.43)。可是,今天的我们会感到不可思议:波斯王国的统治者那么仁慈吗?波斯将领知道什么是民主政治?再说,同样依据希罗多德的记叙,伊奥尼亚的希腊僭主在城邦中绝对不乏众多追随者。希罗多德似乎并不认为,僭政是人民起义的原因,真正的原因毋宁说是城邦的内部政争。今天的我们至多能说,要么希罗多德在伊奥尼亚希腊人的起义"成因"问题上刻意含糊其词,要么历史情形真的搞不清楚。

至于希波战争的直接成因,又是另一回事情。伊奥尼亚地区的希腊人联手起义时,曾派使者向爱琴海西岸的雅典和斯巴达求助。斯巴达国王看了使者带来的地图,觉得率军进击波斯王国根本不可能,没有理睬自己的希腊同胞的求助。雅典此时已经是克莱斯忒涅施行民主改革之后,对外军事行动靠公民大会投票决定。希罗多德没有说,雅典公民大会决定出兵是为了民主理想或反抗异族统治,毕竟,从如今所谓"国际法"上讲,雅典人自己这时也是波斯王国的臣民(《原史》5.69-70)。

雅典公民代表对爱琴海东岸的地缘政治状况一无所

知,却决定参与伊奥尼亚地区希腊人的起义。雅典与另一个小城邦组成的联军一度进击到波斯本土,但丝毫没有伤及波斯王国筋骨。公元前494年,大流士率军成功镇压起义,然后决定惩罚雅典人:当初你雅典城邦为了抗衡斯巴达人主动称臣,如今又掺和伊奥尼亚的希腊人闹事,哪有这种不守信用的道理——这就有了公元前490年波斯军队在靠近马拉松的村庄登陆。

当时,雅典城邦的军队无论在数量和装备上都远不及波斯军队,大流士没想到自己的军队竟然惨败。他发誓雪耻,但还未等到再次起兵就驾崩。其子薛西斯一世(Xerxes I,公元前518—前465)继位(公元前486)后不久,随即发动进击希腊半岛的战争(《原史》5.65以下)。

在当今信奉政治参与式"直接民主"的政治思想史通俗作家瑞安笔下,雅典人"是为捍卫一种特别的、政治意味明显的生活方式而战"。虽然他知道希罗多德对希腊人与波斯人为何注定要打仗并未"做出确切回答",但他宣称可以根据《原史》的内容"做出推论":

> 希罗多德认为,暴君制的波斯和民主制的雅典发生冲突不可避免。第二次世界大战后的许多撰著人也和希罗多德一样,相信专制政体和民主政体无法安然共处,民主政府的存在会激励被奴役的人民

向往自由，而压迫性的政府则会努力扩张边界，以防本国人民受到民主邻国的教唆挑拨。事实上，这两类政体之间的紧张从来就没有那么严重。波斯人和希腊人都曾为了自己的目的与对方结盟，伯罗奔半岛战争就是明证。[1]

希罗多德真的与20世纪冷战时期智识人的意识形态脑筋一样？希罗多德用了不少篇幅展现希腊人之间尤其斯巴达人与雅典人之间的冲突，因此我们其实很难说《原史》的主题是西方的希腊与东方的波斯之间的冲突。毋宁说，希罗多德的政治史学视野类似于19世纪的兰克在《诸大国》（又译《诸列强》）中展示的欧洲地缘政治状况。如20世纪的德国古典学者梅耶所说：

> 在东方，一个新帝国的建立打破了传统的势力均衡；而在希腊世界，斯巴达与雅典也树立了各自的强权。随着权力与政治开启了全新的维度，民主政体的早期形式也得以出现。[2]

---

[1] 瑞安，《论政治：从希罗多德到马基雅维利》，林华译，北京：中信出版社，2016，页2—3，35—37，引文见页36。比较柄谷行人依据阿伦特的政治哲学对这一事件做出的奇妙解释，见柄谷行人，《哲学的起源》，前揭，页162—163。

[2] 梅耶，《古希腊政治的起源》，前揭，页391。

这话会让欧洲读者想起欧洲自近代以来的几百年历史：在东方，俄罗斯帝国的崛起打破了传统的势力均衡，而在西边的欧洲世界，英格兰王国与法兰西王国也树立了各自的强权。民主政体的偶然形成，则开启了权力、政治乃至战争形态的全新维度。当然，要说战争的频繁和激烈程度，古代地中海地区恐怕并不逊色。现代战争的规模和惨烈程度，得归功于现代欧洲人基于新的数学—物理—化学发明的实用技术。[1] 1840年，英国远洋舰队的17艘战舰在舟山群岛对开海面仅炮击9分钟，中华帝国的防御就瓦解了。要说战争的性质乃至种种成因，古今世界并没有本质上的不同，倒是得承认中西方的不同，而这种差异既来自地缘环境，也来自民族个性。毕竟，地中海海盆为周边各民族的跨海交往和攻击提供了天然环境。

如果意识到这一点，那么，今天的我们就不应该把《原史》仅仅作为古代地中海世界的人种学、地志学乃至文化史来阅读。其实，直到今天，《原史》的探究志趣究竟是什么，即便对希罗多德专家来说，仍然还是一道不易解答的难题。由于希罗多德以其高超的叙事笔

---

[1] 比较霍华德，《欧洲历史上的战争》，褚律元译，沈阳：辽宁教育出版社，1998；杜普伊，《武器和战争的演变》，严瑞池、李志兴等译，北京：军事科学出版社，1985。

法制作了这道难题,不断有古典学家提出,希罗多德的《原史》是在"作诗",而非现代实证史学意义上的撰史。[1] 倘若如此,我们就应该逼近这样的问题:希罗多德的"作诗"与民主的雅典崛起为地中海大国究竟有怎样的关系。

《原史》记叙的历史时段大致在公元前550年至公元前480年之间,而成书则大约在公元前430年。从公元前480年到《原史》成书之年,足足有半个世纪。在这半个世纪中,爱琴海周边最引人注目的事件是雅典崛起为大国,与此同时,雅典民主朝着激进化方向发展。

对希罗多德这样的智识人来说,雅典崛起吸引他,绝不仅仅因为雅典成了区域"强国",当时的戏剧诗人已经"制作"出成文作品,同样重要。古典学家们公认,雅典民主的激进化趋势及其所引发的政治纷争,是《原史》写作的背景,不理解这个背景,就很难恰切理解希罗多德的叙事笔法。[2] 在埃斯库罗斯和索福克勒斯的戏剧作品中,民主政治引发的政治—宗教问题极为尖锐:埃斯库罗斯的《俄瑞斯忒亚》三部曲是绝好的证

---

[1] 关于《原史》的探究志向的含糊性,参见梅耶,《古希腊政治的起源》,前揭,页354—363;关于《原史》并非撰史而是"作诗"及其与古风诗人的血脉关系,参见汤普森,《政体论辩与波斯人的政治身份》,吴小峰编/译,《希罗多德的王霸之辨》,前揭,页256—268。

[2] 葛芮,《庇希斯特拉图的起势》,前揭,页211及注释4。

明，以至于这部剧作可以被视为雅典政治思想史的经典文本。[1]

戏剧诗人的"制作"[作诗]据说是为了让雅典公民参与思考眼下的政治变革，倘若如此，《原史》与当时的雅典戏剧一样，很有可能也是为了提醒雅典公众而制作的。人类学古典学家甚至推断，《原史》的叙事具有民间说书风格，希罗多德很可能对雅典听众朗读过某些部分。当时的所谓"读书"，其实就是由人念书给"读书人"听。希罗多德把几十年前甚至半个世纪前"发生的事情"（γενόμενα）编成故事来说，与埃斯库罗斯的《七雄攻忒拜》或《波斯人》让过去发生的事情成为肃剧情节，并没有什么不同。用今天的话来讲：埃斯库罗斯是在"搞戏剧[作诗]"，希罗多德是在说评书，两者都有可能影射雅典的政治现实。

> 纪事和肃剧因共同起源于史诗而连在一起，因使用可比较的而且经常相同的素材以及它们的道德意图而连在一起。因此，专属于一种类型的阐述（treatment）相当经常地适用于另一种类型，而且那些试图影响其读者的情感的史家会被人说成是一个

---

[1] 参见梅耶，《古希腊政治的起源》，前揭，页133—236。

假冒的肃剧作家,并不十分令人惊奇。[1]

叙事是诗体戏剧和散文体纪事的共同特征。17世纪的法国戏剧诗人莫里哀(Molière, 1622—1673)颇有古学修养,他在创作《太太学堂》之后,写了一篇对话体批评文章,题为"太太学堂的批评"。莫里哀让笔下的一位学究诗人这样批评《太太学堂》:

> 戏剧诗这个语词来自希腊文,意思是"动作",表示这种诗的性质包含在动作中;可是,这出喜剧没有动作,阿涅丝或者奥拉斯的叙述含括了一切。

莫里哀让笔下的另一位人物反驳说:

> 首先,说整出戏只是叙述,话就不对。动作有许多,全在戏台子上发生,而且按照题材的组合,叙述本身就是动作;尤其是这些叙述,都是天真烂漫地讲给当事者听的。他回回听,回回答,观众先就开了心。再说,他一得到消息,就尽他的力量,

---

[1] 沃尔班克,《纪事与肃剧》,刘小枫编,《西方古代的天下观》,前揭,页53。

想出种种办法来，打消他遇到的祸事。[1]

希罗多德把自己编的故事"天真烂漫地讲给当事者听"，仅仅是为了让雅典人开心？

克莱斯忒涅的改革并没有带来雅典政体的彻底民主化，而是形成了如今所谓的混合政体——即民主制与贵族制的混合。贵族集团掌控的卫城山议事会（Areopagus）具有元老院性质，在当时仍然有相当大的权力，尤其对城邦事务有司法裁决权，因此也被今人称为"最高法院"。马拉松之战结束后，雅典因击败波斯人而在地缘政治格局中崭露头角，从战场上下来的某些政治精英组成激进民主党，其领导人厄菲阿尔特（Ephialtes）把政治目标锁定为：以雅典公民大会取代卫城山议事会的治权，实现直接民主。

公元前461年，厄菲阿尔特遭反对派刺杀身亡，时年30多岁的伯利克勒斯（公元前495—前429）接替他继续推进激进民主的未竟之业——这时希罗多德刚20岁出头。公元前458年，雅典公民大会终于取代卫城山议事会，获得掌控城邦的实际权力。无独有偶，埃斯库罗斯的《俄瑞斯忒亚》也在这一年完成制作。在当今的实

---

[1] 转引自莫里哀，《喜剧六种》，李健吾译，上海：上海文艺出版社，1963，中译本序，页XV-VI。

证史学家眼里,这一事件足以与17世纪的英国革命时期的情形相比较。[1]

十年后,索福克勒斯完成了《埃阿斯》的制作(公元前447)。这时的雅典已经在谋求地中海的领导权,甚至在隔得老远的意大利半岛南部的图里澳(Θούριοι)也建立了殖民地,伯利克勒斯委托外邦来的知识分子普罗塔戈拉为该地制作法律(公元前444)。同时,伯利克勒斯在雅典施行如今所谓的独裁式民主,其主要政敌无不遭到流放(公元前443)。随后不久,索福克勒斯完成了《安提戈涅》的制作(公元前441)……在整个这段时期,雅典的崛起自然会引起斯巴达的忌惮,两个区域大国的关系日趋紧张,尽管在公元前446—前445年,双方签署了停战三十年的和平协议。

这就是希罗多德制作《原史》时的历史语境,他的笔端若没有染上时代气息,那才奇怪。据古典学家考订,希罗多德大约是在公元前447年左右到的雅典,也就是伯利克勒斯缔结卡里阿斯和约之后。四年后(公元前443),希罗多德离开雅典前往图里澳,与普罗塔戈拉一起主持这个雅典殖民地的建设。在雅典期间,希罗多德

---

[1] 戴维斯,《民主政治与古典希腊》,黄洋、宋可即译,上海:上海人民出版社,2010,页61—62。

与索福克勒斯成为好友——这位肃剧诗人曾为希罗多德写过颂诗。九年后（公元前434），图里澳与雅典的关系变冷，希罗多德返回雅典。据推断，希罗多德到图里澳不久就动笔写《原史》，但直到去世都没有完成，停笔时间大约在公元前430—前424年之间，与欧里庇得斯完成《美狄亚》的时候差不多。[1]

戏剧诗人的剧作是为在雅典公民面前上演而作，剧作中的故事即便改编自古老传说，也会让雅典公民联想到眼下自己正在经历的政治变革。古典学家确认，希罗多德记叙的阿德拉斯图斯（Adrastus）故事（《原史》1.35-45）明显在模仿肃剧诗人，而他记叙的涉及权力争斗的故事，与索福克勒斯笔下的主题有惊人的一致（《原史》3.119）。《原史》记叙雅典城邦的地缘政治纠葛，对雅典公民来说无疑更有现实感。

问题在于，希罗多德是否属于民主派阵营，或用今天的话来说，是否算得上有自由民主信仰的作家？在这个问题上，古典学家迄今没有取得共识：一些古典学者认定，希罗多德明显具有民主倾向，但质疑这一看法的也大有人，双方都不无文本依据。可以说，引发争议的根本原因是：希罗多德叙事即"作诗"的笔法高超，让人难以看出他有何政治倾向。

---

[1] 卢里叶,《论希罗多德》,王以铸译,北京：华夏出版社,2019,第一章。

希罗多德的叙事笔法是如何做到这一点的呢？让我们来看一个著名细节。克莱斯忒涅在雅典推行"平等参政权"原则后，雅典城邦在地缘政治冲突中打了一系列胜仗，成了区域强国。紧随这段雅典崛起的记叙之后，笔端向来节制的希罗多德写下了这样一段话：

> 于是，雅典强盛起来。显然，不仅在这里，而是在所有地方，平等发言权（*ἰσηγορίη*）都是高尚的事（*χρῆμα σπουδαῖον*）；因为，当雅典人受僭主统治（*τυραννευόμενοι*）时，他们在战争中并不比自己的邻人更优（*ἀμείνους*）。但现在呢，他们挣脱了僭主们的桎梏，马上变得出类拔萃。显然，人们由此看到，当他们任人使唤时是为主子做工，一旦他们得到自由，则个个热切地为自己的事尽心竭力。这便是雅典的状况，而忒拜人呢，则派人去德尔菲问神，因为他们想要报复雅典人。（《原史》5.78）

这段说法中的第一个关键词 isēgoriē 是雅典民主政体的标志或符号，指公民有参与城邦事务的平等发言权。若译作"自由发言的权利"（the right of free speech）会导致误解，让人以为与如今的"言论自由"是一回事。显然，首先得有政治上的平等，才有可能获得这样的"权利"，译作"平等发言权"较为明晰。[1]

从文脉来看,希罗多德似乎要得出这样的结论:雅典人推翻僭政施行民主政体,是雅典人在国际冲突中取胜的根本原因。不少古典学家因此认定,这段话证明希罗多德具有民主信念,因此引用率特别高。"得到自由"($\dot{\epsilon}\lambda\epsilon\upsilon\vartheta\epsilon\rho\omega\vartheta\acute{\epsilon}\nu\tau\omega\nu$)与"任人使唤"形成对比,"为自己的事尽心竭力"与"为主子做工"同样如此。即便在今天,这些说法也属于我们耳熟能详的自由民主修辞,即不加区分地把僭主等同于"主子"($\delta\epsilon\sigma\pi\acute{o}\tau\eta$),把"主子"等同于"暴君"。

这段话有明显的雅典民主意识形态修辞色彩,我们能设想希罗多德会如此表达自己的政治信念吗?反复体味就会发现,连续两次出现"显然"($\delta\eta\lambda o\tilde{\iota}$),口吻似乎有些夸张。雅典人一旦获得"自由"就会变得"出类拔萃",亦即比自己的希腊同胞"更优",但蹊跷的是,这种"出类拔萃"或"更优"不过是"个个热切地为自己的事尽心竭力"。用今天的话来讲,雅典公民获得的"自由"相当于伯林所说的"消极自由",而非参与公共生活

---

[1] 比较托名色诺芬《雅典政制》中的这样一句:$\iota\sigma\eta\gamma o\rho\acute{\iota}\alpha\nu\ \varkappa\alpha\grave{\iota}\ \tau o\tilde{\iota}\varsigma\ \delta o\acute{\upsilon}\lambda o\iota\varsigma\ \pi\rho\grave{o}\varsigma\ \tau o\grave{\upsilon}\varsigma\ \dot{\epsilon}\lambda\epsilon\upsilon\vartheta\acute{\epsilon}\rho o\upsilon\varsigma\ \dot{\epsilon}\pi o\iota\acute{\eta}\sigma\alpha\mu\epsilon\nu\ \varkappa\alpha\grave{\iota}\ \tau o\tilde{\iota}\varsigma\ \mu\epsilon\tau o\acute{\iota}\varkappa o\iota\varsigma\ \pi\rho\grave{o}\varsigma\ \tau o\grave{\upsilon}\varsigma\ \dot{\alpha}\sigma\tau o\acute{\upsilon}\varsigma$ [我们给奴隶和自由民、外来民和本邦民带来一样的平等发言权](Xen. Ath. Pol. 12)。英译本将 $\iota\sigma\eta\gamma o\rho\acute{\iota}\alpha\nu$ 译作 equal right of speech,亦即一般意义上的 political equality。

为城邦利益尽心竭力，除非假定，雅典城邦民个个把城邦的事当"自己的事"，而实际情形并非如此。有人就认为，著名的"政体论辩"（3. 80–87）中代表民主政体发言的欧塔涅斯的"人性"观与洛克和亚当·斯密差不多。[1]

从逻辑和常识上讲，"热切地为自己的事尽心竭力"何以能让一个公民变得"出类拔萃"，也令人费解，即便他是为城邦的事尽心竭力也罢。何况，希罗多德在结尾时笔锋一转，说忒拜人针对雅典的政体变革"派人去德尔菲问神，因为他们想要报复雅典人"。我们应该感到奇怪：为什么忒拜人要因为雅典施行民主政体而"报复"呢？

最让人起疑心的是：如果僭政既残暴又专制，那么，为何雅典民主又是克莱斯忒涅的僭政带来的呢？雅典在施行民主制之前经历了一连串僭政，有好有坏，不能一概而论。既然如此，这段话中所展现的"平等议政"和"自由"与僭政的对立，就很难被视为认真的说法，反倒有可能是反讽。

无论如何，这段颂扬雅典民主的著名说法，很难被视为希罗多德自己的观点：他越是说"显然"，越是可能并不"显然"。有古典学家推测，希罗多德在这里的修辞极有可能是在迎合雅典听众。还有一种推测也不无道

---

[1] 欧文，《民主的起步：从〈原史〉3. 80–87 看希罗多德的政治学》，刘小枫编，《古典诗文绎读·西学卷/古代编》，上册，前揭，页191。

理：如果与希罗多德在书中其他地方关于自由和僭政的说法对比，那么，人们就能发现，希罗多德仅仅是在呈现雅典城邦的意见，正如他也会呈现波斯人的政治意见，以展示人世政治生活的本相。

希罗多德的这段言辞也被视为对如下政治理论的最早表达：一个政治体施行什么制度，与其外交政策乃至政治体本身的命运紧密相关。在随后的大思想家和纪事家如亚里士多德和珀律比俄斯那里，这一主题得到进一步展开。[1]

倘若如此，我们就值得思考：一个政治体哪怕再小，是否能够通过基于平等权利的"议政"为政治体的兴衰提供可靠保障。民主的雅典打赢了这场抵抗波斯人的战争，不等于民主政体是任何政治体在国际地缘政治角力中克敌制胜的万能法宝。

随后的伯罗奔半岛战争充分证明了这一点。当时雅典的地缘政治态势并不妙：公元前433年，雅典与科林多发生冲突，次年，雅典对墨伽拉实施经济封锁。公元前431年，斯巴达人入侵阿提卡地区，雅典海军则突袭伯罗奔半岛，第二次伯罗奔半岛战争爆发。希罗多德离世之时大约在公元前425年，当时《原史》并未杀青。记叙这场战争的修昔底德说：

---

[1] 比较亚里士多德，《政治学》1304a, 1321a；珀律比俄斯，《罗马兴志》6.3。

> 关于战争中完成的行动,我认为我的责任在于,既不能把偶然听到的见闻都写下来,也不能按照自己的意见写,而是对我自己的亲身见闻和别人的传闻尽可能准确地研究每个细节。探究是辛苦事儿,由于偏爱两方中的一方或者记忆力不同,亲历同一行动的人们会有不同的说法。我的著述没有故事($τὸ\ μυθῶδες$),可能会使其不那么悦耳。[1]

"把偶然听到的见闻都写下"和"我的著述没有故事,可能会使其不那么悦耳"云云,都是在指责希罗多德这位前辈。修昔底德仅比希罗多德小 14 岁,据说他年轻时听希罗多德当众朗读《原史》时曾泪流满面。如果《原史》不是诗作,希罗多德的朗读恐怕不会有如此奇效。

施特劳斯阅读古希腊经典史书的首要收获是,他发现所有这些经典史家的写作方式完全一样,即他们在"作诗",而非在纪实:

> 希罗多德、修昔底德和色诺芬并不是史学家——当然不是——,而是显白的"劝导性作品"的作者。纪事 [历史] 对于他们也许是"事后的"叙述,是

---

[1] 修昔底德,《伯罗奔半岛战争志》1.22,李世祥译(未刊稿),将由中国社会科学出版社出版。

"对无限的事后"叙述,并非什么认真的东西。他们的史书正是柏拉图在《王制》卷三中所推荐的青年课程:这是些散文作品,其中 μεταξὺ τῶν ῥεων(即 ἔργα[行事]的阐述)超过 ῥήσεις[言辞](即 λόγοι,史书中的演说),而肃剧家——举例来说——不仅不用散文写作,而且完全是 λόγοι[说理]。(作者在其中完全 κρύπτεται[隐藏]起来的柏拉图式的对话,按照柏拉图的说法属于更高一个层次。)(《回归》,页 281)

希罗多德的叙事表面上看来没有隐藏作者自己,因为他写的是纪事而非戏剧或对话,然而,希罗多德的叙事方式仍然隐藏了作为作者的自己,尽量让故事本身说话。我们还看到,希罗多德让作为讲述者的"我"与故事之间有一种极富生气的关系。

## 二 苏格拉底/柏拉图与诗术

希罗多德的《原史》中出现的 poiētēs[诗人]和 poiēsis[诗]用法其实并不算多,在柏拉图的作品中,不仅大量出现 poiētēs[诗人]和 poiēsis[诗]用法,[1]何谓

---

[1] Liddell 希英辞典在 poet 一词下列出的首位例词作者是希罗多德,随后是一连串柏拉图作品。

poiētēs 和 poiēsis 也成了一个重大哲学问题。如果要说古希腊的诗学由此诞生，那么，我们就得说，古希腊诗学的首要问题是：何以 poiētēs 和 poiēsis 会成为一个哲学问题。可以说，若不了解 poiētēs［诗人］和 poiēsis［诗］在柏拉图笔下何以成为一个哲学问题，就无从理解亚里士多德的《诗术》。中古早期的阿拉伯学人用 shāʻir［诗人］来译 poiētēs，相应的动词是 shaʻar［知道、觉察到］，这意味着，"作诗"基于一种认知行为。海德格尔喜欢凭靠现象学—解释学式的词源学做大文章，按理他应该会对 poiētikē［制作术/作诗术］的双重语义感兴趣，并利用这个语词大做文章，但他没有，令人费解。

poiētēs［诗人］和 poiēsis［诗］在柏拉图那里成为一个哲学问题，与苏格拉底这个历史人物相关。因此还应该说，古希腊诗学的诞生与苏格拉底这个历史人物相关。这种相关性首先在于，苏格拉底宣称自己是个"诗人"。显然，苏格拉底只能算"口头诗人"，因为他不写作。此外，苏格拉底的口头"作诗"很可能与希罗多德和修昔底德这样的纪事作家有关，即善于讲故事和制作［口头］对话。柏拉图笔下的苏格拉底自己说过：

> 一位诗人如果算得上诗人，就得制作故事而非制作论说（ποιεῖν μύϑους ἀλλ' οὐ λόγους）。(《斐多》，61b4)

作为口头诗人的苏格拉底成了他的两位学生的写作对象，而这两位学生也因此成为著名诗人。就写作方式而言，柏拉图不是现代意义上的哲学家，他的作品虽以苏格拉底为主角，其中毕竟也出现了大量有声有色的各色人物，整个看起来有如《原史》中让人眼花缭乱的人物故事。柏拉图的传世之作一向被视为仿戏剧的拟剧，其实，这些作品更为突出的特征是纪事，有的作品叙事性还很强。称柏拉图为善于纪事的戏剧诗人，绝不为过。[1]

苏格拉底的另一位学生色诺芬则主要以纪事体来记叙苏格拉底的生平，他还追仿希罗多德和修昔底德续写了雅典政治史。凡此都把我们更深入地引向了诗术与民主政治时代的关系问题。施特劳斯在阅读古希腊的经典史书时曾有过这样一则心得：

> 苏格拉底并非"伦理学家"，他只是用关于世人的交谈取代（希罗多德的）故事和（希罗多德和修昔底德的）纪事。可以从色诺芬的《回忆苏格拉底》揭示出这一点。我感到很好奇，在这个据传与希罗多德交谊甚笃的索福克勒斯背后，究竟隐藏着什么东西——恐怕同样是哲学，而不是 *πόλις καὶ πρόγονοι*

---

[1] 参见张文涛选编，《神话诗人柏拉图》，董赟、胥瑾等译，北京：华夏出版社，2010；张文涛选编，《戏剧诗人柏拉图》，刘麒麟、黄莎等译，北京：华夏出版社，2010。

[城邦和祖先]。(《回归》,页283)

"索福克勒斯背后究竟隐藏着什么东西——恐怕同样是哲学",这话是什么意思?与古希腊诗学的诞生有什么关系?为了更好地理解亚里士多德的《诗术》,我们需要初步了解一下这个问题。

### 苏格拉底问题与智术师

我们需要先回忆一下希罗多德在《原史》中说的那句话:

> 据我看,赫西俄德以及荷马生活的年代大约离我四百年,但不会更早。正是他们把诸神谱系教给希腊人,并给诸神起名,把尊荣和诸技艺(τέχνας)分派给神们,还描绘出诸神的模样。(2.53)

在柏拉图的作品中,至少有两处说法与希罗多德在这里的说法相关。第一处见于《斐德若》临近结尾的地方,当时苏格拉底给斐德若讲了关于埃及的忒伍神发明 λόγοι [言辞/说法]的故事。[1] 施特劳斯推测,苏格拉底讲的

---

[1] 比较柏拉图,《斐德若》274c5-e1,刘小枫编/译,《柏拉图四书》,北京:生活·读书·新知三联书店,2015,页390—391。

这个故事是在模仿希罗多德,并由此断定:

> 《原史》不是史书,而是如今所谓的小说。"(《回归》,页279)

我们往往把 λόγοι 仅仅理解为"理/道理/论说",其实,这个语词的源初含义也有"故事"的意思。编故事就是"作诗","作诗"并非等于制作入歌的言辞,而是制作故事。

第二处见于《普罗塔戈拉》,这次是希罗多德的老熟人普罗塔戈拉编的故事,但由苏格拉底转述。普罗塔戈拉在他即兴编造的故事中说,世人的生存赖以凭靠的基本"技艺"——如用火和纺织之类解决温饱的技艺,是普罗米修斯替人从诸神那里偷来的。[1] 但普罗塔戈拉通过高妙的叙事传达了这样的言外之意:普罗米修斯没法替世人偷来最为重要的生存技艺即政治生活的技艺,还得靠他这样的智术师创造"发明"。

普罗塔戈拉宣称自己发明了"政治术"即"智术",我们断乎不会想到,正是他的这一发明引发了诗术问题。在"普罗米修斯偷窃技艺"这个故事中,普罗塔戈拉没有提到作诗的技艺,但从他善于制作故事来看,他显然

---

[1] 柏拉图,《普罗塔戈拉》321c6-d3。

深谙诗术之道。

什么是诗术之道呢？这是一种"智术的技艺"——既泄露又隐藏真相的技艺。不过，普罗塔戈拉颇为得意地对苏格拉底宣称，他要与古风诗人们的技艺传统决裂：

> 我说啊，智术的技艺其实古已有之，古人中搞这技艺的人由于恐惧这技艺招惹敌意，就搞掩饰，遮掩自己，有些搞诗歌，比如荷马、赫西俄德、西蒙尼德斯，另一些则搞秘仪和神谕歌谣，比如那些在俄耳甫斯和缪塞俄斯周围的人。……所有这些人，如我所说，都因为恐惧妒忌而用这些技艺作掩饰。我呢，在这一点上可不与所有这些人为伍。（柏拉图，《普罗塔戈拉》315d4–317a1）[1]

苏格拉底随即以既泄露又隐藏自己的高妙言辞警告普罗塔戈拉：在民主的雅典也得说话小心哦，谨防犯政治不正确的错误，吃不了兜着走。普罗塔戈拉表面上对苏格拉底的警告满不在乎，但在自己即兴制作"普罗米修斯偷窃技艺"的故事时，仍然采用了荷马传统的既泄露又隐藏真相的作诗术。

民主的雅典以城邦公民的 isēgoriē［平等发言权］为

---

[1] 刘小枫编／译，《柏拉图四书》，前揭，页58—59。

基础，公民参政的政治能力仅仅体现为凭靠言辞说服公民大会同胞的能力。[1]普罗塔戈拉以为，既然如此，最为重要的政治技艺就应该是修辞术。这并非仅是普罗塔戈拉的个人看法，也代表了多数智术师的看法。因此，普罗塔戈拉在前面所讲的普罗米修斯故事中暗示：发明政治技艺的是精通修辞术的智术师。

为了教育普罗塔戈拉，苏格拉底也随口编了一个关于热爱智慧[哲学]的故事说给他听（《普罗塔戈拉》342a6-343b3）。这个故事同样具有希罗多德风格，它不仅让我们得以充分领略苏格拉底的口头作诗才能，也为我们理解古希腊诗学的起源与苏格拉底的关系提供了决定性指引。施特劳斯说，"索福克勒斯背后究竟隐藏着什么东西——恐怕同样是哲学"——这句话有如谜语，理解起来很费解，苏格拉底的这个希罗多德式的故事则为我们揭开了谜底。[2]讲过这个故事之后，苏格拉底就对著名诗人西蒙尼德斯的一首诗做了周全解释，堪称如今可

---

[1] 沃迪，《修辞术的诞生：高尔吉亚、柏拉图及其传人》，何博超译，南京：译林出版社，2015，页43；比较波拉克斯，《古典希腊的智术师修辞》，胥瑾译，长春：吉林出版集团，2014，页13—60；尤尼斯，《公元前4世纪雅典的法律修辞》，加加林/科恩编，《剑桥古希腊法律研究》，邹丽、叶友珍等译，上海：华东师范大学出版社，2017，页217—236。
[2] 比较拙文《内敛的哲学与外显的诗》，见刘小枫，《王有所成》，上海：上海人民出版社，2015，页123—178。

以看到的最早的古希腊诗论。绝妙的是,苏格拉底的这段如今所谓的诗歌评论,实际上也是一种作诗。

柏拉图记叙的苏格拉底与普罗塔戈拉的交锋让我们看到,苏格拉底与诗术的关系与其说是与智术师的关系问题,不如说是与民主政治的关系问题。智术师大多与希罗多德是同时代人,而且与希罗多德一样,都不是土生土长的雅典人,而是来自外邦:高尔吉亚(公元前485—前380)仅年长希罗多德一岁,普洛狄科(约公元前465—前395)和希琵阿斯(大约生于公元前460)则比希罗多德年轻差不多一代。这些来自异邦的智识分子在民主政治时代的雅典非常活跃,因为他们觉得,自己的智识追求在民主政治中找到了用武之地。反过来说,民主政治为智术式的热爱智慧的繁荣提供了条件——如我们在今天也可以看到的那样,民主的时代是智术式哲学普及的时代。[1]

由此可以理解,在雅典民主政治时期,出现了极为错综复杂的政治思想斗争,这首先体现为来自外邦的智识人(智术师)与雅典戏剧诗人的关系。在索福克勒斯

---

[1] 对智术师的简扼精当描述,见沃格林,《城邦的世界》,前揭,页350—417。关于智术师的个别介绍,见 Patricia O'Grady 编, *The Sophists: An Introduction*, London, 2008;关于20世纪后现代状况中的智术师现象,见麦科米斯基,《高尔吉亚与新智术师修辞》,张如贵译,长春:吉林出版集团,2014,页53—134。

的剧作中，人们可以看到这位雅典诗人与智术师缠斗的思想痕迹，而论争的焦点竟然是王者问题。但仅比希罗多德小几岁的欧里庇得斯（公元前480—前406）则据说成了智术师的学生，他笔下的主角不再是诸神、英雄或王者，而是市井女人、贩夫走卒甚至奴隶，打造出如今所谓的"市民"剧主题，还以自然哲人式的科学观解构神话，借剧中人物咒骂诸神。[1]

谐剧本来比肃剧出现得更早，但长期仅是口头即兴表演，没有形成文字。谐剧诗人起初与智术师关系暧昧，后来出了个阿里斯托芬，这位谐剧诗人对智术师和民主政治都讨厌至极：公元前411年上演的《地母节妇女》鞭挞欧里庇得斯和阿伽通的"市民"肃剧，公元前405年上演的《蛙》直接攻击智术师的政治理想。[2]由此可见，

---

[1] 参见戴维斯，《古代悲剧与现代科学的起源》，郭振华、曹聪译，北京：华夏出版社，2008；阿伦斯多夫，《古希腊肃剧与政治哲学》，袁莉等译，崔嵬校，北京：华夏出版社，2013；罗峰编/译，《自由与僭越：欧里庇得斯〈酒神的伴侣〉绎读》，北京：华夏出版社，2018。

[2] Christopher Carey, "Old Comedy and the Sophists", 见 D. Harvey / J. Wilkins 编, *The Rivals of Aristophanes: Studies in Athenian Old Comedy*, 前揭, 页 419-435; C. W. Marshall / G. A. Kovacs 编, *No Laughing Matter: Studies in Athenian Comedy*, London, 2012, 页 77-176; 尤其 D. Konstan 和 T. K. Hubbard 对阿里斯托芬《鸟》的解读, 见 G. Dobrov 编, *The City as Comedy. Society and Representation in Athenian Drama*, University of North Carolina Press, 1998; 页 28-43。比较 J. F. McGlew, *Citizens on Stage: Comedy and Political Culture in the Athenian Democracy*, University of Michigan Press, 2002。

在雅典民主时代的巅峰时期,政治思想极度混乱。

苏格拉底仅比希罗多德小十多岁,由于是土生土长的雅典人,他与外邦来的智术师们以及雅典诗人的关系,远比希罗多德这个异邦人密切。毕竟,希罗多德待在雅典的时间并不长。由于在不少雅典人——包括朋友如谐剧诗人阿里斯托芬——眼里,苏格拉底是个地道的智术师,他最终被雅典的民主法庭判处了死刑。苏格拉底成为"[口头]诗人"并由此促发古希腊诗学的诞生,与此有直接关系。由此可以理解,对于苏格拉底的学生柏拉图和色诺芬来说,为老师辩诬成了首要问题——这也意味着为自己辩诬。

在《泰阿泰德》中,我们可以读到柏拉图笔下的苏格拉底关于智术师的一段说法——他说:除了帕默尼德外,智术师与其众前辈一样,都是荷马麾下的成员。他们都是诗人或"制作世界的人",即根据属人的视角设定的尺度或比率来制作世界,并否认有一个不依人的视角而存在的世界,进而认为无物曾"在"。因为,万物无不永远处于变化生成之中。

> 这种看法令所有这些聪明人——除了帕默尼德——都联合在一起了:普罗塔戈拉、赫拉克利特、恩培多克勒以及每种诗作($τῆς\ ποιήσεως\ ἑκατέρας$)中最优秀的诗人们($τῶν\ ποιητῶν$),谐剧如厄庇卡耳摩

斯、肃剧如荷马,意思是说,万物皆源出于流变与运动。(《泰阿泰德》152e1-7,贾冬阳译文)

这话把自然哲人、智术师以及诗人一锅煮,似乎智术师派的相对主义与万物流变的本体论有内在关联。鉴于苏格拉底旗帜鲜明地反对相对主义,这句话兴许也为我们理解柏拉图笔下的苏格拉底问题提供了指引。[1]这意味着,要理解苏格拉底问题,就得理解苏格拉底与智术师和戏剧诗人的关系。由于智术师和戏剧诗人都与民主政治的兴盛相关,这也意味着理解苏格拉底这种人与民主政治乃至政治本身的关系。毕竟,苏格拉底生活在民主政治兴盛的时代。苏格拉底被判刑究竟是因为他像个智术师,抑或是因为他质疑民主政治的正当性,其实迄今仍然是个思想史之谜。

《泰阿泰德》是柏拉图的一出三联剧对话的第一部,以人物名字为题。开篇场景是泰阿泰德正被人从军营抬回雅典,他在公元前369年的科林多战役中身负重伤,还染上了军中暴发的瘟疫。但《泰阿泰德》主要记叙他在青年时期的一次谈话,似乎这次谈话与他后来从军的政治表现有什么关系。随后两部(即《智术师》和《政治家》)以政治共同体中某类人的特殊身份为题,似乎泰

---

[1] 比较柏拉图,《斐多》65d1-67b3,90b3-90d7。

阿泰德年轻时热爱智慧，后来不是成为智术师，就是成为政治人。由于这三部对话都与澄清苏格拉底被控告的原因有关，《泰阿泰德》记叙的对话显得别有意味。[1]

"智术师"与"政治人"的联结，很可能意味着"政治术"与智术即修辞术的联结。《政治家》中的对话涉及各种技艺与智术师的关系时（286b10-291c6），明显与民主政治有关，而民主政治的重要特点是全民议政，这当然要求议政者懂得修辞。问题在于，任何政治共同体都并非每个人对言辞或文字感兴趣，为了实现真正的民主，就得强制每个公民对言辞或文字感兴趣。如异乡人所说：

> 如果我们强制我们所说的每一个遵守文字，又强制通过举手或抽签碰运气选出的人掌管我们的文字，可这些人根本不关心文字，要么因为某种利益，要么因为私人的喜好，他们试图做出违反它们的相反的事情，对此毫无知识，这难道不是比前面的坏事更大的坏事？（《政治家》299e3-300a7，刘振译文）

智术师属于天生对文字或言辞有极大兴趣的那类人，他们发明修辞术，为的是培养民主政体的公民。对于智

---

[1] 比较克莱因，《柏拉图的三部曲：〈泰阿泰德〉〈智者〉与〈政治家〉》，成官泯译，上海：华东师范大学出版社，2008，页9—91。

术师来说，修辞术就是"制作"言辞的技艺，在民主政治的语境中，这种制作言辞的技艺大有用武之地。苏格拉底热爱智慧，但他恰恰不相信民主政治，从而不可能是个智术师。

事情的复杂性在于，雅典公民也不喜欢智术师，但又分不清智术师与苏格拉底那样的热爱智慧有什么差别。常人分不清智术师追求技艺与苏格拉底热爱智慧倒不奇怪，不可苛求，重要的是，苏格拉底自己是否清楚自己与智术师有别。因此，在《智术师》这篇对话中，我们会看到，如何区分热爱智慧与热爱智术是个很大的难题。[1] 可是，让我们多少会感到有些意外：恰恰在《智术师》这篇对话中，我们碰到了 poiētikē 这个语词，但其语义却没法译成"作诗术"。

在这篇对话中，与泰阿泰德交谈的那位"神样"的异乡人首先把技艺划分为"获取术"（κτητική）和"制作术"（ποιητική）两大类，而"制作术"这个语词正是亚里士多德《诗术》的课程名称或书名。为了搞清这两大类技艺的具体样式，异乡人凭靠属于思考技艺的所谓"区分术"（διακριτική）从获取术中进一步区分出"猎取术"（θηρευτική）、"争取术"（ἀγωνιστική）、"行商术"

---

[1] 比较郝岚，《政治哲学的悖论：苏格拉底的哲学审判》，戚仁译，北京：华夏出版社，2012，页 204—214。

(ἐμπορική) 等等 (《智术师》219a5-d3, 226c3-d1)。[1] 这里出现大量以 ikē 结尾的形容词衍生而成的名词，词干都是行为动词。

异乡人说，获取术的性质是攫取，而制作术的性质是模仿："模仿当然是某种制作" (ἡ γάρ που μίμησις ποίησίς τίς ἐστιν)，只不过"它制作［摹］像，而非每个［事物］本身"。这里出现的 poiēsis 显然不能译成"诗"，但在《诗术》中我们将看到，亚里士多德恰恰以"模仿"来统摄所有作诗样式。

说到如何进一步区分制作术的具体样式时，异乡人又提出，可以从"横向"和"纵向"两个方面来划分。"横向"划分指把制作术切分为上下两个部分，"一部分属神，一部分属人"，因为，"被说成自然的东西由神的技艺制作出来"。比如，世人、动物以及形形色色的自然存在物如火、水之类，"人用这些东西合成的东西，则由人的技艺制作而成"。

所谓"纵向"划分指再分别切分属神和属人的制作术，两者又可划分出"制作事物本身"的技艺和"差不多就是造像 (εἰδωλοποιικῶ)"的技艺。造像就是"模仿"，从而，属神的制作术也有模仿。但是，属人的制作

---

[1] 义疏参见罗森，《柏拉图的〈智术师〉：原物与像的戏剧》，莫建华、蒋开君译，上海：华东师范大学出版社，2016。

术却不能"制作事物本身"。人们固然可以说，属人的建筑术（οἰκοδομικῇ）能制作出实实在在的房子，而绘画术（γραφικῇ）只能制作想象［模仿］的房子，"仿佛是为清醒的人构造的属人之梦"。尽管如此，属人的建筑术制作的仍然是房子本身的摹本，而非房子这个观念本身。因此，所有属人的制作术本质上都是"模仿"（《智术师》265a10–266e5）。

我们应该注意到，划分制作术的具体样式时，异乡人提到建筑术和绘画术，却没有提到属于制作言辞作品的"作诗术"，这是为什么呢？是否因为这里谈论的制作术与"作诗术"是同一个 poiētikē，从而没法区分？

情形也有可能是，《智术师》这篇对话的基本主题是理解智术师，也就是看重修辞技艺的智识人。对话临近结尾时，异乡人对泰阿泰德说：

> 既然显明了假话的存在，也显明了假意见存在，那就使对诸在的模仿的存在得以可能，也使从［假意见］这种状态中产生的欺骗术（ἀπατητικήν）得以可能。（264d3–5，柯常咏译文，下同）

这话的意思似乎是说：智术师传授的修辞技艺不过是制作"假意见"的技艺，而且从"假意见"中又制作出"欺骗术"。这话即便在今天听来也振聋发聩，因为，据说当代西方的智术师们经常制作"假意见",然后通过传媒产生出"欺骗术"。

异乡人紧接着还说,既然智术师是两类造像术当中的一类,因此他希望,

> 抓住智术师共有的东西,直到剥离他身上一切共同的东西,留下他自己的本性[天性]。我们就可以展示这一本性[天性],首先展现给我们自己,然后展现给那类生来与这种探究最有缘的人看。(《智术师》264e1-265a3)

异乡人提醒泰阿泰德,他致力于展示智术师的"本性/天性",为的是"展现给我们自己"细看。这意味着"我们"作为热爱智慧者应该对号入座,反观自己的天性是否有点儿像智术师的天性。接下来的一句更有意思:"然后展现给那类生来与这种探究最有缘的人看。"这意味着,即便我们自己没有这种天性,但世上肯定有人具有这类天性。如果不认清这类天性,我们就无法区分智术与热爱智慧[哲学],进而也就没有能力分辨政治生活中的真/假意见。

智术师的"本性/天性"是什么呢?在划分制作术与获取术时,异乡人就已经说过:

我们说，整个乐术、绘画术、变魔术，以及其他许多关涉灵魂的技艺，从此城的某处收买，运往彼城的某处出卖——其转运、出卖，有的是为消遣，有的则出于严肃的目的——那么，把这些转运、出售者称为商人，不比称那些贩卖吃喝之物的人有欠正确吧。(《智术师》224a1-7)

苏格拉底在《普罗塔戈拉》中对倾慕普罗塔戈拉的年轻人希珀克拉底说过类似的话。在这里，异乡人首先列举"乐术"，而"乐术"庶几等于"作诗术"，与"绘画术"一样属于"关涉灵魂的技艺"。问题来了：既然所有属人的制作术本质上都是"模仿"，作为"关涉灵魂的技艺"，"乐术""作诗术"以及"绘画术"都是"模仿"灵魂的技艺，那么，模仿什么样的灵魂——高贵的抑或低劣的灵魂——乃至模仿灵魂本身抑或灵魂的像，就成了关键问题。这意味着，属人的制作术——诗人或散文家也好、画家也罢，都与属神的制作品相关。

说修辞术会产生出欺骗术，堪称对智术师最为严厉的指责。我们值得问，在民主政治的语境中，智术师的修辞术究竟制作了什么"假意见"？施特劳斯在比较马基雅维里与苏格拉底的伦理品质时说过的一句话点到了要害：

色诺芬,这个苏格拉底的学生,对政治的苛刻与严酷,对那种超越言辞的政治的要素不抱任何幻想。在这一至关重要的方面,马基雅维里与苏格拉底结成了一条对抗智术师的共同战线。(刘振译文)[1]

我们自己的经验也许能够印证这一点:现代的普世价值说正是"对政治的苛刻与严酷,对那种超越言辞的政治要素"完全盲目。不过,我们也不能忽略,施特劳斯同时指出,马基雅维里"隐瞒了"苏格拉底的另一半,而且是"在色诺芬看来更好的一半"(同上,页307)。要理解苏格拉底的这一半,就得理解苏格拉底与诗人的关系,而涉及这一问题最重要的柏拉图作品莫过于《会饮》。恰恰在这篇作品中,柏拉图让我们看到,poiētēs[诗人]和poiēsis[诗]如何从poiētikē[制作术]中被区分出来。

### 游于艺:诗术抵制智术

《会饮》记叙了苏格拉底与谐剧诗人阿里斯托芬和肃剧诗人阿伽通竞赛谁对爱欲的理解更全面更深刻。按比赛规定,各位需制作一篇赞颂爱欲的讲辞,比谁的讲辞美。肃剧诗人阿伽通的讲辞具有智术式的修辞术风格,

---

[1] 施特劳斯,《柏拉图式政治哲学研究》,张缨等译,北京:华夏出版社,2012,页308。

十分优美，谐剧诗人阿里斯托芬则编了一个明显虚构的故事，也很优美。轮到苏格拉底时，他讲的却是自己年轻时受女先知第俄提玛教育的一段经历。这听起来像是在讲自己的个人经历，换言之，苏格拉底用自己亲身经历的历史故事挑战肃剧诗人的智术式讲辞和谐剧诗人的虚构故事。

严格说来，我们无从确知，苏格拉底讲的这段受教经历是否真有其事，抑或不过是编的一个故事。尽管如此，至少苏格拉底显得是在讲一个真实的故事，而非像阿里斯托芬那样，是在讲一个明显虚构的"神话"。不仅如此，第俄提玛的教诲也以讲故事起头，以至于苏格拉底讲的故事成了故事套故事——这是希罗多德的常用笔法。

第俄提玛首先讲了爱若斯诞生在宙斯园子里的故事——这显然是个仿古神话。然后，第俄提玛转入与学生苏格拉底的引导性对话，她问苏格拉底：

> 如果每个世人都爱欲而且总在爱欲同样的东西，为什么我们不说每个世人在爱欲，而是说有些人在爱欲，有些人不在爱欲呢？（《会饮》205a9–b2）

为了启发苏格拉底理解这个问题，第俄提玛举了一个例子：

> 无论什么东西从没有到有，其原因就是种种制作（poiēsis）。所以，凡依赖技艺制作出的成品都是制作品（poiēseis），所有这方面的高超艺匠都是制作者（poiētai）。

这个句子中出现的 poiēsis 显然不能译作"诗"，poiētai（即 poiētēs 的复数形式）也不能译作"诗人"。但是，制作这个行当五花八门，制作者的名称也五花八门。鞋子不是本来有的东西，有人凭技艺制作出鞋子，人们把这种 poiētēs［制作者］叫"鞋匠"。同样，人们会把凭技艺制作出房子的艺人叫"建筑师"，把凭绘画术制作出一幅画的艺人叫"画师"。因此，第俄提玛紧接着说，

> 并非所有的高超艺匠都被叫作制作者/诗人（ποιηταί），而是有别的名称。从所有搞制作的中（πάσης τῆς ποιήσεως），我们仅仅拈出涉及乐术和格律（τὸ περὶ τὴν μουσικὴν καὶ τὰ μέτρα）的那一部分，然后用这名称来表达所有的诗。毕竟，只是这一部分才被叫作诗，那些具有这一部分制作［能力］的人才被称为诗人。（《会饮》205b7-c9）

这段话中出现的 poiētai 的语义起初仍然含混，译成"制作者"或"诗人"都行，直到第俄提玛明确界定凭靠"乐

术和格律"制作，poiētēs 的含义才明确为"诗人"。

这段说法让我们得以印证，希罗多德称荷马和赫西俄德为"诗人"，的确是借用当时雅典人对戏剧诗人［制作者］的俚俗习称。《原史》中多处用于其他"诗人"的"作诗"一词，同样能够印证第俄提玛的说法。比如，科林多歌手阿瑞昂"作了酒神颂歌"（διϑύραμβον ποιήσαντά，1.23），从而是诗人；基姆墨利亚族人（Cimmerian）阿瑞斯特阿斯"作叙事诗"（ποιέων ἔπεϱα），被称为诗人（4.13-14）；吕基亚族人（Lycian）奥伦为少女们"作赞美歌"（ὕμνους ἐποίησε，4.35.3），被称为诗人；著名抒情歌手阿尔凯俄斯"作歌曲"（ἐν μέλει ποιήσας），也被称为诗人（5.95）。希罗多德还说雅典戏剧诗人普瑞尼科斯"作戏剧"（ποιήσαντι δϱᾶμα，6.21），所用的动词与上引各例一致，所有这些"作诗"用法都与守格律的"诗"相关。[1]

但与希罗多德仅仅跟随雅典人用 poiētēs 来称"诗人们"不同，苏格拉底从这一俚俗习称引出了一个哲学问题：利用区分希腊文 poiēsis 的双重含义（"制作"和"作诗"），第俄提玛巧妙区分了不同品质的"爱欲"。世人都有对好东西的欲求，或者说人人都追求幸福，对幸福的

---

[1] 比较 A. Ford, *The Origins of Criticism: Literary Culture and Poetic Theory in Classical Greece*，前揭，页 146-152。

欲求似乎都可以被称为爱欲,但人们并不把所有人叫作"爱欲者"。就像世人的生存需要凭靠各种技艺的制作,但我们并不把所有搞制作的人都称为 poiētai [诗人]。毕竟,虽然所有人都有爱欲(欲求好东西),但并非所有人都欲求美:只有欲求美才能称为"爱欲者",正如欲求美的制作才是"作诗"。

我们应该想到,亚里士多德在《政治学》中对"快乐"品质的区分,与苏格拉底在这里对"爱欲"的区分如出一辙。借用柏拉图《智术师》中异乡人的说法,我们值得问自己:在后现代的民主意识形态语境中,这种区分还有教育意义吗?或者说,我们敢像苏格拉底那样,把自己的灵魂"展现给自己"看吗?

第俄提玛在说过"制作"与"作诗"的区分之后,紧接着就谈起了"生育"。世人靠生育而生,靠生育而延续,这是最为基本的如今所谓人类学事实;世人靠传宗接代实现自己的永恒。但第俄提玛告诉年轻的苏格拉底,作诗式的生育是通过抽象的制作模仿宇宙中的美来实现自己的永恒。所谓抽象的制作不仅指制作合乐的诗(音乐),也指创制法律(立法):不仅荷马和赫西俄德的"制作"是诗作,吕库戈斯和梭伦的立法也被视为"诗作"(《会饮》209d1-9)。苏格拉底甚至把第俄提玛关于爱欲的这番教诲也说成"制作($ποιοῖτο$)关于爱欲的事情($περὶ\ τῶν\ ἐρωτικῶν$)的说法($λόγους$)"(《会饮》207a5),这无异于说，第俄提玛是以"作诗"方式传授关于爱欲的知识。

但苏格拉底随后又说，第俄提玛施教时有如那些"完满的智术师"（οἱ τέλεοι σοφισταί, 208c1）。我们应该好奇：第俄提玛的刚才那段说法哪点儿像智术师呢？

智术师对辨析语词非常感兴趣，而第俄提玛关于"制作者"与"诗人"的说法就是在辨析语词。智术师解释古诗时注重语词的词性辨析，以至于被称为最早的语言学家。这种辨析技艺相当于如今语言学的语义分析，有人若把它类比为20世纪的结构主义诗学一类的技艺，不会离谱。但苏格拉底仅仅说，第俄提玛"有如"（ὥσπερ）而非就"是"智术师，何况还是"完满的"而非半吊子的智术师。这意味着，智术不等于热爱智慧，而智术师们恰恰把智识的技艺等同于热爱智慧。即便在今天，人们还可以在分析哲学的语词辨析技艺中看到这种自以为是的等同。

柏拉图的《会饮》展示了苏格拉底娴熟且高超的诗术，并未具体展示苏格拉底所理解的诗术原理。在《斐德若》中，柏拉图不仅展示了苏格拉底的作诗之术，也展示了苏格拉底所理解的诗术原理，这两部作品恰好构成所谓"爱欲"姐妹篇绝非偶然。

《斐德若》是苏格拉底提到智术师最多的作品，尤其还提到智术师们传授修辞技艺的手册（书名往往就叫

technai，即 technē［技艺］的复数形式），相当于如今所谓的"文学写作技艺手册"（《斐德若》266c2–274b1）。[1] 这类技艺不仅涉及如何谋篇布局，还包括如何设计吸引世人眼球的论题，比如，应该爱欲一个没爱欲的人。由于智术师的这类"文学写作技艺手册"没有流传下来，今天的我们无从窥其原貌。从《斐德若》中再现的吕西阿斯的爱欲范文来看，这类"技艺手册"大致与如今种种后现代主义者谈论欲望书写一类的智术式文章差不多，不外乎把"抽象的制作"还原到常人的生殖水平——读读罗兰·巴特的《恋人絮语》，也就能知道个大概。

有人会说，《斐德若》讨论的是 rhetorikē［修辞术］，而非 poiētikē［诗术］。按第俄提玛在《会饮》中的说法，"诗"指有格律的乐体作品，从而 poiētikē［诗术］似乎与探究演说技艺的 rhetorikē［修辞术］不属同一文类。但是，我们应该记得，《斐多》中的苏格拉底说，他的"作诗"就是模仿伊索式的故事［叙事］。[2] 可见，对苏格拉底来说，"作诗"并非专指创作有格律的乐体作品。《斐德若》中的苏格拉底"作"了一首极其优美的"悔罪诗"，而且篇幅很长，这首"诗"明显是叙事，而非有格律的

---

［1］ 比较尼采，《古修辞学描述》，屠友祥译，上海：上海人民出版社，2001，页14。
［2］ 比较伊索，《伊索寓言》，王焕生译，上海：上海人民出版社，2014。

"诗"。由此看来，如果在苏格拉底那里有一种 poiētikē[诗术]，那么，这种"技艺"明显刻意与作为智术的修辞术作对。

智术式制作修辞技艺知识手册旨在培育民主政体中的普通公民（尤其年轻人）具有参政的言辞技艺能力。在《斐德若》中我们可以看到，苏格拉底对斐德若的教育，则意在培育年轻人的政治辨识能力（《斐德若》257d4-258b5）。他采用的教育方式有两种：首先是讲故事即作诗，然后是引导性对话——专业术语称为"辩证式交谈"。由此可以说，苏格拉底是以作诗的方式（模仿纪事诗人和戏剧诗人）来对付民主时代的智术，而柏拉图的作品是对苏格拉底的口头作诗行为的作诗式模仿。

## 三 诗术与智术

至少表面上看来，《诗术》具有智术式"技艺手册"风格。亚里士多德是柏拉图的学生，为何他的讲稿——尤其《诗术》这样的讲稿——显得像模仿智术式的论述文？

智术式的修辞书多涉及对古传诗歌的解释，通过解析语法、格律和措辞寻求修辞技艺的一般规则。由于《诗术》在形式上与智术式技艺手册相似，文史家们推测，亚里士多德肯定熟悉智术式的修辞技艺小册子。[1] 亚里士多德在《诗术》中对普罗塔戈拉提出过批评（1456b13及以下），但明显并非针对他的探究取向。事实上，《诗术》大量涉及作诗的如今所谓语言学问题，亚里士多德在别处也说过：

> 我们现在研究的只是命题，而撇开其他类型的句子，因为对这些句子的解释主要属于修辞术或诗术的范围。（《解释篇》17a5）

亚里士多德与其师柏拉图的差异很早就成了一桩公案，直到今天还没有了结，而且看起来不可能最终解决。毕竟，见仁见智是思想的自然状态。不过，有一点确定无疑：亚里士多德对智术师的基本立场与柏拉图完全一致。既然如此，亚里士多德采用智术式的论述文形式肯定有其道理。按法拉比的看法，亚里士多德当然懂得，对不同爱欲或心性的人需要用不同的言辞施教：

> 对于挑选出来的人，只用论证的方式施教，而针对常人的公开教导，则用对话的、修辞的或诗性的方法。不过，修辞的与诗性的方法更适合用来向

---

[1] 关于智术师的修辞技艺，参见波拉克斯，《古典希腊的智术师修辞》，前揭，页173—213。

大众传授那些已成公论的意见，而"证明"则是处理理论问题与实践问题的正确方法。[1]

《诗术》讲稿明显是以论证方式在施教，从而其受教对象是"挑选出来的人"。既然如此，为何亚里士多德的论证方式仍然带有故意的含混不清甚至刻意的修辞圈套呢？同样是法拉比在《两圣相契论》中说：

> 谁只要锲而不舍地仔细研究过亚里士多德的科学学说，研读过他的著作，那么就会发现他所采取的步骤有那么一点儿玄乎、模棱两可和复杂的味道，尽管亚里士多德表面的意图是要解释和阐明。[2]

法拉比还说，亚里士多德的论证方式制作这类玄乎、模棱两可和复杂的味道，是在模仿自己的老师。他引用了亚里士多德给柏拉图的一封信中的话来证明这一点：

> 尽管我把这些科学以及这些科学中悉心保护和

―――――――
[1] 法拉比，《问学录》143（董修元译文），比较法拉比，《亚里士多德的哲学》，程志敏编，程志敏、王建鲁译，上海：华东师范大学出版社，2016，页100。
[2] 法拉比，《柏拉图的哲学》，前揭，页107。

不随便示人的格言写进了著作中，但是，我却把它们做了这样的安排，只有那些适合它们的人才会得到，而且我还在一个成语中表达说，只有那些对它们驾轻就熟的人才会理解。（同上，页108）

即便亚里士多德的讲稿风格带有表演性质，也并不奇怪。毕竟，亚里士多德心里清楚：书写风格（lexis graphikē）与口头演说的竞赛风格（lexis agonistikē）固然有别，但书写与口头演说一样得面对各色公众。何况，有些写作（比如戏剧诗或纪事）本身就是为演出而写的（《修辞术》1413b2–1414a30）。[1]

问题在于，"挑选出来的人"未必"适合"领会某些道理。我们应该想起孔夫子的名言：

> 可与共学，未可与适道；可与适道，未可与立；可与立，未可与权。（《论语·子罕》）

这话让我们领悟到，至少就深刻理解人的伦理禀性差异而言，我国古典先哲与西方古典先哲何其一致。当

---

[1] 比较 Doreen C. Innes, "Aristotle: the Written and the Performative Styles", 见 D. C. Mirhady 编, *Influences on Peripatetic Rhetoric: Essays in Honor of William W. Fortenbaugh*, Leiden, 2007, 页 151-166。

然，若非民主意识形态制造出一大"假意见"，即高等人文教育的发达足以消除这类差异，我们也不至于陷入诸多无谓的所谓"学术论争"。

《诗术》中的论证大量采用了晦涩和模糊不清的说法，尤其是一些含义很难把握的常用语词，诸如"模仿""情节""怜悯""过错""净化""恍悟""看似如此""必然如此"，等等等等。难道亚里士多德刻意要用含混说辞来进一步区分"挑选出来的人"和"适合"领会某些道理的人？

答案还得从《伦理学》开篇的"题外话"中去找。与其他讲稿几乎无不直奔主题不同，《伦理学》开篇是一大段所谓"题外话"，并从"技艺和方法"问题谈起。我们应该思考："技艺和方法"问题与伦理学有什么关系呢？

> 每种技艺和方法（*πᾶσα τέχνη καὶ πᾶσα μέθοδος*），同样，每种行为和选择（*πᾶσα πρᾶξίς τε καὶ προαίρεσις*），据说都以某种善为目的，因为，善被很好地看作每种事情的目的。不过，种种目的也显得有某种差别。有时是行为，有时则是行为以外的某些成品。（《伦理学》1094a1-5）

"技艺"和"方法"在这里是并列用法，前面有形容词"每种",表明这里涉及的"技艺"包含所有技艺[术]。但包含"诗术"吗?不清楚,至少在随后的列举中没有提到诗术。

接下来一句"每种行为和选择,据说都以某种善为目的",显得是在呈现某种关于"技艺"和"方法"的意见。技艺和方法意味着行为和选择,从而意味着每种技艺和方法都具有某种实践目的:为了实现某种"好"(善)。我们可以理解,每种行为都是经过行为者自己选择的结果。选择做这样而非做那样,或以这种方式做而非以那种方式做,无非为了实现某种好。因此,行为和选择显得庶几等于技艺和方法。这听起来的确有点儿像是智术师的味道。

这段关于"技艺和方法"的意见也是亚里士多德自己的看法吗?未必。

亚里士多德接下来用转折语气说:"不过,种种目的也显得有某种差别。"具体而言,目的是"行为"($ἐνέργειαι$)抑或"行为以外的成品"有差别,亦即"实践"与"制作"有差别。但我们应该想一想:两者真的能够完全分开吗?所谓"有时……有时"的原文是关联副词($μὲν\ ...\ δὲ$),也可以理解为"既……也"。换言之,情形也可能是,"行为"与"行为以外的成品"有时能区分开,有时则没法区分开。

这里的"成品"($ἔργα$)一词同样含混,显然不能仅仅理解为吃穿用的各类"成品"。因为，每个人也是自己的行为做成的成品：成为好政治人抑或坏政治人大有差别，这种差别来自人的行为本身。所谓"行为以外的成品"（παρ' αὐτὰς ἔργα τινά）的原文，也可以读作"凭行为[而成]的某些成品"。当然，我们的确可以说，有人一生仅仅有行为，从未想过自己的行为会让自己成为什么样的成品。

倘若如此，我们就应该注意到，《伦理学》以谈论"技艺"开头，以訾议智术师结尾：

> 智术师们宣称传授的政治术显得远不是那么回事。相当程度上讲，他们并不知道[政治术]究竟是何物或关涉什么，否则的话，他们不会把政治术认定为修辞术，甚至更低。（《伦理学》1181a13–16）

与《伦理学》开篇之言对起来看，可以设想，《伦理学》很可能意在批判智术式的政治教育。既然如此，我们就得想一想，《伦理学》为何要把人的德性分为伦理德性和理智德性，因为，在柏拉图那里并没有这种区分。不仅如此，在亚里士多德列举的五种理智德性中有"技艺"，而柏拉图笔下的苏格拉底并不认为"技艺"是一种德性，反倒是普罗塔戈拉把"技艺"视为德性，从而认为德性可教，因为技艺可教。

不过，亚里士多德在谈论作为理智德性的"技艺"时显得与开篇不同，即强调了制作与行为的区分：实践（πρᾶξις）本身并不包含"成品"，从而不是制作。技艺与制作相关，意味着与产生出来的"成品"相关（《伦理学》1140a5）。智术师们"把政治术认定为修辞术，甚至更低"，无异于没有看到政治术应该有怎样的实践"目的"，或应该追求怎样的"好"。由此可以理解，《伦理学》开篇说到"政治术"的目的包含了其他技艺的目的时为何提到修辞术，但没有提到诗术。

"制作"（ποίησις）也是"诗"的同形词，我们应该想起，《政治学》以讨论音乐教育作结，而且预告了《诗术》。显然，在亚里士多德看来，诗术属于政治术中的一门技艺。由此我们值得想：难道亚里士多德要用诗术代替智术式的修辞术？可是，在《诗术》中，亚里士多德有一次——而且是唯一的一次——同时用到了"诗术"和"技艺"这两个语词，其语境恰好涉及诗术与政治术的差异，即前文提到过的著名说法：

> 属于政治术的正确本身，与属于诗术的正确本身不同，属于其他技艺（ἄλλης τέχνης）的正确，与属于诗术的正确本身也不同。（《诗术》1460b14）

其实，亚里士多德这话的重点在于，政治术的"正确本身"（ἡ αὐτὴ ὀρθότης）与诗术的"正确本身"不同。他并没有说诗术不属于政治术，毋宁说，政治术包含多种具体技艺，以至于可以说政治术有广义与狭义之分。否则，《伦理学》开篇的"题外话"不会接下来还说：

> 政治学据说最具主宰性质，尤其最具艺匠大师性质，因为这门知识表明在城邦中哪些知识需要学习，哪一部分人需要学习哪一部分知识（ποίας ἑκάστους μανθάνειν），并学习到什么程度。（《伦理学》1094b1-2）

应该注意到，用来形容政治术品质的两个形容词颇为特别，即都指向某种特定类型的极少数人："最具主宰性质"（τῆς κυριωτάτης）指向"主人""主宰者"甚至"君王"，而"尤其最具艺匠大师性质"（μάλιστα ἀρχιτεκτονικῆς）则指向"艺匠大师"。我们应该记得，亚里士多德后来把"城邦［政治］的热爱智慧者"比作这种人（《伦理学》1154a23-25）。

很清楚，如果说亚里士多德心目中的"城邦［政治］的热爱智慧者"作为"艺匠大师"应该是城邦的"主宰者"，那么，这绝非意味着，他应该是实际的城邦"主宰者"或"君王"。因为，这种城邦的"艺匠大师"或"主人"仅仅决定："在城邦中哪些知识需要学习，哪一部分人需要学习哪一部分知识,并学习到什么程度。"这意味着,政治术这门知识首先要求基于伦理学知识辨识共同体成员的心性差异,以便对他们需要学习的知识做出区分。智术师把修辞术当政治术,首先错在对共同体成员不加区分,以为修辞术可以适用于所有人。

亚里士多德紧接下来就说,年轻人不适合学习政治学,因为他们对生活尚无实践经验,对自己的情感也缺乏"自制"能力(《伦理学》1095a2–4)。如果我们带着慎思心态阅读亚里士多德,那么,我们多少会觉得,这两条理由未必那么充分。毕竟,并非所有"主人"都是先有实践经验才做"主人";何况,未必所有年轻人都对情感缺乏自制能力。

但是,如果我们把这段说法与《伦理学》临近结尾时关于法律的教育作用的说法连起来看,那么,我们的困惑就会得到解答:

> 一个人如果不是在这样一些[爱憎分明]的法律下养大的,要让他从年轻时起就适应朝向德性的正确训练,非常之难。毕竟,多数人并不喜欢节制、忍耐地生活,尤其青年人。所以,必须用法律来安排养育和训练,一旦青年人养成习惯,就不会再痛苦了。然而,只是当人年轻时正确地哺育和训练还不够,成人之后,他们还得继续践行这些[爱憎分

明的］事情，并养成习惯。因此，我们仍然需要关于这些［爱憎分明］的法律，而且一般说来，世人的整个一生都得需要。毕竟，多数人宁愿服从强制，也不服从道理，他们靠惩罚而非劝说才接受美好的东西（τῷ καλῷ）。（《伦理学》1179b32–1180a5）

可以看到，亚里士多德在《伦理学》开篇的"题外话"中说年轻人不适合学习政治学，其实是基于多数人与少数人的区分。在民主政治的语境中，由于所有公民都被赋予了先验式的政治平等，法律不可能基于这种区分来订立，反倒会订立保护所有天性的人——或者说，自由民主的法律恰恰要求抹去爱憎分明。

亚里士多德说过年轻人不适合学习政治学后，随即又引入了另一种区分：因有脑子而"最优秀的人"（πανάριστος），因肯听人劝告而"较好的人"（ἐσθλός），因无头脑又不肯听劝而"最无用的人"（ἀχρήιος ἀνήρ）。显然，这种区分基于人的灵魂品质的差异，而刚才所谓年轻人不适合学习政治学的说法被抛弃了（《伦理学》1095b10–14）。

绝妙的是：亚里士多德并没有用自己的话来说这种人的灵魂品质的区分，而是引用赫西俄德的诗句来表达。显然，这种表达法不会违背雅典民主意识形态的政治正确。

亚里士多德现在说，这里所说的第二类人适合学习政治学，但他没有说"最优秀的人"无须学习这门知识。我们应该马上想到《政治学》的结尾，如已经看到的那样，亚里士多德在那里说，"按某些热爱智慧中人的划分"，音乐有三种有益于灵魂的作用，分别适应三种灵魂样式。由此我们多少可以领会到，所谓"挑选出来的人"和"适合"学习政治学知识的人，分别属于哪种灵魂样式的人。

接下来的问题必然是：凭什么技艺以及如何挑选呢？《政治学》的结尾已经明确说，这个问题涉及"净化"性情，在《诗术》中才说得清楚。

现在我们能够理解，《诗术》看起来像智术式的论述文，其实与苏格拉底式的作诗别无二致。由于《诗术》要探究的问题属于立法技艺，而非要教诗人或作家或戏剧家如何写作，如今的我们才会觉得理解《诗术》难度非常之大。毕竟，我们把自己视为文学专业的学生，不会对亚里士多德的《伦理学》和《政治学》课程感兴趣。其实，亚里士多德学园不是鲁迅文学院或大学中的文学系，谁想当作家或戏剧家，当然不必读《诗术》。

对亚里士多德的形而上学着迷的哲学系专业人士也不必读《诗术》，他们不会在意《伦理学》开篇的"题外话"，遑论在意《伦理学》中仅出现过一次的"政治的热爱智慧者"，以及《政治学》中仅出现过一次的"**政治的热爱智慧**[**哲学**]"。

# 诗术与立法术:《诗术》前五章绎读

## 题解:何为诗术

现在开始阅读《诗术》,由于前述种种原因,我们必须读得极为缓慢。

第1章起头的一段话显得是个引言,概述了要探讨的基本论题,不妨视为题解。亚里士多德以提出一系列探究对象开头:

> [1447a8]关于诗术本身及其诸样式本身,以及每一[样式]具有何种特别的作用,倘若想要诗作得美好,[10]故事应如何编织,恰切的各部分该多少和什么性质,以及关于这些的其他东西,这里都要探究,我们不妨依自然首先从首要的东西讲起。

一连串的抽象术语让我们有些头晕,似乎要考验我们是否真的热爱抽象思考。首先是"诗术本身"及其

"样式"这两个并列的术词,然后是"潜能""故事""部分""性质"。这些语词并非平行关系,而是显出某种有层次的递进关系。"诸样式"明显是对"诗术本身"的进一步分解,随后的"作用"则是"诸样式"的进一步分解。从而,诗术—样式—作用这三个语词显得属于同一个范畴。

"倘若想要诗作得美［好］"之后出现了"故事"这个术词,与"诗术"对应,随后的"各部分"和"性质"与前面的"诸样式"和"作用"对应。最后说到"探究"方式,又出现了"自然"和"首要的东西"这两个带形而上学意味的术语。

看来,开篇第一句有三组词群,需要我们分别理解。前两组词群指涉探究对象,六个主词与第 6 章具体分析肃剧时提到的六大要素在数目上相合,可能是巧合,也可能不是。第三组词群指涉探究方式,这句开场定题陈述的第一个语词是"术",最后是"探究方式",与《伦理学》开头第一句的"每种技艺和方法"一样。

探究对象显得有两个:第一,诗术本身,即作诗的性质、样式及其作用;第二,故事,即诗作的具体性质及其构成。两者之间有一个连接语:"倘若想要诗作得美［好］。"看来,即便懂得了作诗的性质,不等于能作诗作得好。"美"的原文是副词 $\kappa\alpha\lambda\tilde{\omega}\varsigma$,包含"好"的意思,但究竟指作诗的技艺"好",还是故事本身"好",并不清楚。显然,要说清楚何谓"诗作得美"($\kappa\alpha\lambda\tilde{\omega}\varsigma\ \xi\xi\varepsilon\iota\nu\ \eta\ \pi o\iota\eta\sigma\iota\varsigma$),需要大费周章。在第25章我们会看到,所谓作诗作得"好",不能等同于政治术或其他什么术意义上的"好"。

### 什么是"诗术本身"

关于"诗术"这个语词,我们已经有了初步了解,但亚里士多德在这里加了着重词"本身"。亚里士多德在《形而上学》中说过,所谓"本身"($\alpha\dot{\upsilon}\tau\acute{o}$)就是一个东西的"是其所是",就是logos,但不是所有的"自身"都是logos(《形而上学》1029b19)。这里的logos若译作"本质"(the essence),未见得达意。

我们已经知道,"诗术"这个语词有两个含义:制作和作诗,亚里士多德可能与自己老师笔下的第俄提玛一样,会玩两个含义的差异,但毕竟是在说"作诗"。我们的确不应忘记poiēsis的源初含义是"制作",但也不能仅仅强调这一含义。亚里士多德加了着重的"本身",似乎在强调值得探究"诗术"的含义:有一种叫作"诗术"的技艺吗,就像我们说造船术(凭此打造出船)、御马术(凭此能御所有马)、战术(凭此能对付所有战斗)那样?获得"诗术"就能作诗,或者就能掌握作无论什么形式的诗作的能力?

"样式"的原文为eidos,在柏拉图那里,这个语词极为重要,通常也译作"相""理式"。关于这个语词的用法,施特劳斯在《会饮讲疏》中有过简洁明了的解说,比我们从辞典里看到的释义更容易理解。他说,在柏拉图那里,eidos 这个语词首先指一个东西的形,但这种形仅有心智的眼睛(the mind's eye)才能看见。其次,这个语词被用来指称本质性的东西(the essence)。但必须注意,当说到本质性的东西时,意思是它被理解为可能的东西,与现实的或实存的东西判然有别,而柏拉图的确认为,有某种比可感物更为真实的东西。

第三,eidos 也用来指事物的种类。在柏拉图那里,genos 与 eidos 被用作同义词,所谓"种类"指起源、家庭、族类,从而先于逻辑的区分。狗的 eidos 指所有狗,而非具体、个别的狗,比如说这个黑的而非白的狗。个别的东西不完整,eidos 则意味着完整,从而,eidos 这个语词带有激发性目的(the goal of aspiration),即激发对整全的关注。我们应该意识到,我们自己恰恰习惯于关注个别的不完整的东西,而非关注整全。

按亚里士多德在《论题篇》中的说法:下定义就是把正在讨论的东西放进它所应该归属的"种类"(genos)里面去(108b22)。这里看起来就是在下定义,下定义就得划分。亚里士多德在《形而上学》中说,通过划分而来的定义,首先得到的是"种类"($\gamma \acute{\epsilon} \nu o \varsigma$)和"属差"

($διαφοραί$, 1037b29)。工具论中的说法更清楚：

> 最初的词项是个种，这个词项与他的属差的结合也是一个种，属差是全部被包含在内的，因为我们已经达到不可再划分出属差之点。(《后分析篇》97b3)

在《诗术》的开首句中，"诗术本身"显然是种类，而 eidos 是属差（复数）。[1] 由此看来，似乎 eidos 可以理解为诗作的"文类"。可是，亚里士多德明明说"诗术本身"的诸 eidos，而非诗作的诸 eidos。接下来亚里士多德提到了叙事诗、肃剧诗、谐剧诗等等，这些可以说是诗作的属差，却不能说是"诗术本身"的属差。毕竟，诗作的属类与诗术的属类不是一回事，因为诗作与诗术不是一回事。

必须注意到，亚里士多德在这里两次用到"本身"这个语词。肃剧诗人作肃剧、叙事诗诗人作叙事诗，因而有诗的具体属类，但"诗术"本身的"属类"就令人费解。造船术得掌握木材（作为材料），诗术得掌握言辞，可以说，诗术关涉立言行为。但立言的属差很多：

---

[1] 戴维斯认为，亚里士多德把 eidos 理解为"属差"（species）而非"种类"，因而译作 kind，如果是柏拉图意义上的用法，那就得译作 idea。

作诗与论说或演说肯定有差别。难道"诗术的 eidos 本身"要讲这个差别？倘若如此，"诗术本身"就是单一的东西，何以谈得上"诸 eidos"，甚至"每一 eidos 具有何种特别的作用"？

总之，"诗术本身"与"诗术的诸 eidos 本身"有差异。不仅如此，前者不可见，后者则是具体可见的形态，而这种形态似乎又不等于各种诗作的属类。由于我们不知道这里的"诗术的诸 eidos 本身"指什么，我们也无法知道"每一 eidos 具有何种特别的作用"指什么。

还剩下一种可能性，即把"诗术的诸 eidos 本身"试着理解为仅有心智的眼睛才能看见的形。这意味着，我们看诗术的各种具体的样式，不能仅仅看可见的"样式"，比如论说或演说，诗歌或戏剧，音乐或绘画，还应该看到种种无形的样式。

是不是这样呢？如果是的话，那么"诗术"的诸无形的样式又是什么呢？凡此现在我们都还无法确定，需要留心亚里士多德随后怎么说。无论如何，我们已经能够体会到，亚里士多德的说法表面上看来开宗明义，明确提出了自己的探究对象，实际上，他仅仅是在抛出一个谜团或戏剧性线团，随后才来解开这个线团。

## "诗术"及其"诸样式"

仅"诗术"及其"诸样式"用了"本身"，起码表明诗术与"诸样式"同样重要。既然两次用"本身"来强化实词，那么，"诗术"和它的"诸样式"在相当程度上呈现为分析性的递进关系。诗术的"诸样式本身"不同于"诗术"本身，但毕竟是"诗术本身"的"诸样式"，从而使得没法直接呈现的"诗术本身"转换到可以直接呈现的"诸样式本身"。反过来说，唯有通过诗术的"诸样式本身"，我们才可能搞清楚"诗术本身"。

接下来提到诸样式的"作用"（δύναμιν / dunamis），显然是对诗术的"诸样式本身"的进一步分析性解析。如果"诸样式本身"是种类（genos），那么，诸样式的"作用"就是其属差（species）。亚里士多德说过，只有从量和属差来分解一个实体，才知道它由什么组成。由此我们可以体会到，亚里士多德解析诗术，很可能基于他的 Logos 观或他的静观知识。如果我们不清楚他对"术""自身""样式""作用"的解释，那么，就没法理解他在这里所说的意思。

不仅如此，在《政治学》中，我们也可以看到亚里士多德如何使用"作用"这个原义为"能力、潜能"的语词。他说：要搞清楚好人的德性与好公民的德性（τὴν ἀρετὴν ἀνδρὸς ἀγαθοῦ καὶ πολίτου）有何不同，首先得搞清楚好公民的德性是什么（《政治学》1276b17）。这意味着，"好人"与"好公民"不是一回事。

为了说明这一点，亚里士多德打比方说，正如水手是一个共同体,但每个水手的具体作用(或能力)却不同,划桨的、掌舵的、瞭望的,这表明每个水手的具体德性有所不同。同样,公民属于一个政治共同体,虽然各有各的作用(德性),但共同体总有共同归宿,这就是政体——公民的德性与他们所属的政体有关。我们不难理解,美利坚公民的一些"德性",对我们的政体来说,恐怕得算劣性。

这段说法给我们的提示在于:"作用(能力)"与德性在某种意义上是同义词。就"德性"($\tau\eta\nu$ $\dot{\alpha}\rho\epsilon\tau\eta\nu$)这个语词本身的含义来看,也如此,它首先指特殊的能力,比如马有自己的"德性",狗有自己的"德性"……人的"德性"则被区分为伦理的德性和政体的德性(好人和好公民)。

从这段说法中,我们看到静观知识与实践知识实际上没法分开。如果与这里说到的"诗术的诸样式"的"作用"联系起来看,那么,我们就必须注意静观知识与制作知识如何贯通。比如,如果"诸样式"相当于种种政治共同体,会意味着什么呢。尤其应当注意,接下来一句"倘若想要诗作得美"的副词"美"有"高尚、高贵"的含义,而且修饰动词,也就是说,这个词语界定的是行为,而非界定作为作品的诗作,那么,这里强调的就是某种行为(作诗是一种制作行为)的政治德性品质。

可以看到，第一个词群呈现为一种从抽象到具体的分析程式。诗术本身—诗术的诸样式本身—诸样式的"作用［德性］"。但是，诸样式的"作用"虽然已经很具体，"每一样式"究竟是什么，仍然不清楚，其"作用［德性］"当然也不清楚。诗术本身得通过具体的诗术样式（不等于诗作的样式）才能见出，因为，抽象的东西隐藏在具体的样式之中。由于"每一样式"究竟是什么不清楚，如此解析等于没有让我们明白，抽象的诗术何以能得到具体解析。

### "诗术"与编织"故事"

接下来第二个词群以"故事应如何编织"为导引，我们拿不准，这里的"故事"究竟对应"诗术"还是"诗术的样式"，抑或样式的"作用"。从分析性的角度来看，对应于诗术样式的"作用"可能性最大，我们可以说：诗术诸样式的"德性"就是"故事"。

但是，每一种诗术的样式都以"故事"为特征吗？如果"故事"是"要想作诗作得好"的关键，那岂不是说，"故事如何编织"就是"诗术本身"？换言之，关于"诗术"本身的性质，要靠具体的"作诗"来回答。以"故事如何编织"来规定作诗"本身"，让我们感到费解，除非我们可以设想：作诗等于"编织"（συνίστασϑαι）故事。

以"诗术本身"为主词引出的第一词群与以"故事"为主词引出的第二词群,无异于"诗术"与"作诗"对举。换言之,"诗术"无论如何得通过"故事如何编织"呈现出来。我们不妨这样来理解:第一个词群是涉及性质本身的认知性(eidetic)说法,第二个词群是涉及具体能力[德性]的发生性(genetic)说法。两者结合在一起,相互说明,才能把何谓"诗术本身"讲清楚。

"诗术"这个复合语词本身具有双重含义,《诗术》开篇第一句通过两个词群同样呈现出双重含义:"诗术"与"故事"。这使得我们当注意整个《诗术》的说法可能具有双重含义,或者说,亚里士多德很可能以双重说法的方式来阐述"诗术本身"。

我们甚至可以设想:既然"诗术本身"靠"故事应如何编织"才可能得到透彻说明,那么,整个《诗术》本身也可能就是亚里士多德编织的一个故事。如果亚里士多德以编织故事的方式来阐述何谓"诗术本身",那么,《诗术》文本本身就是以诗术方式制作而成的故事。

倘若如此,我们就得到了两个非常重要的结果。首先,我们必须以解读故事的方式来读《诗术》。由此也可以理解,为什么《诗术》特别难读:《诗术》毕竟是论说文,但这个论说文却是用编故事的方式写成。说到底,亚里士多德在作诗。由于我们的脑筋断乎不会想到,理论性论说也可以采用编故事的方式,《诗术》乃至亚里士多德的其他传世讲稿才难以理解。

第二,对诗术的理解必然超逾我们习传的对诗的理解:诗术不仅涉及作有格律的诗,毋宁说,它涵盖所有立言方式,尤其论说的立言方式。由此可以理解,为何诗术的"诸样式本身"不能等同于诗作的样式(各类诗作的体裁)本身。

"倘若想要诗作得美"——我们可以问:热爱智慧[哲学]的论说之作不需要作得美吗?《会饮》中的第俄提玛曾"举诗为例",借助制作与作诗的双重含义来说明热爱智慧[哲学]本身。第俄提玛从任何爱欲都追求美谈起,然后描述不同的爱欲追求生育不同的美,最后才用诗一般的言辞说明:热爱智慧本身与追求"既不生也不灭、既不增也不减"的"永在的"美相关,真正的热爱智慧者会"在无怨无悔的热爱智慧中孕育许多美好甚至伟大崇高的言辞和思想"(《会饮》210d5–211a1)。

通过以生育类比制作,第俄提玛让苏格拉底领会到:倘若谁有热爱智慧的爱欲,谁就会欲求善,但这欲求不可能充分,因为这种爱欲没有顾及美的样式。换言之,完整的热爱智慧必然欲求美,即欲求立言,从而欲求写作,或者说欲求特别的制作德性,即作诗。

倘若没有这种"作诗"的制作德性,热爱智慧的爱欲就缺乏生育能力。我们可以设想,《诗术》意在培育政治的热爱智慧者具有制作德性，通过学习"故事如何编织"，使得自己的论说之作也能"作得美"。

所以，第俄提玛把作诗、立法和学问三者相提并论。

"故事"（μύϑους）这个语词的本来含义是"讲述"，引申为"故事/神话"，也可以代指"诗作"。尤其重要的是："故事"都是编出来的，或者说，"神话"也好、"诗作"也罢，都是编出来的。在《王制》中，苏格拉底说到"制作故事的人"（τοῖς μυϑοποιοῖς）时，指责赫西俄德、荷马等诗人"给世人编织虚假故事"（μύϑους τοῖς ἀνϑρώποις ψευδεῖς συντιϑέντες, 377d5），这里的 μύϑους 译作"神话""故事"或"诗作"都可以，"诗人们"与"制作故事的人"是同义词。

在这段对话里，苏格拉底提出了"制作美好故事"（καλὸν [μῦϑον] ποιήσωσιν）的问题（377c1）。初看起来，苏格拉底批评两位诗祖制作的故事不"美好"，理由是他们编虚假的故事。但随后我们看到，故事不"美好"，不是因为编织的故事虚假，而是"虚构得不美好"（τις μὴ καλῶς ψεύδηται, 377d9）。目光锐利的尼采说得好：

> 苏格拉底不是就说谎指责荷马及赫西俄德，而是指责他们没有以正确的方式说谎……说谎在特定情况下对世人有用，必须允许统治者为了其城邦公

民的利益使用谎言。[1]

因此,"美好的故事"不等于真实的事情,而在于虚构得"美好"。

在这段对话中,以"故事"为宾词,依次出现了三个动词:*ποιήσωσιν* [制作] —*συντιϑέντες* [编织] —*ψεύδηται* [虚构],似乎可以互换。作形容词界定名词的"美好"(*καλὸν μῦϑον* [美好的故事]),变成了副词修饰制作行为本身(*καλῶς ψεύδηται* [虚构得美好])。

苏格拉底是政治的热爱智慧者,他对传统乃至现代诗人的批评暗含一个前提:政治的热爱智慧者也能够甚至应该作诗。作什么样的诗和怎样作诗呢?苏格拉底在柏拉图的《斐多》中对这个问题给出了现身说法的答案。临终那天,苏格拉底在狱中对前来探访他的年轻的热爱智慧者说,自己一生总梦见神命令自己"作乐和演奏乐"(《斐多》60e7)。他觉得奇怪:自己一直就在作乐,因为在他看来,热爱智慧就是最高的"乐术",而自己一直在做这件事情,不就是作乐吗。[2] 用我们的话说,热爱智慧就是在作乐,怎么自己还会不断梦见被命令去作乐呢?

---

[1] 尼采,《古修辞术描述》,前揭,页7。
[2] 柏拉图,《斐多》61a3,亦见《王制》548b,《斐德若》259b–d。

苏格拉底说，直到被判刑之后，又遇到神圣的节日让他可以多活一些时日，他才想明白：原来，梦中命令他"作民人[喜闻乐见]的乐"（δημώδη μουσικὴν ποιεῖν，《斐多》61a8）。用我们的古话说，相当于"制礼作乐"。苏格拉底听从梦的命令，赶紧"制作诗篇"（ποιήσαντα ποιήματα，《斐多》61b1），作了一首供献祭时用的诗。

这时，苏格拉底又进一步反省到，如果要做真正的"诗人"，就得"制作故事而非论说"（ποιεῖν μύθους ἀλλ' οὐ λόγους，《斐多》61b5）。[1] 由于自己天生不是 μυθολογικός [说故事的人]，苏格拉底只好把伊索的 μύθους [故事] 拿来"改编"（ἐνέτυχον），然后"作成诗"（ἐποίησα）。我们应该想起苏格拉底曾说过，隐晦地用民间的或诗歌中的人物来表达自己的智见，乃古人的遗训（《泰阿泰德》180c7–d5）。

在《斐多》中，苏格拉底说到过自己的"第二次起航"，非常著名，这指他离开自然哲人的静观方式：不再仅仅冥思天体，而是更多探究人世。如此转变再清楚不过地标识出，苏格拉底的"第二次起航"意味着：苏格拉底从热爱智慧者转变为政治的热爱智慧者。

可是，苏格拉底关于"作诗"的夫子自道，不也可以看作他的"第二次起航"？

---

[1] 王太庆先生译作"语涉玄远，而非平铺直叙"，算优美的意译。

苏格拉底的这段记梦无异于讲了一个故事，其中包含四个关键词：音乐、热爱智慧［哲学］、作乐、故事。起初，苏格拉底一直在践行热爱智慧，热爱智慧是最好的音乐，因此，践行热爱智慧就是作乐。被判刑后他才明白，梦要他制作贴近民人的乐。换言之，苏格拉底以前不明白，乐有两类：曲高和寡的乐与民人喜闻乐见的乐。于是，苏格拉底有了"第二次起航"，作了祭祀性质的民人喜闻乐见的乐。可见，从热爱智慧者转变为政治的热爱智慧者还不够，苏格拉底进一步反省到，如果"应该做诗人"，那就必须会"制作故事而非论说"。

这里出现的转变是：诗人［制作者］取代了热爱智慧者。"故事"与"论说"的对举，对应于虚构与言说真实的对举："制作故事而非论说"无异于说，也要做诗人而非仅仅做哲人。但自己天生不是"会说故事的人"，或者说自己的天性不会虚构，怎么办呢？苏格拉底想到的办法是：改编现有的民人喜闻乐见的故事（伊索虚构的故事）。这样，苏格拉底才觉得完成了使命，成了真正的诗人才心里踏实。

从古至今，天生"会说故事的人"多的是，每一时代都会涌现一大批，尤其是在民主时代。所以，雅典城邦设立戏剧文学节，让众多写手竞技。苏格拉底则看到，即便像荷马或赫西俄德或埃斯库罗斯这样的说故事高手，仍然有欠缺，即他们并不追究绝对的真实，而是逞才或挥洒自己的天赋。不仅如此,他们并不自觉地弥补自己的欠缺,相反,真正的热爱智慧者总是在不断找自己的欠缺,并切实致力于修补欠缺。苏格拉底在临终前对热爱智慧的青年讲述自己的"作诗"经历,无异于告诉他们:夕闻道而改之,亦为时不晚。热爱智慧的真正含义是修己,仅仅热爱说故事则是娱乐。修己者自有其乐,但这种"快乐"不是常人所理解的"娱乐",而常人也不会把修己视为一种"快乐"。

由此看来,在"第二次起航"以后,苏格拉底还面临过如何作诗或成为诗人的问题:作乐变成了作诗。在古希腊文中,作乐本来已经包含作带格律的诗,作乐变成了作诗的要害在于:把言辞从音乐中分离出来的。作诗的本质在于虚构的叙述(伊索寓言不是合乐的叙事)。从而,由哲人转身为诗人,无异于从说理的论说转变为编织的叙述。

说到做到,苏格拉底的这段自叙本身就带有明显的虚构性质。他说自己一生都在从事曲高和寡的作乐(热爱智慧之业),这应该是真实的。但他说自己在被判刑以后才明白应该制作民人喜闻乐见的乐,就未必真实,否则,他从事民人喜闻乐见的作乐时间很短,等到他发现自己"应该做诗人"并且必须会"制作故事而非论说",为时已晚,根本没机会践行。实际上,柏拉图笔下的苏格拉底早就会改编民人喜闻乐见的故事。

可以说，苏格拉底的这段经验之谈不是论说，而是虚构的作诗。如此虚构的意图在于，借自己被判刑这一事件，突显热爱智慧者"应该做诗人"并且必须会"制作故事而非论说"，其理由究竟何在。

教热爱智慧者［哲人］如何作诗，背后暗含的问题是：哲人应该胜过诗人。苏格拉底在《王制》中指责诗人，说他们没有制作出"美好的故事"是因为他们"虚构得不美好"。回头看亚里士多德说"倘若要想作诗作得好，故事应如何编织"，刚好接上苏格拉底对诗人们的批评。我们可以设想，《诗术》的讲授对象是那些已经知道而且明白苏格拉底为何"第二次起航"的人——用亚里士多德的说法即"挑选出来的人"。

倘若如此，《诗术》的意图就不是一般意义上的教人如何作诗，而是特殊意义上的教热爱智慧者如何作诗，如何"制作故事而非论说"。由此来看，《诗术》中没有说到"在我们看来"应该说到的关于文艺理论甚至肃剧理论的方方面面，完全可以理解。反过来说，如今的戏剧学家或人类学路数的文化学家指责亚里士多德忽略了什么什么，甚至关于肃剧讲错了什么什么，不过是以自己的眼界来看亚里士多德的眼界。

我们值得进一步问，为什么诗人的制作会"虚构得不美好"？这个问题可以在第俄提玛对苏格拉底的教诲中得到解答。

第俄提玛的教诲从以诗为证开始，最后讲到何谓热爱智慧，她的说法本身就带有虚构性——或者说苏格拉底的忆述本身就是编的故事。但是，苏格拉底忆述自己的老师对他的教诲时，肃剧诗人和谐剧诗人的代表都在现场，而这个现场是肃剧诗人阿伽通因自己的剧作在戏剧节上得奖办宴。柏拉图让我们看到，当时阿伽通的自我感觉好得不行。虽然他心里清楚，"对于有脑筋的人来说，有头脑的少数人比没头脑的多数人更让人畏惧"，他仍然沉浸在雅典民众的赞美中不能自持（《会饮》194a5-c6）。这意味着，诗人缺乏对自我灵魂的专注，自我表达的欲求过于强烈，作诗被作为自我爱欲的最高实现，从而不可能触及"真实"。

因此，传统的自然哲人会攻击诗人制作"虚假故事"。热爱智慧者寻求"真实"——万事万物的真实。就言说"真实"而言，热爱智慧的论说高于诗人编造的故事。但如果热爱智慧者也应该关切城邦生活，从而应该考虑共同体的立法问题，那么，政治的热爱智慧者就应该也学会像诗人那样，制作民人喜闻乐见的故事。

因此，临终前的苏格拉底作了一首"大地之歌"。与诗人虚构的故事不同，苏格拉底的诗作中隐藏着真实，即人的灵魂的真实以及灵魂在人世中应该如何度过一生的真实。从而，苏格拉底所制作的故事，不是虚假的故事——"虚假的故事"本身就是个自相矛盾的说法。

### 故事与人的自然

说过"故事该如何编织"后,亚里士多德进一步说,"恰切的各部分该多少和什么性质"。这话看起来像是指构成"故事"的各部分,但背后已经隐含着热爱智慧的静观知识,因为"恰切部分"($μορίων$)在这里不等于"部分"($μέρος$)。

亚里士多德有一篇讲稿题为"论动物的恰切部分"($μορίων$),这里的用法与亚里士多德这篇讲稿的篇名用词相同。人是动物中的一个属类:动物是一个"种类"(genos),人是其"属差"(eidos)。探究动物的"恰切部分",意味着探究人这种动物和其他动物与作为类的动物的属类关系。因此,亚里士多德一开始辨析了"种类"和"属"的逻辑区分(《论动物的恰切部分》639b4以下)。

如果我们听过亚里士多德的这门自然学课程,那么,我们就应该想到,《诗术》开篇所谓"恰切的各部分该多少和什么性质",是否不仅指"故事"的各部分,也可能指人这类动物"恰切的各部分该多少和什么性质"?随后的"以及关于这些的其他东西"的所指,是否也如此?毕竟,亚里士多德在说到动物的"种类"和"属"的区分之后,随即谈到技艺的成品(《论动物的恰切部分》639b15以下)。

无论如何,我们若听过亚里士多德讲"论动物的恰切部分",理解《诗术》引题的最后一句"我们不妨依自然首先从首要的东西讲起"会比较容易。所谓"依自然"(κατὰ φύσιν)指依"人"这个自然动物,至于就这个自然动物而言,什么是"首要的东西"(ἀπὸ τῶν πρώτων),则要看亚里士多德随后怎么讲。

倘若如此,亚里士多德的《诗术》要探究的绝非仅仅是"故事"的构成,很可能也包括人这类动物的自然构成本身,甚至可能是更重要的部分。不用说,凡故事都不可能没有人物,有人的行为才可能有故事。不探究人的本性及其各种行为,不可能搞清楚故事的性质及其构成。从而,探究故事的构成与探究人的本性及其行为是一回事。这样看来,《诗术》所要探讨的制作知识,与亚里士多德的第一哲学的确有直接关联。

## 一 诗术与模仿

《诗术》第 1 章以这样的问题开始:"诗"凭靠什么模仿。这相当于如今所谓"诗"的制作凭靠什么质料的问题,因此亚里士多德提到古希腊各种样式的"诗"。

[1447a13] 叙事诗制作和肃剧制作以及谐剧和酒神颂制作术,还有大部分双管簧管情歌术和基塔

拉琴合唱诉歌术，所有这些一般来讲都是模仿。

首先提到叙事诗（ἐπο-ποία），这个语词的词干 epos 与动词 poiein 有相同的词源，从而也包含制作叙事诗的含义。换言之，这种用法不仅指作品，也指制作叙事诗的行为，所以译作"叙事诗制作"。在《伊翁》中，苏格拉底与伊翁谈到诗影响观众灵魂的方式时，仅列举了叙事诗（535b–d）：叙事诗让人身临其境。但是，苏格拉底强调，荷马让人身临其境的叙事往往是让人悲伤的情景。

第二项列举"肃剧制作"是个词组，主词是"制作"（ἡ ποίησις），"肃剧"是属格（τῆς τραγῳδίας），从而突出了"制作"。如果把属格理解为作宾语的属格，也可译作"制作肃剧"。这不仅指肃剧诗人的写作，也指（甚至更重要的是指）肃剧需要演员的演出行为。

第三项列举的"谐剧"直接用了主格，没有包含"制作"。谐剧与肃剧一样，需要演员的行动来展现，为何亚里士多德没有突出谐剧的"制作"，值得我们留意，这涉及所谓"制作"在亚里士多德那里意味着什么。

第四项列举是"酒神颂制作术"（ἡ διθυραμβοποιητική），而非"酒神颂诗"。这种颂诗是合唱抒情诗中的一个宽泛类型，源于祭拜酒神的祭歌，后来演变成叙述性诗歌，内容多为流传的古老故事。[1]

最后两项列举都不包含"制作",但都是形容词化的名词,省略了"技艺"[术]:"双管簧管情歌术"($αὐλητικῆς$,合唱抒情诗的一种)和"基塔拉琴合唱诉歌术"($κιθαριστικῆς$)。换言之,最后三项都属于抒情诗类,这里突出的"术"指音乐的器乐技艺。也就是说,这三种抒情诗得靠乐器伴奏,更多受乐器演奏限制,或者说更多是静态的演唱,而非行为性的表演。品达的《皮托竞技凯歌》第一首序歌头四行描述过这类演唱的情形:

> 金色的弦琴哦,阿波罗和紫罗兰卷发的
> 缪斯们属己的宝器啊!舞步倾听着你,华典伊始,
> 歌手们紧随你的音符,
> 当你奏起合唱引曲的前奏,缭绕缠人。

尽管演唱伴有舞蹈,但舞蹈不是带故事性质的行为表演。因此,这里出现了"术",想必属于诗术"诸样式"

---

[1] 现存最早的这类分诗行的诗歌仅见巴克基里德斯(Bakchylides,公元前5世纪前期)的少量残段和品达(公元前520—前438)的残段,然后是提摩忒俄斯(Timotheos,公元前450—前366)的《波斯人》(*Persern*)中的250行残段。

之一。亚里士多德有一篇题为"论音乐"的讲稿，谈到如今所谓"乐理"，甚至包括和声，我们看到，亚里士多德也称器乐演奏家为诗人（《问题集》919a20）。

亚里士多德在这里没有列举所有的诗作样式，"大部分双管簧管情歌术和基塔拉琴合唱诉歌术"的说法实际上省略了单纯吟咏性的抒情诗。这里提到的三种抒情诗样式，尽管得靠乐器伴奏，毕竟带叙述或叙事性质，尤其"酒神颂诗"。《问题集》中还说到，双管簧管演奏有时什么也没有表演，也就是说，没有明确要说的东西，但毕竟是在演奏（918a31）。叙事意味着有行为，或者说有故事，从而，表演多少带有展示行为的性质，而非单纯的吟唱表演或演奏。因此，亚里士多德说，所有这一切总的说来都是模仿（μιμήσεις）。

现在，我们多少知道了何谓亚里士多德所说的"模仿"。就性质而言，作诗的模仿要么是叙述性的，比如叙事诗（史诗），要么是演员动作表演性的，比如肃剧、谐剧。至于抒情诗，亚里士多德仅提到带叙述性的，略去了不带叙述性的单纯抒情诗。无论叙述性的还是演员表演性的，都与"故事"相关。

## "首要的东西"

亚里士多德在起头时说，"我们不妨依自然从首要的东西讲起"，这句讲的应该就是"首要的东西"。要找出

首要的东西,先需要划分。在《后分析篇》中,亚里士多德说到划分:

> 划分是保证不忽略任何事物的内在因素的唯一途径。如果我们设定了最高的种,并从较低的划分中取况一分支,那么我们正在划分的种不会全部归属于这个划分的分支。……在下定义和划分时,不一定需要知道事物的全部情况。(《后分析篇》96b36–97a10)

从表述来看,这里是在划分种类(诗作)和属差(各类诗作样式)。从亚里士多德的探究方式来看,划分种和属的确可以说是"首要的事情"。但是,亚里士多德在这里的划分带有排除意味:模仿是标准,以此来归纳带制作性质的诗作。从而,所谓"首要的东西"不是划分,而是模仿。

何况,从"首要的东西"讲起前面还有"依自然"。既然所谓"自然"指人这类动物的本性,那么,模仿就是人的自然属性之一。戴维斯提出了一个颇有见识的看法:亚里士多德对人的自然属性的界定具有三重性,即理性的动物、政治的动物、模仿的动物。这三种人的天性刚好对应三类知识:模仿对应制作的知识。

我们随后会看到,亚里士多德说,模仿不仅是一种"技艺",也是一种"习性"(1447a19–20)。诗或所谓广义的"文艺"是一种"模仿"行为，这样的说法我们早就耳熟能详。现在我们知道，如此说法的源头在亚里士多德的老师柏拉图。在这里，亚里士多德模仿老师的说法告诉我们，"依自然从首要的东西"讲起，模仿是首要的，作是从属的。换言之，作诗或诗作不过是模仿的一种样式而已，还有并非诗作形式的模仿。比如，现实生活中的模仿：好人学好人的样儿，坏人学坏人的样儿——或者，学好人成好人的样，学坏人成坏人的样。说到底，模仿是比作诗更为基本的属人行为。

这句看起来是对前一句的进一步解释，但句式刚好与上句的顺序相反。上句的顺序是从不可见的（诗术）到可见的（故事及其恰切部分），这句的顺序从可见的（诗的样式）到不可见的（模仿）。从而，这里的"模仿"对应前面的"诗术"。反过来说，所谓"诗术"即"模仿"。不了解什么叫"模仿"，就不了解何谓作诗。然而，除非把整个《诗术》读完，我们还不能说就搞懂了亚里士多德所谓的"模仿"。

模仿的本义是"学着样子做"，而非"再现什么"，既是行为，也是成品。因此，必须与所谓"摹写"（比如画模特儿、做人物雕像）区别开来。绘画是摹写，尽管绝不仅仅是摹写；模仿是非物质性的，不是用画布、纸张、石头等物质来摹写什么，而是行为性地照着样子做；绘画是以摹写的方式模仿而已。在诗作中，这种照着样子做的行为又与实际行为有所区别,带有虚拟性质。对于我们来说,重要的是得理解,为什么亚里士多德要说作诗是模仿,而非说作诗是创作。

必须强调,作诗即模仿这一提法并非亚里士多德首创,而是承接柏拉图的说法。据统计,在亚里士多德的今存讲稿中,"模仿"出现了115次,约80次见于《诗术》。在柏拉图那里,"模仿"一词则多达300见。在《斐多》中,苏格拉底临终前作的"大地之歌",首先讲到宇宙的创制:宇宙是由12种彩皮缝制而成的球。我们应该想到,缝制与纺织有关,而编织故事有如纺织。事实上,苏格拉底临终前讲的这个关于天地的神话,就是自己编织的故事。随后讲到大地与宇宙的关系,其间苏格拉底举到画家的例子,似乎大地是宇宙的摹写。但是,苏格拉底接下来讲的却是人的现世行为与来世的关系,这种关系全靠灵魂来维系。

在柏拉图的《智术师》中我们看到,异乡人曾对泰阿泰德说,没有比"模仿术"更迷人的了。何谓"模仿术"呢?他首先举的例子是绘画,这是人们通常最容易想到的模仿术:

> 我们肯定知道这一点:若有人许诺能以一种技艺制作一切东西,那他必是能用绘画术作成"存在之物"的同名摹本,并把这画作远远地示之以

人，让少年中那些没思想的误以为这个人有莫大的本领——他能以行动（作品）做成任何想做的事情。（《智术师》234b5-10，柯常咏译文，下同）

然后，异乡人马上提到言辞的模仿术：

> 我们不也料到有另一门有关言辞的技艺吗？借助这门技艺，碰巧就可能——利用言辞并通过人耳——对离事物真相更远的青年施加魔法，把一切事物的言辞之像展示出来，以至于使事物好像已被真实地道出，而且[以为]说话人在一切事物上是所有人当中最智慧的。（《智术师》234c3-9）

这些说法明显指智术师善用言辞搞摹品，换言之，mimêsis[模仿]这个词在柏拉图作品中出现的频率高，与智术师派的兴起有关。对这个语词的文史考订，研究文献已经很多，我们得小心别让文史考订文献淹没自己，重要的是理解为何在柏拉图和亚里士多德那里"模仿"会成为一个热门话题。

柏拉图笔下的异乡人把话讲得很明：

> 在我们追击智术师时，如果他直接面对我们，我们就遵君王之道的命令抓住他，献俘告捷。不过，

如果他潜入模仿术诸部分中的某处，我们也要紧跟着他，坚持分析窝藏他的部分，直到抓住他为止。（《智术师》235b9-c4）

有一篇幸存下来的智术师派短小作品题为《双重论说》（Δισσοὶ λόγοι），16世纪法国的杰出古典学家斯特芳（Henricus Stephanus，1531—1598）在1570年首次整理出版（取名为Διαλέξεις）。这篇文章用多里斯方言写成，据考订大约成于伯罗奔半岛战争期间，其内容让人想起普罗塔戈拉或希庇阿斯或高尔吉亚的主张，从而证实了柏拉图的如下说法并非无中生有：智术师的特征在于主张伦理的相对性。这篇文章刻意采用"辩证"方式，也就是两种对立的说法相互论辩的方式来论证伦理的相对性，其中举例说到，最佳的肃剧诗人和画家"通过制造与真实相似的东西让绝大多数常人信以为真"。[1]

由此可以得知，所谓"模仿"问题相当于我们如今所谓的意识形态问题，从而是个政治问题。近代以来的

---

[1] 英译本见 T. M. Robinson 编/译，*Contrasting Arguments: An Edition of the Dissoi Logoi*, New York: Arno Press, 1979。比较 Daniel Silvermintz, "The Double Arguments"，见 Patricia O'Grady 编，*The Sophists: An Introduction*，前揭，页147-151；Daniel Silvermintz, *Protagoras*, London: Bloomsbury, 2016, 第三章"普罗塔戈拉的秘密教诲"；波拉克斯，《古典希腊的智术师修辞》，前揭，页61—84。

文艺理论把"模仿"视为艺术"再现"问题（诗或绘画与其再现对象的关系），无异于把智术师用来说明如何制作意识形态时的举例当成了论题本身。

在柏拉图的《伊翁》中，苏格拉底与伊翁看起来是在讨论诵诗人如何再现原作，实际上涉及诵诗传统与城邦生活品质的关系。[1]由此我们才可以理解，在柏拉图的《王制》中，这个语词为何会成为一个关键词。

由于亚里士多德在这里列举诗作样式时首次提到"模仿"，我们很容易把他要讨论的"模仿"视为文艺理论或美学问题。我们必须意识到，事情并非如此。我们随后就会看到，亚里士多德讨论诗的"模仿"，仍然是以此为例探究城邦生活的品质。

### 探索"模仿"

亚里士多德接下来说：

> ［1447a16］不过，它们彼此之间在三方面有差别，要么赖以模仿的东西不同，要么［模仿］的东西不同，要么［模仿时］方式不同而非同一种方式。

前一句举出三种诗的主要样式，即叙事诗、戏剧

---

[1] 参见柏拉图，《伊翁》，王双洪译，上海：华东师范大学出版社，2008。

诗、合唱抒情诗。这里我们看到，如此列举的目的不是要探讨诗作的样式，而是通过辨析诗作样式探究何为"模仿"。

亚里士多德在前句说，"诗术"涉及所有样式的作诗，而作诗等于模仿。由此来看，他在下这个定义时的举例其实有问题，因为定义与例证并不完全吻合：并非所有样式的诗作都是模仿，有些合唱抒情诗就不是模仿。由此亚里士多德引出了这里以及随后的进一步区分："作"诗与诗作的区分。

通过下成问题的定义来呈现问题，是亚里士多德的老师的老师苏格拉底传授的探究方式，我们得慢慢熟悉这种热爱智慧的习惯，切莫把成问题的定义当成没有问题的定义。

在这里，亚里士多德通过下一个成问题的定义，尝试把"作"的行为从各种诗作样式中提取出来，或者说，把"作诗"的本质亦即所谓"诗术"从具体的"诗作"样式中提炼出来。如果我们不动脑筋把亚里士多德刚才下的定义当真，那么，我们就不可能进入亚里士多德要讨论的真实问题。

亚里士多德在这里提出，值得进一步区分作诗样式在三个方面的差异：赖以模仿的东西、模仿的对象和模仿的方式。

所谓赖以模仿的东西的差异，注疏家们一般理解为如今所谓模仿媒介的不同：同一个主题可以通过言辞（叙事诗）、形象表演（戏剧诗）和音乐来表达。所谓模仿对象的差异，指主题的自然类别划分不同，有点儿像如今我们说的题材差异。比如，文艺作品模仿好人（革命题材）或低劣的人（讽刺小品）或平常的人（家常剧），就显出模仿对象的差异。"文革"时期要求文艺作品的描写对象必须是"高、大、全"的人物，我们以为这是中国革命特有的产物，其实，美国的好莱坞同样有自己的"高、大、全"人物模式。无论如何，文艺作品的模仿对象的确能够反映政治共同体的德性。

模仿方式的差异大致相当于如今所谓艺术手法的不同。比如，叙事诗和戏剧诗都展现某个具体人物的言行。但在叙事诗中，我们见不到这个人物本身，只能凭自己的言辞印象在脑子里构拟诗中的人物。在戏剧诗中，我们则可以亲眼见到扮演者活灵活现的言行。

从字面上看，这句话预示了《诗术》头三章要讨论的主题：第1章讨论赖以模仿的东西如何不同，第2章讨论模仿的对象如何不同，第3章讨论模仿的方式如何不同。这里的重点词有两个："模仿"和"差异"。亚里士多德要我们注意到，各种诗作的样式在形式上有很大差异，但无论差异多大，模仿使得这些不同的诗作具有共同性质。

我们正在读第1章，因此接下来讨论的是第一种差异。但是，既然这里勾勒了前三章的论题，我们也得注意把前三章作为一个整体来读。《诗术》现存26章，每章篇幅很短，相当于如今我们的小节。如何给古典文本分章析句，是研读古典文本面临的大问题，中西方经学皆然——我们不妨想想《礼记·王制》或《春秋繁露》中的类似问题。显然，分章基于析句，没有对每章的具体论述有深入的理解，没法分章；但分章也基于对作者的总体意图的理解。《诗术》的分章问题，迄今还是开放性的。[1]

实际上，直到第5章，亚里士多德都在辨析诗作与模仿的关系，以至于我们可以给第1—5章冠以一个总题：作诗与模仿的同和异。但必须记住，亚里士多德通过列举诗作样式给"模仿"下定义时，实际上留下了一道缝隙：并非所有诗作都是"模仿"，有些合唱抒情诗不是"模仿"。从而，何谓"模仿"是个有待探讨的问题。

### 苏格拉底论模仿

从作诗所凭靠的媒介、对象和方式三个方面来分析

---

[1] 通常的分章是两分法：论作诗的本质（第1—5章）和论肃剧（第6—26章）。戴维斯的分法为三个部分，即从第19章断出第三部分——论"逻各斯"的部分（第19—26章）。笔者的分章与此近似，但不是从第19章而是从第23章断出第三部分。

模仿，不是亚里士多德的发明。柏拉图笔下的苏格拉底在《王制》第三卷中已经讨论过作诗与模仿的异同，既然亚里士多德是柏拉图的学生，我们就得先了解柏拉图的老师苏格拉底怎样谈这个问题。

按通常的故籍整理方式，注疏家仅需拈出《王制》第三卷中关于模仿的媒介、对象和方式的相关说法，给亚里士多德的说法作注就行了——比如詹瑛笺注《文心雕龙》的方式。可是，苏格拉底在《王制》卷三中是以对话方式讨论作诗与模仿的关系，除非细看这段对话的整体文意，我们没法拈出相关说法给亚里士多德作注。

苏格拉底谈论作诗与模仿的异同，承接他此前对荷马等传统诗人的批评：诗人说假话不为错，错的是假话编得不美好。因此，关于模仿与作诗的异同问题涉及故事怎样编织才算虚构得好。

首先，苏格拉底说，关于诸神和人世，什么应该讲、什么不应该讲，传统诗人统统搞错。换言之，在关于诸神和人世的重大问题上，传统诗人的描绘有大问题，甚至可以说犯有大错。这显然涉及的是关于模仿的对象或作诗的内容问题，苏格拉底说，要彻底搞清这样的问题，得先搞清楚比如正义是什么、正义对持守正义的人有何好处等等（《王制》392c）。于是，我们又得回想起，《王制》的讨论起因于关于何谓正义的纷争。可见，作诗的模仿问题并非源于文艺理论或美学问题，而是源于立法问题。如今的文艺理论家们对源初的政治问题并不感兴趣，却又对柏拉图作品中谈及诗的地方评头品足，的确很奇怪。

苏格拉底批评传统诗人在关于诸神和人世的重大问题上犯的大错，不仅涉及故事讲什么的问题，还涉及故事怎么讲的问题（《王制》392c7以下）。苏格拉底说，"讲故事的人或诗人"讲的不外乎过去已经发生、现在正在发生和将来会发生的事情。应该注意到，苏格拉底把诗人与讲故事的人分开，而且用了选择连词。我们得想一想，这究竟是在说作诗的模仿对象，还是在说作诗赖以模仿的东西呢？

随后，苏格拉底说，"他们说"故事要么用单纯叙述（ἁπλῇ διηγήσει），要么用模仿（διὰ μιμήσεως），或者两者混用。"他们说"的表达本来很含混，这个第三人称复数究竟指讲故事的人还是诗人，并不清楚。叙述与模仿在这里是用选择连词来连接，从而，单纯叙述与模仿有区别。但这意味着诗人说故事用单纯叙述，讲故事的人用模仿吗？诗人与讲故事的人可以分开吗？

单纯叙述与模仿的区别何在？苏格拉底举荷马叙述的例子来说明，区别的关键在于叙述的内容是"诗人自己在说（λέγει τε αὐτὸς ὁ ποιητής）"，抑或故事中的人物在说。《伊利亚特》大部分是故事中的人物在说，《奥德赛》显得从头到尾是故事中的人物在说。从而，诗人自己在说等于单纯叙述,故事中的人物在说等于模仿。因为,诗人让故事中的人物自己叙述时,等于让自己成了故事中的人物,模仿他的行为。但反过来看,故事中的人物又让作为叙述者的诗人消失或隐藏起来了。苏格拉底由此得出一个重要的说法:模仿的叙述无异于"诗人隐藏自己"($έαυτὸν ἀποκρύπτοιτο ὁ ποιητής$,《王制》393c9)。

苏格拉底马上现身说法,复述了一段荷马的叙事,但强调自己"不用格律"($ἄνευ μέτρου$),因为自己不是"诗艺人"($ποιητικός$)。必须注意到,"诗艺人"这个语词与前面说"诗人隐藏自己"的"诗人"($ποιητής$)不是同一个语词。苏格拉底强调了用"格律"叙述,意味着"诗艺人"指狭义的诗人,即用格律叙述的诗人,如今即便用"自由体"写诗,也属于这类诗人。"隐藏自己"的$ποιητής$ [诗人] 则是广义或语义含混的"诗人",即懂得和善于凭靠笔下人物来叙述的诗人。从语词构成来看,$ποιητής$ [诗人] 这个语词更接近动词"做"的原初含义。

苏格拉底把荷马讲的一段叙事重新讲了一遍,用的是散文("不用格律")。但是,我们应该想到:尽管荷马用了格律,他仍然是"诗人",而非仅仅是"诗艺人"。换言之,"诗人"与"诗艺人"的根本差别并非在于是否用格律,而在于是否叙事。我们不难理解,抒情诗人不叙事,没法让自己成为借笔下人物"隐藏自己"的"诗人"($ποιητής$)。

我们还得注意，苏格拉底在这里复述的荷马叙事的内容是什么：他复述的故事内容涉及阿伽门农与祭司的关系，或者说与敬拜诸神的关系。苏格拉底暗示，如果这个细节涉及阿伽门农不敬神明，那么，诗人无异于用模仿叙述隐藏了自己不敬城邦神明的真相。

苏格拉底由此区分了两种文体：单纯叙述的文体和更多对话的文体——模仿的叙事属于后者。如果在对话之间或对话与对话之间用单纯叙述来连接，那么，就可以说是两者兼有的混合文体。

接下来苏格拉底又进一步说，还有第三种文体：把"对话之间诗人写的部分"（*τὰ τοῦ ποιητοῦ τὰ μεταξὺ τῶν ῥήσεων*）拿掉，就成了肃剧文体——苏格拉底说，这当然也包括谐剧。然而，严格来讲，戏剧已经不再是一种单纯的文体，它也是舞台上的行为，得靠演员表演，从而算得上是纯粹的模仿。用我们所熟悉的例子：小说属于单纯叙述或更多对话的混合文体，一旦改编为话剧、电影或电视剧，就成了纯粹的模仿。

由此，苏格拉底得出三种作诗样式的划分：完全是诗人自己在说的样式，以酒神颂一类抒情诗为代表；完全是模仿的样式，以戏剧诗（肃剧和谐剧）为代表；两者兼有的样式，以荷马叙事诗为代表。我们马上会想到前面亚里士多德的列举，但苏格拉底却说，这仍然是关于讲什么的问题——我们看起来却是在说用什么形式讲的问题。

苏格拉底接下来问：我们的城邦会允许哪类样式的作诗呢？苏格拉底说，这个问题才是应该考虑的怎么讲的问题（《王者》394c以下）。这时我们必须回想起，这段关于作诗样式的话题，直接起因于怎样教育城邦卫士和调教这类人的血气的问题。

在接下来讨论应该用何种作诗样式时（《王制》394e），苏格拉底提出了一个问题，"我们的卫士应不应该做一个模仿者"。我们会对这个问题感到吃惊：城邦"卫士"（φύλακας）与"模仿者"（μιμητικούς）有什么相干啊！我们心目中的"模仿者"是文艺工作者哦！毋宁说，"模仿者"应该是"颠覆者"才符合激进民主政体的要求。

尽管如此，苏格拉底的这段关于模仿与作诗样式的关系的讨论让我们得以理解，文艺问题为何最终会涉及城邦允许模仿什么的问题。用政治哲学的行话来讲，这关涉城邦的正义。作诗首先涉及教育城邦卫士，而非民众。与前面苏格拉底在关于诗人应该讲什么时现身说法的举例联系起来，如果诗人渎神却直说，而非隐藏自己，那么，就给城邦卫士提供了坏的模仿对象。

苏格拉底说，我们的城邦卫士不可"模仿坏人"（《王制》395e）。若卫士模仿坏人，那一定是坏诗人教出来的：诗人首先是模仿者，城邦卫士是跟着学的二度模仿者（《王制》397a）。这样一来，模仿者这个词就有了不同的指称。

在讨论这两类模仿者的关系时，苏格拉底实际上已经提到第三类模仿者：城邦民。具体来说，就是工匠（鞋匠、舵工）、农夫、士兵、商人（397e）。虽然苏格拉底没有用模仿者来指称城邦百姓，但他们显然是另一类模仿者：普通的模仿者。因为，严格来讲，工、农、兵、学、商无一不是模仿者：跟师傅学，跟老农学，跟老兵学，跟老师学，跟老板学，跟白领学，凡此无不是模仿，学得到家的话，就会学什么成什么样子。

可以看到，政治共同体中实际上有三类模仿者：城邦民、诗人和城邦卫士。三者之间的关系同样是模仿关系，而且显得错综复杂。比如说，自由民主政体的公民模仿自己的欲望和快乐，诗人模仿公民的欲望和快乐，城邦卫士模仿诗人的欲望和快乐。这是自由民主政体中的模仿关系，但也仅仅是一种关系样式而已。不同的政体有不同的模仿关系，同一种政体中也有不同的多种模仿关系。

提出这些问题以后，苏格拉底说，他已经完成了音乐的有关言辞和故事部分（ τῆς μουσικῆς τὸ περὶ λόγους τε καὶ μύθους ）的讨论，再度回到诗的形式问题（398b7以下）。这话表明，所谓诗的形式指"关于诵唱方式和曲调［歌曲］"（ τὸ περὶ ᾠδῆς τρόπου καὶ μελῶν ）的形式，从而指回到传统诗人的作诗形式。曲调［歌曲］（ τὸ μέλος ）由三个组成部分：言辞、谐音、节奏（398d1：λόγου τε καὶ ἁρμονίας καὶ ῥυθμοῦ）。由此苏格拉底开始了新一轮关于作诗的讨论，我们接下来马上在《诗术》中就可看到，亚里士多德也提到了这三个要素。

总结苏格拉底在《王制》卷二至卷三讨论的所谓"诗术"问题，我们值得关注如下要点：首先，"诗术"问题是在探究何谓正义这一重大政治问题背景下出现的。更为具体地说，是在如何教育城邦卫士（如今称为"担纲者"）这一重大政治问题的框架中出现的。

第二，在进入诗术问题时，对话者由格劳孔变成了阿德曼托斯（《王制》367d 以下），到讨论"关于诵唱方式和歌曲"之类的形式问题时，对话者又转回到格劳孔（《王制》398c 以下）。

第三，模仿问题出现在这一大段讨论"诗术"的对话中间，在这里，诗人和城邦卫士出现重叠，都被称为模仿者，同时还暗示了原初的模仿者。

还值得提到，在《蒂迈欧》中（50c-d），柏拉图笔下的蒂迈欧谈到宇宙存在的样式（εἶδος）划分时，也说到模仿，对我们理解模仿者的三重指称非常有帮助，尤其是理解普通的模仿者。

蒂迈欧说，宇宙的存在样式有三类，第一类是理智性的而且永远依自同一的在者（νοητὸν καὶ ἀεὶ κατὰ ταὐτὰ ὄν），然后是这原本样式的摹本（μίμημα）。至于第三类，蒂迈欧说，他很难说清楚，姑且称为"生成的载体"（γενέσεως ὑποδοχήν），"有如养育者"（οἷον τιθήνην；49a）。

蒂迈欧试图说清楚，第三类有如养育者的生成载体究竟是什么样式。首先，这类存在处于不断的生成变化之中，用我们的话说，处在不断的生生灭灭之中。第二，这种存在虽然在生生灭灭的变化之中，自身仍然永远不变。因此，第三，如此生成变化的东西可以看作是不变的东西的摹本，即永远生存着的东西的摹本（τῶν ὄτων ἀεὶ μιμήματα；50c9–d1）。

我们可以举个例子来帮助自己理解这一极为抽象的说法。就个体而言，人不断地在生和在死，但作为类的人却永远生存着，而且是同一个存在。这就是柏拉图笔下的蒂迈欧对"摹本"（μιμήματα）的著名三重分析，他马上打了一个比方：三者的关系有如父亲加母亲，合二为一得到孩子。孩子是生出来的，长大变老后也会死，但每个孩子却是永远生存着的人的摹本。

## 模仿的政治含义

大致了解苏格拉底关于模仿的说法之后，我们理解亚里士多德在这里的说法就比较容易一些。不过，回到亚里士多德之前还需要提到，对于城邦卫士的看法，柏拉图与亚里士多德有所不同，据说这是所谓亚里士多德对老师的批判之一。既然模仿问题与教育城邦卫士有关，那么，师徒两人关于城邦卫士的分歧难免会影响到模仿问题。

按照一种说法，在柏拉图看来，完美的政治需要完整的知识，但完整的知识实际上不可能，因而完美的政治也不可能，因此，苏格拉底远离实际政治。但在亚里士多德看来，不完整的知识也能够引导政治行动，因为不可能有完整的政治行动。[1] 所以，亚里士多德的学问并不远离政治，而是意识到政治知识自身的局限，在引导实际政治时懂得分寸和持守中道。

如果亚里士多德与老师有这样的分歧，那么，这显然会牵涉对模仿和作诗的看法。然而，情形是否确实如此，尚需要我们另外花费功夫去辨识。在眼下的课堂上，我们不可能澄清这样的问题，否则会牵扯到太多柏拉图作品的细节。前面两个例子表明，一旦涉及柏拉图作品的细节，就会遇上绝非三言两语能说清楚的情形。

《诗术》牵扯到柏拉图说法的地方太多，我们在阅读时不得不有所限制，不可能处处对勘并细究柏拉图的说法，否则会陷入考据式索隐。[2] 比如亚里士多德在《诗术》中接下来说：

---

[1] 比较《政治学》1269a11–12；《伦理学》1141b4–23；1143a33–34。
[2] 详参哈利维尔的列表，见 Stephen Halliwell, *Aristotle's Poetics*，前揭，页331–336。

[1447a18]正如有些人用颜色和用形姿来制造形象,[1]模仿许多东西——有些[20]凭靠技艺,[2]有些凭靠习性,另一些人则凭靠声音来模仿;同样,如上面提到的那些技艺,都以节奏、言辞、谐音来模仿,不过要么单用,要么混用。[3]

亚里士多德进一步区分了两类模仿赖以凭靠的东西:要么用颜色和外形,要么凭靠声音。亚里士多德似乎建议区分可见形象的模仿和不可见形象(声音)的模仿(比如器乐曲,无标题音乐)。显然,这意味着依据人的两种基本感觉方式(视觉和听觉)来区分模仿的样式。

在《论睡眠》中,亚里士多德对人的感觉方式作过静观:视觉和听觉是两种最基本的感知官能,虽然人还有其他感觉方式,比如味觉、触觉,而且"所有感觉都具有某种共同的能力"即感觉能力(455a15-20)。但在

---

[1] 用"色彩和形姿"摹仿,比较《王制》373b5以下,601a2;《法义》668e2以下,669a1。
[2] 关于视觉艺术,比较《伊翁》532及以下;《高尔吉亚》450c 9以下;《法义》669a1。关于诗,比较《会饮》223d5;《法义》719c5(但需要注意《伊翁》533e及以下对"技艺"的否定,以及《斐德若》245a处说到其缺陷)。关于一般摹仿,比较《王制》601d1以下,《克拉提洛斯》423d8以下,《智术师》219a-b,《法义》667c 9及以下。
[3] 诗与视觉摹仿的对比,比较《王制》373b,377e,596c及以下;《克拉提洛斯》423d;《政治家》288c,306d;《法义》669a。

这里，亚里士多德的说法显得并非同等看重视觉感知和听觉感知。在说到可见的模仿时，他没有直说诉诸视觉凭靠什么，而是用了插入语："有些凭靠技艺，有些凭靠习性。"这话似乎在分别说明（用了关联副词 μὲν ... δὲ），"有些人用颜色（χρώμασι）和用外形（σχήμασι）"模仿："凭靠技艺"显得对应用颜色，"凭靠习性"则对应外形。但在说到后一种模仿时，亚里士多德直接用了"凭靠声音"（διὰ τῆς φωνῆς）。

声音可以与颜色和外形平行对举吗？《形而上学》说到，形状、颜色、声音是范畴上不同的东西的质料样式，不同的质料诉诸人的不同感知官能。[1] 但是在这里，"凭靠声音"与凭靠技艺和习性对举，从范畴上讲明显不相称，逻辑上有问题，尽管亚里士多德用插入语的形式来表达，使得对举的位置多少有差异。

不仅如此，我们还应该感到奇怪：当说到用颜色和外形模仿时，亚里士多德为什么特别补充说要么"凭靠技艺"要么"凭靠习性"？技艺不是普遍的东西吗？难道凭靠声音来模仿就不需要技艺？再说，所谓"习性"在这里又指什么呢？德文本把这个语词译作 Übung［练习］，似乎这类诗作技艺需要练习才能习得。即便如此，"习性"不也是普遍的东西吗？不用说，音乐以及其他艺

---

[1] 参见《形而上学》1057a27，比较《后分析篇》97b35。

术技艺非常需要练习的习性——所谓"三天不摸手艺生"。

总之,这句说法绝非清晰明白,反倒显得故意含混,如果我们不可能设想亚里士多德脑子跟我们一样缺乏明晰的话。

我们已经见过"技艺"这个语词的两次复合用法:开篇的"诗术"一词实际上是"制作的技艺",省略"技艺"一词。随后提到的"酒神颂制作术"同样省略"技艺"一词,也是复合用法。"习性"($συνήθεια$ = consuetudo)这个语词则还有亲昵甚至两性交合的含义,与"技艺"连用就是"习性技艺"。但这会指什么呢?

也许可以设想,从术词的样式来看,"习性术"可以与"诗术"对举。倘若如此,"既凭靠技艺也凭靠习性"像是在暗示"模仿"的习性。

我们还可以设想,如果回到"习性"这个语词的原初含义之一,即两性交合的含义,那么,这一含义的结果会是什么呢?怀上孩子、然后生下孩子。孩子生下来后,人们最先看而且最喜欢看什么呢?人们会最好奇这孩子什么地方生得像父亲或母亲。如果我们这时想起前面提到的蒂迈欧关于三重"摹本"的比喻,那么我们可以说,生孩子就是一种模仿的习性。

当然,生孩子这种模仿行为作为习性并非意味着,孩子作为生产出来的模仿品是刻意为之。至少在20世纪之前,世人生孩子绝大多数是无意得之。凡习性而为的事情，一旦也"凭靠技艺"来做，就是有意而为，即带有某种明确的目的。比如，为了生男孩，或为了生天才般的孩子，这无异于制作孩子。换言之，世人生孩子本来并非是技艺化地生孩子，而仅仅是一种自然习性。计划生育以后才刻意地甚至技艺化地生孩子，古希腊人或中国古人都不计划生育。由此可以理解，蒂迈欧说个体人不断地在生和在死，但作为类的人永远生存着，而且是同一个存在。可以说，出于习性的模仿是原初的模仿。如果说城邦民是模仿者，那么，他们模仿的对象是自己本身。

孩子生出来后，虽然会从小变大变老然后死，却是永远生存着的人的摹本。如果更为一般地来理解"习性"，那么，一个人过一生也可以称为一种习性的模仿。一般而言，人活一辈子是习性使然，并不刻意为了什么。常人的一生是习性的无意结果，而非刻意所为的技艺化结果。即便说一个人的一生是自己做出来的成品，也是习性式模仿的结果，即模仿过去千秋万代芸芸众生的一生。芸芸众生制作自己的一生时，并不是有意为之，而是习性使然。但如果谁的人生变成了技艺性的模仿人生，那么，"凭靠习性"隐含的意思就成了刻意所为：这样的一生是有目的地制作而成的成品。显然，谁要让自己的一生是刻意制作而成的成品，就需要刻意地模仿——需要模仿的技艺。

亚里士多德在《政治学》卷三谈到共同体由多数常人"做主人"(κύριον εἶναι)好还是少数优秀的人"做主人"好时,曾以"音乐作品和诗作"(τὰ τῆς μουσικῆς ἔργα καὶ τὰ τῶν ποιητῶν)为例,我们可以视为以诗艺的模仿为例(《政治学》1281a40-b15)。多数常人"做主人"即民主政体,亚里士多德说,有人认为,这种政体的好处在于,"德性"和"明智"总会散见于某个常人身上。常人尽管并非个个是贤良之士(σπουδαῖος ἀνήρ [高尚之士]),但聚集在一起,其感觉能力就可能优于少数优秀的人。亚里士多德说,这种看法虽然有某种困难,却也不无道理。比如说,"多数人对音乐作品和诗作的评判(κρίνουσιν)会更好",因为常人中这人懂一点儿、那人懂一点儿,加在一起等于全懂。

现代的民主政治理论家很喜欢引用这段说法,以此证明亚里士多德支持民主政体,全然不顾这段说辞的调侃意味,尤其是无视紧接下来的转折说法:

> 但是,贤良之士中人与多数人中的每一个人有差异,恰如人们说,美的东西胜于不美的东西,凭靠技艺画出来的东西胜过实际的东西(τὰ γεγραμμένα διὰ τέχνης τῶν ἀληθινῶν),因为分散的东西被集于一身(τὰ διεσπαρμένα χωρὶς εἰς ἕν),尽管分散时,这个特别之人的眼睛和某人的其他某个部分可能会比画中的

[眼睛或其他部分]更美。(《政治学》1281b10–15)

显而易见,由"但是"(ἀλλά)引导的这句话同样以举例方式反驳了前一句的观点:贤良之士之所以杰出,在于他集更多个别德性于一身。亚里士多德评价常人与贤良之士的标准完全不同:评价常人的标准是"懂"音乐作品或诗作的某一部分,贤良之士则有如音乐作品或诗作本身。这意味着,贤良之士的人生有如凭靠诗艺做成的作品。如果说亚里士多德的学问中有美学,那么,这就是他的美学观,而且是贤良政治的美学观。

由此我们可以得到启发,《诗术》中的"有些凭靠技艺,有些凭靠习性"这个插入语很可能暗示,人生模仿有两种基本样式:诗艺性的模仿人生是美的人生,习性式的模仿人生是实际的人生。不用说,美的人生胜过实际的人生。我们在两类人身上可以见到诗艺性的模仿人生:历史上或现实生活中的优秀人物,再就是叙事诗或戏剧诗中的人物——所谓戏剧人生。

有人可能会说,这是不是过度诠释啊?完全有可能。不过,用亚里士多德自己来诠释亚里士多德,即便过度诠释,也会放心些,因为这毕竟不是凭我们可以从现代的某种理论那里学来的东西去诠释亚里士多德。

我们面临的实际困难在于:如何理解亚里士多德的字面含义。上面的例子表明,最稳妥的方式还是对勘亚里士多德的相关说法。比如,按照上面的说法,笔者推断亚里士多德会认为,历史上或现实生活中的优秀人物的人生是诗艺性的模仿人生。亚里士多德在随后反驳政治平等的主张时再次以诗艺的模仿为例,可以证实这一推断:

> 因为,簧管手的技艺相同,簧管的益处($\pi\lambda\varepsilon o\nu\varepsilon\xi i\alpha\nu$)当然不应给出身较高贵的簧管手,毕竟,他们演奏簧管并不更佳;吹管乐器的拔尖理应给予干这行的佼佼者。如果所说的还不清楚的话,那么,对引导者们来说,[下面]这点会更为明了。倘若有谁在簧管术($\tau\grave{\eta}\nu\ \alpha\dot{\upsilon}\lambda\eta\tau\iota\kappa\acute{\eta}\nu$)方面胜人一筹,但在高贵出身或漂亮方面欠缺多多,即便这每一项——我指高贵出身和漂亮——的好处比簧管术多得多,而且[高贵出身和漂亮]超过簧管术的程度远大于[那人]在簧管术方面超过[高贵出身和漂亮的程度],尽管如此,仍应把出类拔萃的簧管给他。因为,[簧管术方面的]这种拔尖会促进[簧管演奏]这个行当,财富和高贵出身[对这行当]则会无所促进。(《政治学》1282b32–1283a2)

亚里士多德两次拿"高贵出身和漂亮"与技艺的"拔尖"($\dot{\upsilon}\pi\varepsilon\rho o\chi\acute{\eta}\nu$)对比,最后又不动声色地用"财富"

（πλούτου）替换了"漂亮"（τὸ κάλλος）。可见，亚里士多德行文的确神出鬼没，而且，他心目中的贤良政体，确实不是所谓贵族政体。

说完这段话后，亚里士多德接下来没有说"但是"，而是说"按照这番道理"（κατά γε τοῦτον τὸν λόγον）应该如何进一步换算人身上的德性。亚里士多德以音乐"技艺"为例突显人身上的"卓越"让我们看到，某些"卓越"来自技艺性模仿（即通过训练得来），而非与生俱来或来自习性式的模仿。

连续两个例子还让我们看到，亚里士多德在谈到政治问题的要害时，喜欢以音乐或诗作为例，因为他把"学习城邦［政治］的事物"与"学习美和正义的事物"勾连起来——反之亦然。我们不妨回想《伦理学》开篇的那句话：

> 要想学习美和正义的事物，也就是学习城邦［政治］的事物，必须从种种习性开始才可取得成效。（《伦理学》1095b3-5）

这里出现的"习性"一词让我们会对眼下在《诗术》中碰到的"习性"一词产生一种特别的感觉。同时，《伦理学》开头的第一个语词是"技艺"，现在我们正在努力进入对作诗技艺的认识。既然亚里士多德在谈到政治问题时会想到音乐或诗作,他在思考作诗技艺的问题时,想必也会想到政治问题。倘若如此,我们就值得设想,从字面上看,《诗术》一上来虽然是在说诗作的形式问题,背后恐怕还有政治哲学的问题。若以这种读法贯穿始终,我们得到的收获可能会大大超出预期。

回到这里的"模仿许多东西——有些凭靠技艺,有些凭靠习性,另一些人则凭靠声音来模仿",两类"凭靠"不对称非常明显。"技艺"和"习性"与"声音"不是相同范畴,怎么能相提并论?不仅如此,"技艺"和"习性"也不对称,不是相同范畴。这个奇怪的表述把我们的注意力引向了深层含义:技艺的模仿与习性的模仿有差异。如此不对称与字面上的不对称刚好对衬。

"声音"其实是模仿的方式,而非模仿凭借的媒介;毕竟,声音(说话或唱歌)已经是一种模仿,声响才不是。声音之所以为声音,乃因为有东西要说出来(即便表达快乐和苦痛的叫喊)。从而,仅在转义上,"声音"才可与颜色和外形相提并论。

随后的"同样,如上面提到的那些技艺",指前面提到的叙事诗、戏剧诗、合唱抒情诗等等诸样式。现在亚里士多德说,它们都是"技艺",与插入语中的"技艺"和"习性"的对举连起来看,无异于说这些技艺都是技艺式模仿,有别于习性式模仿。毕竟,"都以节奏、言辞、谐音($ἐν\ ῥυθμῷ\ καὶ\ λόγῳ\ καὶ\ ἁρμονίᾳ$)来模仿",刚好可以对应叙事诗、戏剧诗和合唱抒情诗三种样式。

所谓"节奏"在《诗术》中主要用于舞蹈，指相同动作在相同时间内的重复次数。但节奏也可以抽象化为有规则的律动，这也是音乐的关键要素，若与言辞相配，就体现为格律［音步］（metre）。节奏加言辞成格律，谐音加舞蹈成音乐。《诗术》涉及肃剧时从来没有提到舞蹈，因为肃剧中的音乐离不开舞蹈。Choreutes［歌队］既是歌唱者也是舞者，Choreia是和歌的舞蹈。[1] 当然，不能反过来说，舞蹈离不开音乐，只能说舞蹈离不开节奏。

"谐音"的希腊语原文与今天音乐理论中的"和声"是同一个词，或者说英文的"和声"转写自这个希腊文。亚里士多德在《问题集》中说过，这个语词不是指"和弦"（chords），而是指"乐曲"（tunes）。显然，这不是指简单的乐曲，而是指多音部乐曲，即相反的东西在其中同时或有序地出现（《问题集》919b33）。[2]

在《论灵魂》中亚里士多德也说过，"谐音是各相反

---

[1] 比较柏拉图，《法义》654b；亚里士多德，《问题集》901b2。
[2] 比较理查生，《调式及其和声法》，杨与石译，上海：万叶书店，1953；马西森，《希腊音乐理论》，见克里斯坦森编，《剑桥西方音乐理论发展史》，任达敏译，上海：上海音乐出版社，2011，页81—102。现代音乐的和声其实也不是指"和弦"，而是织体式律动。和声学研究各种和弦的构成及其相互关系，与曲调分不开。比较吴式锴，《和声艺术发展史》，上海：上海音乐出版社，2004。

者的结合"——关于灵魂的性质有种种说法,最可信的说法是灵魂即某种谐音,这种看法已经得到公众意见的赞许(407b31)。

这里提到了三种模仿要素,亚里士多德为什么不是说,要么单用其中两种,要么兼用三种,而是要么单用,要么混用?如果与"有些凭靠技艺,有些凭靠习性"连起来看,那么,情形会怎样呢?我们可以设想,叙事诗和戏剧诗兼用技艺式的模仿和习性式的模仿的程度要高得多,合唱抒情诗更像是单用一种,即技艺式模仿。倘若如此,亚里士多德随后更多讨论叙事诗和戏剧诗,意味着他更看重包含习性式模仿的诗作。

随后,亚里士多德进一步谈到了音乐和舞蹈,也就是苏格拉底在《王制》卷三谈诗术的最后一个方面时说的诵唱方式和歌曲。然后,亚里士多德又转向了"仅仅用单纯言辞作成的作品"($\dot{\eta}$ δὲ ἐποποιία μόνον τοῖς λόγοις ψιλοῖς),这让我们想起苏格拉底曾区分"诵唱的言辞与言说的言辞"($\ddot{q}$δομέμου λόγου πρὸς τὸ ἐν τοῖς αὐτοῖς ... λέγεσθαι,《王制》398d2)。由此可见,亚里士多德与苏格拉底有共同的音乐知识背景。

说到舞蹈时,亚里士多德第一次说到与模仿对象相关的三个关键词:

[1447a26] 由此来讲,仅用谐音和节奏的是簧

管术和基塔拉琴术,包括其他任何涉及类似作用的[技艺]如吹排簧管术;舞术则凭自身用节奏,不用谐音——因为舞者通过动姿的节奏模仿性情、感受和行为。[1]

舞术(*ἡ τῶν ὀρχηστῶν*)的用法强调了"术",正如前面的吹排簧管术(*ἡ τῶν συρίγγων*)也强调了"术"。舞术不用谐音,因为不能用相反的动姿——亚里士多德在其自然学课程中说过:"被给予的东西应有相反面,但形状却无相反面。"(《论天》307b8)所谓"通过动姿的节奏"(*διὰ τῶν σχηματιζομένων ῥυθμῶν*)意味着,音乐舞蹈同样有模仿性质。

这里的最后一句作为"模仿"的宾语共有三个语词,揭示了模仿对象的不同样式:"模仿性情、感受[情感]和行为"(*μιμοῦνται καὶ ἤθη καὶ πάθη καὶ πράξεις*)。这三个与模仿相关的关键词的顺序可以顺着理解,也值得反过来理解。顺着看意味着:"性情"是行为的源头,经过"感受"而呈现为"行为"。反过来看则可理解为:人的"行为"经由"感受"追溯到"性情",即性情决定感受,感受支配行为。马戈琉斯把"性情"译作"道德品

---

[1] 舞蹈的摹仿,比较柏拉图《法义》655d,798d9尤其814e及以下;摹仿方面术语的匮乏,参见柏拉图《智术师》267d。

质"(moral qualities),尽管他的译本意译的地方过多,这一译法还是可取。

在下一章我们会看到,亚里士多德进一步说,所有艺术其实都模仿人的行为,在行为中起作用的是性情。其实,性情—行为的连接已经很清楚了,为什么中间还要插入"感受[情感]"?[1]由此可见,亚里士多德虽然在论述,但随时也在抛出让人困惑的东西。

### 诗人与模仿者

基于前面的简要分析,亚里士多德进一步说:

> [1447b9] 因此,我们甚至兴许没法用一个共同的名称来称呼索福戎和克塞那耳科斯的拟剧和苏格拉底的言辞;即便有人用短长格或诉歌格或任何其他诸如此类的格律来模仿,其作品也没有共同名称。

前面说的都是诗作的形式,现在说到诗人。亚里士多德首先提到索福戎和克塞纳尔科斯,说他们的"拟

---

[1] 这个语词的希腊语原文的含义很多:马戈琉斯译作 emotion,弗尔曼译作 Leiden,哈迪译作 passion,戴维斯在 experiencing、undergoing 和 suffering 中选择了最后一个,其依据可能是,仅仅在分析肃剧时,这一概念的意义才凸显出来(参见第 11 章最后一节)。

剧"（μίμους）与"苏格拉底的言辞"（Σωκρατικούς λόγους）"没法用一个共同的名称来称呼"（ὀνομάσαι κοινόν）。我们应该问：为什么亚里士多德首先提到他们？显然，亚里士多德要表明，诗作样式的本质特征是模仿，而非守格律。mimos［拟剧］与"模仿"（mimesis）是同源词，这种文体虽不守格律，却称得上诗作，因为凡诗作都是模仿。

用今天的话来说，西西里的索福戎是个搞笑拟剧作家，克塞那耳科斯是他儿子，也写拟剧，以对话体散文模仿日常生活中的男男女女，但分男人拟剧和女人拟剧，相当于如今的小品。在《王制》中，苏格拉底曾说："观赏了男人的戏剧（ἀνδρεῖον δρᾶμα）之后，我们应该再来观赏女人的戏剧。"（451c2-3）注疏家通常认为，这指的就是索福戎父子的拟剧。

据说柏拉图非常喜欢这类拟剧，似乎他写作苏格拉底对话是在模仿拟剧。[1] 倘若如此，"索福戎和克塞那耳科斯的拟剧"与"苏格拉底的言辞"对举，无异于索福戎与柏拉图对举：索福戎是拟剧诗人，柏拉图也是这样的诗人。

然而，亚里士多德毕竟说的是"苏格拉底的言辞"，

---

[1] 据说，柏拉图从西西里返回雅典时，随身带着索福戎的作品，参见《名哲言行录》3.18；昆体良，《修辞术原理》1.10.17。

若指柏拉图的以苏格拉底为主角的拟剧,就应该称为"苏格拉底对话"——如今的好些译者就这样译。也许,"苏格拉底言辞"在当时就是"苏格拉底对话"的习惯称呼(迄今注疏家们大多如此认为)。但也许亚里士多德故意含糊其词或玩儿词呢?"玩"不是戏耍,古汉语的意思是"探究"。

这里的 λόγους[言辞]至少可能有三个含义。首先,"苏格拉底言辞"指关于苏格拉底的对话体作品。其次指苏格拉底的故事,因为在阿提卡方言中,λόγους[言辞/说法]有时与 μύθος[故事]没差别。罗马皇帝奥勒留统治时期(公元161—180)有个著名的希腊文史家叫阿特奈俄斯(Athenaeus),他在其《哲人们的餐桌》(*Deipnosophistae*)中提到(11.112[505c]),亚里士多德在《论诗人》中说:

> 我们不是主张,苏格拉底对话之前的索福戎的全然非格律的拟剧是故事[logoi]和模仿吗?[1]

还有第三个我们熟悉的含义:"苏格拉底言辞"指热爱智慧的言辞。倘若如此,μίμους[拟剧]与 λόγους 对举,

---

[1] Naucratis Athenaeus, *The Deipnosophists, or, Banquet of the Learned of Athenæus*, C. D. Yonge 校勘/英译, London, 1854 / 2013(影印本)。关于阿特奈俄斯,参见 D. Braund / J. Wilkins 编, *Athenaeus and His World: Reading Greek Culture in the Roman Empire*, University of Exeter Press, 2000。

就凸显了言辞的伦理品质差异。至于苏格拉底这样的高尚之士何以也会模仿"拟剧"这类搞笑作品的言辞,我们应该想起柏拉图的《法义》中雅典客人的如下说法:谁如果想要获得明智的判断力,就既要懂得事物高尚的一面,也要懂得其可笑的一面,只有通过事物的对立面才能完整地理解一个事物(《法义》816d)。

亚里士多德的说法并没有忽略"苏格拉底的言辞"与索福戎的拟剧的实质差异,虽然两者在形式上相同,都是散文体作品。如此差异显然涉及模仿行为的伦理品质:即便搞笑也有高贵与低俗之分。

无论如何,如今的我们很难找到一个现代语词与 λόγος 对应。即便在同一个文本中,比如在《诗术》中,我们也没法让这个语词有一个统一译法。亚里士多德为何在这个语词上含糊其词,最好作为一个问题悬在脑海中,让它引领我们对《诗术》的阅读。毕竟,亚里士多德与苏格拉底的关系非同一般。

通常认为,柏拉图的苏格拉底对话作品更多模仿阿里斯托芬的谐剧。从性质上讲,谐剧也算是拟剧,不同之处在于,谐剧言辞守格律,并非散文体。换言之,亚里士多德让索福戎的拟剧与柏拉图的对话作品对举,意在表明两者在形式上更近,都不是韵文体。这意味着强调,作诗的本质在于模仿,而模仿没法通过诗作的技艺形式来界定。毕竟,前面说所有样式的诗艺都是模仿,

但有些诗艺之作不能叫模仿,而有些模仿之作又不带格律。因此他继续说道:

> [1447b14] 然而,联系到用格律制作时,人们就称一些为诉歌诗人,称另一些为叙事诗人,但称他们为诗人不是因为模仿,而是因为他们共通采用格律。[1] 所以,即便他们以格律出版了关于医学或自然的东西,人们习惯上也把这叫作凭靠格律。可是,荷马与恩培多克勒除了都用格律,并无共同之处。由此,称前者为诗人是对的,至于后者,与其称为诗人,不如称为自然论说者。同样,即便有人曾混合所有格律来制作模仿,就像凯瑞蒙制作《马人》那样,凭靠种种格律制作混合的叙事谣曲,人们也得称他为诗人。

可以看到,亚里士多德要让"模仿"与诗作形式分离,这意味着不能从诗艺形式来界定"模仿":无论是外在形式(如赖以模仿的媒介),还是内在形式(如格律)。如果凭靠"用格律制作"($τῷ\ μέτρῳ\ τὸ\ ποιεῖν$)来界

---

[1] 诗不受限于格律(metre):有时候柏拉图似乎持论相反,尤其《高尔吉亚》502c;《斐德诺》258d;《王制》393d 8;《法义》811d 2 以下,811e2-4。但在《法义》810b,柏拉图允许"诗"包括一些散文体作品。

定 ποιητὰς［诗人］，那么同样会遇到困难："荷马与恩培多克勒除了都用格律，并无共同之处。"这样一来，我们只能把 ποιητὰς 一词译作"模仿者"而非"诗人"，除非我们把"诗人"理解为模仿者。

如果我们以为这里仅仅是在讨论诗作的形式——注释家大多如此以为，就搞错了。前面一句对举索福戎与苏格拉底，现在亚里士多德又对举荷马与恩培多克勒这个苏格拉底之前的自然论说者（τὸν δὲ φυσιολόγον），并把这位著名自然哲人的知识与医术知识归为一类。"关于医术或自然的东西"（ἰατρικὸν ἤ φυσικὸν）用的是选择连词，似乎两者可以相互替换。直到今天，医学仍然属于自然科学：英文的 physician［内科医生］由拉丁文的"自然学家"转写而来。

在《关于马基雅维里的思考》中，施特劳斯玩过这个词的双关语义。他说，马基雅维里的知识有两个来源，一个来自"医生们"（physicians），一个来自他自己，然后又说，马基雅维里作为一个哲人应该如何如何。[1] 这里的 physicians 其实暗指自然学家，换言之，马基雅维里的教诲以某种自然学即"关于此世的知识"为基础。

在《会饮》讲疏中，施特劳斯说：

---

[1] 施特劳斯，《关于马基雅维里的思考》，申彤译，南京：译林出版社，2003，页14。

阿里斯托芬跟厄里克希马库斯换了位置，这意味着俩人某种程度上可以互换。厄里克希马库斯是个医生，是个自然学家（physicist）；而阿里斯托芬后来也被证明是个古希腊文意义上的 physiologist［论说自然者］，一个自然的研习者，但他的自然研究却导向了自然的等级制。[1]

亚里士多德的这段说法提到五位历史人物，索福戎与苏格拉底对举，荷马与恩培多克勒对举，从修辞格上讲，带有交错配置意味。一方面，恩培多克勒虽然用格律文体表达自然知识，不能算模仿；苏格拉底的言辞（无论柏拉图写的对话还是苏格拉底本人的一生）虽然不用格律，却是模仿。另一方面，索福戎的拟剧与苏格拉底的言辞在形式上相同，却并无共同之处，荷马与恩培多克勒都采用格律来表达，也无共同之处。

这种修辞手法具有一种逻辑推论的作用，亚里士多德由此引出结论："制作模仿"（ποιοῖτο τὴν μίμησιν）才可称为"诗人"。这个结论仍然采用举例来表达，亚里士多德提到公元前 4 世纪中期的肃剧诗人凯瑞蒙（Χαιρήμων），因为他的剧作仅供诵唱，并不由演员演出。所谓叙事谣

---

[1] 施特劳斯，《论柏拉图的会饮》，邱立波译，北京：华夏出版社，2011，页 98。

曲（ῥαψῳδίαν）通常指荷马叙事诗中供诵唱表演的部分，在柏拉图的《伊翁》中可以看到，伊翁就是这类专业诵唱者。

## 言辞与模仿

亚里士多德似乎在暗示，苏格拉底的言辞与荷马的叙事诗反倒有共同之处，尽管一个用格律，一个不用格律。显然，这个共同之处就在于模仿，而且是高贵的模仿，与索福戎父子低俗的模仿形成对照。

简单来讲，亚里士多德做了两类区分。首先，高人的言辞分两种——模仿的和非模仿的言辞，这与是否用格律不相干：荷马和苏格拉底与恩培多克勒的差异显明了这种区分。第二，模仿的言辞也分两种——高贵的和低俗的，这也与是否用格律不相干：荷马和苏格拉底与索福戎父子的差异显明了这种区分。

但是，无论索福戎和苏格拉底还是荷马和恩培多克勒的制作，都离不了言辞。从而，亚里士多德的这些区分都基于言辞。

[1447b23] 关于这些东西，现在就以如此方式来区分吧。因为，有些使用所有前面提到的东西，我所说的是诸如节奏、曲调和格律，譬如酒神颂制作、歌曲制作，以及肃剧和谐剧。不过，它们的不

同在于，有些同时使用所有的那些东西，有些则分别使用那些东西。在我所说的各种技艺中，模仿时的差别就这些。

我们应该记得，前面列举的三种形式要素是"节奏、言辞、谐音"，而现在列举的三要素变成了"节奏、曲调和格律"（ῥυθμῷ καὶ μέλει καὶ μέτρῳ）。唯有"节奏"是前一次列举中提到的，没有再提到"言辞"和"谐音"，取而代之的是"曲调"和"格律"，似乎言辞化入了"曲调"和"格律"。亚里士多德还用了强调语式："我所说的是"（λέγω δὲ），似乎提示现在的列举与前面的列举不同。

在紧接着的具体列举中，亚里士多德提到"酒神颂制作、歌曲制作，以及肃剧和谐剧"。我们应该注意到，这时亚里士多德又用"歌曲制作"（ἡ τῶν νόμων）代替了 μέλει [曲调]。"歌曲"（νόμων）这个语词的动词词源义为"划分"，衍生而来的名词有两义：按格律（划分）的歌曲（含言辞和曲调）和习传的律例或习规（如今统称为法律）。[1] 换言之，"歌曲制作"也可以读作"法律制作"，这种读法显得与酒神颂制作以及肃剧/谐剧制作的列举更协调。

---

[1] 比较施米特，《大地的法》，刘毅等译，上海：上海人民出版社，2017，页33—39。

亚里士多德再次用了强调语式"我所说的是",如此频密地两次用到这种语式,恐怕不是偶然。第1章显得是以如下强调收尾:诗艺模仿的决定性特征在于节奏。节奏的基本特征是规定时间内的重复动作,其要素说到底是时间,这意味着,作诗赖以模仿的东西确切地说是时间中的践行。

所谓诗艺的模仿是在一个规定时间之内并在这个时间过程之中一节一节地呈现的行为。如果与前面的舞蹈"模仿性情、感受、行为"这一说法结合起来看,那么,我们也可以说,每个人的一生都体现为,自己的性情在规定的生命时间过程中一节一节地呈现,或者说,每个人的一生就是出自其性情的行为律动。从而,技艺式模仿与习性式模仿有一种对应关系。

如果把"格律"理解为行为品格的呈现,那么,"节奏、曲调和格律"就可以理解为:每个人的人生都是属己的有限生命时间由特定的调式〔法律〕塑造出来的一系列行为〔格律〕,由此做成一个作品。情形是否如此,需要我们读完《诗术》才能知晓。即便如此,这一推测至少能接上亚里士多德在《伦理学》结尾和《政治学》结尾的论述线索。

言辞在这里消失了,难道言辞不重要?恰恰相反,言辞太重要。但在这里,亚里士多德首先强调模仿的行为性质。我们通常说,看一个人要听其言、观其行,这意味着言辞与行为各自独立。但亚里士多德在这里让言辞融入行为，包含在行为之中。毕竟，模仿作为人的行为，必然以言辞为基础。

因此，亚里士多德在这里提到两类热爱智慧者，恐怕不是偶然。恩培多克勒的言辞用格律，但不是模仿，苏格拉底的言辞不用格律却是模仿，两者都表达智识之见。也许可以说，恩培多克勒的智识之见关涉自然，因此无须模仿。苏格拉底的智识之见关涉人世，不可能不是模仿。换言之，作诗（模仿）与论说的区分，就是城邦［政治］的热爱智慧［哲学］与非政治的热爱智慧［哲学］的区分。

第 1 章到此结束，最终，从诗作的形式方面入手，我们没法找到作诗的共同之处。这无异于说，前面的论析归于失败。

我们已经能够体会到，亚里士多德的论述方式与我们如今熟悉的说理方式不同，表述并不明晰直白，而是曲里拐弯。言辞模棱两可，列举不对称，前后列举不同，甚至有暗示性说法，凡此都不过是以作诗方式探讨何谓诗术。

我们不得不问：诗术的模仿性质究竟该怎样得到界定？我们带着这个疑问进入第 2 章。

## 二　模仿与行为的伦理品质

文学写作有品质高低之分，但如何评价写作的品质高低，向来是一大难题。举个晚近的例子：张爱玲在现代中国文学史上本来并无地位，属于低俗文人。经美国的华侨学者夏志清重新评价后，张爱玲便成了现代文学史上的一流作家。

这类翻案之举在文学史研究中并不鲜见，人们围绕作家的具体评价争论不休，却少有人关注评价原则本身。其实，在没有搞清楚应该凭靠什么尺度来评价文学作品的品质差异之前，我们很难就具体评价取得一致意见。正如人们若没有就何谓好人达成共识，也就不可能就评判某个具体的人物是否是好人达成一致。

《诗术》开篇就提出，作诗的本质是模仿，"要么赖以模仿的东西不同，要么［模仿］的东西不同，要么［模仿时］方式不同。"看来，我们若要辨识作诗的品质差异，应该从这三个方面着眼。

可是，第1章看起来是在说赖以模仿的各种形式要素，其实是在说，形式要素没法区分诗（模仿）与非诗（非模仿）。由此我们也可以说，仅仅从形式要素方面着眼，无法辨识作品的好坏优劣。

这并非意味着，亚里士多德不看重形式技艺（如绘画技艺、音乐技艺、文学技艺）方面的优劣。前面提到，亚里士多德在《政治学》中反驳政治平等的主张时（1282b32–1283a2），曾以吹奏簧管术为例提出，形式技艺方面的"拔尖"本身就是一种德性，而且具有自主的意义，与高贵出身和漂亮不可同日而语。因此，在实际政治中，各种德性如何"换算"，的确是个棘手问题。

现在亚里士多德要探究的是模仿本身，而非某种模仿赖以凭靠的形式技艺。毕竟，文字功夫好绝不等于是"好诗人"。接下来的第 2 章和第 3 章讨论作诗模仿的对象如何不同，我们看看是否能获得评断作诗优劣的标准。

### 三种模仿者的区分

第 2 章篇幅很短，亚里士多德一上来就说：

> [1448a1] 既然模仿者模仿行为着的人，既然这些人必然要么高尚，要么低俗——性情几乎总是随这些而来，因为每个人的性情都在劣性和德性上见出差别，那么，模仿者模仿的那些［行为者］与我们相比要么更好、要么更坏，要么像我们如此这般，就像画家那样（ὥσπερ οἱ γραφεῖς）。因为，波吕格诺托斯描画（εἴκαζεν）更好的人，而鲍松描画更差的人，狄俄尼西俄斯则描画一样的人（ὁμοίους）。

亚里士多德在第 1 章中已经说过，性情、感受和行为是诗艺模仿的对象。这里出现的关键词"行为者"和"性情"重复了前面的说法，唯有"感受"没有重复。

"性情"的希腊文原文（ἦθος）在现代西文中仍以

ethos的转写形式沿用至今,通常译作"气质"或"伦理"。其实,希腊文原文的含义较多,中译不得不根据文脉用多个语词来对译,不可能死守一个译法。这个语词的基本含义是"居住地",引申出的第一个含义是"习性/习惯",再引申为"性情/性格"。[1]最著名的用法见于赫拉克利特的名言:"一个人的性情($ἦθος$)就是自己的命相精灵。"用我们的俗话来说:性格就是命运。

亚里士多德在《修辞学》第2章曾探讨过人的各种"性情"($τὰ\ ἤθη$),以及"打造/造就"($ποῖοι$)人的性情的"情感/感受、品质、年龄和机运"等要素(1388a30-1390b10)。从而,ethos的确有"伦理"的含义,这意味着人的性情有品质上的差异,或者说,依性情的品质差异形成的上下/高低/优劣秩序就是所谓伦理。一个人若模仿比自己高的、"更好的"($κρείττους$)性情品质,那么,这个人就算得上"有伦理品质"($ἠθικός$)。反之,若模仿比自己低的、"更差的"($χείρους$)性情品质,那么,这个人就缺乏伦理品质:"有伦理品质"意味着首先得承认人的性情品质有高低和优劣之分。

亚里士多德在这里一方面说,"性情几乎总是随"要么模仿高尚要么模仿低俗而来;另一方面又说:"每个人的性情都在劣性和德性上见出差别。"这让我们搞

---

[1] 比较柏拉图,《法义》792e;亚里士多德,《伦理学》1139a。

不清楚,人的性情的优劣究竟是学来(模仿来)的,还是天生决定的,从而好人才会模仿好人,坏人只会模仿坏人。

《伦理学》中说到"打造/造就"人的性情的要素有四种:"情感/感受、品质、年龄和机运。"在《诗术》中,"情感/感受"(τὰ πάθη)和"品质"(τὰς ἕξεις)也算得上关键词,这两种要素都显得是天生的。但我们千万不可小看"机运"(τάς τύχας)的力量,毕竟,人的"性情"的形成,受后天各种"机运"的影响太大,以至于可以说性情也是一种习性的结果。

在现代西方语文中,ethos 也经常被译成 character [性格]。其实,与 character 对应的希腊文是 χαρακτήρ,原初含义是压印而成的模样(比如人的面相)。亚里士多德的师弟忒奥弗拉斯图写的《人物素描》的原文书名直译的话当为"伦理品质印记"(Ἠθικοὶ χαρακτῆρες)。据说,这部书首次让 χαρακτήρ 转意为人的性情特征的描状词,即一个人为人处世的性情模样:性情是人的"行为举止的种子"。[1]换言之,通过 ἠθικοί [伦理品质]这个语词,忒奥弗拉斯图含括了性情与天性、习惯和教化的复杂关系。

我们多少有些诧异:《诗术》第 2 章开头的这个句子

---

[1] 比较 G. D. Kapsalis, *Die Typik der Situation in den Charakteren Theophrasts und ihre Rezeption in der neugriechischen Literatur*, Bochum, 1982。

像是在谈伦理学而非诗术，因为，作诗与行为者的高尚或低俗有什么相干？

亚里士多德随即以画家为例，说明模仿对象在伦理品质上有高低之分。他提到三位画家：波吕格诺托斯（*Πολύγνωτος*）是公元前5世纪的雅典名画家，活跃期大约在公元前475年至公元前447年间，题材多为古代神话传说中的英雄人物。显然，这位画家的模仿对象是高尚的人。鲍松（*Παύσων*）是漫画家，狄俄尼西俄斯（*Διονύσιος*）则是给普通人画肖像的画家，都不太有名，生平年代无从查考，但很可能与波吕格诺托斯同时代。鲍松的模仿对象是低俗的人，狄俄尼西俄斯的模仿对象是与他一样的平常人，由此看来，模仿对象的伦理品质有高—中—低三种样式，而性情品质的高低秩序就是伦理。

如果我们认真读过《政治学》，那么，我们应该记得，亚里士多德在第八卷谈到青年教育时曾说：

> 就观看伦理感受的差异而言，年轻人不应该观看（*θεωρεῖν*）鲍松的作品，而应该看波吕格诺托斯或其他画家和雕塑家的作品，只要他们的描画有伦理品质。（《政治学》1340a35-38）

亚里士多德仅提到高低两类画家，没有提到中间的平常样式。因为，亚里士多德在这里谈论的主题是音乐与绘画在表达人的性情上的差异（《政治学》1340a12-39）。他说，音乐会带来"灵魂的心志感发"（τάς ψυχὰς ἐνθουσιαστικάς），这种心志感发是一种"涉及灵魂的伦理感受"（περὶ τὴν ψυχήν ἤθους πάθος）。因为，"当人们听到模仿的［声音］时，即使没有节奏和曲调，谁都会生发同感"（συμπαθεῖς）。所谓"听到模仿的［声音］"（ἀκροώμενοι τῶν μιμήσεων）指听各种音乐形式的表演。因此，亚里士多德说，"曲调中就有性情的模仿品"（μιμήματα τῶν ἠθῶν）。

这里两次提到"模仿"，又提到画家波吕格诺托斯和鲍松，与我们在《诗术》头两章读到的话题若合符节：《诗术》第1章主要谈论与音乐相关的各种艺术形式。由此看来，《政治学》第八卷的确堪称《诗术》引论。我们不妨读读下面这段论述：

> 既然音乐明显是一种愉快（ἠδέων），从而有正确地喜乐以及爱和恨的德性，那么，明摆着没有比这更要紧的事情：必须学习和养成正确判断的习惯，学习和养成以正直情操和美好/高贵行为为乐的习惯。在节奏和曲调中，往往有与实际天性相似的东西，诸如愤怒、温良乃至勇敢、节制以及所有与此相反的性情和其他相似性情。出于这些［性情的］作用，显而易见，我们在听到节奏和曲调时，灵魂会经历转变。在相似的东西中养成的痛苦和喜乐的

习惯，几乎与面对实物时［的痛苦和喜乐］是同一种［感受］方式。（1340a14-24）

接下来亚里士多德就讨论到"摹像"（τὴν εἰκόνα），以及凭靠节奏和曲调的音乐方式与凭靠形姿和颜色的绘画方式模仿性情时的差异。形姿和颜色随性情感受而来，有如"性情感受中的印花"（ἐπίσημα ἐν τοῖς πάθεσιν），而非性情感受本身。因此，节奏和曲调与性情感受的相似更为直接。

这段说法堪称亚里士多德论"模仿"的经典段落，值得细嚼。虽然是在谈音乐与绘画的形式差异，亚里士多德明显更关注这两种艺术在模仿性情时的差异。因此，他提到痛苦和喜乐、爱和恨之类的基本人性情感，然后提到"愤怒、温良乃至勇敢、节制"之类的伦理德性。尤其值得注意，所有这些他都称为人的"实际天性"（τὰς ἀληθινὰς φύσεις）。诗艺作品无不是对这些"实际天性"的模仿，从而是"与实际天性相似的东西"（ὁμοιώματα）。人们在感受诗艺作品时，"与面对实物"（πρὸς τὴν ἀλήθειαν）时是"同一种［感受］方式"。这无异于说，感受［欣赏］艺术作品也是一种模仿。

按此说法就得区分三种模仿者：首先，每个世人的行为无不是在模仿自己的性情，这可称之为本能式模仿。第二，艺术家或诗人的技艺式模仿，其模仿对象与本能式的模仿一样，有明显的伦理差异：要么高尚，要么低俗。第三，通过感受技艺式模仿学会有伦理品质的模仿，即"养成以正直情操（τοῖς ἐπιεικέσιν ἤθεσι）和美好/高贵行为（ταῖς καλαῖς πράξεσιν）为乐的习惯"。

严格来讲，第三种模仿者与第一种模仿者一样是常人，差别在于，亚里士多德强调，当他们还是青少年时，应该学会有伦理品质的模仿。换言之，如果常人在年轻时通过艺术家或诗人的技艺式模仿让自己的灵魂经历转变，那么，他们的人生就会是一种有伦理品质的模仿，城邦生活就会富有德性。因此亚里士多德说，年轻人"必须学习和养成正确判断（τὸ κρίνειν ὀρθῶς）的习惯"。

亚里士多德两次用到"正确"这个副词，绝非偶然：年轻人应该学会"正确地喜乐以及爱和恨"（τὸ χαίρειν ὀρθῶς καὶ φιλεῖν καὶ μισεῖν），这基于学习和养成正确判断何谓正确地喜乐以及爱和恨的习惯。

据说，现代文明讲"自然权利"，古典文明讲"自然正确"。现在我们看到，所谓的"自然正确"并非是自然而然的，而是通过学习养成的［正确的生活］习惯（συνεθίζεσθαι），而非依自己的偶然天性而生活，甚至宣称自己的偶然性情有"自然权利"。用亚里士多德的说法，自然正确的生活习惯是"灵魂经历转变"（μεταβάλλομεν τὴν ψυχήν）的结果。

问题就来了：倘若诗人和艺术家的模仿行为本身低

俗，那么，年轻人就会学习模仿低俗，城邦的德性就会败坏。因此，亚里士多德在结束这段论述时颇为严厉地说，"年轻人不应该观看鲍松的作品，而应该看波吕格诺托斯或其他画家和雕塑家的作品"，因为他们的技艺性模仿"有伦理品质"。

波吕格诺托斯和鲍松代表两种模仿者，伦理品质一高一低。在《诗术》中，亚里士多德加上了狄俄尼西俄斯的模仿，其伦理品质与市民一样。张爱玲的性情大概算是这类样式，当她被小说评论家说成一流作家，我们的年轻人会学习和养成什么样的性情习惯呢？

张爱玲从流俗作家被说成一流作家，是由于夏志清的"判断"。因此，问题又在于：夏志清年轻时是如何"学习和养成正确判断的习惯"的呢？他的老师们是谁？八成要么是现代的诗人或作家，要么是康德那样的现代哲人的学生。无论如何，我们都只能从有技艺性模仿才能〔德性〕的人那里"学习和养成正确判断的习惯"。从而，辨识这些人中谁真正有正确的见识就是首要的问题，而且是相当难的问题。

这个问题在《诗术》第1章就出现了：索福戏与柏拉图都是拟剧模仿者，其伦理品质谁高谁低一目了然；荷马与凯瑞蒙都是叙事诗模仿者，两者的伦理品质谁高谁低，也不难判定。但要判定荷马与柏拉图的伦理品质谁高谁低，就太难了。荷马的诗艺性模仿太伟大、太崇高，据古典学家尼采说，他"损耗着每一位跟他行走在同一条道上的人"，而"亚里士多德曾以宏伟的风格开列过一份这种敌对竞赛的清单"。[1]

这种竞赛仅见于古典的文明状态，如今，诗艺性模仿者竞赛谁更流俗。

### 模仿者的灵魂品质高低

对观《政治学》第八卷中的上面那段论述与《诗术》第2章的开篇，我们不难发现差不多在说同一回事，但《诗术》中的说法明显简要得多，似乎《政治学》中已经说过的无须再多说。

那么，《诗术》中要说而《政治学》中没说的是什么呢？亚里士多德在《政治学》中主要说到如何教育青年，没有讨论诗艺性模仿者的模仿，而《诗术》第2章一开始就说："模仿者模仿（οἱ μιμούμενοι μιμοῦνται）行为着的人。"这话重叠用了两次"模仿"，显得累赘，再不然就是在模仿高尔吉亚式的修辞。为了有所区别，有的西文译本（如哈迪法译本）把"模仿"译为 représentent [再现]。宾语"行为着的人"（πράττοντας）与下一分句的"这些人"（τούτους）都是宾格，显然有连带关系，表明作为模仿者的诗人与被模仿者即诗作中的人物有一种非常

---

[1] 尼采，《荷马的竞赛》，韩王韦译，上海：上海人民出版社，2018，页161。

内在的关系。

被模仿者的性情"必然"有高低之分,似乎模仿者(即诗人)的性情只会是高的。其实,诗艺模仿者的性情同样有高低之分:作诗的模仿也可能是低的性情模仿低的性情,如鲍松,或相同层次的性情模仿"一样"的性情,如狄俄尼西俄斯。作为模仿者的诗人与被模仿的诗中人物都是行为者,凡行为都有伦理品质的高低之分,或高或低取决于行为者的性情品格,是一个人的性情使然。

诗艺模仿者的性情高低之分,同样取决于诗艺模仿者的性情德性。对我们来说,这应该是常识,除非我们从未读过《文心雕龙》中的"体性篇"。亚里士多德的观点是:模仿本身就是一种行为,反过来说,就性质而言,行为着的人本身的行为就是模仿,或者说"行为着的人"是生活中的模仿者。从而,"模仿者模仿行为着的人"也可以读作"行为着的人模仿行为着的人",或者"模仿者模仿模仿者"。换言之,模仿者与被模仿者的关系颇为复杂。

由此来看,第一个分句的"模仿者模仿"意味深长,不可用"再现"一类说法代替动词"模仿",宁可死译。毕竟,"要么高尚,要么低俗"不仅可以用在被模仿者身上,同样可以用在诗艺模仿者身上。高的模仿低的可以装样子,低的模仿高的就很难,因为受制于性情品质的限定。莱辛就说过,我们很难模仿莎士比亚,因为莎士比亚的性情品质太高。

"要么高尚,要么低俗"——高尚和低俗虽然都是伦理语汇,在《诗术》中却非常重要。就希腊语原文而言,这两个语词的含义都有好些,没法用一个现代语词来对应。σπουδαίους 多译作"严肃",但在这里与 φαύλους [低俗] 对举,值得译作"高尚"。[1]

重要的是,这两个语词有如由高至低或由低至高的两个刻度,其间还可以划分出诸多细小的伦理品质,有如自然音阶中的变化半音。毕竟,人的性情品质差异极其细微,亚里士多德在《伦理学》和《修辞学》中讨论过这些差异,《伦理学》中的讨论还显得由低向高推移。

然而,一个人的性情是不可见的,唯有通过其行为才可见。所以,亚里士多德没有说模仿性情,而是说"模仿行为着的人"。

诗艺模仿者也如此:诗人/作家/艺术家的性情高低同样是看不见的,只能通过其作诗行为才见出其性情。作家张爱玲的性情品质如何,本来是不可见的,但她的小说让其性情表露无遗。不可见的诗术本身只有通过具体的诗术样式本身才可见,同样,只有通过可见的作诗

---

[1] 戴维斯本分别译作 stature 和 inferior,哈迪本分别译作 mérite 和 médiocres,施密特本分别译作 ausgebildete Anlage 和 vernachlässigte Anlage;弗尔曼本译作 gut 和 schlecht,不够及义。

样式才能见出诗人的性情。因此，性情的隐与显可以看作诗术本身与诗术样式的关系：诗人/作家/艺术家的模仿行为本身才显出其性情的不可见之隐。用刘勰的言辞来说：

> 情动而言形，理发而文见，盖沿隐以至显，因内而符外者也。(《文心雕龙·体性》)

"每个人的性情都在劣性和德性上见出差别"——这话不难理解，但认识劣性与德性的标准是什么呢？

亚里士多德说"与我们相比"（$\varkappa\alpha\vartheta'\,\eta\mu\tilde{\alpha}\varsigma$），似乎"我们"是衡量尺度。于是，在模仿者与"行为着的人"之外，又出现了一个名之为"我们"的第三者。这个"我们"有别于模仿者（诗人）和"行为着的人"（诗中的人物），是观看模仿品（文学作品）的人。

但"我们"自己不也是行为着的人吗？

倘若如此，观看被模仿的行为着的人（作品中的人物），无异于观看我们自己。不仅如此，模仿者也是"我们"中的一员，或者说来自"我们"之中。倘若如此，诗人模仿行为着的人也就可以读作"我们模仿我们"。

说到底，这个"我们"非常含混，唯一清楚的是："我们"都是行为着的人。从而，亚里士多德的说法突出的是行为本身。

既然这里涉及伦理问题,那么就不妨设想,所谓"我们"是否有可能喻指政治共同体。因为,亚里士多德说"与我们相比",无异于说作诗的模仿具有政治含义,而"政治"对亚里士多德来说,当然意味着要区分好坏对错高低伦理。

所谓"人天生是政治的动物"的著名说法,可以支撑这一设想。"政治"的原初含义是城邦,也就是某一政治共同体。与我们对城邦(如今叫作"国家")的理解不同,在亚里士多德那里,城邦意味着决定了好坏对错高低的生活方式,而非不论好坏对错高低的所谓自由伦理的民主政体。

雅典的自由民主派一定会反驳说:我们有对错之分啊,我们反专制、挣自由、要平等(比较欧里庇得斯,《乞援女》,行 429–441;亚里士多德,《政治学》,1310a25–35)。对于亚里士多德来说,这个并不难反驳:有了选举的民主制或有了自由和平等,好坏对错高低的德性区分是否跟着就也解决了呢?如果没有的话,那便表明民主政体或一般而言的政体问题并不能澄清生活方式的德性区分问题,毋宁说,政体的选择取决于预先搞清生活方式的德性区分。

问题来了:"我们"怎么知道"我们"中的哪些行为好或坏或"如此这般"?一旦提出这个问题,作诗与城邦的关系就变得明朗起来:作诗与城邦的德性相关。恰恰得通过"模仿者模仿行为着的人","我们"才得知哪些行为好或坏或"如此这般"。所以,柏拉图《法义》中的雅典客人说,诗中人物的伦理差异应该要比现实中的人更为鲜明才好(《法义》659c)。

"与我们相比"的好或坏或"如此这般",基于"我们"的行为被诗人模仿,好坏的比较基于"我们"的伦理品质具有可比性。但"我们"往往通过观看文学作品所模仿的或好或坏或"如此这般"的性情行为,我们才可能看到自己的性情样式。比如,今天通过看电视剧或电影中的模仿,我们才知道"我们"自身有或好或坏或"如此这般"的伦理差异,因为"我们"自身就有值得或不值得被模仿的问题。

最后一个比较分句说,"正如画家( ὥσπερ οἱ γραφεῖς )所为",这话显然承接前面提到的三种伦理品质的画家。在绘画中,行动是凝固的、静态的,从而有如一面镜子。由于"我们"的含混来自政治生活或政治共同体自身的伦理含混,"我们"通过观看诗作模仿的行为(样式)来得知这个人物的(不可见的)性情,最终得到的是伦理的自我认识。

## 澄清"我们"的含混

然而,"我们"要获得自我认知,首先还得知道什么叫作"劣性和德性"( κακίᾳ καὶ ἀρετῇ )。如何理解这两个术词,成为理解这段说法的关键。但在这里,亚里士多德并没有具体解释何谓"劣性和德性"。在《伦理学》中,亚里士多德对这两个术词有自己的说法,要理解《诗术》中的这段说法,我们得对观《伦理学》。

关于"劣性"的说法,见于《伦理学》卷七开头(1145a15-33)。亚里士多德说,理智德性体现为远离三种性情,首先是远离"劣性"。这个语词的含义包含的幅度很宽泛,从人性的缺点、弱点到品德败坏甚至邪恶。[1] 随后两个需要远离的性情是 ἀκρασία [缺乏自制] 和 θηριότης [兽性],在三种需要远离的性情中,缺乏自制处于中间位置。

自制的对立面是缺乏自制,兽性的对立面是神样的德性。但"自制"作为德性算伦理德性还是理智德性,其实很含混。因为,与兽性及其对立面一样,自制与缺乏自制属于灵魂学的分析范畴。同样,亚里士多德说,"劣性"的对立面是"德性",而这里的"德性"的含义也属于灵魂学范畴,不仅指某种人的优长或能力,更是指伦理品质的优良。

因此,亚里士多德说,"兽性"的对立面是"超出我们的德性,某种英雄般的和神样的德性"(ἡρωικήν τινα καὶ

---

[1] 苗力田译本译作"邪恶",廖申白译本译作"恶",都显得有些过。戴维斯本和哈迪本译作 vice,施密特本译作 schlechte Verfassung,弗尔曼本译作 Schlechtigkeit。

θείαν)。亚里士多德随之举了荷马笔下的例子：普利阿摩斯说，赫克托耳具有神样的品质。这里的"超出我们的德性"（τὴν ὑπὲρ ἡμᾶς ἀρετήν）的表达式让我们应该想到，是否与我们在《诗术》中感到难以把握的"我们"有关联。

所谓"超出我们"，亚里士多德说，意味着"出离世人"（ἐξ ἀνθρώπων），诸神显然都"出离世人"。反过来看，"兽性"的人的劣性就是连世人都不及。这里的要点在于，兽性及其对立面"神样的人"都不属于"世人"。由此我们可以得知，"劣性"和"德性"都是属人的伦理品质。

野兽和诸神都没有劣性或德性可言，尽管人们用"兽性"一词谴责超乎世人的劣性。亚里士多德随后说到"兽性式的东西"（τὰς θηριώδεις），并解释为人的病态或变态性情：病态的坏与兽性的坏（ἡ μὲν θηριώδης ἡ δὲ νοσηματώδης）是一回事。这类性情本身不是"属人的"（κατὰ τὴν ἀνθρωπίνην），因为这类人没法自制由偶然的性情导致的恶行（1148b15–1149a20）。

显然，城邦对这类人必须采取严厉制裁措施，不能指望把他们教育成具有"自制"能力的人。在如今的自由民主观点看来，任何严厉的制裁都是"法西斯行径"，似乎"兽性式的"性情经过启蒙教育真的可以进步。

现在清楚了：《诗术》中的"与我们相比"就是与"世人"相比。固然，"世人"一词同样含混，从高尚到低俗，中间有很多层次不同的伦理等级。然而，通过观看被模仿者，"我们"被分解了："与我们相比"或好或坏或"如此这般"，无异于说通过观看诗作，我们开始知道"我们"自己可以分为好人、坏人或不好不坏的人。

"我们"本来不可见，或者说"我们"看不见"我们"自己，但通过观看模仿（文学作品），"我们"变得可见，"我们"看见了"我们"自己。诗人的模仿使得"我们"从"行为着的人"一时成为观看者，与自身一时拉开距离，从而使得自我认识得以可能：认识自己的行为是好或坏得以可能。

按亚里士多德的说法，"我们"的观看所得有三种情形：除了"与我们相比更好或更坏"（βελτίονας ἢ χείρονας），还有像我们"如此这般"（καὶ τοιούτους）。常人大多"如此这般"，"更好或更坏"是向两极延伸。比我们更好或更坏，不仅体现为行为本身，也体现为行为方式：同样一件事，一般人这样做，有人偏偏那样做，从而显出好或坏。

那样做而不这样做，基于选择，选择才让人显出伦理品质的高低。作诗要模仿更好或更坏的伦理品质，从行为的选择中见出伦理品质的高低，就得对伦理品质的高低有所把握，亦即有能力区分高尚与低俗。

因此，模仿者自己的伦理品质必须很高，否则不可能见出常人中的伦理品质差异。"我们"的行为意识能否获得自我意识，区分更好或更坏，取决于诗艺模仿者的伦理品质的高低。这样一来，诗人与哲人的伦理品质谁高谁低的问题，就显得很重要。

看来，亚里士多德在第1章就提到荷马和苏格拉底，的确并非信笔所致。亚里士多德在《伦理学》中比较兽性与神样时曾举例说，从荷马诗作中能看到"神样的品质"，可见荷马的心性很高。在《诗术》这里，亚里士多德随后就说到，荷马诗作模仿的行为着的人"更好"，克勒俄丰模仿的就与我们"一样"（1448a12-13）。

我们已经看到，《诗术》第2章看似要讨论作诗的模仿对象，主要说到被模仿者的行为，实际却牵扯出诗人的伦理品质的高低问题。作诗本身就是一种伦理行为，这种行为也有或好或坏、或高尚或低俗之分。从而，所谓的"我们"又无异于指作为诗艺模仿者的"我们"。

亚里士多德讲授"诗术"，目的不是探究审美趣味，而是探究如何确立政治正确，这是涉及立法术的基本问题。换言之，我们值得设想，亚里士多德所说的诗艺模仿者是否具有双重含义，亦即"诗人"也暗指立法者？毕竟，对于老派的雅典人来说，荷马和赫西俄德当然是立法者。只不过，由于民主政治的出现，新的立法冲动也随之在"我们"中出现。

倘若如此，我们就应该问：今天热衷于立法的智识人关切模仿的伦理品质问题吗？

### 诗艺形式的伦理品质

接下来亚里士多德列举了八位诗人，包含叙事诗人、戏剧诗人和抒情诗人三类，具体比较了他们所模仿的行为着的人的伦理品质高低，然后得出结论说：

> ［1448a7］显然，前面提到的模仿，每一种都有这些差别，每一种都会以这种方式模仿不同的对象而各有不同……［1448a16］就这些差异而言，肃剧与谐剧相去甚远，谐剧意愿模仿比眼下更坏的人，肃剧意愿模仿比眼下更好的人。

在第1章里，亚里士多德提到多种诗艺形式，在这一章里，亚里士多德不仅再度提到舞蹈、抒情诗、散文等等诗艺形式，还加上了绘画。与此同时，亚里士多德把戏剧诗从各种诗艺的模仿样式中提取出来，这是为什么呢？

性情是看不见的，即便在戏剧中，不可见的性情也没法直接让我们看见，就像绘画那样，并不直接呈现性情。肃剧和谐剧的共同之处在于：它们都不直接模仿不可见的（性情），而是模仿行为中的人。换言之，戏剧直接模仿行为中的人，而非像叙事作品那样，可以通过叙述者的言辞来揭示行为者的性情，从而，戏剧中的行为带有含混性，这更为切近我们的"如此这般"。

无论如何，亚里士多德从谈论诗作的模仿对象转向谈论模仿者即诗人本身，使得诗的模仿对象与模仿样式问题合二为一。诗作的各种样式（叙事诗、戏剧诗、抒情诗）不仅是形式上的差异，也是伦理品质上的差异。行为着的人"必然要么高尚，要么低俗"，诗作样式同样如此。这意味着，有的诗艺形式本身就具有高尚的品质，有的则仅适合模仿低俗。直到今天，我们仍然很难设想女性担任相声演员，因为相声这种样式本身趋近低俗的性情。

在第 2 章结尾时，亚里士多德仅仅提到谐剧与肃剧，因为，肃剧和谐剧的模仿不模仿"我们"中的"如此这般"，而是模仿"我们"中的两个极端：要么更好，要么更坏。因此，亚里士多德仅仅提到谐剧与肃剧，无异于切割了"像我们如此这般"的行为，使得"我们"中的更好或更坏的行为凸显出来。

在说到谐剧和肃剧的模仿时，亚里士多德用了情态动词"意愿"（βούλεται），因为，更好或更坏的行为基于支配行为的意愿，或者说，使得行为更好或更坏的最终是意愿：选择好或坏的意愿。"肃剧与谐剧相去甚远"，意味着更好与更坏相去甚远，如此对举凸显了伦理的选择或抉择，非常切近"我们"的实际生活（充满抉择）。

亚里士多德关于诗的模仿对象的论述，本身就像是在模仿人的在世情状（生活中的抉择）。由此可以说，亚里士多德是在以作诗的方式即模仿的方式论述何谓诗的模仿。

《诗术》第1章一开始就提出,诗术的本质是模仿。通过第2章,我们更清楚地看到,模仿是人类行为的基本特征,无论我们做什么,所有的行为都是模仿性的。如果作诗的性质就是模仿,那么,反过来也可以说,人的行为本质上具有作诗的性质。如果人是诗性的人这一说法成立,端赖于模仿的概念。

亚里士多德在这里总结"前面提到的每一种模仿"的差别时,首先提到舞蹈,然后以肃剧和谐剧结尾。这让我们应该想起,在柏拉图的《法义》中,雅典客人有一大段关于城邦文艺政策的著名说法(814e-817d)。在那里,雅典客人同样从舞蹈说起,以肃剧结尾,这段说法的要义恰恰涉及诗艺的伦理品质的高低之分。同样重要的是,这段关于文艺的说法与城邦的立法问题密不可分,甚至可以说就是一回事。

柏拉图笔下的雅典客人说——实际上是苏格拉底说,舞蹈是人体动作艺术,这门艺术可以使整个人体得到锻炼。但人们不能因此认为,只要跳舞就好,因为舞蹈也必须分正派的和不体面的两类。正派的舞蹈模仿体面的人们的动作,给人的视觉效果庄严;不正派的舞蹈模仿不文雅的行为,动作低俗。

正派的舞蹈又可进一步分为战舞与和舞两种:战舞

模仿战斗中的勇敢战士的强健体格和高尚品性；和舞模仿繁荣的城邦中享受适度欢乐的性情温和的人，展示受过良好法制教育的人应有的姿态。战舞与和舞模仿的是城邦性情的两个极端类型，因此都属于城邦舞蹈。

随后，雅典客人提到两种传统舞蹈，首先是与战舞对应的"酒神舞"。雅典客人明确认为，应该禁绝这类舞蹈，因为它模仿喝得醉醺醺毫无节制的人。立法者不能让这种舞蹈混入城邦舞蹈，而且不能因为这不是自己的分内事而不闻不问。

另一种传统舞蹈与缪斯女神相关，即纪念众神和众神儿女的舞蹈，与城邦和舞对应。雅典客人认为，这种舞蹈可以用来表达健康的情绪，比如人在摆脱烦恼和危险后进入幸福状态时所感觉到的热烈欢乐，或有人好运不断时感觉到的平静欢乐。

接下来，雅典客人谈到了舞蹈动作与人的性情的直接关系：快乐越多，人体动作就越轻快，但有节制的欢乐，动作较不轻快。性情温和，举动就显得经过深思熟虑；胆小鬼的行动比较粗野，表情比较激烈。然后，雅典客人又把人体姿势与说话乃至舞蹈与歌唱联系起来：有节制的欢乐会把歌词与舞蹈动作配合得天衣无缝，这得靠真正的音乐家。

雅典客人转而说到立法，这意味着，舞蹈不是私事，而是城邦秩序的一部分。立法者应该懂得让舞蹈与别的音乐要素结合起来,并确定哪种舞蹈适合哪类节日和哪种祭献。这意味着,城邦的立法者应该规定,城邦公民应该用怎样的方式享受怎样的欢乐。我们应该想起,亚里士多德在《政治学》中也说过,应该让年轻人学会"正确地喜乐以及爱和恨的德性"。

雅典客人还谈到表现丑陋身体和灵魂的演员,即用对话、唱歌、跳舞等表演产生滑稽效果的所谓谐剧演员。雅典客人特别提到,谐剧对想获得明智判断力的人来说颇为重要。因为,他若想要懂得人世中高尚的一面,就不能不了解可笑的一面。尽管如此,立法者必须清楚,高尚的伦理品质只会与严肃相关,不会与滑稽相关。因此,雅典客人认为,最好让外邦来的奴隶和雇佣当谐剧演员,禁止本邦公民从事这种模仿技艺。

接下来就到了那个著名段落,即现代学人经常因此而指责柏拉图的段落,说他要把诗人逐出城邦。我们将看到,这种指责纯属造谣。

雅典客人以城邦卫士的姿态——或者说像舞台上的演员一样扮演成城邦卫士——说:如果有外邦的肃剧诗人来我们这里并问我们,他们可不可以带自己的作品到我们的城邦来演出,那么,我们会这样回答:

> 我们自己就是诗人,有能力制作最美且最优秀的肃剧。而且,我们的整个政体就是模仿最美和最优

秀的生活方式建立起来的,至少,我们认为,这种生活方式实实在在是最为真实的肃剧。你们是诗人,我们也是同样事物($τῶν αὐτῶν$)的诗人。在最美的戏剧方面,我们是你们的竞技者和竞争对手,只有真正的礼法才能让这一演出自然天成地达至完满。(《法义》817b2–c1)

这段宣称让我们看到:第一,城邦卫士绝没有不讲道理地要把诗人逐出城邦,反倒说"我们自己就是诗人"。第二,雅典客人把政体比作肃剧,把肃剧诗人比作立法者。同样,雅典客人把外邦来的肃剧诗人也视为立法者,并且明确意识到外邦来的肃剧诗人带来的作品可能会败坏"我们的整个政体"的生活方式。

第三,雅典客人颇为自豪地说,"我们的整个政体就是模仿($μίμησις$)最美和最优秀的生活方式建立起来的"。言下之意,"我们"作为立法者区分好坏美丑优劣,"你们"作为立法者却不问好坏美丑优劣,只讲个人权利和言论自由。因为,雅典客人有把握说,"在最美的戏剧方面"($τοῦ καλλίστου δράματος$),"我们是你们的竞技者和竞争对手"。

由此可以理解,雅典客人接下来显得以城邦卫士的姿态强硬地宣称:

> 所以,你们别指望我们会轻易允许你们来我

们这里,在市场上搭起戏台子,让你们演员的甜嗓子压倒我们的演员;别指望我们允许你们对我们的孩子们、妇女们乃至整个合众发表公民演说($δημηγορεῖν$),虽然就生活习惯方面($ἐπιτηδευμάτων$)而言,你们与我们说的是同样的事情,但与我们说的多有不同,而且绝大部分相反。(《法义》817c1-9)

这段宣称让我们看到,雅典客人扮演的城邦卫士充分意识到自己的政治职责:保护自己的城邦公民不会被教坏。"整个合众"($πάντα\ ὄχλον$)这个语词值得我们注意,因为,所谓"合众"通常指"乌合之众"。换言之,雅典客人深知,任何城邦——即便是他所谓"模仿最美和最优秀的生活方式建立起来的"城邦,民众都不可能是纯一的,而是杂而不纯,性情有好有坏。倘若不抑恶扬善,不确立区分好坏、美丑、优劣的伦理秩序,那么,即便"最美的戏剧"也会演砸。毕竟,所谓立法意味着,"通过书写或不通过文字给人群"就"正义和不正义、美和丑、好和坏"订立标准(柏拉图《治邦者》295e4-5)。

最后,雅典客人以城邦卫士的姿态宣布了文艺审查令:

所以,在统治者审查你们制作的言辞和行动是否说得中规中矩之前,倘若允许你们做刚才所说的那些,那么,我们甚至每个城邦都几乎完全疯了。因此,现在哩,你们这些柔媚的缪斯们生出来的孩子们啊,我们得先把你们的歌咏($\dot{\omega}\delta\alpha\varsigma$)与我们的并放在一起,展示给[城邦]统治者,如果你们所说的东西确实看起来与我们的一样或者更好,我们会给你们合唱歌队;如果不是的话,对不起,我们绝不会给。(《法义》817c9—d9)

我们对"统治者审查"($\varkappa\varrho\acute{\iota}\nu\alpha\iota$ $\tau\grave{\alpha}\varsigma$ $\mathring{\alpha}\varrho\chi\grave{\alpha}\varsigma$)这样的字眼儿非常敏感,情急之下往往忘了去分辨:审查有好的有坏的,有应该的也有不应该的,有明智的也有愚不可及的。毕竟,寡头政体的审查和贤良政体的审查不可同日而语。亚里士多德在《政治学》第八卷谈到音乐教育时说,年轻人"必须学习和养成正确判断($\tau\grave{o}$ $\varkappa\varrho\acute{\iota}\nu\varepsilon\iota\nu$ $\grave{o}\varrho\vartheta\tilde{\omega}\varsigma$)的习惯"。雅典客人用的"审查"一词,与亚里士多德说的"判断"是同一个语词。由此我们得知,问题不在于是否应该有审查——应该有是毫无疑问的,而在于审查者的理智理性的伦理品质如何。因此,雅典客人说,不仅"我们"的城邦会这样做,甚至"每个城邦"($\ddot{\alpha}\pi\alpha\sigma\alpha$ $\dot{\eta}$ $\pi\acute{o}\lambda\iota\varsigma$)都会这样做,否则就是脑筋不正常。

无论如何,雅典客人或者说匿名的苏格拉底并没有把外邦诗人拒之门外,反倒说"如果你们所说的东西确实看起来与我们的一样或者更好,我们会给你们合唱歌队"。如果不是这样,那就不允许进入城邦,这意味着不允许不三不四的非政治的诗人败坏我们的城邦民。如果我们今天没有底气对无论来自好莱坞还是来自东京抑或首尔这类受外国占领军支配的城邦的诗人们说这样的话,那么,我们只得承认,我们的城邦缺乏属于自己的诗人。

读过这段《法义》中的著名段落,我们当能体会到,亚里士多德在《诗术》第2章结尾时关于谐剧与肃剧的简短说法,与柏拉图笔下的雅典客人的立场完全一致。当然,我们同时也应该注意到,雅典客人把不同政体比作戏剧演出时,主要以肃剧为例,很少提到谐剧(比较817a1)。

雅典客人还把外邦肃剧诗人比作"柔媚的缪斯们生出来的孩子"(παῖδες μαλακῶν Μουσῶν ἔκγονοι),这无异于说,外邦的立法者有怎样的伦理品质。"柔媚的"这个语词的原义是"软绵绵的""温和的",其恰切含义当是孟德斯鸠所谓的"宽和"或"温和"(modéré)。由于外邦肃剧诗人追求"道德风尚更为宽和"(des moeurs plus douces)的政体,雅典客人才说,"与我们说的多有不同,而且绝大部分相反"。

肃剧样式的差异被比作政体德性的差异,意识到这一点,对我们接下来的阅读非常重要。

### 作诗的伦理品质差异

我们紧接着看第3章,因为第一句话表明,这一章

诗术与立法术:《诗术》前五章绎读    337

与前一章连得很紧:

> 因此,这些的第三点差别便是,某人倘若会如何模仿这些[1448a20]对象的任何一个。因为,以同样的东西模仿同样的东西,对模仿而言有时是可能的,比如叙述(如荷马所作的那样,要么化身为角色,要么就是同一个而且不转换[角色]),或者以模仿所有这些行为着的人和有所作为的人来模仿。……

第 1 章提到要讨论的第三个问题是模仿的方式如何不同,通过第 1 章讨论赖以模仿的东西如何不同和第 2 章讨论模仿的伦理品质后,我们对何谓方式的问题已经获得一个大致的理解方向。我们注意看这里的第一句:"这些的第三点差别便是,某人会如何模仿这些对象的任何一个。"这句话出现了两个指示代词"这些"(τούτων 属格),前一个很清楚:"如何模仿这些对象"的"这些",代指前面讨论到的伦理品质或高或低的模仿对象(可以用不同方式来模仿)。后一个"这些的第三点"的"这些"代指什么,就费解了。

不过,既然《诗术》自开篇以来迄今为止探究的都是"诗的模仿(样式)",这句就可识读为:某人如何模仿"诗的"模仿,是第三种区分诗的模仿的方式。换言之,亚里士多德说的是第三种将"诗的模仿"与别的模仿区别开来的方式。

紧接下来的一句同语反复式的说法证明了这一点："诗的模仿"有叙述和直接演示两种方式。所谓方式也就是"如何"，所谓"如何模仿这些对象的任何一个"（τὸ ὡς ἕκαστα τούτων μιμήσαιτο），指要么叙述，要么叙述和直接演示。换言之，这个所谓"如何"当从两个方面来理解：首先是形式方面——以叙述方式间接模仿行为着的人或以表演方式直接模仿行为着的人；其次是内容方面——模仿对象的伦理品质高低。

总之，亚里士多德说的不会是传统的诗作样式的区分。所谓"这些的第三点差别"的指示代词"这些"尽管显得含混，至少已经排除了诗艺与非诗艺（带格律的诗与不带格律的散文）的区分。

"以同样的东西模仿同样的东西"（ἐν τοῖς αὐτοῖς καὶ τὰ αὐτὰ μιμεῖσθαι）这个分句用了两个自主代词，同样显得语义含混，我们也许可以尝试读作："以自己的东西模仿自己的东西。"倘若如此，这个表达式就可以理解为：什么样的伦理品质就模仿什么样的伦理品质，或者伦理品质高的模仿伦理品质高的，伦理品质低的模仿伦理品质低的。这看来说的是内容方面，从而，作诗的如何模仿（方式方面）与模仿什么（伦理品质差异）交织在一起。

随之亚里士多德具体说到两种方式：首先是叙事

(ἀπαγγέλλοντα)。这个语词的原义是"报告、报道",如今的报告文学要翻译成古希腊文就可以用这个词。亚里士多德以荷马为例,而且说在荷马那里,叙事体现为两种方式:要么诗人时而化身为笔下的人物在叙述,要么一直让人物叙述。我们记得,柏拉图的苏格拉底已经区分过荷马的两种叙事方式:"诗人自己在说"(λέγει τε αὐτὸς ὁ ποιητής),抑或故事中的人物在说。苏格拉底特别提到,《伊利亚特》大部分是故事中的人物在说,诗人有时出面说说而已;《奥德赛》从头到尾是故事中的人物在说,诗人从头到尾不露面(《王制》393c)。总之,在荷马诗作中,没有全是诗人自己在说的单纯叙述。

第二种方式直接展现行为,"以模仿所有这些行为着的人和有所作为的人来模仿",也就是戏剧舞台上的表演式模仿。所谓"所有行为着的人和有所作为的人"(πάντας ὡς πράττοντας καὶ ἐνεργοῦντας),原文是两个分词形式,"行为着的人"(πράττοντας)已经清楚,前面出现过;"有所作为的人"(ἐνεργοῦντας)来自动词"制造活动、生产行为"(ἐνεργέω),相关名词是"活力/动力、能量"(ἐνέργεια,比较英文 energy)。在亚里士多德的用法中,这个语词强调了行为的能动性,以及行为所产生的结果(《形而上学》卷九 1–6)。

表面看来,这里是重复用一个同义词,即"同义异词法"修辞,也就是换一个说法来强调。人的所有行为都是模仿,而大多模仿行为有一个共同的表征,即模仿者自己无法看到自己在如何模仿,就"像我们如此这般"。唯有靠作诗的模仿来模仿作为人的行为的模仿,我们才能看到自己的模仿行为。我们在人生中生儿育女、组建家庭,就是模仿(如今倘若有女性不结婚生子,会被看作独特女性,因为她谢绝了模仿恒古延绵的人生)。但通过诗作中的家庭故事,我们才能看到我们的模仿。诗作是二度模仿,而且是制成品。我们在生活中的模仿,要到老年或临死前才算制作完自己一生的模仿品。诗的模仿品提前完成,从而提前让我们看到,自己的模仿品可能具有怎样的伦理品质。

可见,亚里士多德在这里与其说是在谈作诗的模仿方式的差异,倒不如说是在把作诗的模仿方式收窄为两种主要方式:叙述或直接演示行为着的人。从而,行为性的模仿(小说和戏剧)与非行为性的模仿(舞蹈、音乐、绘画)彻底区分开来。由此可以看出,亚里士多德无意于一般地谈论诗艺的模仿,而是仅有意愿谈他所理解的作诗的模仿。这就要求我们阅读《诗术》时始终跟随亚里士多德自己的思路走,而非让亚里士多德跟着我们脑子里有的现代文艺理论观念走。

那么,亚里士多德所说的叙事的模仿与演戏的模仿究竟有何不同?我们知道,叙述通过言辞来模仿行为者,这种模仿的长处在于,可以在记叙行为的同时,展示行为者的内在或事件的性质。相比之下，演戏模仿"所有这些模仿"只能展示行为者的行为，就好像这些模仿仅仅是在行动。演示的模仿虽然能直接展示行为，却没法同时表达诗人对所模仿的行为的伦理判断。在肃剧和谐剧中，诗人要判断就得靠歌队，歌队则有如叙述。

不仅如此，叙述的模仿方式可以用半小时讲完需要演两小时的一场戏，而且空间可以随意切换，或者反过来，用十个小时复述一部两小时演完的戏。演戏受到时间和空间限制，即便如今的影视作品摆脱了空间限制，仍然受演出时间限制。

这样说来，演戏的模仿岂不是不如叙事的模仿方式？倘若如此，为何《诗术》主要讨论看起来受空间限制更多的演戏式模仿？

其实，亚里士多德在这里说到演戏的模仿和叙事的模仿时，似乎像在混淆这两种方式。亚里士多德说"如荷马所做的那样"（ὥσπερ Ὅμηρος ποιεῖ）时，没有用"模仿"一词，而是显得刻意用了"做"这个他更多用来描绘演戏式模仿的语词：荷马叙事诗明明是叙述，亚里士多德却偏偏强调是"做"出来的。

演戏是直接的模仿行动，是在"做戏"，叙述不是一种直接的模仿行为，叙述者不是在"做戏"。因此，说叙事也是一种行为，就颇为费解。但亚里士多德在这里偏偏强调，荷马的叙事是一种直接的模仿行为：荷马"化身为角色［人物］",直译意为"成为另一个"（ἕτερόν τι γιγνόμενον）。这无异于说,荷马在扮演,让自己成为叙事中的角色。

换言之,荷马通过他的叙事来演戏,或者说通过立言来行动。叙述毕竟是在讲述行动,反过来说,叙述者的行动虽然隐藏在叙述之中,这一行动毕竟就在观者眼前,一如在戏剧演出中,人物就在观者眼前。尽管如此,在叙述行动中,荷马既呈现自己同时又隐藏自己。因为,通过叙述而非直接扮演,荷马毕竟与被模仿的行为(诗中的行为)区别开来。

现在我们需要理解,为什么亚里士多德在区分演戏的模仿和叙事的模仿时又要刻意混淆这两种方式。可以设想的解答是:无论哪种方式,作诗的模仿有一个共同性质——混淆真实与非真实。作诗的模仿把我们引入了一个虚构出来的行为情境或生活状态,使得我们得以暂时中止我们的现实处身感,进入一个虚构的生活世界。可是,一旦我们真的进入作诗所模仿的生活世界,对我们来说,这个生活世界就不再是虚拟的,而是真实的生活现实。

说到底,无论演戏的模仿还是叙事的模仿,都使得我们处于信以为真的意识状况。在这种状况之中,我们的灵魂会受到什么影响或性情会发生什么变化,就是亚里士多德随后要讨论的重点:过错、恍悟、言辞之所以成为《诗术》的关键词,原因就在于此。

### 柏拉图与民主时代的诗人们

读到这里,我们应该想起,亚里士多德的老师柏拉图写对话,恰恰采用了这里说到的两种模仿方式:所谓叙述[报道]式对话和演示式对话。不仅如此,在柏拉图那里,这两种方式也经常混在一起。看来,亚里士多德在第1章就提到[柏拉图笔下的]"苏格拉底的言辞",的确用意深远。

施特劳斯有这样一个睿见:在柏拉图那里,叙述式对话和演示式对话的区分,远不如自愿的对话与不自愿的对话的区分重要。因为,苏格拉底参与的对话要么是自愿的,要么是不自愿的。

我们值得问:为何这个区分更为重要?因为它更为明晰地展示了苏格拉底这个人的高贵伦理品质:为了城邦的正义,苏格拉底有时不得不与伦理品质较低或者不甚高尚的人对话——《普罗塔戈拉》《会饮》《斐德若》《王制》都是典型的非自愿对话,《法义》《斐多》《吕西斯》则是典型的自愿对话。

亚里士多德随之总结了模仿的三个差异:

> [1448a25]正如我们在开头时所说,模仿由这三种差异构成,即凭靠什么以及什么和如何。因此,

> 就作为模仿者而言,索福克勒斯既可能是荷马那样的,因为两者都模仿高尚者,他也可能是阿里斯托芬那样的,因为两者都模仿行为着的人和在做的人。

亚里士多德首先说,"凭靠什么以及什么和如何"($ἐν\ οἷς\ τε\ καὶ\ ἃ\ καὶ\ ὥς$),然后说,索福克勒斯既可能是(原文为祈愿式)荷马那样,因为"两者"($ἄμφω$)都模仿"高尚者"($σπουδαίους$),又可能是阿里斯托芬那样的,因为他们都模仿"行为着的人"($πράττοντας$)和"在做的人"($δρῶντας$)。这里的差异在于,荷马通过叙述来模仿,我们见不到"正在行为着的人"。但是,"高尚者"说到底仍然就是"行为着的人"。因而,就模仿的对象而言,荷马与肃剧诗人索福克勒斯和谐剧诗人阿里斯托芬都模仿"行为着的人"。这样来看,三者的差异其实仅仅是"行为着的人"的伦理品质高低。

在《诗术》第1章结尾时,亚里士多德曾经对举荷马和自然哲人恩培多克勒:恩培多克勒叙述关于自然的道理即便用格律来表达,仍然不是在模仿。倘若设想自然哲人恩培多克勒转而叙述人的政治生活的道理,或者通过人物的行为来展示自然的道理,比如苏格拉底,那么,他就与荷马一样了。这意味着,哲人同样可以采用作诗的模仿方式。这样一来,参与伦理品质竞赛的作诗者就有了三类:哲人苏格拉底、叙事诗人荷马和戏剧诗人索福克勒斯及阿里斯托芬。

在第1章结尾时,亚里士多德已经间接提到肃剧式模仿——肃剧诗人凯瑞蒙制作的《马人》。但与这里提到的索福克勒斯相比,凯瑞蒙的伦理档次显然低得太多。不仅如此,第1章提到的拟剧写手索福戎也被阿里斯托芬取代了,可以理解,阿里斯托芬的谐剧的伦理品质显然高得多。由此可见,现在亚里士多德的确要我们关注作诗者自身的伦理品质,这也意味着关注立法者的伦理品质。我们显然不能以为,谁在搞立法,他肯定有高贵的伦理品质,正如不能以为,谁在搞创作,就肯定是好作家或好戏剧家。

这时,亚里士多德突然插入了一段离题话,看起来是在谈戏剧的起源,与关于模仿的方式没什么关系,注疏家大多认为有点儿莫名其妙。

[1448a28]由此,有人甚至说,他们被称为做戏本身,因为他们模仿这些在做的人。凭这一点,多里斯人[1448a30]也宣称肃剧和谐剧属于自己(因为,这里的墨伽拉人也宣称谐剧属于自己,谐剧源于他们的民主政体。西西里的墨伽拉人也宣称谐剧属于自己,毕竟,诗人厄庇卡耳摩斯是那儿出生的,比喀俄尼得斯和马格涅托斯早得多;[1448a35]伯罗奔半岛的一些人也宣称肃剧属于自己)。多里斯

人制作出这些名称。他们说，他们把他们的郊社叫作柯马斯，而雅典人则称郊社为得莫斯，仿佛之所以有谐剧家的叫法，并不是由于狂欢，而是由于从柯马斯流浪到柯马斯，被镇上人瞧不起。[1448b] 而且他们说，他们说"做"叫作"搞"，雅典人则说"整"。

如果我们以为这段离题话是在谈戏剧的起源，那么，人类学路向的古典学家会告诉我们，亚里士多德是在胡扯。但是，如果我们把这段离题话视为亚里士多德编的一个故事，那么，人类学路向的古典学家就会没事儿干了。

这段离题话可以分三段来看。第一句就是第一段："有人甚至说，他们被称为做戏本身。"显然，这话紧接上文："他们"指索福克勒斯与阿里斯托芬。但"他们被叫作"（καλεῖσθαι）用了被动态，句子显得奇怪，因为宾语是"做戏"，除非"做戏"在这里有双关语义。

笔者译作"做戏"（δράματα）的这个名词的希腊语原文由动词 δράω [做事/做完] 衍生而来，本当译作"做成品"。但动词 δράω 本身已经被用于指舞台行动或教学演示，也有"动作、表演、戏剧"的意思，如今英文的"戏剧"即由这个语词转写而来，因此，δράματα 也可译作"戏品"。如果把这句话译作"他们被称为戏品本身"或"他们被称为表演/戏剧本身"，显然搭配不当。译作"表演者"或"戏剧家"也说不通，毕竟，索福克勒斯和阿里斯托芬不是演员。但若译为"做成的东西"或"做戏"就比较恰当了，因为随后有一句："他们模仿这些在做的人（δρῶντας）。"显然，这个所谓"在做的人"未必是演员，而是实际生活或历史故事中人。

可见，这一句非常关键，亚里士多德的意思是：索福克勒斯和阿里斯托芬这样的肃剧诗人和谐剧诗人都是模仿者。但他在这里用"做戏"替换了"模仿"，而前一句还说"两者都模仿"（μιμοῦνται ἄμφω）。看来，这里的重点是从模仿向做戏过渡："做戏"不是日常行为，而是舞台行为。

第二段说，希腊不同地方的人争夺肃剧和谐剧的发明权，他们都宣称自己的家乡是肃剧和谐剧的发源地。亚里士多德共说到四个地方，首先是"多里斯人也宣称肃剧和谐剧属于自己"。但是，这些人与谁争夺戏剧的发明权呢？既然刚刚说到索福克勒斯和阿里斯托芬，似乎他们是在与雅典的戏剧诗人争夺肃剧和谐剧的发明权。

这个句子有两点得注意，第一，动词"宣称属于自己"（ἀντι-ποιοῦνται）的原义是"尽力去做/争夺/抢来"，构词是介词加动词"做/作"（ἀντι-ποιέω）。第二，多里斯人既争夺肃剧也争夺谐剧的发明权，随后亚里士多德提到"这里的墨伽拉人"。但是，亚里士多德又说，墨伽拉人仅仅争夺谐剧的发明权,而且他们的理由是:"谐剧源于他们的民主政体($δυμοκρατίας$)。"

亚里士多德提到的第三个争夺者是"西西里的墨伽拉人",他们也仅争夺谐剧的名义权,但理由有所不同。他们诉诸谐剧诗人的辈分:公元前5世纪初在那里出生的谐剧诗人厄庇卡耳摩斯($Ἐπίχαρμος$)年代,比同时代的谐剧诗人喀俄尼得斯($Χιωνίδου$)和马格涅托斯($Μάγνητος$)都早。

这些论据究竟是亚里士多德提供的,抑或多里斯人自己说的,并不清楚。亚里士多德的说法显得带有劝人相信的语气,但这些论据并不具有说服力。毕竟,并非只有墨伽拉才有民主制,厄庇卡耳摩斯也未必一定就是第一位谐剧诗人。

柏拉图的《泰阿泰德》中曾提到厄庇卡耳摩斯(152e1-5)。当时,异乡人说,所有聪明人(除了帕默尼德)都同意赫拉克利特的万物总在流变之中的观点,包括普罗塔戈拉和恩培多克勒一类哲人,以及谐剧诗人厄庇卡耳摩斯和荷马一类肃剧诗人。厄庇卡耳摩斯被首先提到,显得有些奇怪,荷马反倒在后面,而且被说成肃剧诗人的代表($τραγῳδίας\ δὲ\ Ὅμηρος$)。由此看来,厄庇卡耳摩斯在当时身价不低。据古代晚期的新柏拉图派叙利亚学人杨布里科(Iamblichus,公元245—325)说,厄庇卡耳摩斯是毕达哥拉斯信徒,因没能进圈子去了叙拉古。

由于那里是僭主在统治，他把毕达哥拉斯的秘密教诲编成韵文（格律化），以诗剧方式传扬（《毕达哥拉斯传》36.266）。[1] 换言之，厄庇卡耳摩斯是个披着谐剧家外衣的智识人。

最后的争夺者是"伯罗奔半岛的一些墨伽拉人"，但他们仅仅争夺肃剧的发明权。可以看到，唯有多里斯人既争夺肃剧也争夺谐剧的发明权，其他三个地方的人要么争夺肃剧发明权，要么争夺谐剧发明权。记住这一点，对理解随后一段说法非常重要。

第三段说法专门比较多里斯人和雅典人在两个语词的叫法上的方言差异，与第二段的杂乱说法形成对比。这意味着，真正的争夺发生在多里斯人与雅典人之间，即两者都争夺肃剧和谐剧的名义权。

亚里士多德说，"多里斯人制作出这些名称"（ποιούμενοι τὰ ὀνόματα）。我们应该注意，"名称"用的是复数，而且有冠词，当指肃剧和谐剧。然后，亚里士多德说，"他们说，他们把他们的郊社叫作柯马斯"。如果看希腊文原文，那么，我们会发现，"柯马斯"（κώμας）与"谐剧"的希腊文发音相近。

---

[1] Iamblichus, *On the Pythagorean Life*, Gillian Clark 英译, Liverpool University Press, 1998; Shaw Gregory, *Theurgy and the Soul: The Neoplatonism of Iamblichus*, Pennsylvania State University Press, 1995。

这个句子有两点值得注意：第一，亚里士多德说，"他们说，他们"（αὐτοί ... φασιν）如何如何。亚里士多德的说法显得像在叙事，或者说模仿荷马。用亚里士多德自己的话说，他把自己变成了另一个。其次，这里涉及的差异是同一个地方的不同叫法："郊社"（τὰς περιοικίδας）被多里斯人叫作"柯马斯"，雅典人把同样的地方叫作"得莫斯"（δήμους [村社]）。

随后亚里士多德又说，"仿佛之所以有谐剧家（κωμῳδούς）的叫法，并不是由于狂欢……"。如果我们用希腊文念"狂欢"即κωμάζειν，发音就像是"柯马做"。但这话究竟指多里斯人还是雅典人，从句子本身看并不清楚。从文脉看像是多里斯人的叫法，因为后面还有"而且他们说"，明显指多里斯人。不过，亚里士多德没有再提到肃剧，仅仅说谐剧"由于从柯马斯 [郊社] 流浪（πλάνη）到柯马斯 [郊社]，被镇上人瞧不起"（ἀτιμαζομένους）。似乎谐剧出身低贱，不如肃剧高贵。

亚里士多德在这里大谈地名发音的方言差异，这与肃剧和谐剧的起源有什么关系呢？想来想去也看不出有什么关系，的确让人觉得莫名其妙。

不过，与前一句的说法联系起来，情形就不同了。亚里士多德在说到争夺肃剧和谐剧的发明权时，提到多里斯人、墨伽拉人和伯罗奔半岛人。但在说到墨伽拉人时，他又划分了两个地方的墨伽拉人："这里的墨伽拉人"和西西里的墨伽拉人，墨伽拉人分属不同的城邦和政体。"这里的墨伽拉人"很可能指雅典的墨伽拉人，因为"这里的墨伽拉人也宣称谐剧属于自己"的理由是，"谐剧源于他们的民主政体"。

这里说到的"民主政体"，看来是理解"郊社"叫法差异的关键：多里斯人把"郊社"叫作"柯马斯"（与"谐剧"谐音），雅典人把同样的地方叫作"得莫斯"[村社]。这个语词是雅典民主政体形成过程中的产物，或者说民主政体制造出来的新行政单位，有点儿像如今的"新农村运动"，让农民离开自己祖祖辈辈居住的村落，住进新划分的镇区楼房……倘若如此，地名叫法的差异很可能暗指政体的差异：民主政体改造了传统的乡村。

《政治学》卷五谈到政体更迭时，亚里士多德以民主政体为例，说民主政体倾覆的主要起因是民主领袖们（οἱ δημαγωγοί）的放肆，随之就提到，墨伽拉的民主政体就是如此倾覆的（1304b20）。看来，当时的希腊城邦搞民主政体的并非雅典一家。可以设想的倒是，好些城邦在学习雅典搞民主政体。墨伽拉建立民主政体之后，当地的民主领袖大批驱逐显贵人士（πολλοὺς τῶν γνωρίμων），平分（δημεύειν）他们的财产。结果是流亡者（τοὺς φεύγοντας）日渐人多势众，返归村社（τὸν δῆμον）击溃平民，建立寡头政体（《政治学》1304b35–37）。

这段说法也许可以帮助我们更好地理解《诗术》中

的这段题外话：多里斯人似乎没有搞民主制，墨伽拉人则跟随雅典搞民主制。民主政体是一场谐剧式"狂欢"：平分财产的"狂欢"，然后是寡头政体卷土重来。

亚里士多德在《伦理学》(1123a20-32) 中说过，民主政体的平民有大手大脚 (μεγαλοπρεπῶς) 的劣性，即过度或逞强的劣性：花费超过应有限度，毫不识相地大把花钱——我们会想到如今国人出国旅游花钱的样子。这时，亚里士多德以墨伽拉为例，说那里的婚宴搞得极为铺张，演谐剧甚至让乐队穿紫袍登场——我们会想到如今的"宝马迎新娘车队"。有个古代笺注家告诉我们，谐剧本来是低俗的做戏，通常用皮革当屏风，让乐队穿紫袍登场本身就是搞笑。亚里士多德在这里说墨伽拉人演谐剧用紫袍，明显在嘲讽墨伽拉人，因为他们自称最先发明谐剧。如此嘲讽表明，人们应该瞧不起墨伽拉人，因为让乐队穿紫袍登场是没品位的表现。

阿里斯托芬就曾这样嘲讽过墨伽拉人：别从墨伽拉剽窃搞笑哦……可见，民主的墨伽拉人成了低俗的代名词。尤其值得注意，亚里士多德在《伦理学》中还接下来说，民主政体的平民大手大脚花钱，他们"做这些事情并非为了高尚的目的"( τὰ τοιαῦτα ποιήσει οὐ τοῦ καλοῦ ἕνεκα )，而是仅仅为了显示自己钱多得不行。这些"劣性"( κακίαι ) 尽管不会带来重大恶果，毕竟低俗得很。

亚里士多德在《伦理学》中说的民主政体的伦理品质问题，与《诗术》第2—3章说的诗艺模仿的伦理品质问题没关系？索福克勒斯和阿里斯托芬不都是民主政体的诗人？柏拉图的《法义》中雅典客人关于城邦诗人的那段话，难道是无的放矢？

无论如何，《伦理学》中的这个段落里出现的语词，与《诗术》第3章的内容非常相似，比如"做这些事情"的动词"做"，与"作诗"是同一个语词。"做这些事情"的方式即大手大脚的生活方式，在亚里士多德眼里，是民主政体惯养出来的劣性。

比较地名的方言差异后，亚里士多德最后说到，对同一种行为，多里斯人和雅典人有不同叫法：多里斯人把"做"叫作"搞"，雅典人则说"整"。这句话似乎没有什么深意，仅仅是在说方言差异。但是，既然亚里士多德这段话的文脉是在说行为的伦理品质，那么，我们就可以联想到，同一种行为，民主政体出现之前被视为低俗，民主政体出现之后，就被视为时尚。在我们这个时代，这样的情形实在不胜枚举。

### 亚里士多德作诗

戴维斯认为，这段关于争夺戏剧发明权的说法是亚里士多德的虚构：他不过模仿荷马的叙事方式自己搞了一次模仿。在笔者看来，就叙述手法而言，毋宁说，亚里士多德更像是模仿希罗多德。[1]当然，希罗多德编故事的窍门，也是从荷马那里学来的。无论如何，谁若针对这个故事去"做"人类学考察，凭考古发掘来反驳亚里士多德的说法，显然搞错了。

尽管如此，我们仍然得问，亚里士多德模仿希罗多德讲故事究竟是什么用意？要表达什么？难道亚里士多德仅仅为了显示自己也会编故事？考究过言辞的细节之后，我们值得重新通读这个故事。

亚里士多德首先说，雅典的肃剧诗人和谐剧诗人本身就是在做戏，与诗人荷马的间接叙事不同，因此，民主政体时代的诗人直接模仿"在做的人"。"做"是人类生活的基本行为，在政治共同体中，人的行为有高尚和低俗之分，何为"高尚"，何为"低俗"，受政体品质的规定。同样一种行为，在传统政体中会被视为低俗甚至邪门，在新的政体（比如民主政体）中会被视为时尚。

亚里士多德说，"多里斯人宣称肃剧和谐剧属于自己"，但没有提供多里斯人如此宣称的理由。随后他说，"这里的墨伽拉人"即雅典的墨伽拉人宣称，自己才是谐剧的发明者，理由是这里有民主政体。然后，亚里士多德又说，西西里的墨伽拉人也宣称，自己是谐剧的发明者，理由是最早的谐剧诗人出生在西西里。亚里士多德

---

[1] 比较拙文，《希罗多德的做戏式"欺骗"》，见刘小枫，《昭告幽微》，前揭。

最后提到，伯罗奔半岛人同样宣称，自己是谐剧的发明者，但没有提供理由。

可以看到，三种宣称大致相同，但唯有墨伽拉人的宣称有明确理由。可是，墨伽拉人分成了两支：雅典的和西西里的墨伽拉人。他们的宣称相同，理由却不同，差异在于凭靠政体还是依托家乡。对于雅典的墨伽拉人来说，民主政体比自己的家乡或祖国更重要。如今的我们要理解这一点并不难，因为我们中的不少人就这样信奉自由民主政体。

到这里为止，亚里士多德还显得是在转述或间接叙述。然而，接下来的说法就多少带点儿"判断"意味了：他说"多里斯人制作出这些名称"。这里的"制作"（$ποιούμενοι$）与"作诗"是一个语词，也可以理解为编造。但多里斯人为什么要编造呢？因为，"柯马斯"［郊社］被人瞧不起，人家雅典人叫作"得莫斯"［村社］。雅典的"村社"和"民主政体"这两个语词同根同源，因此可以说，"郊社"被人瞧不起意味着被民主政体中的人瞧不起。

由此来看，理解最具争议也最令人费解的最后一句就多少有些眉目了：多里斯人把"做"（$τὸ\ ποιεῖν$［作］）叫作 $δρᾶν$［搞/做］，而雅典人则称为 $πράττειν$［整/行为］。这话看起来整个儿是同语反复，关于"戏剧"这个语词的词源等于什么也没有说，其实不然。可以看到，所谓

"做"的原文是"作诗"一词的原形,这话也可以读作:多里斯人把"作诗"视为实实在在的"作为",雅典人则把"作诗"视为"践行"。根本差异在于,多里斯人和雅典人分别表征不同的政体,政体规定了同一种"作诗"行为的差异,这种差异就是荷马与索福克勒斯和阿里斯托芬的差异。

这段戏说的第一句话"有人甚至说,他们被称为做戏本身"与最后一句有如一个框架,中间被框住的戏说有如在演出一出短剧:雅典人与多里斯人做同一件事即"作诗"时的方式(叫法)不同,根本原因是政治制度不同。多里斯人把"郊社"叫"柯马斯",被雅典人"瞧不起",堪称反讽。因为,雅典的墨伽拉人以民主政体为由,宣称自己拥有谐剧的发明权,无异于说,民主政体的"作诗"仅仅模仿低俗的劣性。

看来,亚里士多德的意思并非如戴维斯认为的那样,多里斯人和雅典人的说法不过是各说各话,实质上都一样。毋宁说,多里斯人把谐剧家($κωμῳδούς$)的叫法溯源到他们的郊社,雅典人则溯源到自己的"柯马做[狂欢]"($κωμάζειν$),看起来都是在编故事,却透露出"作诗"这一模仿行为在不同政体中的不同伦理品质。亚里士多德的说法似乎让雅典人的说法不无得意的味道,毕竟,雅典人因其民主政体而自以为是整个希腊的表率,就好像如今的美国人自以为是全球表率。换言之,亚里士多德把自己对民主政体的轻蔑隐藏得很好。

可以说，亚里士多德讲这个故事，的确并非意在揭示肃剧和谐剧的起源，毋宁说，他关切的是作诗模仿（如今所谓文艺创作）的伦理品质和政教作用。我们必须记住，这里的文脉是在说作诗模仿的伦理问题。

前面对荷马与索福克勒斯和阿里斯托芬的比较表明，荷马是传统优良政体的表征，索福克勒斯和阿里斯托芬是现代民主政体的表征，这对理解整个故事具有决定性的意义。多里斯人宣称自己拥有肃剧和谐剧的发明权，与前面说荷马既能作肃剧式的叙事诗又能作谐剧诗形成呼应。墨伽拉人宣称拥有谐剧的发明权，其理由是雅典施行民主政体。奇怪的是，墨伽拉人没有宣称自己同时拥有肃剧的发明权，反倒是伯罗奔半岛人宣称自己拥有肃剧的发明权。换言之，在这个故事中，亚里士多德没有拿肃剧来做戏。从而，这段戏说的真正看点在于：民主政体的"作诗"本质上说来只会模仿低俗的劣性。

由于这段戏说与前面关于荷马、索福克勒斯和阿里斯托芬的说法有内在关联，视为"离题话"就不对。虽然这里讲的是如何作诗的"方式"，但没有离开第2章的规定：作诗的模仿有伦理品质上的差异。由此也可以理解，为何《诗术》主要谈论雅典肃剧，而与肃剧对比的主要是荷马。毕竟，虽然荷马和索福克勒斯都模仿高尚德性，但两者的模仿性质已大为不同，因为政体的德性不同。

我们已经看到，《诗术》的第2—3章看起来是在谈作诗的模仿什么和如何模仿，实质上是在谈人的行为的伦理品质差异。由此来看，"诗术"（περὶ ποιητικῆς）这个标题也可以理解为"论伦理生活方式"。因为，就希腊语原文来讲，所谓"诗术"也可以直译为"做的方式"或"做的技艺"。

不过，由于亚里士多德的确主要在讲"作诗"，我们也许应该这样来理解"诗术"的题意：模仿伦理生活方式是隐题，我们看不见，能够直接看见的是作诗方式这一显题。正是通过诗作模仿行为着的人，生活方式的伦理含义才凸显出来。如果说亚里士多德的诗术是政治哲学，那么，理由就在于，亚里士多德从作诗［模仿］角度解释了人的生活方式的伦理品质。

## 三 模仿与人性差异

紧接前面的做戏，亚里士多德回到了模仿的本质问题。

> 似乎诗术整个来说起于［1448b5］某两个原因，而且是自然的原因。因为，从孩提时起，人天生就

模仿;[1] 就此而言，人与其他动物的差异就在于，人最善于模仿，人最初就是靠模仿来做成学识，所以，人人都通过模仿获得愉快。

这话与其说在谈模仿，不如说在谈人性。因为，所谓诗术源于"自然的原因"（αὗται φυσικαί）的这个"自然"，也可以理解为人的"天性"。倘若如此，诗术、模仿与人性三者就串在了一起：搞清楚诗术源于哪两个原因，无异于搞清楚诗术源于哪两种人的天性。

### 诗术与人的三种属性

亚里士多德首先说，"从孩提时起（ἐκ παίδων），人天生（σύμφυτον）就模仿。"很清楚，这是指人的一般天性，诗术（或者生活方式）植根于人的一般的模仿天性。从而，"最善于模仿"（μιμητικώτατον）堪称人与动物的三大主要差别之一：人除了是理性动物和"城邦［政治］动物"，也是甚至首先是模仿动物。

倘若如此，人作为模仿动物与作为理性动物和城邦动物有什么关系呢？

亚里士多德接下来就说，"人最初就是靠模仿来做成学识（τὰς μαθήσεις ποιεῖται）。"我们应该注意到，"学识"

---

[1] 关于人的模仿天性，对观柏拉图《王制》395d 1 以下的暗示。

与"知识"($\dot{\epsilon}\pi\iota\sigma\tau\eta\mu\eta$)不是一个语词,"学识"与如今英文的"数学"一词有相同的词干。换言之,"学识"得靠学习得来,"知识"则带经验含义:自己多做事也可以琢磨出一套经验知识。

希腊语的 mathēsis / $\mu\alpha\vartheta\eta\sigma\iota\varsigma$ 首先指一种独特的心性或爱欲:好学习的求知欲。如今所谓"数学家"的希腊文($\mu\alpha\vartheta\eta\mu\alpha\tau\iota\varkappa\dot{o}\varsigma$)原义指"爱好学习、有求知欲的人"。在荷马的用法中,mathein($\mu\alpha\nu\vartheta\dot{\alpha}\nu\omega$)的含义不是数数或计算,而是指一种特别的学习,即搞懂很难搞懂的艰深抽象的理。所谓 mathēma($\mu\dot{\alpha}\vartheta\eta\mu\alpha$)意指深不可测的知识,荷马笔下的英雄们往往也得花费数十年心血,才能搞懂一二。因此,"好学"的求知欲所欲求的不是有实际用处的知识,而是纯粹知识。不用说,并非人人都有这种求知欲,即便对多数古希腊人来说,mathein [学习] 与 pathein [受苦/承受] 是一回事($\tau\acute{\iota}\,\mu\alpha\vartheta\acute{\omega}\nu$ 与 $\tau\acute{\iota}\,\pi\alpha\vartheta\acute{\omega}\nu$ 是同义词)。

这样看来,"人最初就是靠模仿来做成学识"当指两个"自然原因"的第二个,即人的两种自然天性的第二种。毕竟,并非每个人长大后都寻求纯粹的"学识"。这意味着学问仅仅涉及人的理智德性。从而,人的理智也是人的天性,模仿也与人的这一天性相关。由此来看,"诗术整个来说起于某两个原因"也可以读作:诗术整个来说起于两种不同的天性。

既然这里说到模仿与"学识"的关系,那么,人作为模仿动物就与人作为理性动物有内在关联。然而，这种内在关联是怎样的呢？

其实，亚里士多德并没有简单地说"人是理性动物"。在《伦理学》中，亚里士多德有两处说到人的理性天性，都在第一卷，但前后说法并不完全相同。第一处在卷一第7章，我们首先得注意这段说法出现的语境。亚里士多德在这里说，不同的人有不同的德性：木匠或鞋匠有特殊技能［德性］，并非人人都是木匠和鞋匠。亚里士多德由此引出了一段关于人的理性的说法：倘若人的德性就是灵魂凭靠理性所实现的活动，那么，人的德性就离不开理性。但人的理性实际上有两种样式，一种理性体现为服从礼法、守规矩，一种理性体现为智性思考即理智活动（1098a4–10）。

这意味着，人的理性有实践理性和理智理性之分。亚里士多德接下来就论析到常人、政治人和热爱智慧者的德性差异，似乎实践理性和理智理性之分是这一论析的基础。如果与《诗术》第4章这里说的两种自然原因对观，那么，两种理性样式的区分刚好与两种自然原因的区分相合，"从孩提时起，人天生就模仿"，指常人的模仿，与实践理性相合；"人最初就是靠模仿来做成学识"，指智识性模仿，与理智理性相合。

第二段关于人是理性动物的说法见于《伦理学》卷一结尾（第13章）。亚里士多德说，关于人的灵魂外面有很多说法，比如，灵魂有非理性和理性两个部分，非理性部分是一切生物和植物共有的。但是，人的灵魂中的非理性部分也多少分有理性。从有自制力的人身上可以见到，这类灵魂的理性体现为做正确的事和正确地做事，追求"最好的东西"（《伦理学》1102a30-b15）。

由此出发，亚里士多德对人的灵魂中的非理性部分再一分为二：与理性绝不相干的植物部分和与理性相干的欲望部分。欲望与理性相干意味着受理性约束，比如，听从父亲和朋友们讲的道理克制自己的欲望。这时，亚里士多德补充了一句："但不是像数学那样的道理（οὐχ ὥσπερ τῶν μαθηματιτῶν）。"显然，这是指人的实践理性，其实践含义在于如下三个方面。

首先，这种理性与人的灵魂中的非理性部分即欲望部分黏在一起；其二，与行为的伦理目的相关，"追求行为正确和更好"；第三，与宗法习规相关，比如"听从父亲和朋友们的道理"（《伦理学》1102b30-35）。

补充的一句"但不是像数学那样的道理"，而"数学那样的道理"显然指理智性。反过来看，这种理性的理智含义恰好与实践理性相反：首先，与人的灵魂中的非理性部分即欲望部分分离；其二，与行为的伦理目的无涉；第三，与宗法习规无关。

可见，第二段关于人是理性动物的说法，从灵魂学角度深化了关于两种理性的区分。如果我们仅仅说亚里士多德用理性动物来界定人性，就没有把握到要害。关键在于：人的理性有实践和理智两种样式，或者说有常人与非常人的理性之分。

《诗术》这里说人的模仿有两种自然原因，很可能指上述两种不同的理性样式的自然性，但亚里士多德的说法又显得故意混淆两种不同的模仿。不过，既然亚里士多德在前面已经多次刻意混淆人生的模仿和诗术的模仿，或者说混淆"诗术"的双重含义——诗的模仿方式和伦理生活方式本身，那么，他若刻意混淆诗术起源的两个自然原因，也自有其用意。

再来看关于"人是城邦[政治]动物"的说法。在《政治学》卷一开头，亚里士多德是这样说的：

> 显然，城邦是因自然而在的一种东西，世人自然地是城邦动物，因自然[天性]而非因偶然（$\tau \acute{\upsilon} \chi \eta \nu$）而是非城邦的人，要么是低俗之人，要么是人上人。（《政治学》1253a1–4）

> 所以，很明显，城邦因自然而在，而且远远先于每个人。毕竟，每个人一旦脱离[城邦]就不再自足……不再是城邦的一个部分（$\mu \acute{\varepsilon} \rho o \varsigma \ \pi \acute{o} \lambda \varepsilon \omega \varsigma$），要么是禽兽，要么是神。（《政治学》1253a25–28）

这段说法非常著名，似乎耳熟能详，其实不然，我们至少值得注意如下几点。首先，这里的主题是谈"城邦"，而非一般地谈人性，但城邦的自然性质的确来自世人的自然性质。世人的生活带有属己的目的性，城邦是世人"为了生活得好"（εὖ ζῆν）而结成的共同体（《政治学》1252b27）。问题在于：世人都一样吗？或者说，世人的天性［自然］都一样吗？

第二，城邦是"因自然而在的一种东西"（τῶν φύσει ἡ πόπις ἐστί），这话通常被理解为：城邦是自然的产物。然而，"因自然而在"的"自然"究竟是什么意思，颇难拿捏。从上下文看，所谓城邦"因自然而在"，也可读作"因［世人的］天性"而在。因为，亚里士多德马上说，有人"因自然［天性］而非因偶然"（διὰ φύσιν καὶ οὐ διὰ τύχην）而是"非城邦人"（ὁ ἄπολις）。

因此，第三，在这段说法中，城邦动物与"非城邦人"的区分显得最为重要。应该注意到，亚里士多德两次说到这种区分。第一次他说，"非城邦人"要么是"低俗之人"（φαῦλός），要么是"人上人"；第二次则说，"非城邦人""要么是禽兽（θηρίον），要么是神"，谓词含义明显升级。由此可见，"人是城邦动物"这个表述，并非是对所有人的描述："低俗之人"和"人上人"都不是"城邦动物"——我们显然不能说，禽兽或神是城邦动物。

可见，亚里士多德既没有一般地说人是理性动物，也没有一般地说人是城邦动物。毋宁说，人的城邦属性有归属和不归属城邦两种样式。不归属城邦的一类又分为高低两种：要么低俗以至于与禽兽无别，要么高超以至于与神样无别。人的城邦属性是对常人的定义，所谓"世人"其实很含混，而且伦理状态不稳定，因此"每个人（ἕκαστος）一旦脱离（χωρισθείς）[城邦]就不再自足"。

"低俗之人"和"人上人"的说法，都带有伦理品质的含义。"人上人"（ἢ κρείττων ἢ ἄνθρωπος）这个表达式尤其值得考究，因为其字面含义是"比世人更强有力"的人，听起来像是尼采说的"超人"。由于这两种人都"因自然[天性]而非因偶然"而是"非城邦人"，或者说"低俗之人"和"人上人"都是由于自己的天性所致，那么，这两种人与"世人"（ἄνθρωπος）的差异显然是自然[天性]的差异。毕竟，"每个人"都有可能成为低俗之人或神样的人，并不取决于"偶然"，而是取决于"天性"。事情的复杂性在于：如尼采所说，每个人的"天性"都来自父母的"偶然"婚姻。

由此来看，"人天生是政治动物"（ὁ ἄνθρωπος φύσει πολιτικὸν ζῷον）这句被人经常引用的名言，与其译为"人天生是城邦动物"或"世人自然地是城邦动物"，不如译为"常人就天性而言是城邦动物"更为恰切。这意味着，世人天性就是《伦理学》中所说的有实践理性天性的人，他们的生活有伦理目的，服从法律守规矩，听从父亲和朋友讲的道理——凡此都与城邦相关。

同样,"低俗之人"和"人上人"的天性也都分别可以在《伦理学》中找到对应的灵魂类型。"低俗之人"对自己灵魂中的欲望部分多少缺乏自制能力,完全缺乏这种能力就成了"禽兽"。所谓"人上人"则可以对应于具有理智理性的人,他们听从数学式的道理。

我们应该想起前面曾读过的《伦理学》卷七开头(1145a15-33)的说法:理智德性体现为远离劣性、缺乏自制和"兽性"($θηριότης$)。兽性的对立面是"超出我们的德性,某种英雄般的和神样的德性",即"比世人更强有力"的人。但是,在《政治学》中,亚里士多德强调说:

> 世人若达至完满($τελεωθέν$),就会是最好的动物,若脱离礼法和正义,就会是所有动物中最坏的。(《政治学》1253a32-33)

我们应该注意到,亚里士多德说,常人在伦理上的最佳状态是"最好的动物"($βέλτιστον\ τῶν\ ζῴων$),他没有说"最优秀的动物"。因为,"最优秀的"德性是"超出我们的德性,某种英雄般的和神样的德性"。

不仅如此,常人的伦理状态也可能堕落为"所有动物中最坏的"($χείριστον\ πάντων$),这无异于说连禽兽都不如。"脱离礼法和正义"($χωρισθεὶς\ νόμου\ καὶ\ δίκης$)意味着"脱离城邦",反过来说,城邦意味着"礼法和正义"。

在后现代的今天，我们也会看到有的人禽兽不如，这并不奇怪。奇怪的是，一些法学家主张，对这种禽兽不如的家伙也不能动用死刑。难怪有人认为，"脱离礼法和正义"的首先是主张废除死刑的法学家们。这件怪事让人难免会想：他们模仿的是哪种"天性"呢？

### 诗术与统治术

我们需要反复细嚼亚里士多德说到常人在天性上是城邦动物的这段话，以便更好地理解眼下需要理解的《诗术》中的说法。

在说到人的天性差异与城邦属性的关系之前，亚里士多德还说：与蜜蜂或其他群居动物相比，人作为动物明显更是一种城邦动物（《政治学》1253a7–18），因为，

> 如我们所说，自然绝不会造作徒劳无益之物，动物中唯有世人（μόνον ἄνθρωπος）有言辞。（《政治学》1253a9–10）

这段说法同样非常有名，也经常被引用，但我们未必耳熟能详。比如，所谓"自然绝不会造作徒劳无益之物"（μάτην ἡ φύσις ποιεῖ）的"自然"指什么呢？再有，为什么亚里士多德在这里用到与"作诗"相同的动词"制作/造作"（ποιεῖ）？至于"言辞"（λόγον）这个语词，我

们都知道，它的另一个重要含义是"理性"或"道理"。问题在于，在眼下的语境中，其含义究竟是什么。

亚里士多德当然知道，世人得凭靠言辞来表达种种情感和互相传达信息，但他更强调世人凭靠言辞来"显明"事情有利抑或有害、合乎正义抑或不正义。换言之，对于家庭和城邦这类共同体来说，言辞首先具有的是伦理／政治作用。从而，所谓"言辞"在这里当理解为"道理"——世上不仅有"正理"，也有"歪理"。

亚里士多德接下来就说到人的天性差异，若我们倒过来看，则"自然绝不会造作徒劳无益之物"也可读作"天性绝不会造作徒劳无益之物"。这意味着，任何涉及事情有利抑或有害、合乎正义抑或不正义甚至美／高贵抑或低俗的"道理"，其实都出自人的不同天性。

在说过"世人若达至完满，就会是最好的动物，若脱离礼法和正义，就会是所有动物中最坏的"之后，亚里士多德强调，严格来讲，"城邦"的含义是规范世人生活的共同体秩序。这意味着，每个个体在城邦中都有其具体位置。亚里士多德以家庭共同体为例来说明这一点：家庭关系体现为主奴、夫妻和父子关系（1253b7–10）。

在20世纪的"言辞"语境中，亚里士多德关于主奴关系的说法引起的争议最大。笔者感兴趣的不是这场争议，而是这一说法与诗术的关系。

亚里士多德说，主奴关系其实是一种分工——治家的技艺性分工：奴隶做获取财富、解决生活必需品的工作。因此，亚里士多德把奴隶比作工匠。工匠制作需要工具，在家庭关系中，奴隶相当于主人的工具。说到这里，亚里士多德似乎暗中对工匠与诗人做了一番比较（《政治学》1253b25–1254a10）。

他说，工匠劳作需要工具，我们可以想到，诗人制作也需要工具（比较《诗术》第 1 章）。但工具多种多样，有的有生命，有的没有生命。比如，工匠就可能仅仅是会使用工具的工具。奴隶属于这类，因为他作为工具而使用工具为主人服务。我们应该想想：诗人是不是工具呢？有人肯定会马上跳起来：诗人怎么会是"工具"啊！

这时亚里士多德又说，"所谓工具就是制作工具"（λεγόμενα ὄργανα ποιητικὰ ὄργανά ἐστι, 1254a1）。我们需要注意到，这里的"制作"与"诗术"一词同形。接下来他又说："制作与践行在样式上不同（διαφέρει ἡ ποίησις εἴδει καὶ ἡ πρᾶξις, 1254a5）。"我们应该感到有些惊异，这里的"制作"与"作诗"也是同一个语词。由此来看接下来的一句更有意思："生活是践行，不是制作（ὁ δὲ βίος πρᾶξις, οὐ ποίησις, 1254a7）。"这句话我们也可以尝试读作：生活不是"作诗"。

这对我们理解眼下读到的《诗术》中的说法有什么

启发呢？在《诗术》第1章，亚里士多德已经区分技艺的模仿与习性的模仿，第4章的说法明显推进了前面的说法。因为，亚里士多德在这里同时说到两种模仿：首先说孩子从小模仿，而非说孩子从小表演或技艺性地模仿。小孩的模仿不是"作诗"，不是技艺的模仿，否则这孩子真太乖啦。但亚里士多德接下来举例提到画家的摹写，则明显是在说技艺的模仿。

如果与《政治学》中关于"主奴"关系的说法联系起来，那么，我们可以想到：如果生活习性的模仿与诗术的模仿的区分出自天性上的差异，那么就可以说：诗术的模仿是主人式的模仿，生活习性的模仿是奴隶式的模仿。[1]

情形是否是这样呢？我们不妨再回头看亚里士多德在《政治学》中怎么说——他说，所谓"奴隶天性"（ἡ φύσις τοῦ δούλου）指"因天性不属于自己而属于他人"（αὐτοῦ φύσει ἀλλ' ἄλλου），而所谓有人天生是奴隶，意指某个世人"因自然[天性]而是奴隶"（φύσει δοῦλός ἐστιν）。随后他就说：世人必然要么是统治者，要么是被统治者，就像世人不是主人就是奴隶：

---

[1] 比较拙文《青年尼采论"残酷"的真理》，刊于《哲学与文化》，台北，2018年第2期。

> 统治与被统治不仅是必然的事情（ἀναγκαίων），而且是有益的事情，何况，有些东西一生下来就分化为（διέστηκε）被统治或统治的东西。统治和被统治有多种样式（εἴδη），被统治者更好，统治就更好，比如，被统治的是世人就比是禽兽更好……（《政治学》1254a22-27）

这里的"一生下来"（εὐθὺς ἐκ γενετῆς）这一修辞近乎"从孩提时起"（ἐκ παίδων），用的不是"因自然［天性］"。但亚里士多德强调，被统治者的天性品质决定统治的"样式"，因为"被统治者更好，统治就更好"。当我们读到"被统治的是世人就比是禽兽更好"这个句子，我们应该想到，"禽兽"这个语词实际指某种人的"天性"。

随之，亚里士多德就用灵魂和理智对肉体和欲望的统治来类比统治与被统治的关系：

> 灵魂以主人统治方式（δεσποτικήν ἀρχήν）来统治肉体，理智则对欲望施行城邦统治或王者统治。（ὁ δὲ νοῦς τῆς ὀρώξεως πολιτικὴν ἢ βασιλικήν, 1254b5）

这里虽然没有提到"民主统治"，但我们不难设想，如果类比的话，那么，在民主政制中，灵魂的哪个部分会施行统治。

现在回头看《诗术》第4章开头说到的诗术起源的"某两种自然原因",我们应该可以确认,其含义是:两种模仿有一种自然的统治与被统治的关系。

## "看"与"观看"

接下来看亚里士多德在《诗术》第4章中继续怎么说,令人饶有兴味:

> 标明这一点的是[1448b10]基于作品;因为,我们本来痛苦难忍地看的东西,我们却会愉快地去看它最为惟妙惟肖的摹像,比如让人恶心的禽兽和尸体的形状。个中原因在于,学习不仅对热爱智慧者们是乐事,对其他人也一样,只是他们很少能分享这种乐事罢了。之所以他们看到摹像就感到愉快,乃因为他们在看的同时就在综汇学习,就在合起来思考样样东西是什么,比方说,这个就是(画的)那个,因此,倘若他此前从没机会见过某种东西,那么,这模仿品就不会造成快感,除非由于工艺或色彩或类似的其他原因。

"标明这一点的是基于作品"($\epsilon\pi\grave{\iota}\ \tau\tilde{\omega}\nu\ \tilde{\epsilon}\varrho\gamma\omega\nu$)——"作品"是复数,这个语词有"作品"和"作为"两个含义,因此也可读作"基于作为方式"。这里的意思究竟是"作

品"还是"作为",的确含混。不过,如此含混并非没有道理,因为,亚里士多德在这里要通过举例来说明某个不易理解或不便说得太明的道理。

从举例来看,亚里士多德显然是在对比人的观看行为的方式:观看同一个东西,不同的人有不同方式。看的对象是"让人恶心的禽兽和尸体的形状",一种观看方式是直接看,结果会让人"痛苦难忍"($λυπηρῶς$),一种方式是间接地看,看的是禽兽和尸体"最为惟妙惟肖的摹像",结果是"我们会愉快地去看"。由于提到"惟妙惟肖的摹像",我们会想到绘画和小说中或戏剧舞台上的尸体,因此,"基于作品"的读法也说得通。

这里两次用到的"我们"也很含混,指谁不清楚。好在这里两次用到"看"这个动词,"我们"与动词连在一起,而两个"我们"用的不是同一个动词,而且"看"的对象和结果都不同。前一个"我们看"的动词是"看/瞧"($ὁρῶμεν$),这样看的结果是"痛苦难忍"。后一个"我们看"的动词是分词形式的"静观"($θεωροῦντες$),看的结果是"我们愉快"($χαίρομεν$)。从而,两个"我们"明显意指不同的天性,因为后一个"我们"的"看"的方式带有观察考究的含义:"静观"与抽象的知识相关,如今所谓的"理论"就来自这个动词。

前一种"看"的结果是"痛苦难忍",后一种"观看"的结果是"愉快",如此鲜明的对照让我们可以说,这里两次说到的"我们"及其不同的看的方式，是在进一步说明上文提到的两类模仿天性。前一个"我们看"的"我们"当指常人：作为常人"我们看""让人恶心的禽兽和尸体的形状"，当然"痛苦难忍"，这是人之常情。后一种"我们看"的"观看"是为了"做成知识"，或者说是一种学习，从而是令人愉快的"乐事"。

当然，这种差异也可能是由于，前一个"我们"看实物的"形状"（μορφὰς），而后一个"我们"看实物的"摹像"（εἰκόνας），并非同一个东西。"摹像"由技艺性的模仿做成，如此模仿使得观看者与实物有了距离。因此，两个"我们"是否有差别，也难说，需要我们继续看下去。

我们应该问：为什么亚里士多德在这里选的例子是看让人恶心得看不下去的禽兽及其尸体？何况，尸体是活生生的机体的反面，与禽兽对举并不对称。与自己的老师柏拉图一样，亚里士多德不会随意举例，倘若如此，我们就应该想起前面读过的《政治学》卷一中关于城邦动物的说法，在那里亚里士多德多次把"脱离礼法和正义"的个人比作禽兽。

这样看来，禽兽与尸体对举很对称，因为这里的禽兽指堕落到兽性地步的个人。按照古代礼法，这种人当然格杀勿论。不仅如此，杀掉后还得陈尸三日，让众人观看：瞧，不可模仿这人的行为，否则这就是下场！

因此，这里的"尸体"（νεκρῶν）可以理解为一个被处决的罪犯的尸体。当然，从逮捕一个禽兽、宣判他为罪犯进而斩首处决，这样的事情必须基于有权威的统治秩序。如今，即便处决一个"禽兽"，也被迫得用"安乐死"的方式，可见世道真变了：谐剧式"末人时代"的狂欢来临。

无论如何，亚里士多德的这个举例带有明显的立法学色彩，而且凸显了政治共同体的正义秩序的严酷性。因为，这个例子表明，正义的礼法城邦必须禁止常人模仿坏的习性式模仿。由于常人的伦理状态具有不确定性，城邦统治者必须监护常人"从孩提时起"或"一生下来"就开始的模仿。

我们还应该想到，亚里士多德在《伦理学》中曾将"禽兽"与"英雄"对举，从而，"尸体"也有正反两方面。正义的礼法城邦也会为烈士的遗体举行隆重葬礼，同时把罪犯的人头挂在城门口。这意味着，城邦的立法者必须懂得从世人中辨识"英雄"和"禽兽"。问题来了：城邦的立法者如何学习这种辨识呢？

"尸体"在文学经典中的展现，的确是一个非常有趣的主题：荷马叙事诗中的争夺尸体，《安提戈涅》或《埃阿斯》中的尸体，都显得很含混。辨识尸体的性质显然属于政治的热爱智慧的问题。由此可以理解，亚里士多德同时说到"我们看"所看的是摹像。

前面提到，第二种"我们看"是一种静观式的学习，这意味着诉诸有理智理性的天性。如果这时我们回想起《伦理学》卷一中关于两类理性的区分，那么，很清楚，两个"我们"分别指两类理性天性的"我们"：实践理性的"我们"与理智理性的"我们"。而实际的我们究竟属于哪个"我们"，需要我们每个人自己去认识自己的灵魂。但可以肯定地说，如今的好些立法者搞错了自己的天性。

无论如何，亚里士多德在这里故意用含混的"我们"，并非没有道理。严格来讲，无论哪个"我们"都得学习或模仿，或者说，学习或模仿对两类"我们"来说都是习性的来源。但两类"我们"的学习或模仿在性质上完全不同：一类"我们"应该看罪犯的尸体，这是城邦的政治教育，这类学习谈不上什么智性的愉快；一类"我们"应该看"禽兽"及其尸体的摹像，以便深入认识世人的天性差异。这种学习或模仿需要技艺的模仿——需要诗术或诗人。但"我们"能指望哪类诗人呢？毕竟，亚里士多德在前面（第2-3章）刚刚说过诗人，诗人也有"高尚"与"低俗"之分。

拿我们熟悉的例子来讲，张爱玲的小说模仿与自己一样的人，以至于她会把实际的英雄郑苹如描绘成与她一样的人。随后的模仿者《色戒》甚至把实际的英雄描绘成受身体欲望支配的"低俗"人，与一只"禽兽"如胶似漆，让好些世人感动不已。[1]在获得电影大奖的颁奖典礼上，模仿者噙着泪花感谢评奖团支持他承受了太多的"道德压力"。这两个例子均表明，技艺模仿者与被模仿者的关系出现了连亚里士多德也未能想到的情形，即技艺模仿者的伦理品质比实际生活中的模仿者的伦理品质低劣得多。

由此可以理解，柏拉图《法义》中的雅典客人会在讨论立法问题的场合说，"我们自己就是肃剧诗人，我们能够编织最好的肃剧作品"。现在我们应该问：亚里士多德也这样认为吗？"我们自己就是肃剧诗人"的"我们"是谁？

### 城邦［政治］的热爱智慧者与诗人

戴维斯注意到，亚里士多德说，"我们"看"让人恶心的禽兽和尸体的形状"，这里的"形状"一词显得含混：既可能指禽兽和尸体的实际外形，也可能指戏剧表演中由演员扮演的外形，如肃剧中的尸体。所谓看"让人恶心的禽兽和尸体的形状"让人"痛苦难忍"看不下去，不是因为太丑，而是因为戏中所模仿的"尸体"让看的"我们"从浑然状态中摆脱出来。

其实，在柏拉图的《王制》卷四中，苏格拉底在与

---

[1] 参见《三联生活周刊》，2009年9月20日封面专题《〈色戒〉的身体及阴谋想象》及其专题文。

格劳孔讨论血气与理智的关系时，曾讲过一件真事而非故事：

> 勒翁提俄斯从佩莱坞沿着北城墙回来时，看到行刑人旁边躺着几具尸体，他产生了强烈的想看看的欲望，同时又难以忍受，要转过身去。(《王制》439e7–10)。

尽管事情可能是真的，但苏格拉底的讲法却有些格外值得注意的地方。首先，这里出现了佩莱坞，而且说勒翁提俄斯从佩莱坞回来，这与《王制》开场时记叙的苏格拉底和格劳孔返回的方向相同，或者说与格劳孔的灵魂意向相同。[1]

第二，这里说到的尸体不是普通尸体，而是罪犯尸体。因此，勒翁提俄斯想看的欲望很可能来自政治血气，或者说，如此血气激起的是立法者的欲望，与前面讨论欲望时说的欲爱、饥饿和口渴等非政治欲望不同。

第三，与此"同时"，勒翁提俄斯又感到"难以忍受"，但为什么难以忍受，并不清楚。最难以理解的是：他开始诅咒自己的眼睛，以克制自己。看来，所谓

---

[1] 比较拙文《柏拉图笔下的佩莱坞》，见刘小枫，《王有所成》，上海：上海人民出版社，2015。

$δυσχεραίνοι$［难以忍受］是出于一种纯粹生理性的反应。换言之，热爱智识的灵魂很可能对血腥的东西有一种生理性的排斥。

这里凸显的是城邦［政治］与理智理性的天然对立，问题随之而来：城邦［政治］的热爱智慧何以可能？正义的政治行为基于血气，所以，苏格拉底随后说，他讲这件事意在说明，"血气有如另一种不同的东西与欲望为敌。"（《王制》440a5-6）勒翁提俄斯面对罪犯尸体时"难以忍受"表明他血气不足，他还需要通过学习来磨炼自己。

亚里士多德在这里讲的与此问题相关吗？无论如何，我们看到，在亚里士多德的说法中出现了"热爱智慧者"一词。虽然亚里士多德说，"学习不仅对热爱智慧者们（$τοῖς\ φιλοσόφοις$）是最大乐事，对其他人也一样"，但他实际上暗中区分了"热爱智慧者们"与"其他人"。因为他紧接着就说，"他们很少能分享（$κοινωνοῦσιν$）这种乐事"。

我们不难设想，"其他人"对热爱智慧者所寻求的学识其实并没有兴趣。亚里士多德当然清楚，即便学习的快乐也并非对所有人都相同。学习智识性知识对常人往往是"痛苦难忍"的事情，对"热爱智慧者们"来说才是"乐事"（$ἥδιστον$）——《论语》开篇的"学而时习之，不亦说乎"是对圈内人而言。

在整个《诗术》中，唯有这里明确提到了"热爱智慧者"，而且是作为一种人的天性样式提到的。由于这里的语境涉及观看"禽兽和尸体",我们有理由想到《伦理学》和《政治学》中同样仅仅出现过一次的"城邦［政治］的热爱智慧"。

亚里士多德进一步谈到这种"城邦［政治］的热爱智慧者"的学习:这种人看到摹像会感到愉快,"乃因为他们在看的同时就在综汇学习($συμβαίνει\ μανϑάνειν$),就在合起来思考($συλλογίζεσϑαι$)样样东西是什么"。不难看出,这说的是理智性的抽象推理。常人并不这样看东西,也不会抽象地"合起来思考"。

与什么"合起来思考"?与先前所见过的合起来思考。柏拉图笔下的苏格拉底说过,知识基于回忆。"这个就是(画的)那个［这就是他］"是一种回忆,是重新认出,是曾经见过后的再认带来的快乐。常人"此前从没机会见过某种东西,那么,这模仿品就不会造成($ο\dot{υ}χ\ μίμημα\ ποιήσει$)快感"。由此可以确证,前面说"其他人也一样",其实是故意含糊其词:其他人感到快乐,仅仅是"由于工艺($διὰ\ τὴν\ ἀπεργασίαν$)或色彩"之类。

由此看来,模仿作为人性的基本属性也有高低之别:除了常人的模仿和种种诗艺的模仿,还有一种理智性的抽象模仿。这种模仿让模仿者从自己处身的世界中抽身出来,分离地(个别地)、一个一个地看东西,然后再把它们合在一起思考,有如奥德修斯"游历多方","见识过各类人的城郭,懂得了他们的心思。"

严格来讲，诗艺的模仿属于实践理性，热爱智慧者的模仿才属于理智理性。这种模仿首先体现为抑制不住地要去看事情表面的爱欲："这个就是（画的）那个"的表达式意味着，"这个"并非像初看起来那样就是"那个"。为了实现抽象的模仿，得进一步把这些东西重新排在一起，这与编故事"把事情安排在一起"有形式上的类似。

我们已经看到，《诗术》第4章开头的这段言辞与其说是在讲"诗术"的起源，不如说是在进一步区分模仿行为的伦理品质。《诗术》在一开始就提出，所有诗艺都是模仿，同时又提出，诗艺的模仿有伦理品质差异。索福戎父子与柏拉图、荷马与凯瑞蒙都是诗艺的模仿者，但他们的品质差异要么显而易见，要么复杂难辨。

索福克勒斯和阿里斯托芬在《诗术》中出场后，诗艺模仿的品质差异更为复杂难辨。《诗术》第4章的主要话题，其实是荷马与肃剧诗人和谐剧诗人的对比。因此，第4章开头的这段言辞悄然引入"热爱智慧者"的学习方式，显得颇为奇怪。但是，既然柏拉图在一开始就携带"苏格拉底的言辞"出场，那么，第4章开头的这段言辞无异于向叙事诗人和戏剧诗人同时发起了挑战。

我们需要想起，《王制》中的苏格拉底与格劳孔讨论何谓"热爱智慧者"时，两人曾达成一致。格劳孔说，那些"把自己的耳朵出租给聆听一切歌舞的事业"，为参加各种艺术节争取获奖而到处奔波的人，当然都不配叫

作热爱智慧者——苏格拉底说,对啊!真正的热爱智慧者"热爱观看真理"。毕竟,

> 那些爱声响和爱观赏的人喜欢动听的声音、漂亮的颜色、图象以及一切由诸如此类的东西组合起来的事物,然而,他们的心灵却没有能力看到并且喜欢上美的本质。……只有极少数的人能够接近这种美,并且能看清它的本质。(《王制》476b4–10)

亚里士多德熟悉这一说法,《诗术》第 4 章随后的说法要把我们引向怎样的思考呢?

## 四 民主时代与诗人的品质

《诗术》除了论肃剧部分,是否还有论谐剧部分,这个问题一直悬而未决。19 世纪 30 年代,古典学者发现了一个据推断出自亚里士多德手笔的《谐剧论纲》(Tractatus Coislinianus)的 10 世纪抄本。[1] 这个"论纲"极为简略,仅目录式的纲要,译成中文仅稀稀拉拉 3 页文字,我们无从见到亚里士多德关于谐剧的具体论述。

---

[1] 中译见罗念生译"《诗学》附录",收入《罗念生全集》第一卷,上海:上海人民出版社,2004。

有的古典学者认为，《诗术》并没有论谐剧部分，尽管《诗术》第6章在论肃剧之始时说，"关于六音步格律中的模仿术，以及关于谐剧，我们以后再谈"（1449b21），但亚里士多德如鲤鱼一样狡猾，他许诺过"以后再谈"而后来根本就没有再谈的事情，并非没有过。

### 围绕"论谐剧"的古今之战

20世纪末，意大利著名学人艾柯（Umberto Eco，1932—2016）别出心裁，以探明亚里士多德《诗术》第二部分（"论谐剧"）何以佚失为基本线索，写了一部让他暴得大名的侦探小说《玫瑰之名》（*The Name of Rose* 1980）。[1] 艾柯念大学时的专业是中世纪晚期基督教哲学，他当然清楚，13世纪时（公元1278），一位名叫莫尔贝克的威廉的基督教修士第一次把《诗术》译成了拉丁文。

艾柯编的故事大致是这样：13世纪时，意大利北部山区某修院接连发生谋杀案，一位也名叫威廉的英格兰资深修士奉命前往调查。没想到，他的追查又连续导致莫名尸案……由于这位威廉修士有"进步思想"，他最终查出，连环尸案与亚里士多德《诗术》中的"论谐剧"部分有关。

艾柯在小说中用大约整整一页篇幅虚构了"这篇能

---

[1] 埃科，《玫瑰之名》，林泰等译，重庆：重庆出版社，1987，页125—127，页575—576及页580—588（以下随文注页码）。

致人死命的文稿怎样开头"(《玫瑰之名》,页 575–576)。案底终于真相大白:原来,修院图书馆的退休馆长、瞎子修士约尔格用特殊方法让《诗术》第二部"论谐剧"很难翻页,然后又在页边涂上毒药。当有人阅读"论谐剧"读得兴奋却又很难翻页时,难免要动用自己唇边的口水,这样他就必死无疑。显然,瞎子修士约尔格想要让所有渴望读"论谐剧"的人都死于非命。

威廉揭穿恶作剧之后,已经是八十老翁的瞎子修士用"他那双骨瘦如柴的手把薄薄的手稿慢慢撕成碎片,塞进嘴里,渐渐地咽下去,好像他在吞噬的不是书,而是书的主人,像是要把这些纸片看作那人的皮肉似的"(同上,页591)。瞎子修士因自己给书页抹上的毒药成了此案造就的最后一具尸体,亚里士多德的《论谐剧》也从此佚失……

像是天意的安排,几乎与艾柯构思《玫瑰之名》同时,年轻的英国古典学者杨柯在给本科生讲授《诗术》时突发奇想,要考索佚失的"论谐剧"。经数年努力,以《谐剧论纲》为基础,杨柯从古文献中辑佚残句,"假设性地重构"出《诗术》的"论谐剧"部分,从希腊文或拉丁文译成英文有满满 8 页。[1]

---

[1] Richard Janko, *Aristotle On Comedy, Towards a Reconstruction of Poetics II*, 前揭,页 91-99。

杨柯并不讳言，他的重构虽然每一步踏出的都是坚实的考据脚步，最终凭靠的仍然是自己的 the youthful imagination［年轻想象］。不用说，艾柯的《玫瑰之名》同样是凭靠自己的 imagination。但与杨柯不同，由于采用小说虚构而非文史考证的方式，艾柯得以避免古典学问上的考据辩难。

不过，杨柯的想象虽然面临考据辩难，却得以避免与亚里士多德比斗智慧高低。艾柯采用小说虚构方式重构"论谐剧"，恰恰不得不面临与亚里士多德比斗智慧及其伦理品质的高低。毕竟，在今本《诗术》中，我们可以看到亚里士多德关于谐剧的基本看法，或者说看到他如何看待谐剧的基本视角。

从现有结构来看，《诗术》的确极有可能本来包含论谐剧部分，这不仅因为第6章开头曾许诺关于谐剧"以后再谈"。更重要的是，在导论的最后部分（即第4—5两章），亚里士多德对古希腊诗作的三种基本样式（叙事诗、肃剧诗、谐剧诗）做过一番比较，为我们获知亚里士多德如何看待谐剧留下了线索。杨柯的重构文本前两节，就采用了这段材料。通过细嚼这条线索，我们不难得知艾柯与亚里士多德比斗见识高低的结果如何。

我们已经看到，《诗术》关于诗的导论有一条清晰的论述线条。首先开门见山地提出"模仿"概念，以此界定所有作诗之术的性质，随后把"模仿"分解为静态的空间性模仿（绘画、雕像）和动态的时间性模仿（舞蹈、戏剧）两类，又进一步从时间性模仿分解出音乐和诗。与此同时，亚里士多德还提出，模仿是属人的自然习性，从而，诗艺的模仿是一种讲究特殊技艺的模仿（第1章）。

在第2章，亚里士多德引入了模仿的伦理品质高低问题——无论习性式的模仿还是诗艺的模仿，都有高尚与低俗的区分。这就为随后讨论肃剧和谐剧奠定了基础，因为，肃剧模仿高尚的行为，谐剧模仿低俗的行为。与此同时，亚里士多德把时间性的诗艺模仿再分解为叙述式模仿（比如荷马叙事诗）和动作式模仿（比如需要演出来表达的戏剧），从而为比较叙事诗与肃剧诗和谐剧诗做了诗艺形式上的准备（第3章）。

第4章一开始，亚里士多德重提世人的自然模仿习性（有别于各种诗艺的模仿），同时引入了理智理性的模仿，为比较叙事诗与肃剧诗和谐剧诗做准备。可以看到，从第1章到第4章前半部分，亚里士多德实际上确立了三种最基本的模仿样式：第一，人在生活中的模仿行为（要么模仿高尚的人，要么模仿低俗的人）；第二，诗艺的模仿，比如叙事诗和戏剧诗；第三，热爱智慧者的理智理性式模仿。

### 诗艺的天赋与理智理性

亚里士多德紧接着就在如此确立起来的三种模仿样

式的框架下谈到叙事诗、肃剧诗和谐剧诗的异同:

> [1148b20]既然模仿对我们来说就是[自然]天性,那么,谐音和节奏同样如此(因为,节奏显然是格律的恰切部分)。起初,在这方面天生极富资质的人一步步发展,由他们的临时口占便生产出诗。

这话明显是在对比习性式的模仿与诗艺的模仿。如今的文艺理论家喜欢把这段话看作关于古希腊诗艺起源的论述,其实,亚里士多德关注的问题并非是我们所关注的问题。反过来说,我们关注所谓人类学式的古希腊诗艺的起源,亚里士多德则未必如此。

与"模仿一样"($τοῦ\ μιμεῖσϑαι$),谐音和节奏"对我们来说就是[自然]天性"($κατὰ\ φύσιν\ δὲ\ ὄντος\ ἡμῖν$)。上文并没有提到诗人,这里的"我们"指谁不清楚,只能理解为泛指。由于上文说的是理智式的模仿,现在说谐音和节奏与模仿一样,都是人身上的天性,等于说三种模仿都是人的天性:自然的模仿习性是所有常人的天性,理智的模仿和诗艺的模仿则是少数人的天性。

显然,后两种模仿天性取决于少数个人的天赋。比如,理智的模仿依赖于理智的特殊天赋,诗艺的模仿依赖于诗艺(音乐—绘画—文字)方面的特别天赋。有这种天赋的人"临时口占便生产出诗"($ἐγέννησαν\ τὴν$

ποίησιν），这种人就是"诗人"。所谓"临时口占"（ἐκ τῶν αὐτοσχεδιασμάτων）并非仅指制作言辞，而是比喻所有样式的诗艺天赋。

亚里士多德在别的课程中说明过何谓"临时口占"：人们喜欢节奏、曲调以及谐音，是因为人们合乎自然地喜欢合乎自然的节律，新生婴儿也喜欢节奏和曲调证明了这一点。自然有自己的节奏，人体的自然也有自己的节奏，两者相合就会带来快乐。比如，有节奏地锻炼和吃喝。相反，不合符自然秩序的节奏，身体就会产生疾病。尤其值得注意，亚里士多德在这里提到谐音的含义：

> 我们喜欢谐音，因为它是彼此有某种比例关系的相反因素的混合。比例关系是一种秩序，其本性就是快乐的。混合的东西比完全不混合的更快乐，尤其是如果在可感的东西中同等地含有两个极端的力量，谐音中的比例关系就是如此。（《问题集》920b29-921a6）

如果高尚与低俗就是"两个极端的力量"，那么，高尚与低俗就构成了人世的自然谐音。毕竟，在实际人世中，任何时代都不可能人人高尚或人人低俗。肃剧模仿高尚者，谐剧模仿低俗者，两种模仿的混合就是对自然谐音的模仿。

然而，人自然地喜欢节奏与谐音是一回事，人有制作节奏和谐音的天赋是另一回事。因此，并非人人天生就是诗人或者谁都能成为诗人。亚里士多德在这里把特别的诗艺天赋溯源到人的自然天赋，就与这一章起头说到的人有自然的模仿习性勾连起来。这也可以看作是高低两级模仿：自然的模仿是低的模仿，诗艺的模仿是高的（技艺性）模仿。

我们应该注意亚里士多德的论说顺序：他从人性的模仿习性说起，即"从孩提时起，人天生就模仿"，然后说到理智式的模仿，再说到诗艺的模仿。为什么是这个顺序？

不仅如此，在说到自然的模仿习性和理智的模仿习性时，亚里士多德似乎故意模糊两者的差异，或者暗中把两者放在一起类比：即把孩子或"人们"与热爱智慧者类比，却没有提到诗人。转向诗艺的模仿之后，亚里士多德又凸显诗人的特殊天性，说他们在格律方面"天生极富资质"（οἱ πεφυκότες πρὸς αὐτὰ），似乎前两种模仿天性比较普通，诗艺模仿的天性才特别。实际上，我们凭常识也知道，自然的模仿是常人的模仿天性，智识模仿和诗艺模仿都是少数人的天性。

倘若如此，为什么亚里士多德要强调诗艺模仿需要"天生极富资质"呢？可以做出两种推测：要么亚里士多德想显示热爱智慧的模仿天性与常人的模仿天性有更多天然的联系，从而凸显诗艺的模仿天性的独特性。毕竟，诗艺模仿需要一些特殊的才能和技艺。否则，如今我国的高考制度也不会凭此成绩加分，搞得父母们纷纷强制子女学习这类技艺，不管自己生出来的孩子是否有这方面的"天生资质"。

然而，情形更有可能是，通过对比常人的模仿天性与热爱智慧的模仿天性，凸显常人与热爱智慧（或者实践理性与理智理性）的根本差异，亚里士多德意在确立一个框架，以便为探究诗艺模仿的性质获得一个基点，或者说，为诗艺的模仿在人性行为中找到一个确定位置。这意味着，诗艺的模仿应该属于人的理智理性，但实际上又并非如此：诗人的灵魂样式接近常人的实践理性，但他们的技艺天赋又让自己显得比常人殊为有别。

亚里士多德在这里列举了三项诗艺模仿的要素，能够证明这一点：谐音、节奏和格律。第1章说到诗艺的模仿要素时，亚里士多德有过两次列举，每次都仅提到三项要素，但提到的具体要素不同。第一次列举提到节奏、言辞、谐音，第二次列举提到节奏、曲调和格律。用曲调和格律代替"言辞"和"谐音"，意味着凸显诗艺的成分。因为，"曲调"与"谐音"同为音乐要素。用"格律"代替"言辞"同样如此：格律虽与言辞相关，但凸显的是言辞的韵律。现在算第三次列举，与第二次列举没有什么差异，因为，真正的"曲调"应该是谐音。亚里士多德在上乐理课时曾这样问道：

> 为什么谐音比齐唱更悦耳（$διὰ\ τί\ ἥδιόν\ ἐστι\ τὸ\ σύμφωνον\ τοῦ\ ὁμοφώνου$）？因为谐音在第八度音程中是唱和歌吗？（《问题集》921a7–8）

亚里士多德在后两次提到诗艺模仿的要素时，抹去的都是"言辞"要素。我们知道，"言辞"的原文是logos，这个语词也有理智理性的理和抽象思考的含义。如果理智理性本质上也是一种模仿，或者说热爱智慧的理智活动也是一种模仿天性，而且可能是最高的模仿，那么，抹去"言辞"要素就很有可能是在暗示，诗艺的模仿缺乏理智理性，或者至少理智理性的程度不如热爱智慧的模仿。显然，这无异于站在热爱智慧者的立场贬低诗艺的模仿。

明白这一点后再来回味"既然模仿对我们来说就是天性，那么，谐音和节奏同样如此"的说法，我们就不难体会到，所谓的"我们"指理智理性的模仿者。毕竟，亚里士多德在前面明确用到了"热爱智慧者"这个语词。

《诗术》一开始谈的是广义的作诗，甚至包括柏拉图的"苏格拉底言辞"，因此，第一次列举诗艺模仿的要素时提到了"言辞"。第二次和第三次列举诗艺模仿的要素时，亚里士多德是在谈狭义的作诗，抹去"言辞"要素无异于说，狭义的诗艺缺乏理智成分。现在亚里士多德谈的是叙事诗、肃剧和谐剧诗，让人费解。在所有诗艺样式中，这三种诗艺包含的"言辞"要素最多，或者说，这三种诗艺的模仿最接近理智理性的模仿，何以会先抹去"言辞"要素？

我们能够理解，所谓有诗艺天赋，通常不过意味着有"临时口占"的才能，这当然不等于他们有理智理性的天赋。但在有诗艺天赋的诗人族类中，叙事诗人和戏剧诗人的确显得特别。在他们的模仿品中，不仅言辞要素多，更重要的是，他们有把不同时间、不同地点的事情重新安排在一起的天赋——编织故事的天赋，这类似于理智理性的天赋能"合起来思考"。相比之下，抒情诗人或音乐家、画家更不用说舞蹈家的这类天赋就大为不如。

### 荷马与民主政治时代

由此可以理解，在讨论叙事诗和戏剧诗之前，亚里士多德首先提到热爱智慧的模仿。这意味着，理智模仿是衡量诗艺模仿高低的尺度，毕竟，编织故事的天赋最接近理智理性的天赋。换言之，最高的诗艺模仿必须带有理智的思考即"合起来思考"，真正好的诗艺模仿是一种类似于智见的模仿。

当然，这并非亚里士多德独创的看法，而是自己的老师的老师苏格拉底的观点：唯有热爱智慧的模仿涉及最高的"这就是那"。在柏拉图的《斐德若》结尾我们可以读到，苏格拉底对热爱修辞技艺的斐德若说：

> ［在说和写］之前，一个人应该知道说或写所涉及的各个事物的真实，逐渐有能力按其本身来界定每个事物；应该通过界定进一步懂得［如何］按形相来切分［每样事物］，直到不可再切分；应该按相同的方式透视灵魂的天性，找出切合每种天性的［言辞］形相；应该这样来立言和遣词：给五颜六色的灵魂提供五颜六色、和音齐全的言辞，给单纯的灵魂提供单纯的言辞——在这之前，一个人没可能有技艺地掌控言辞这个族类，以符合［言辞］已然长成的如此天性：要么为了教诲某种东西，要么为了劝说某种东西——先前的整个说法就是如此给我们揭示的。(《斐德若》277b5-c6）

亚里士多德在第4章接下来的说法与苏格拉底的这段说法非常相近：肃剧和谐剧的模仿分别涉及两类"性情"，即"庄重的人"（σεμνότεροι）和"轻浮的人"（εὐτελέστεροι），前者高贵、令人肃然起敬，后者粗鄙、让人瞧不起。

[1448b24] 作诗按其固有的性情而分：庄重的人模仿高尚的行动和做这类高尚行为的人，轻浮的人则模仿低俗人的行为，最初是搞讽刺，正如另一种人最初作颂神诗和英雄赞美诗。尽管我们不能说在荷马以前有谁作过这类诗作，似乎仍然曾有过许多这类诗人。如果我们从荷马算起，还是可能的（比如他的《马尔基忒斯》和诸如此类的诗作）。……[1]

这段说法与其说在谈肃剧和谐剧的起源和区分，不如说在谈诗人的性情样式。苏格拉底告诉斐德若应该学会透视世人的灵魂样式，亚里士多德把这一教诲用到了诗人身上，即透视诗人的灵魂样式。

诗人要么性情"庄重"、要么性情"轻浮"，前者是肃剧诗人，后者是谐剧诗人。性情"庄重"才会模仿高尚的行动和高尚的人，这类诗人最初作的是颂诗和赞美诗（ὕμνους καὶ ἐγκώμια）：颂诗赞美诸神，赞美诗赞美高贵的人。换言之，这类诗人首先赞美诸神，其次赞美高贵的人。我们应该记得，柏拉图笔下的苏格拉底的确说过，"我们只许可歌颂神明的颂诗和赞美好人的赞美诗进入我

---

[1] 诗的区分：对观柏拉图《法义》810e 8 以下，816d 谈到严肃的或谐剧的诗；《法义》829c 3 谈到美和刺。关于颂神诗和赞美诗，对观柏拉图《王制》607a，《法义》801e；早期一般诗歌，见《法义》700a 及以下。

们的城邦"(《王制》607a)。换言之，我们应该记得亚里士多德自己在《伦理学》结尾和《政治学》结尾时的承诺：作为立法者应该如何看待文艺。

性情"轻浮的人"模仿低俗的人（τὰς τῶν φαύλων）的行为，最初他们制作讽刺诗（ἰαμβεῖον）。肃剧诗源于颂诗和赞美诗，谐剧源于讽刺诗。这话看起来是在谈作诗样式的起源，重点却在凸显叙事诗人荷马既是肃剧诗人的先驱，又是谐剧诗人的先驱——这意味着凸显编织故事的天赋是作诗的起源。

因此，亚里士多德说，荷马"作过戏剧化的模仿"（μιμήσεις δραματικὰς ἐποίησεν）：

[1448b34] 正如荷马尤其是高尚之物的诗人（不仅因为作了那些其他东西，而且因为他作了戏剧化的模仿），同样，也是他最先勾画出谐剧的形式，作的不是讽刺诗，而是可笑之物的戏剧制作。《马尔基忒斯》就与此类似，正如《伊利亚特》和《奥德赛》跟肃剧相关，它与谐剧相关。

这意味着，荷马虽然作叙事诗而非供演出的戏剧诗，但荷马的叙事诗就本质而言是戏剧诗（行为模仿）。我们今天还能看到的《伊利亚特》和《奥德赛》近似于后来的肃剧诗，已经失传的《马尔基忒斯》则"最先勾画出谐剧的形式"(τὸ τῆς κωμῳδίας σχῆμα)。这是"可笑之物的戏剧制作"(τὸ γελοῖον δραματοποιήσας),近似于后来的谐剧诗,而非与抒情诗对应的讽刺诗。

难道亚里士多德的意思是,诗人荷马的性情既"庄重"又"轻浮"?这样设想未免荒谬。能够设想的仅是,荷马的性情属于理智德性,这种德性高于伦理德性的"庄重"及其对应品性"轻浮",从而能够同时把握并支配"庄重"和"轻浮"。我们需要回忆起柏拉图的《会饮》在结尾时的说法:

> 苏格拉底在迫使他们([引按]指肃剧诗人阿伽通和谐剧诗人阿里斯托芬)同意,同一个男人应该懂制作谐剧和肃剧;凭靠技艺,他既是肃剧诗人,也是谐剧诗人。(《会饮》223d4–5)

这意味着苏格拉底的热爱智慧的理智德性胜过肃剧诗人和谐剧诗人。反过来看,亚里士多德的说法无异于把荷马视为具有理智德性的热爱智慧者。在柏拉图笔下,苏格拉底虽然把荷马视为最高明的诗人,但更多视为肃剧诗人。[1]换言之,柏拉图笔下的苏格拉底显得藐睨荷马,亚里士多德则暗中让自己的老师柏拉图与荷马比高低。

---

[1] 比较《王制》595c,598d,605c 尤其 607a;《泰阿泰德》152e。

现在我们可以恍悟到，第1章后半段的说法看似不经意，其实水深得很。

我们还应该注意到：亚里士多德强调，荷马才是肃剧和谐剧的源头。如此说法取代了前面（第3章）关于谐剧起源的说法，足见那段说法的确是戏言。

[1449a2] 自从肃剧和谐剧成双而出，每一个有作诗欲望的人，就依其固有天性转向其中之一，有的成了谐剧制作者，取代短长格律，有的成为肃剧教师，取代叙事诗，因为这两种形式比其他两种更好、更受敬重。

这里所谓"更好、更受敬重"（ τὸ μείζω καὶ ἐντιμότερα ）是时代的风气而已。前面关于谐剧起源的说法虽是戏言，却也包含真言：肃剧和谐剧源于民主政体。这意味着，城邦的伦理品质发生了巨大变化。李维在《自建城以来》（7.2-3.1）中记叙了古罗马引入古希腊戏剧的原因和过程，可以帮助我们理解何谓"更好、更受敬重"。[1]

公元前365年，也就是培提库斯（Sulpicius Peticus）和斯多洛（Caius Licinius Stolo）任执政官那年，罗马城闹瘟疫。为祈求诸神息怒，罗马人搞了建城以来第三次

---

[1] 比较李维，《自建城以来》[第一至十卷选段]，王焕生译，北京：中国政法大学出版社，2009。

大型祈神圣宴（lectisternium）。但救灾措施和祈求神助的祭祀都不见效，瘟疫未见缓解。于是，罗马人依从古希腊人的迷信，靠演戏来平息上天的愤怒。本来，好战的罗马人并不喜欢文艺，罗马城有大斗兽场，却没有剧场。为了摆脱瘟疫，罗马人才开始搞戏剧演出：古罗马诗人通过模仿古希腊戏剧诗人开启了古罗马文学。

然而，无论世风怎么变，人的自然天性及其伦理差异不会变。在任何政体中，"有作诗欲望的人"（τὴν ποίησιν ὁρμῶντες）都代不乏人。即便在我们的"文革"时期，也产生过几个诗人。问题在于，无论什么政体抑或世风，每个天生有作诗欲望的人都是"依其固有［自然］天性"（κατὰ τὴν οἰκείαν φύσιν）而成为某种伦理样式的诗人。在《色戒》或《金陵十三钗》或《芳华》产出的时代，人们若多见低俗的诗人，没什么奇怪。毋宁说，世风差异只会使得或高尚或低俗的诗品受到追捧而已。

在雅典民主政治时代中，这种人要么成为"谐剧制作者"（κωμῳδοποιοί），要么成为"肃剧教师"（τραγῳδοδιδάσκαλοι），荷马式的同时驾驭高低的作诗技艺分化成了肃剧和谐剧技艺。肃剧和谐剧分别代表对人生的两种基本面相的理解：对高的面相和对低的面相的理解。真正具有理智德性的诗人如荷马既能理解高的人生面相又能理解低的人生面相，或者说能够理解人生面相的高低混合，有如高低八度音程与其中的属音和中音一起构成的和音。反过来说，肃剧诗人和谐剧诗人对人世的理解无论多么透彻，都是片面的，尽管相比之下，肃剧诗人的理解比谐剧诗人的理解要深刻得多。

在雅典民主时代，虽然作诗技艺分化成了肃剧和谐剧技艺，并不意味着肯定不会再有荷马式的"天性"。毋宁说，有没有这类天性，全凭天意或者说机运是否让这类人偶然生出来，尽管一个城邦的人口基数与这种概率毫无干系。柏拉图发现，他的老师就是这样的人，而且甚至像荷马一样是个游吟诗人。用现代人类学家的说法，荷马仅是口传诗人，不知是后来的谁将《伊利亚特》和《奥德赛》著于帛书而已。同样，苏格拉底也是个口传诗人，只不过我们碰巧知道，柏拉图让其言辞著于帛书。

### 雅典肃剧的理智品质

亚里士多德的这段说法显得是在简述从荷马叙事诗到雅典戏剧诗的发展过程，以至于现代的古典学家或注疏家喜欢说，这是亚里士多德版本的古希腊诗简史。这种观点不值一驳，因为，亚里士多德在这里只字未提古希腊抒情诗（如品达）和诉歌。如今的古典学家或文学史家们关心的问题，并非亚里士多德所关心的问题。我们应该关注亚里士多德所关心的问题，而非我们自己的所学专业关心的问题。

亚里士多德关心的什么问题呢？在这里，亚里士多德以荷马叙事诗为尺度，实际上也就是以苏格拉底的"言辞"为尺度。我们应该注意到，亚里士多德说，取代或者说承接叙事诗的其实是肃剧，谐剧诗取代或者说承接的是"短长格律"的讽刺诗。

说过肃剧诗和谐剧诗与荷马诗作的承继关系之后，亚里士多德分别谈到肃剧和谐剧在形式上的形成过程。他首先谈肃剧，并明确说肃剧源于民间的萨图尔剧。从今人写的古希腊文学史中我们可以得知，这是关于肃剧起源的通常说法。看来，肃剧源于萨图尔剧是当时的常识，亚里士多德也这样说并不奇怪，奇怪的是，这样说就明显与上文说荷马是肃剧诗的先驱相矛盾。因此，我们必须问：肃剧诗究竟源于荷马诗作，还是源于萨图尔剧？

亚里士多德具体提到埃斯库罗斯和索福克勒斯对肃剧演出形式的贡献，为我们理解他的问题提供了线索。埃斯库罗斯让演员增加到两个，相应减少歌队的合唱。换言之，埃斯库罗斯使肃剧演出变成了对话，而非仅仅哼啊哈地念唱……索福克勒斯甚至让演员增加到三个，以至于舞台表演成了言辞交锋。

说到底，埃斯库罗斯和索福克勒斯对肃剧发展的贡献在于：言辞要素取代了曲调或节奏要素。由于言辞逐渐成为肃剧演出的中心，传统的歌舞成分减少，肃剧就具有了更多的理智模仿要素，从而改造了民俗性的萨图尔剧。由于把歌舞表演改造为对话，肃剧表演所提供的戏剧场景更接近现实的行为，原本更多音乐要素的诗艺模仿变得更接近实际生活中的行为模仿。从而，观众从舞台上看到的是自己所熟悉的行为，而非歌舞行为。

我们知道，雅典肃剧的言辞仍然具有格律形式，或者说仍然是音乐性的诗，从而，舞台上的行为仍然是在"做戏"。但是，亚里士多德尤其提到，为了更逼真地模仿现实行为，雅典肃剧诗人尽可能地减少言辞的音乐化格律风格，把为了配合舞蹈的四音步长短格律改为更符合自然言谈的三音步短长格律，使得叙说成分多过音乐成分。[1]我们若想想传统戏曲与现代话剧的差异，就可以明白这一点，尽管雅典肃剧仍然只能算作戏曲。亚里士多德说：

> [1449a24] 一旦出现言谈（λέξεως γενομένης），自然［天性］自身就找到了自家的格律；因为，双音步最具言谈特征（λεκτικόν）。显然，在相互交谈中，我们说话大多用双音步，很少用六音步，否则就抛弃了说话腔调。

把言辞音乐化，把说话变成唱腔，就得增加音步，

---

[1] 比较 M. L. West, *Delectus ex iambis et elegis Graecis*, Oxford, 1980。

叙事诗守六音步（ἑξάμετρα），是音乐化的念唱，完全没有"说话腔调"（τῆς λεκτικῆς ἁρμονίας）。我们会想到电影演员与戏剧演员的差别：戏剧演员说话得拿腔拿调，电影演员则必须与实际生活中的说话腔调一模一样。旧肃剧用四音步，为的是配合歌队的舞步。雅典肃剧诗人把诗句的格律改为三音步，显然更接近自然言说。从这一意义上讲，肃剧诗比荷马叙事诗更具生活现实感。

叙事诗受音乐化格律限制，现实感既真实又不真实；萨图尔剧不仅受音乐限制，还受舞蹈限制，现实感更弱。通过增加演员数量和减少言辞的音乐化，肃剧偏离音乐舞蹈要素，从而比叙事诗更能提供逼真的现实场景。

我们应该意识到，如果把这里提到的"相互交谈"（τῇ διαλέκτῳ τῇ πρὸς ἀλλήλους）与"我们说话"（λέγομεν）以及"自然[天性]自身"（αὐτὴ ἡ φύσις）的说法合起来思考，那么，这段言辞的双重含义就显出了"自家的格律"（τὸ οἰκεῖον μέτρον）。

## 雅典谐剧的理智品质

接下来亚里士多德谈谐剧的形成过程，但文本已经进入第5章。这一章很短，仅大约第4章一半的篇幅。事实上，第4章和第5章得连起来看，因为，第5章专谈谐剧，明显与第4章谈肃剧的后半部分属于同一个论述结构。

可以看到，第4章从人的一般模仿天性说起，首先确立了常人模仿天性和理智模仿天性的区分，然后把荷马叙事诗树立为诗艺模仿的典范，其理据是：荷马既能模仿高尚的对象，也能模仿低俗的对象。随后出现的肃剧和谐剧，分别具有荷马某一方面的伦理品质。接下来亚里士多德便分别论述肃剧和谐剧，只不过论述肃剧的段落在第4章，论述谐剧的段落在第5章。

为何要把论谐剧的部分单独划分为一章，我们不得而知。可以设想的情形不外乎两种可能：要么如此章节划分并非亚里士多德的原稿所为，要么亚里士多德认为，谐剧需要与肃剧分开来谈。究竟是哪种情形，我们无从断言。

与前文谈肃剧仅涉及形式要素不同，第5章谈谐剧一开始就提到谐剧的伦理品质：

[1449a32] 如我们说过的那样，谐剧模仿最为低俗的东西，不过并非所有低劣的方面，毋宁说，可笑的东西是丑［可耻］的东西的恰切部分。因为，可笑的东西是某种过错，虽可耻却不致引起痛苦和损害，比如现成的例子：可笑的面具又丑又怪相，却不引致痛苦。

这段说法难道不像是《伦理学》中的论述吗？亚里

士多德首先区分了"低俗"与"低劣"(κακίαν):"低劣"行为包含坏、邪乎,"低俗"行为则并非如此。我们可以理解,"低俗"会让人感到好笑,因此是谐剧模仿的对象;"低劣"只会让人憎恶,不会让人好笑,因此不可能是谐剧模仿的对象。

亚里士多德还进一步说,"可笑的东西是某种过错"(ἁμάτημά τι),这无异于说,"低俗"行为是"某种过错","不致引起痛苦和损害"(ἀνώδυνον καὶ οὐ φθαρτικόν)。反过来说,"低劣"行为并非"某种过错"。我们应该知道,亚里士多德的这些说法并非原创,而是在模仿他的老师。《王制》中就谈到过谐剧性的东西有害(452d),在《斐勒布》中我们可以看到谐剧性的东西和可憎的东西的区分和对比(49b-e)。至于"谐剧性过错",要么源于缺乏自知之明(《斐勒布》48a-e),要么源于身体和心智上的缺陷(《法义》816d)。

在后来讨论肃剧时,"过错"是个关键词,这里第一次出现却用于说明谐剧的模仿对象。由此可以说,"某种过错"既是肃剧行为的成因,也是谐剧行为的成因。

何谓"过错"?凭常识我们可以理解,"过错"这个语词已经暗含一个认识过程,这意味着,人们知道某种行为错了。倘若如此,"过错"作为肃剧和谐剧行为的基本品质意味着,制作肃剧和谐剧都带有理智理性成分,即有助于人们通过看戏而认识到某种行为是

"错"的。

谐剧模仿的过错并不让人感到痛苦和恐惧，因为这种过错"不致引起痛苦和损害"，或者说对人世生活不会产生严重影响。反过来说，肃剧模仿的过错会对人世生活产生严重影响。何况，谐剧模仿具有"可笑的面具（τὸ γελοῖον πρόσωπον），又丑又怪相"。换言之，谐剧模仿具有更多诗艺的夸张成分，观众看谐剧会下意识地知道自己是在看戏而已，不会把舞台上的行为当真，不会让自己入迷或陷进去。如施特劳斯所说，肃剧诗人能用技艺让人着迷，也能用技艺让人摆脱着迷，谐剧诗人能让人摆脱着迷，却不能让人着迷。

毕竟，谁愿意觉得自己是个谐剧人物呢？尤其在民主时代的传媒和知识界，可笑的人不知道自己可笑的情形，实在太多。因此，就形式要素而言，谐剧与肃剧一样，在减少音乐舞蹈要素之后更接近生活的现实行为。

然而，在实际生活中，庄重的成分毕竟远远多于轻浮的成分。谐剧凸显演戏的滑稽性质，人们在实际生活中的行为并非如此。即便有的教授实际如此，毕竟不是刻意所为，而是人如其人。谐剧模仿不仅内容好笑，形式也好笑，演员戴着"可笑的面具"。观众看谐剧难免具有优越感，会觉得谐剧中的"过错"仅仅好笑而已，与自己无关，以为自己在生活中绝不会是这样。演员（俗话说"戏子"）演戏并非真的在做人，而是用"做戏"模仿真实的行为。与肃剧相比,谐剧演员更非真的在做人,因为谐剧不模仿庄重的行为。

关于谐剧在诗艺方面的具体演变是怎样的,亚里士多德说自己不清楚,因为人们并不重视谐剧,尤其是城邦不重视谐剧。实际上他在前面(1448b1)说过:"执政官(ὁ ἄρχων)很晚才给谐剧诗人分派歌队。"可见,无论肃剧还是谐剧演出,在雅典都属于政事,合唱歌队由城邦掌管。

不过,亚里士多德接下来还是说到谐剧在诗艺方面的具体演变:

> [1449b6]制作故事[的人]最初来自西西里〔厄庇卡耳摩斯和弗耳弥斯〕,但也来自雅典人,克拉忒斯率先(πρῶτος)放弃滑稽形相,在一般意义上制作言辞和故事。

亚里士多德的说法虽然极为简短,仅仅这样一句话,但可以看到,与前文谈及肃剧的形式演变一样,亚里士多德突出了"制作故事"(τὸ δὲ μύθους ποιεῖν)在谐剧形成过程中的重要意义,或者说凸显了言辞要素的增加。

尤其值得注意,虽然谐剧"起初"(ἐξ ἀρχῆς)是西西里人(厄庇卡耳摩斯和弗耳弥斯)的发明,亚里士多德则说,谐剧"也来自雅典人"克拉忒斯,而且说他率先放弃"滑稽形相",[1]开始"在一般意义上制作（*καϑόλου ποιεῖν*）言辞和故事",似乎以前的谐剧并不制作言辞和故事,只有滑稽表演。

言下之意,真正的谐剧与肃剧一样,是雅典民主政体的产物。如果"言辞和故事"（*λόγους καὶ μύϑους*）在这里不是同义异词修辞法的话,而"言辞"与理智理性相关,那么,这意味着唯有雅典谐剧具有理智理性的性质。

理智理性通过故事来表达,从而,会编故事即便是民间谐剧形成的标志,理智理性指导编故事才是雅典谐剧的根本性质。

### 认识肃剧何以更难

结束第 5 章时,亚里士多德又回到第 4 章中段的话题,对肃剧、谐剧和叙事诗作了一番对比。我们可以进一步看到,上面关于肃剧和谐剧起源的说法,其实是在说谐剧、肃剧、叙事诗三者的异同。现在的关键词是言辞和故事:尽管叙事诗拿腔拿调地说话,叙事诗的主要成分是言辞和故事。因此,出现言辞和故事才是雅典肃剧和谐剧成形的关键转折点。

---

[1] "滑稽形相"（*τῆς ἰαμβικῆς ἰδέας*）有多种译法,Golden 译作 the form iambic[ or investice ] poetry; Janko 译作 the form of lampoon; Halliweill 译作 the iambic concept; Sachs 译作 the look of personal ridicule,笔者的译法从 Sachs。

就凭靠带格律的言辞模仿高尚的人而言，叙事诗制作［1449b10］与肃剧相通，一是单纯的格律，一是叙述报道，这就是差异；进一步说，不同之处还在于长度。……［1449b16］有的成分两者相同，有的则为肃剧独有。因此，谁能认识肃剧方面的高尚和低俗，谁就能认识叙事诗。因为，叙事诗制作的东西，肃剧中有，但肃剧中有的则并不都见于叙事诗制作。

亚里士多德仅仅对比肃剧与叙事诗的异同，因为两者都"凭靠带格律的言辞（μετὰ μέτρου λόγῳ）模仿高尚的人"。谐剧虽然也是"带格律的言辞"，毕竟不模仿高尚的行为。肃剧是"单纯的格律"，意思是肃剧凭靠演员直接呈现高尚者的行为，叙事诗则转述高尚者的行为，也就是所谓"叙述报道"（ἀπαγγελίαν）。

肃剧与叙事诗的差异还在于"长度"（τῷ μήκει）不同，所谓"长度"指故事时间。由于肃剧演出受场景规定，故事时间有较大限制，往往以"天"来计算，叙事诗的故事时间则几乎没有限制。换言之，就"凭靠带格律的言辞"呈现行为而言，肃剧诗与叙事诗各有优长。

亚里士多德最后说到，肃剧中有的"成分"（μέρη）与叙事诗相同，"有的则为肃剧独有"（τὰ δὲ ἴδια τῆς τραῳδίας）。所谓"成分"是什么意思呢？"单纯的格律"与"叙述报道"以及时间长度显然仅涉及形式差异，"成分"当指模仿的"内容"，即肃剧所模仿的高尚行为。亚里士多德在前面说，叙事诗既能模仿高尚行为，也能模仿低俗行为。现在他则说，"谁能认识肃剧方面（περὶ τραγῳδίας）的高尚和低俗，谁就能认识叙事诗。"这无异于说，要"认识"肃剧中的高尚和低俗，比叙事诗更难，从而预示了第6章以后的肃剧论。

亚里士多德没有说，肃剧既能模仿高尚行为，也能模仿低俗行为，因为，肃剧不模仿低俗行为，正如谐剧不模仿高尚行为。倘若如此，所谓叙事诗和肃剧有相同成分，应该指两者就内容而言都模仿高尚行为。既然肃剧不模仿低俗行为，那么，肃剧中有而叙事诗中没有的，就当是单纯的高尚行为。既然如此，亚里士多德为什么又说，"认识肃剧方面的高尚和低俗"更难？

"认识"（οἶδε）这个语词非常理智化，原义是"看见"。柏拉图笔下极为重要也极为抽象的所谓"相/理式"，就由这个语词衍生而来。亚里士多德的意思很可能是，叙事诗中所模仿的行为伦理品质高低分明（有如贵族政体的等级秩序），不难认识高低；谐剧中只有低俗的东西，也不难认识。唯有肃剧不同，虽然仅模仿高尚行为，但这种行为却夹杂着"过错"或低俗成分（有如民主政体不分高尚和低俗），很难区分，需要"认识"。

看来，"认识"并区分高尚和低俗乃是理解亚里士多德肃剧论的钥匙。

亚里士多德对谐剧、肃剧、叙事诗三者异同的比较从荷马叙事诗的性质开始,以肃剧的独特性结束,或者说以叙事诗既能模仿高尚又能模仿低俗开始,以"认识"高尚与低俗的含混结束。肃剧在形式上与谐剧相同,都需要演员以动作和言辞直接呈现故事,内容上则与叙事诗既相同又不相同:肃剧所模仿的高尚是含混而非明晰的高尚。

不仅如此,肃剧的故事时间必须非常集中,近似于西方近代古典戏剧中著名的三一律(时间、场景、事件碰巧凑在一起),或者说比叙事诗受到更多表达上的限制。为了使得高尚与低俗复杂难辨,肃剧要求诗人具有更高的选择情节编织故事的能力。由于肃剧直接呈现言辞,肃剧诗人不可能像叙事诗人那样,随时对行为言辞做出解释或下判断,从而,肃剧也更多地要求观众自己去"认识"高尚或低俗。

既然肃剧的独特性质在于最能激发"认识"高尚和低俗,肃剧就比叙事诗更具富有理智德性的教育作用。叙事诗中高尚与低俗泾渭分明,谐剧中仅有可笑的行为,这两种情形都与人世生活的实际不相符。毕竟,实际的人生行为大多既非高尚与低俗泾渭分明,也非仅是可笑的行为,反倒是高尚与低俗的混合。肃剧最能凸显实际人生的伦理含混,因此才最有看头。20世纪的好些影视作品引发巨大争议,这些作品就堪称具有肃剧品质。

在这里，如果我们能够想到柏拉图《治邦者》中的异乡人关于"编织"言辞的一段说法，那么，我们会更好地理解亚里士多德的说法：

> 任何有心智的人都不会愿意为其本身追逐关于编织的言辞（τὸν ὑφαντικῆς γε λόγον）；但是，我想，大多数人都没有意识到，就某些存在者来说，它们的某些可感的相似性天然容易理解，也不难澄清，只要人们愿意对任何要求关于它的言辞之人容易地指出它，既不费事，也不用言辞。可是，另一方面，对于最伟大、最重要的存在者，世人又没有一个已经清楚地制成的形象，通过展示这个形象，任何有意愿通过学习充实灵魂的人都将通过使之应和某个感觉完全装满［自己的灵魂］。因此，人们必须训练，使自己能够给出和接收关于每个事物的言辞；因为，那些没有形体的最美、最伟大的东西，只有在言辞中才能清楚地得到展示，别无他法，我们现在所说的一切都是为了它们。（《治邦者》285d7–286a9）

亚里士多德说，荷马的叙事诗最富肃剧品质，这无异于说荷马叙事诗也具有伦理上的含混。尽管如此，叙事诗与肃剧诗毕竟有一个根本区别：肃剧中的高尚是人样的，叙事诗中的高尚是神样的。肃剧模仿有过错的好人,显然比叙事诗模仿有过错的英雄更能突显人性伦理的复杂难辨。

相比之下,谐剧对富有理智德性的教育作用微乎其微。谐剧模仿可笑的行为,难免夸大实际行为。因此,亚里士多德把肃剧而非谐剧视为诗术的典范样式。倘若如此,即便《诗术》真的有论谐剧部分但散佚了,对富有理智德性的伦理教育来说,并非缺憾。

## 后现代谐剧的伦理品质

在《玫瑰之名》临近结尾时,艾柯让他笔下的侦探修士威廉与瞎子修士约尔格有过一次结论性对话。

威廉说,经自己的考据研究,他已经可以推知,"亚里士多德把笑看作是一种具有良好倾向的力量,有教益作用。"因为,"把人物和整个世界描写得比原来的或比我们认为的更坏,描写得比叙事诗、肃剧诗乃至圣徒传所表明的更糟更坏",诗人"才能获得真理"(《玫瑰之名》,页581)。

读过《诗术》第二部分(即随后佚失的"论谐剧"部分)的瞎子修士承认,威廉说得"差不离"。读过《玫瑰之名》的我们则应该说,艾柯自己"差不离"是以威廉考据出来的原则来编织修院中的连环尸案故事。因为,他恰恰把天主教修士和整个修院生活描写得比原来的或比我们认为的更坏。

换言之,《玫瑰之名》是艾柯按照自己的谐剧观创作的一部谐剧。本来,谐剧"专事描写那些下层的可笑不可恶的小人物……通过暴露常人的不是和缺陷来引人发笑"(同上,页581),由于《玫瑰之名》描写的并非这类人,而是修院修士,由于把原来的或我们认为的高贵之士描写得更坏,甚至比下层小人物还要可恶,艾柯颠覆了亚里士多德的高贵与低俗之分。因此,他的谐剧并不引人发笑。

那么,后现代谐剧诗人艾柯由此获得了怎样的智性认识呢?他借自己笔下的瞎子修士的话来揭示自己所获得的真相。换言之,把侦探修士逼瞎子修士说出来的话颠倒过来看,就可以得到艾柯要揭示的真理。

> 笑是我们肉体软弱、堕落和愚蠢的表现。它是乡居者的娱乐,酒鬼的放纵……笑终究是低级的,是对平庸者的庇护,是一种受到玷污、供贱民享用、不可思议的东西……在这本书里,笑的作用被颠倒了。它被上升为艺术,世上学者的大门也向它敞开,竟然成了哲学、伪神学的研究对象……
> 
> 这本书会诱使那些伪学者们通过接受低级庸俗这类可恶的反面东西来压倒高尚……一旦这位哲人证实了这些充满低级趣味的想象的玩意儿有道理,或者这种本来平庸、不值一哂的无稽之谈,一下子

跃为重要的人士极为感兴趣的东西的话,那么,本来应当是重要的东西就会荡然无存,上帝创造的人就将变成从无名的地狱喷出的一群怪物……

我们的先辈明智地对此做出了选择:假如笑是俗人的欢乐,那么,俗人的狂欢必须抑制,予以取消,用严厉来使之就范……假如有一天……被嘲笑的艺术被大家接受,成为高尚、自由的东西,而非机械的东西……我们就奈何不了他们亵渎上帝,因为它能集结起躯体中像放屁和打嗝那样肮脏的能量,并动不动就用它们去获取那种纯属精神的权利。(《玫瑰之名》,页583-588,译文略有改动)

瞎子修士的这段言辞明显带有基督教信仰色彩,从而对亚里士多德谐剧观的概括未必完全准确。不过,对比《诗术》第4—5章的论述,我们得说,瞎子修士至少把握住了亚里士多德的一个基本要点:高尚与低俗有伦理品质上的高低之分。倘若如此,艾柯所要揭示的真相便是,在亚里士多德那里,根本不存在这样的高低之分。

艾柯的逻辑是,基督教信仰与古希腊的"异教"哲学决然对立:既然基督教讲究圣俗之分、高贵与低俗之分,"异教"的亚里士多德哲学必然与此相反。由此我们不难得出这样的结论:《玫瑰之名》凭靠"放屁和打嗝那样肮脏的能量"要搞笑的与其说是瞎子修士的信仰,不如说是亚里士多德的德性智慧。

《玫瑰之名》问世仅六年，全球销量达四百万（未计中译本销量），在实现了普世价值的国家，无不被誉为"最佳小说"。有了艾柯这样的理智，在他致力构建的后现代文化中，"低级庸俗这类可恶的反面东西"压倒了高尚的东西，"严肃、重要的东西荡然无存"，才会一点儿都不可笑。

从《诗术》中可以清楚地看到，在亚里士多德看来，雅典谐剧是雅典民主政体的产物。我们知道，阿里斯托芬的剧作代表了雅典谐剧的最高成就。在阿里斯托芬的剧作中，的确可以看到"放屁和打嗝那样肮脏的能量"。然而，今天的我们恰恰难以接受——尤其是依天生性情认同民主文化的人难以接受，在阿里斯托芬看来，这些无不是民主政治释放出来的"能量"。阿里斯托芬的谐剧履行的是传统的讽刺职责：在阿里斯托芬眼里，民主政治"低级庸俗"，是必须嘲讽的"可恶的反面东西"。[1]

与此相对照，《玫瑰之名》这部后现代杰作不仅会让我们更好地认识到，艾柯这个后现代诗人因自己的天性而有怎样的伦理品质，也有助于我们更好地认识到，现代民主政治的文化诉求在于：让"放屁和打嗝那样肮脏

---

[1] 比较拙文，《普罗米修斯与民主的秘密》，刊于林志猛主编，《古典礼法与政治哲学》（《古典学研究》第一辑），上海：华东师范大学出版社，2018。

的能量"不再受到抑制,而是被颂扬为"自然、自由的东西"。鉴于早在艾柯构思《玫瑰之名》之前,现代民主政治的如此文化诉求已经成为现实,《玫瑰之名》的确堪称模仿这种诉求的杰作。毕竟,它向我们揭示了这种文化诉求的真相:让低俗的身体欲望能量"去获取那种[本来]纯属精神的权利"。

## 五 肃剧引论:城邦卫士与灵魂净化

《诗术》第6章起头对肃剧所下的著名定义,是理解《诗术》主体即肃剧论部分(第6—18章)的指南。这一定义虽然字数不多,却一直备受争议。

我们先看亚里士多德给肃剧下的著名定义的这段文字本身:

> [1449b24] 肃剧是对一个行为的模仿,这行为严肃[高尚]、完整,有分量,凭愉悦的言辞,这些样式分别各在其恰切的部分;[肃剧]是做戏而非通过叙述,靠怜悯和恐惧净化这样的一些感受。所谓"愉悦的言辞",我说的是有节奏、谐音和曲调;所谓"这些样式分别",指有时仅仅用节奏、有时则也用曲调来实现其作用。

这一定义与《诗术》第1章说到习性的模仿与诗艺的模仿时的句子很相似，尤其是亚里士多德在那里说，模仿的对象不外乎"性情、感受和行为"（1447a20以下）。在肃剧定义中，"感受"一词第二次出现，而且成为关键语词。可以说，第6章的肃剧定义表明，亚里士多德将重新从头开始探究"诗术"。

不难看到，这段著名的肃剧定义由两个表语句构成。第一个表语句界定肃剧是什么以及凭靠什么作成，第二个表语句界定肃剧有何政治教化作用。随后对凭靠什么作成有一句补充，具体解释多少有些语焉不详的"凭愉悦的言辞"这一说法。

这个定义显得简洁明了，引用者历来众多。少数业内人士则心里清楚，定义中的某些语词含义模糊，即便费力考究，也未必得其正解。显然，除非搞懂比如"完整，有分量""怜悯"尤其"净化"之类语词的确切含义，断乎没可能正确理解这个定义。听亚里士多德讲课的学生们也许没有这样的理解困难，但即便对现代西方的古典学家和文史学家来说，的确有这样的困难。

当然，如何把握亚里士多德这段话，对我们的考验不仅在于搞清语词含义。毋宁说，比这更大的考验在于理解亚里士多德的心性高度。善于深思的政治思想史家沃格林的看法也相当离谱，就是一个很好的例证。他竟然认为，这一肃剧定义仅仅关注肃剧"对观众的影响"，

似乎肃剧成了"某种类似心理疗法一样的东西":

> 亚里士多德的理论很像某些现代心理学家的理论,这些人认为,足球比赛和类似的体育事件之所以是好事情,是因为它们给观众提供了满足其攻击性的有效办法。诚然,这种减压是由希腊肃剧,还是由游戏和电影来提供,其中有着巨大的文化差异,但是其原则都一样:肃剧精神已经一去不复返。[1]

如果现代人不是自以为比亚里士多德的智慧品德更高,那么,理解亚里士多德的首要困难仍然在于:如何按亚里士多德自己的说法理解亚里士多德。

### 何谓有分量的人生

我们先看亚里士多德对肃剧是什么的界定:

> 肃剧是对一个行为的模仿,这行为严肃[高尚]、完整,有分量。

很清楚,亚里士多德把肃剧界定为对某种行为的模仿。问题是如何理解他对"这行为"的界定:何谓"严

---

[1] 沃格林,《城邦的世界》,前揭,页328—329。

肃[高尚]、完整，有分量"的行为？

以往的译本大多把 σπουδαίας 译作"严肃"，但在《诗术》第2章，这个语词与"低俗"对举，因此似乎应该理解为"高尚"。所谓"完整"（τελείας）看起来似乎没问题，指肃剧作品的完整，其实，这个语词还有"目的/完成/完满"等含义，译作"有目的"也说得通。

最有歧义的是 megethos（μέγεθος）这个语词，以往的译本大都译作"有一定长度"，依据是前面（1449b12）出现过这个词，那里指肃剧的时间长度。但 megethos 并非仅有"长度"的意思，也有"大、高大"的含义，引申为体积的"大、高、长"和"力量"。比喻用法的含义是"重大、强大、博大"，若理解为指肃剧作品的模仿对象"重大"，也未必不通。[1]

"高尚""有目的"与"重大"构成一个词群，明显是对行为品质的界定，而非对作品形式的界定。因此，理解这句的关键在于，根据前面关于肃剧模仿高尚行为的说法，亚里士多德对肃剧下定义同时是在对高尚人生下定义：肃剧所展现的行为是高尚、有伦理目的的人生重大行为。

---

[1] 旧的英译本多译作"长度"：Grube 本译作 a certain length，马戈琉斯本译作 some length；晚近的译本如 Janko 本、Halliweill 本、Sachs 本和戴维斯本均译作 magnitude，尽管大多取"时间幅度"的含义。

换言之，亚里士多德对肃剧下的这个定义具有双重含义。"肃剧是对一个行为的模仿"很清楚指肃剧，但"这行为高尚、完整"则首先指被模仿的行为本身，而肃剧是对这行为的模仿。从而，所谓"高尚、完整"的行为既指实际的高尚人生，也指肃剧所模仿的人生。王士仪本译作"体裁宏伟"，意思倒比较贴切，但"体裁"把语义限制在肃剧的形式方面，丢失了这里一语双关地所指的重大人生的含义——我们不便说，"这个人的人生体裁宏伟"。但无论对于实际的高尚人生还是肃剧中模仿的高尚人生，我们都可以说，这是"有分量"的人生，或"意义重大"的人生。

总之，亚里士多德对肃剧下的第一个定义同时包含着对重大人生的定义：堪称重大的人生是"高尚，有[伦理]目的，有分量"的人生，即通常所谓了不起的人生，尽管这绝非等于没有问题的人生。这样的人生必定是城邦[政治]的人生，不用说，在实际生活中或者历史上，这样的人生向来罕见。即便我们有愿望模仿高尚、完整、有重大意义的人生，实际做起来也很难。20世纪60年代，笔者为了模仿英雄欧阳海，好几次整天蹲在铁路旁，盼望出现类似险情，也未能实现高尚人生的愿望。

肃剧使得这种难乎其难的模仿成为可能：肃剧以诗艺方式模仿高尚、有伦理目的、了不起的人生，使得我们可以接近这种人生。不仅如此，由于做戏的模仿受舞台限制，要从头到尾展示一个高尚、完整、了不起的人生显然不可能，必须选择有限数目的行为来展现这样的人生。做戏的模仿为我们精选出一个重大人生中的几个华彩行为，反倒使得我们可以直接看到一个重大人生的精华之处或成问题之处——所谓"肃剧性过错"，从而对何谓高尚、有伦理目的、了不起的人生有更好的认识。

肃剧所模仿的高尚人生是经过选择并编织起来的重大人生，因此，如何选择故事情节以及如何编织这些情节，变得非常重要。电影《雷锋》的编剧曾回忆说，为了选择情节，他伤透了脑筋。毕竟，雷锋的高尚人生体现在平凡之中。

选择故事情节首先要求肃剧诗人有理解重大人生或者说认识很高的伦理行为的心性品质和心智能力，否则，不可能区分一个实际的重大人生中的偶然成分与必然成分，进而选取出最能体现重大人生的个别行为。毕竟，一个实际的重大人生与平凡人生起初往往是叠合的。编织故事意味着借助经过选择的行为，使得重大人生从平凡人生中凸显出来。在日常生活中，我们总是见不到什么有分量的行为，一旦有这样的行为出现，我们往往会说：瞧，人生中的戏剧性时刻来啦……

### 何谓"凭愉悦的言辞"

亚里士多德的定义随后就说到如何编织故事："凭愉悦的言辞"（ἡδυσμένῳ λογῳ）和"这些样式分别各在恰

切的部分"。这个表述很含混,仅仅是个方式与格短语,而且主词有两个,即"言辞"和"每个这些样式",幸好都是亚里士多德在前面用过的语词。"样式"在第1章开头的题解中已经出现过,"言辞"出现得更多。但在这里,何谓"凭愉悦的言辞",带冠词的"这些样式"指什么"样式","分别各在恰切的部分"又是什么意思,都不清楚。

因此,亚里士多德跳过一句后对此做出了解释:愉悦的言辞指"有节奏、谐音和曲调",亦即伴有或没有伴有音乐的言辞。从而,"这些样式"当指"节奏、谐音和曲调"诸样式。这样看来,所谓"分别各在恰切的部分"指要么仅仅用节奏(似乎指戏白),要么也用曲调(似乎指带唱腔)。

这句补充看似清楚说明了何谓"凭愉悦的言辞",其实不然,因为随后说"这些样式"分别指要么"仅仅用节奏"要么"也用曲调",无异于分解了"节奏、谐音和曲调"。按照我们在前面的识读,是否可以设想,要么"仅仅用节奏"要么"也用曲调"的说法其实有双重含义,即也指要么用"苏格拉底的言辞",要么用戏剧诗人式的带格律的言辞?毕竟,亚里士多德说过,"文章($τὸν\ λόγον$)得有节奏,但不得有格律,否则就会是一首诗"(《修辞术》1408b30)。这里的"文章"与"言辞"是一个语词,可见,散文体对话的"言辞"也得讲究"节奏"。

问题的关键还在于如何理解"愉悦的言辞",亚里士多德补充说指"有节奏、谐音和曲调",但他特别用了"我说",似乎在提醒我们什么。因此,我们得关注"言辞"的修饰语"愉悦的"($ἡδυσμένῳ$)。这个语词与"快乐"有相同的词干,字面意思似乎指悦耳动听,从而与节奏、谐音和曲调等音乐要素相关。但是,在《修辞学》中,亚里士多德两次说到言辞的构成如何讲究节奏让人感到愉悦(《修辞学》1409a31-b4,1414a25),都与音乐不相干。

看来,理解"愉悦的言辞"的关键在于:它究竟指技艺方面,亦即狭义的音乐要素,还是指别的什么意思?

亚里士多德在《政治学》结尾谈音乐的作用时,说到感官愉悦给人带来快乐,也许能够为我们指点迷津。他说,在世人那里,"娱乐被搞成了目的"($ποιεῖσθαι$ $τὰς$ $παιδιὰς$ $τέλος$)本身。因为,对世人来说,"快乐"就是目的。其实,娱乐仅仅提供"即时的($τυχοῦσαν$)快乐"让人放松,即让人从过去的辛苦和痛苦中解脱出来,与"追求"($ζητοῦντες$)高尚的伦理目的所包含的快乐是两回事,这种快乐与"将在的东西"($τῶν$ $ἐσομένων$)有关,即因性情和灵魂有了某种性质的改变而产生的快乐。

问题在于,音乐给人带来的这两种不同的快乐看起来很"相似"($εἰκότως$)。因为,音乐与人的"生理快乐"($ἡδονῆς φυσικήν$)相关,以至于人们以为,大家享受的都是"共通的快乐"($τῆς κοινῆς ἡδονῆς$)。其实,由于灵魂样式不同,奥林珀斯的曲调让多数人获得"整个感官"的愉悦,而少数人获得的愉悦则来自"涉及灵魂的伦理感受"(《政治学》1339b31–1340a12)。

这段说法对我们理解现代美学的品质也非常有帮助,绝不仅仅是因为我们能从"整个感官"($πάντες αἴσθησιν$)这个语词看到"美学"这个概念的词源。毋宁说,现代美学只对世人"共通的快乐"感兴趣。与此相反,亚里士多德的感觉学则关切如何从"共通的快乐"中区分出少数人的快乐。

认识到这一点,对我们理解亚里士多德的肃剧定义极为重要,因为,他绝非是从肃剧能给人们提供"共通的快乐"这一视角来定义肃剧。现代美学家或文艺理论家从"共通的快乐"来理解亚里士多德的肃剧定义,想来想去总觉得费解,并不奇怪。

肃剧定义的第一个表语句已经呈现了行为和性情的伦理品质,第二个表语句说肃剧可以达到"净化"性情的目的,而且出现了"感受"这个语词。把前后两个表语句连起来看,亚里士多德已经圆满地对肃剧下了定义:"做戏而非通过叙述"与"肃剧是对一个行为的模仿"对应,"靠怜悯和恐惧使得这样一些感受净化"与"凭愉悦的言辞"对应。

由此可以断言,所谓"愉悦的言辞"指激发涉及灵魂的伦理感受的言辞。与此相应,"这些样式分别各在恰切的部分"中的所谓"这些样式",也可能指"高尚、完整、重大"的人生行为得以可能的灵魂样式。毕竟,"凭愉悦的言辞"这个方式与格短语修饰"模仿",而这里的"模仿"具有双重含义:肃剧固然是模仿,但"高尚、完整、重大"的人生行为同样是模仿——行为者性情和灵魂的模仿。

高尚、完整、了不起的重大人生行为各式各样,因为高尚性情的样式各种各样。因此,"这些样式分别各在恰切的部分"也可以理解为,肃剧模仿高尚性情应该做到恰如被模仿的性情自身。换言之,肃剧模仿高尚、完整的重大人生行为基于两项条件:第一,恰切把握高尚性情;第二,编织故事。故事呈现人物性情,正如行为才呈现出一个人的性情。随后的肃剧论由故事要素(第7—14章)和性情要素(第15—18章)两大部分构成,由此来看,"凭愉悦的言辞"这个格短语无异于预示了整个肃剧论的基本主题。

无论如何,亚里士多德是基于他在前面所说的来界定肃剧。通过前五章尤其第5章,亚里士多德的论述从一般模仿逐渐走向肃剧的模仿,最终凸显了肃剧模仿的两个特质:行为式的模仿和模仿高尚者的行为。与此同时,亚里士多德刻意逐渐减低肃剧诗的诗艺特征。因此,若我们仍然从诗艺特征方面来理解亚里士多德的肃剧定义,难免南辕北辙。

## 何谓"灵魂净化"

"愉悦的言辞"指"节奏、谐音和曲调"这一说法,是在肃剧定义的第二个表语句之后的补充,显得绕弯儿,而且似是而非。亚里士多德还特别用了"我说",似乎他的言辞本身就可能是"愉悦的言辞"。由于第二个表语句引发的歧义堪称《诗术》引发的种种歧义之最,我们可以说,亚里士多德对肃剧的政治教化作用的说法,的确是令人"愉悦的言辞":

> [肃剧]是做戏而非通过叙述,靠怜悯和恐惧使得这样的一些感受得以净化。

这话的前半截很清楚,没有争议,诉讼纷纭的是"靠怜悯和恐惧使得这样一些感受得以净化"。这个分句的含混之处同样不在句法(方式属格),而在语词的含义。正如读康德或海德格尔的书,我们感到最难把握的往往是些简短且简单的表语句。

业内人士关于何谓"净化"已经有过太多讨论,复述或细究这些讨论,要么陷入繁琐,要么坠入训诂迷宫。[1]在笔者看来，就理解亚里士多德所说的"净化"而言，柏拉图《智术师》中的异乡人的说法最有启发。他说，"净化"其实是一种"区分术"，即有能力把坏东西从好东西中分离出来，或者说把相似的东西从相似的东西中分出来（《智术师》226d1-10）。我们能够理解，即便在日常生活中，坏东西与好东西有时不仅黏在一起，而且看起来相似。换言之，这位异乡人把"净化"理解为理智理性的一种德性［能力］，即区分或辨识好坏的能力。

异乡人首先以"身体上的种种净化"为例来说明"净化"的普通含义：比如，通过健身术和医术净化人体内部，通过沐浴术净化人体外部。异乡人甚至说，清洗衣物上的污垢同样可以称为一种净化（《智术师》227a1-5）。可见，"净化"一词的含义有如日常所谓的"清洗"或"洁净"。

异乡人接下来说，这仅仅是就"无灵魂之物的净化"而言。通过健身运动或服药让体内的毒素或沉积排出，通过沐浴让肌肤洁净，都不等于洁净灵魂。因此，必须将"灵魂上的净化"（τῶν τῆς ψυχῆς καθάρσεων）与所有其

---

[1] 比较 M. Luserke 编, *Die Aristotelische Katharsis. Dokumente ihrer Deutung im 19. und 20. Jahrhundert*, Hildesheim, 1991; B. Seidensticker / M.Vöhler 编, *Katharsis vor Aristoteles. Zum kulturellen Hintergrund des Tragödiensatzes*, Berlin, 2006。

他东西的净化区分开来(《智术师》227b5 – c5)。

简单来讲,灵魂的"净化"指这样一种技艺能力:区分灵魂中的德性部分与劣性部分,通过受教育去除劣性部分,保养德性部分。但是,灵魂里有两种劣性部分,"一种好比身体上生出的疾病,另一种好比身体上显出的丑陋"。净化仅对"丑陋"的劣性部分有效,对疾病之类的劣性部分无效。

身体上的疾病就是身体的紊乱,即"本性同类的东西因某种败坏引起的作对",身体上的丑陋则是"比例失当、处处畸形"。同样,灵魂的疾病指灵魂的紊乱,即"当人处在恶劣处境时,灵魂中的意见跟欲望作对,血气跟快乐作对,道理跟痛苦作对"。由此引致灵魂"比例失当、处处畸形",其表现形式为灵魂的丑陋即"无知"。这意味着灵魂本来力图"瞄准真理",由于认识发生偏离,以至陷入一种"迷妄状态"($\pi\alpha\rho\alpha\varphi\rho o\sigma\acute{\upsilon}\nu\eta$)。

具体而言,怯懦、放肆、不义都属于灵魂的疾病,各种各样的无知则是灵魂的丑陋。异乡人得出结论说,必须认识到:治疗灵魂的疾病得靠"惩戒术"($\kappa o\lambda\alpha\sigma\tau\iota\kappa\acute{\eta}$),这是所有技艺中"天然最接近正义"的技艺;对付无知则得靠"教导术"($\delta\iota\delta\alpha\sigma\kappa\alpha\lambda\iota\kappa\acute{\eta}$)或"劝诫术"($\nu o\upsilon\vartheta\epsilon\tau\eta\tau\iota\kappa\acute{\eta}$),也就是通常所说的教育(《智术师》227c10–230a4)。

由此看来,我们不应该以为,教育可以解决人世中的一切灵魂问题,对世人的灵魂疾病只能采用惩戒手段。如果我们回想起亚里士多德在《伦理学》结尾关于"立法术"的说法,那么,我们可以说,亚里士多德在这一问题上与老师亦步亦趋。

究竟什么叫灵魂的"无知",异乡人也讲得很清楚。灵魂的"无知"不是指一个人缺乏学识,而是指他"自以为是"（tò μὴ κατειδότα τι δοκεῖν εἰδέναι）,即对自己其实并不知道的东西自以为清楚得很,还得意地把自己的糊涂当信念（《智术师》229c5）。

由此可以理解,异乡人说,针对这种灵魂的丑陋,得用"盘诘"（ἐλέγχος）来促使灵魂展开"追问"（διερωτῶσιν）,澄清自己的固执己见,即"用言辞把这些意见集中在同一个地方,挨个儿摆开",让这个灵魂认识到,"这些意见关于相同的事情在相同的方面针对相同的东西时自相矛盾。"

这就叫"灵魂上的净化"或者教育,在我们听起来,很像亚里士多德说的理智式的模仿或作诗。

异乡人最后还说到,这种"灵魂上的净化"有如下效果:

> 那些经受检验的人见此情形,对自己就严厉起来,对别人则温顺以待。正是通过这种方式,他们从禁锢他们的巨大而顽固的意见中解脱（ἀπαλλάττονται）

出来。在所有的解脱当中,这是听来最令人愉悦($ἡδίστην$)的一种,经受解脱者也变得无比坚定。因为,我亲爱的孩子,净化它们[意见]的人持有的观点,恰如治疗身体的医生持有的观点,即身体若不先清除内在于它的障碍,就不能从提供的食物中获益。

同样,关于灵魂,他们也认为,灵魂不会从提供的学问中获益,除非先以盘诘把被检验的人置于羞惭之地,滌除阻碍学问的成见,显出他的纯净,并且使他相信,他只是知他所知,此外再无所知。(《智术师》230b8–d4,柯常咏译文)

按此说来,灵魂净化的首要结果不就是我们所谓的严于律己、宽以待人吗?的确如此,但含义要深刻得多。问题在于,要让一个人从禁锢自己的顽固意见中解脱出来,谈何容易!我国古代贤人不是经常叹息,好些人冥顽不灵吗?

其实,既然贤者严于律己,那么,重要的是自己能从禁锢自己的顽固意见中解脱出来。至于别人是否愿意解脱,与我何干!何况,在民主政体中以及在智术师们的教育下,"禁锢自己的顽固意见"多如牛毛,对别人宽和以待就行。由此可以理解,谁一旦解脱出来,就会获得"最令人愉悦的"灵魂感受。

柏拉图笔下的异乡人最后还说:

> 我们得说,盘诘乃是净化中最大、最权威的一种。我们还得认为,任何未经盘诘的人,即便他碰巧是伟大的王者,如果在极大的事上未经净化,在那些事上他就会显得没有教养并丢人现眼;凡是真正享福之人,在这些事上显得最纯净、最美才合宜。(《智术师》230d8-e4)

这里提到"伟大的王者"让我们应该意识到,异乡人谈论"灵魂上的净化"是出于对政治秩序问题的考虑,而非出于对所谓精神哲学的考虑。我们应该想到,"伟大的王者"尚且如此,更不用说城邦卫士。在民主政治的时代,大学教授喜欢教导学生们要有"批判精神""独立意识""自由意志",却想不到自己"会显得没有教养并丢人现眼",因为,在民主时代,树立个人的权利意识就等于是"灵魂上的净化"。

将《智术师》中的这段言辞与亚里士多德所说的"凭愉悦的言辞"对观,真让人觉得若合符节。

不过,在亚里士多德的肃剧定义中,我们遇到的说法是:"靠怜悯和恐惧使得这样一些感受净化。"毫无疑问,亚里士多德说的是灵魂净化。"净化"这个名词作宾语,属格的"这样一些感受"受其支配,是作宾语的属格,也很清楚,但指示代词"这些"指什么却很含混。从句法来看,当指前面的"怜悯和恐惧"这两种感受,可这样一来就与"靠怜悯和恐惧"相矛盾,成了"靠怜悯和恐惧使得怜悯和恐惧净化"。

何况,为什么亚里士多德单单挑出"怜悯和恐惧"这两种感受来净化?所谓"这样一些感受"会不会不是指"怜悯和恐惧",倘若如此,还有什么感受可与"怜悯和恐惧"相比而更为值得净化?

由此看来,理解这个分句的困难主要在于:为什么是"靠怜悯和恐惧"来净化感受,"这样一些感受"是否指怜悯和恐惧。我们仍然采用老办法来解决困难:求助于亚里士多德自己的解释,而非现代学人的种种解释。

### 净化谁的怜悯和恐惧

亚里士多德在《政治学》结尾处说到音乐的愉悦作用时,就说到灵魂净化问题。他说,音乐的作用不外乎教化、净化和"消遣"($διαγωγήν$),并特别提到,关于"净化"将在《诗术》中再说。

这段文本我们在前面涉及过,继续读下去的话就会看到,亚里士多德接下来说:诸如怜悯($ἔλεος$)、恐惧($φόβος$)、感发($ἐνθουσιασμος$),都是人的灵魂共有的感受[情感]。不过,在不同的灵魂那里,感受程度有差异,在"有些人"($ἐνίας$)的灵魂中,这些感受很"强烈"($ἰσχυρῶς$)。

换言之,亚里士多德看似在谈人的灵魂的共通感受,其实在区分人的灵魂样式。否则,他不会说,某些人尤其易于被激起这类感受,音乐则"有如治疗和净化"(ἰατρείας καὶ καθάρεως),能平缓这样的感受。他还说到,参与音乐竞赛的人有两类,即受过教育的"自由人"(ὁ ἐλεύθερος)和"凡夫俗子"(ὁ φορτικός)。显然,音乐的净化作用仅仅对前一类人有效(《政治学》1341b40-1342a20)。

可以看到,这段说法与柏拉图《智术师》中的异乡人关于"灵魂净化"的说法完全吻合。异乡人甚至提到,即便是"伟大的王者"(βασιλεὺς ὁ μέγας),也得经受灵魂净化的教育。由于亚里士多德随后就提到苏格拉底在《王制》中提出的音乐建议(《政治学》1342a30-34),如果要进一步搞清亚里士多德的肃剧定义究竟指净化谁的灵魂,那么,我们就得追踪到柏拉图的《王制》。

在亚里士多德提到的《王制》段落前面不远处,苏格拉底摘引若干荷马诗句后说,

> 这些段落以及所有类似的东西,如果我们勾销了它们,我们恳求荷马和其他诗人别对我们发怒,毕竟,[勾销这些诗句]不是因为它们没有诗意,或大多数人听起来不觉得甜蜜,而是因为,如果这些东西越富有诗意,鉴于孩子们和男人们应该成为自由人,那么,他们越不应该听到这些[诗句],[以

免]害怕奴役甚于死亡。(王扬译文,略有改动)

苏格拉底的说法很清楚,他区分了"大多数人"(πολλοῖς)与"自由人"(ἐλευθέρους),而后者明显指"城邦卫士"。因为他说,出于"为城邦卫士们担心"(ὑπὲρ τῶν φυλάκων φοβούμεθα),必须管制他们的阅读,不能让诗作中出现"地下的幽魂"啊"僵尸"啊之类让人恐惧的语词,以免我们的城邦卫士变得"更温和,更软绵绵"(θερμότεροι καὶ μαλακώτεροι),缺乏所需要的品德(《王制》387b1-c5)。这无异于说,"大多数人"的灵魂温和或软绵绵纯属自然[天性],问题在于,城邦担纲者的灵魂不能变得"更温和,更软绵绵"。

《王制》第二卷正式进入长程讨论之始,格劳孔和阿德曼托斯先后做了长篇发言,接替忒拉绪马霍斯继续纠缠苏格拉底。阿德曼托斯一上来就祭出赫西俄德和荷马以及其他古诗人关于正义的说法(《王制》363a-364a),以至于苏格拉底的回答显得是在反驳诗人。

苏格拉底首先简要讨论了城邦需要什么样的担纲者,随之就讨论应该如何教育担纲者。这时,他指责荷马以及肃剧诗人埃斯库罗斯对悲伤的描写(《王制》379d-380c)。经过长程的讨论之后,苏格拉底最后又回到这一问题(卷十):荷马或肃剧诗人描绘英雄"如何陷入极度痛苦,如何在阵阵悲泣声中拉开长篇独白",长时间悲叹唱个没完,还捶打胸膛,甚至"我们中一些最好的人"($βέλτιστοι$)也会深有同感地听得入迷,实在要不得。毕竟,"希望得到良好治理的城邦"($μέλλουσαν\ εὐνομεῖσθαι\ πόλιν$)应该模仿灵魂中卓越的理性部分,而非模仿其中低劣的欲望部分(《王制》605a1–d5)。

可以说,诗人是否应该淋漓尽致地展现引发怜悯和恐惧的悲伤这一问题,有如一个框架框住了整个《王制》的长程讨论,而这个框架的基座则是城邦卫士的灵魂品质问题。苏格拉底对阿德曼托斯说的下面这句话让我们清楚得知,他在《王制》中为什么要谈作诗问题:

> 此时此刻,我和你并不是诗人,而是城邦的创建者;作为城邦的创建者,我们有责任知道一套模式,诗人应该根据它们讲述故事。(《王制》378e7–379a2)

这话用在谈诗术的亚里士多德身上,同样恰当。因此,"靠怜悯和恐惧使得这样一些感受净化"这个分句值得这样来理解:通过肃剧模仿怜悯和恐惧,使得这样的感受得以净化(涤除)。这意味着,就培育城邦担纲者这一目的来说,怜悯和恐惧这样的情感感受是负面的。否则,城邦担纲者没可能"为了善而净化城邦"(柏拉图《治邦者》293d5)。

如果要说亚里士多德与自己的老师有什么分歧,那么,也许可以说,柏拉图笔下的苏格拉底在谈到立法问题时,对作诗的要求更为严厉:他禁止诗人模仿这类感受。毕竟,城邦有"各式各样的智慧和形形色色的诗人(ποιηταὶ παντοδαποί)——尤其肃剧诗人":

> 诗人们或借助歌颂,或借助诽谤,能对意见施加强大的影响,不管他们给人们制造的是哪种意见。……要是你愿意想一想,你就会发现,肃剧是这个城邦非常古老的发明。肃剧是最能取悦民人的诗,也是最能迷住灵魂的诗。(柏拉图《米诺斯》320e4–321a5)

亚里士多德则主张,值得通过模仿人性中的负面感受来涤除这样的感受。所谓"靠怜悯和恐惧使得这样一些感受净化",实际上说到两种怜悯和恐惧。首先是肃剧所模仿的怜悯和恐惧,也就是所谓的"靠怜悯和恐惧"。随后的"这样一些感受"虽然指"怜悯和恐惧",却是指应该被涤除的城邦卫士身上的同类感受。因此,这句的要害仍然在于,通过模仿怜悯和恐惧使得这些感受本身得到净化。

我们需要回想起《诗术》第5章关于谐剧的说法:谐剧也涉及恶,但这些恶很轻,既不会引致痛苦,也不会带来损害。毕竟,谐剧涉及的不是人生的严峻方面,不涉及高尚的人生,而是低俗者的人生。就低俗者而言,他们身上有很重的怜悯和恐惧感,没关系啊,他们天性如此。《政治学》卷八结尾时,亚里士多德提到,按苏格拉底的建议,对这种人施行音乐教育,无须涤除怜悯和恐惧——毕竟,要涤除也没可能涤除干净。

我们还需要进一步搞清楚,在亚里士多德看来,究竟何谓怜悯和恐惧。对这两种感受,亚里士多德在《修辞学》中都有明文解释。关于怜悯,亚里士多德是这样说的:

> 不妨说,怜悯是某种痛苦,即对某个不值得[遭受]之人遭遇明显毁灭性的恶或痛苦不堪的恶[所感到]的痛苦,并料想自己或自己的某个人会遭受这恶,甚至这恶显得随时会落到[自己或自己的某个人]头上。因为,显然,一个在怜悯(ἐλεήειν)的人必然认为,某种恶就是自己或自己的某个人实际上会遭遇的恶……(《修辞术》1385b12-16)

按照这个说法,亚里士多德所说的"怜悯"与我们的日常理解差得太远。因为,所谓"怜悯"的对象其实并非遭受恶的那个"不值得[遭受]之人",而是并未遭受恶的"自己或自己的某个人"。亚里士多德两次强调了

"自己"（αὐτὸς）以及"自己的某个人"（τῶν αὑτοῦ τινα），无异于强调，"怜悯"说到底是一种自私的自我保存情感。毕竟，亚里士多德还强调，"怜悯"其实是一种担惊受怕，即"料想"（προσδοκήσειεν）自己或自己的某个人会遭受这种"明显毁灭性的恶"，从而与自己的生存恐惧相关。

事实上，人们恐惧的对象往往是预料会到来但还没有到来的事情。如果是已经落在自己头上的事情，那么，人们的情感反应已经不再是恐惧，而是要么瘫倒在地，要么咬紧牙关承受。

看来，"怜悯"在我们眼里是一种人道情感，在亚里士多德眼里则几乎是一种患得患失、毫无伦理品格的低劣情感。毕竟，我们应该注意到，亚里士多德在这里所说的"恶"（κακῷ），是"明显毁灭性的（φαινομένῳ φθαρτικῷ）或痛苦不堪（λυπηρῷ）的恶"。我们不难设想，在践行各种正义之事时，人们最容易遇上这样的"恶"。

"不值得之人"（ἀναξίου）这个语词在这里显得别有深意，因为，我们应该想到：对有英雄伦理品格的人来说，某些"明显毁灭性的恶或痛苦不堪的恶"恰恰应该主动经受。在艰苦卓绝的抗日战争和抗美援朝战争中，主动遭遇这样的"恶"的中华儿女还少吗？只有那些被现代自由主义的"怜悯"道德灌了迷魂汤的人才会说，中国现代革命史上的英雄都是假的，因为他们的灵魂像阿尔喀比亚德一样,脑子里盛满了非政治人的"怜悯和恐惧",凡暴死都是"恶",从而以为人间不会有高尚英勇的行为(比较柏拉图《阿尔喀比亚德前篇》115b1-116b1)。

关于恐惧,亚里士多德是这样说的:

> 不妨说,恐惧是某种痛苦或惶恐不安,它来自想象毁灭性的或痛苦不堪的恶就要临头。(《修辞学》1382a21-25)

这个说法很简要,但其要义已经包含在怜悯的定义中,尽管在文本中出现的位置先于关于怜悯的说法。事实上,关于"恐惧"的这个说法是对"怜悯"定义的解释。我们看到,这里对"痛苦"和"恶"的界定,连语词也与界说"怜悯"时完全一样,"料想"与"想象"($\varphi\alpha\nu\tau\alpha\sigma\iota\alpha\varsigma$)并无实质差别,所谓"惶恐不安"($\tau\alpha\varrho\alpha\chi\eta$)则不过更为形象地描绘了如此"痛苦"的情状。

由此看来,亚里士多德在《诗术》中并列使用这两个语词显得是同义异词修辞,"怜悯"在"恐惧"前面,意味着它是主要概念。[1] 不难设想,有"怜悯"感的人

---

[1] 在《伦理学》中,亚里士多德不止一处将"怜悯"与"恐惧"合在一起说。比较 G. A. Kennedy,前揭,页 151。

整日"惶恐不安",肯定不会自愿或有抱负成为城邦担纲者。当然,人们更难料想,如果这种人获得历史机遇而成为立法者,那么,情形又会怎样呢?

说来凑巧,这样的情形恰恰在近代战乱频仍的西欧出现了,并由此演化出一种立法传统。笔者不禁想起欧洲现代政治哲学的开山祖霍布斯,他正是从模仿某种灵魂样式的怜悯和恐惧出发,构建出如今被视为具有普世价值的政治原理,以至迄今仍然遭到激进哲人穷追猛打。在激进哲人看来,怜悯和恐惧不是共和国公民应该具有的情感感受。

亚里士多德的在天之灵若看到这样的思想纷争,他八成会觉得,斗争双方都没有用心读过他的《伦理学》,从而也不会用心读《政治学》,至于《诗术》则不屑于读。

如果把亚里士多德的肃剧定义中的两个表语句连起来看,那么我们必须说,"肃剧是对一个行为的模仿,这行为高尚、有[伦理]目的,并有分量"的说法,已经规定了应该如何理解肃剧是"靠怜悯和恐惧使得这样一些感受净化"。具有怜悯和恐惧感的人,不能成为城邦的立法者,因为他们的天性不可能理解"高尚、有[伦理]目的,并有分量"的人生。

我们应该意识到,亚里士多德并没有要求有"怜悯"天性的人理解肃剧人生。按照《伦理学》和《政治学》中的说法，这类天性应该属于霍布斯所说的"被保护者"，亦即被统治者。问题在于，霍布斯自己也未必料想到，他心目中的"惶恐不安"的"被保护者"的自然权利，后来竟然会成为立法者的出发点。

如我们今天也能看到的那样，好些民主政治理论家自己未必天生有怜悯和恐惧的性情，却对基于模仿灵魂中的欲望部分来构建城邦秩序的立法学说坚信不疑。由此看来，柏拉图笔下的异乡人说得对：这些热切关心立法的灵魂有"自以为是"的习性，需要经历"灵魂上的净化"才能自救。

话说回来，异乡人没有意识到一个自相矛盾：既然这种灵魂有"自以为是"的习性，他又何以可能自觉到自己需要"灵魂上的净化"？

## 立法者与肃剧

的确，《智术师》中的异乡人可能没意识到这一点。但我们断乎不能说，《治邦者》中的异乡人没有意识到。他说，如果将君主政体、贤良政体和民主政体加以比较，那么，显而易见，民主政体的德性品质最成问题。

> 多数人的〔政体〕在所有方面都弱，在大善大恶方面都无能为力，因为其中的统治已经按照小块被分配给许多人。所以，在所有守法的政体中它成了最

坏的，在所有非法的［政体］中它才是最好。虽然在民主政体中生活胜过所有没有规矩的［政体］，但如果有秩序，最不应该在民主政体中生活……［为此］我们必须赶走所有这些政体的参与者，因为他们不是政治家，而是动乱制造者。作为最大的影像的支持者，他们自己就是这类［影像］，作为了不起的模仿者和巫师，他们成了智术师中的智术师。(《治邦者》303a4–c5)

民主政体的立法者是智术师，在异乡人看来，他们并非真正的政治人，而是"动乱制造者"($\sigma\tau\alpha\sigma\iota\alpha\sigma\tau\iota\kappa o\acute{\upsilon}\varsigma$)。由于这话在今天听来逆耳，我们多半不会去想其中所包含的道理。如果我们的灵魂没有被智术师们制作的"影像"($\varepsilon\iota\delta\acute{\omega}\lambda\omega\nu$)缠住，那么，我们就会注意到，异乡人同时还说，这类"动乱制造者"也是"了不起的模仿者"($\mu\varepsilon\gamma\acute{\iota}\sigma\tau o\upsilon\varsigma\ \mu\iota\mu\eta\tau\grave{\alpha}\varsigma$)。我们值得进一步问，他们"模仿"什么呢？

异乡人紧接着说：

这对我们来说简直有如戏剧，正如刚才说的，看到一群肯陶尔和萨图尔，必须把它与治邦技艺分开……(《治邦者》303c8–d1)

由于提到"萨图尔",可以断定,所谓"有如戏剧"(ὥσπερ δρᾶμα)指肃剧。但异乡人这话是什么意思呢?难道区分正确与不正确的立法者或正确与不正确的政治技艺,无异于区分正确与不正确的肃剧?毕竟,异乡人还说,这与"净化感受[情感]"(καθαίρουσι πάθος)的人的经历相似(《治邦者》303d6)。随后,以区分正确与不正确的法官为例,异乡人说,正确的法官意味着有这样一种能力:

> 在契约方面,从立法的王者那里得到所有被确立为合法的东西,根据这些判断那些被规定为正义和不正义的东西,拿出它自己既不被某些财物也不被恐惧和同情[怜悯]以及被某种别的仇恨和友爱破坏的德性,拒绝在相互诉讼时违背立法者的规定做出裁决。(《治邦者》305b4-c3)

这岂不是说,法律的作用就是一种"净化"吗?显然,若要让法律起到这种"净化"作用,首先要求立法者对城邦需要"净化"这件事情心里有数。异乡人提到的"恐惧"和"同情[怜悯]",对我们理解亚里士多德说的"恐惧和怜悯"极富启发。我们看到,与"恐惧"(φόβων)搭配的"同情[怜悯]"(οἴκτων)与亚里士多德用的不是同一个语词,而这个词与"住所/家/家财"

(οἶκος)仅一个字母之差。似乎,所谓因同情而来的怜悯指看重自家的东西,即看重洛克所谓的自然"财产",从而与亚里士多德在《伦理学》中对"怜悯"的说法若合符节。

异乡人接下来谈到,正确的王者术或立法术其实有如编织术(ὑφαντική)。因为,

> 照管城邦中的一切并最正确地把所有东西编织到一起,如果我们用一个共同的名称来概括这种能力,看来我们应该恰当地称之为治邦术(πολιτικήν)。(《治邦者》305e2-6)

为什么立法术或治邦术有如编织术?因为,立法者或政治人必须认识到,城邦绝非仅仅由明显的劣人和明显的卓越之人结合而成。毋宁说,世人的天生性情多种多样,任何城邦都自然而然地是各色性情天性之人的混合。如果立法者要建立城邦秩序,那么,他就得先学会"用游戏[的方式]考察"各种性情样式,辨识或区分世人的不同性情。在异乡人看来,这有如编织之前的梳毛工作,非常之重要(《治邦者》308d1-5)。毕竟,人世中的"天性极高贵者"(γενναιοτάτῳ)与"天性极粗陋者"(ἐυχερεστάτῳ)往往"运气相投,跑到了一起"(《治邦者》266c4)。

完成梳毛工作之后，立法者或王者才会知道，哪类性情样式应该教育和勉励，哪类性情样式应该宽和地加以管制，哪类性情样式必须严加管制。比如，正确的立法者应该而且必须把"沉溺于无知和鄙俗的人打入奴隶之类"：

> 如果哪些人不能分享勇气和节制的性情以及所有与德性相关的东西，而是被坏天性强行推进渎神、傲慢和不正义，它就用死刑、放逐和最大的耻辱惩罚他们，从而剔除他们。（《治邦者》308e9-309a4）

这里与不可救药者对举的两种性情样式即勇气和节制，是异乡人对人世中另外两大性情样式的概括。换言之，这里的所谓"节制"德性有特别的含义，它指不好斗、天生没有统治欲望的性情。这种人仅仅渴望过一辈子平和有序的生活，即沃格林所说的"非政治人"天性。

> 那些特别有秩序的［人］乐意过平和的生活，自己独自处理自己的事情，即这样在本邦与所有人相处，对于外邦，他们同样乐意在所有事情上以某种方式保持平和。而且，由于这个过分的、更不恰当的爱欲，一旦他们做了想做的事情，他们就在不

经意间变得不好战,并且以同样的方式安排他们的孩子,而且总是任人攻击。因此,用不了很多年,他们自己和这些孩子以及整个城邦,不是变得自由,而是常常在不经意间成为奴隶。(《治邦者》307e2–308a2)

在异乡人看来,这种性情样式应该受到温和的管制,他们是天生的被统治者,这意味着他们天生就应该是受保护者。人世中这种性情样式占绝大多数,尽管就个体而言,具体的性情差异千差万别。由此可以理解,现代自由主义式的诉求为何会得到颇为广泛的认同。但在异乡人看来,问题在于,如果这种性情样式要求成为立法者甚或统治者,那就搞错了自己的天性。毕竟,他们的天生性情对统治没有热情。

这种性情样式的多数人的确如此,他们宁愿做被统治者/受保护者,在古代这叫作"臣民"。可是,民主政体却强制他们做统治者。因此异乡人说,民主政体"在所有方面都弱,在大善大恶方面都无能为力"。这种政体的悖论在于:平和有序的生活秩序需要得到保护,而保护必须得靠强力,以便对内管束天生需要受到管制的人,对外抵御好斗的族类,而"非政治人"一心要建立的却是没有统治强力的秩序。所以,异乡人在前面说,"在所有非法的[政体]中",民主政体才称得上是最好。

异乡人的锐利目光看到，真正的非政治人其实并没有参与政治的愿望。毋宁说，民主诉求是智术师模仿非政治人的性情制作出来的愿望，因此他称之为"最大的影像"，而智术师们则被称为"了不起的模仿者和巫师"。

异乡人同时也强硬地说，智术师不是真正的政治人，"而是动乱制造者"。他们不懂得，平和有序的生活即我们所说的"小康"生活若要得到保障，就得凭靠正确的统治秩序，而这种秩序的建立必须以天生具有勇敢德性的人为主干。这种性情样式天性高贵，若经礼法的浸润，养成正确的政治性情习性，就堪当优良的城邦卫士。因此，这类性情样式的人应该教育和勉励。

异乡人最后这样来概括作为政治术的"编织术"：如果良好城邦有如一个编织起来的网，那么，"更倾向勇敢，以至于其性情刚强"的人当被视为经线，天性倾向平和生活的人则被视为纬线，然后"以某种方式把他们结合编织起来"。前者为数不可能多，后者则是多数人，要让两者编织成城邦生活之网，就得让这两类人"关于美好具有同一个意见"。在异乡人看来，这是"王者唯一的和全部的编织工作"。因此，城邦卫士的德性最好由勇敢性情与节制性情混合而成。追求高尚和美的东西需要勇气，但勇气过盛容易忽略正义和谨慎，而节制性情则"过于谨慎、正义和保守，缺乏激情和某种热切主动的活力"（《治邦者》309a9–311b4）。不难设想，两者混合得不恰当，难免出现所谓"肃剧性过错"。

若仅仅看到异乡人心目中的最佳政体是一种混合政体，显然远远不够。毋宁说，这种混合的关键在于：何种性情德性样式应该成为城邦之网的经线，从而具有主导权。只有确立这一点之后，才可能出现所谓性情的"净化"问题。换言之，世人的实际性情往往是各种性情的混杂，要培育和选拔出城邦卫士，就必须凭靠"灵魂上的净化"的工作。

现在我们当能够理解，若异乡人所说的纬线成了经线，那么，我们就断难理解亚里士多德所说的肃剧"靠怜悯和恐惧净化这样的一些感受"。自现代以来，尤其是在后现代的今天，随着中产阶层的扩大和高等教育的普及，纬线实际上成了经线或至少宣称有"权利"成为经线，亚里士多德的肃剧定义难以理解，并不奇怪。

柏拉图《治邦者》中的这位异乡人的看法，其实就是苏格拉底的看法，因为苏格拉底在谈论立法时说过：

> 祭祀诸神和净化世人，不要花招做样子，而是真实地崇尚德性，对整个城邦来说，是所有事情中最为重要的。（柏拉图《法义附言》989c8–d2）

亚里士多德在《伦理学》结尾时说的与此并无不同。因此，异乡人所说的"编织术"对我们接下来阅读亚里士多德的肃剧论应该具有指导意义。无论如何，我们已经能够体会到，异乡人所说的"编织术"与立法术和治邦术的关系，与《诗术》开篇所谓"倘若想要诗作得美好，故事应如何编织"，绝非没有关系。

## 暂时的结语

带着以上问题，我们往下阅读亚里士多德关于肃剧的论述，一定会饶有兴味。不过，我们需要有精神准备：亚里士多德的论述很可能是在精心编织故事，即"凭愉悦的言辞"，让我们的"怜悯和恐惧"得到净化。

情形是否如此，尚有待悉心阅读来证实。这学期已经结束，下学期我们一起再从头开始吧……

# 附录 "诗学"与"国学"
## ——亚里士多德《论诗术》的译名争议

ῥυθμὸν δὲ ἔχειν τὸν λόγον, μέτρον δὲ μή, ποίημα γὰρ ἔσται.

文章得有节律,但不得有音步,否则就会成了一首诗。

亚里士多德,《修辞术》1408b30

在我国的亚里士多德研究中,《论诗术》一向是显学。早在1936年,即有傅东华先生(1893—1971)译本(《诗学》,上海商务印书馆)刊行于世。1960年代以来(至二十一世纪的最初10年),每十年就有一个新译本问世(晚近甚至有两个):姚一苇译本(《诗学笺注》,台北:国立编译馆1966);胡耀恒译本(台北:中外文学出版社1976),罗念生译本(人民文学出版社1982,重印于《罗念生全集》卷一,上海人民出版社2004),崔延强译本(《论诗》,见《亚里士多德全集》卷九,中国人民大学出版社 1994)、陈中梅译本(北京:商务印书馆 1996);王士仪译本(《创作学译疏》,台北:联经出版公司 2003);刘效鹏译本(台北:五南图书出版公司 2008)。

除崔延强译本外,上述译本各有不同程度的注释,最为突出或者说与众不同的是王士仪先生译本。这个译本长达四百多页,采用希–汉对照,不仅有希腊语原文训释,还有义理疏解,凭靠的文献交代得清清楚楚,显得言之有据,也为研究者提供了方便。最为显眼的是,王士仪译本将亚里士多德这部著名讲稿的书名译为《创作学》,更改了学界已采用半个多世纪的"诗学"译法。不过,五年后面世的刘效鹏译本仍然采用《诗学》这个译名,看来,学界人士并不愿意接受王译本倡议的改名。

## 《诗学》改名的理由

改《诗学》为《创作学》,王士仪先生并非始作俑者,亦非孤掌难鸣。据说,旅法学者左景权先生(1916—? 左宗棠曾孙,著有《司马迁与中国史学史》[法文])曾在 1970 年代末托人带给罗念生先生(1904—1990)一信,对亚里士多德的 περὶ ποιητικῆς 这个书名被译作《诗学》"不以为然",因为"近代西语 poetic, poétique

只是音译，等于未译"。[1] 左景权反对把书名译作《诗学》的理由有二：首先，希腊语的 ποιεῖν 与 poetry 或 poésie 的含义"有实质变化，按字面去译，反不如《创作论》为佳"；其次，亚里士多德在书中"所论只限于大块文章，谋篇布局精心剪裁，是否诗体还在其次"（同上）。

如果左景权先生真的是古典学家，这些说法是否确实出自他的手笔，让人犯疑。因为，第一条理由将 poetry 或 poésie 视为古希腊语动词不定式 ποιεῖν［做、作］的对译，显然不对，应该对译 ποίησις 才是。这个名词尽管派生自动词 ποιεῖν，语义却并不等于 ποιεῖν。第二条理由也是错的，因为，倘若"所论只限于大块文章……是否诗体还在其次"的说法成立，无异于罔顾明摆着的文本事实，亚里士多德在讲稿中主要讨论的是有体之诗［ποίησις］，而非"大块文章"［λόγος］。

左先生的这封私信后来刊发在一家学刊上，他的看法得到刘以焕先生（1938—，曾师从罗念生先生习古希腊语及拉丁文）热烈认同。在 1994 年发表的专文（后收入氏著《古希腊语言文字语法简说》）中，刘先生为左先生的第一条理由作了如下补充：ποιητική 来自 ποιεῖν（意为"做、创造"）。言下之意，poetry 或 poésie 的含义显

---

[1] 刘以焕，《古希腊语言文字语法简说》，上海：上海人民出版社，2006，页 307。

然不是"做、创造"。反过来说,"诗学"一词"在汉语文中指写诗论诗的学问,而所写所论的诗,大多是篇幅不长的古体或近体诗",与亚里士多德所论不合,"若将亚里士多德的 περὶ ποιητικῆς 翻译为《诗学》,不仅不确切,而且会产生误导"。因此,刘先生主张,"不能迁就原来的约定俗成,应将其订正,迻译为《创作论》为是"。至于何谓"创作",刘先生则明确说,这个语词"一指创造文艺作品,二指文艺作品本身"(同上,页305—308)。

王士仪译本的书名改《诗学》为《创作学》,倒不一定是受到上述两位启发,因为,王先生自己的大著《论亚里士多德〈创作学〉》早在1990年就已经出版(台北:里仁书局)。可以想见的是,王先生改《诗学》为《创作学》的理由,可能与左、刘两位先生的看法不谋而合。

刘以焕先生明确提出的两条理由看起来相互矛盾。一方面,刘先生似乎主张,不当以后世之词义(比如 poetry 或 poésie)绳古之词义(比如 ποιεῖν [做、创造]);另一方面,他主张用汉语的"创作"来翻译 ποιεῖν,又恰恰是在以后世之词义绳古之词义。毕竟,我国古人习用单字而非双字,"创"和"作"在古汉语中是两个字,连属用法出现较晚。

"创"的本义为"始造、首创"(《广雅·释诂》:

"创，……始也。"），所谓"前人所无，而后人创之"；[1]所谓"知者创物，巧者述之"（《周礼·冬官考工记》）。然后有"撰写"之意，所谓"草创"意为"起草文稿"。"作"这个字有二十几个义项，本义是"兴起、发生"（《说文》："作，起也"），所谓"圣人作而万物睹"《周易·乾卦·文言传》；所谓"天下大事，必作于细"（《老子》六十三章）；所谓"周秦之际，诸子并作"（《论衡·佚文》）——然后有"建造、制作"之意（《尔雅·释言》："作、造，为也"），所谓"乃作大邑成周于土中"，所谓"作车以行陆，作舟以行水"。即便出现"创作"连属用法，含义仍首先是"制造、建造"：所谓"创作巨石炮来献"（《元史·世祖纪》），所谓"创作兵车阵图刀楯之属，皆有法"（《欧阳修全集·居士集》）等等。"创作"连属用于"写作"或所谓"创作文艺作品"，故书中并不多见，倒是盛行于今世。[2]

进一步看，刘先生的两条理由又并无矛盾，因为说

---

[1] 章学诚，《文史通义》卷三，叶瑛校注，北京：中华书局，2014，页362。
[2] 据爱如生《中国基本古籍库》检索，"创作"连属用法见于468部故书（含正文、注文），凡690例，未见用于"文艺创作"者。据《文渊阁四库全书》电子版检索结果，"创作"连属用法正文凡209例，注文53例，未见用于"文艺创作"者。《汉语大词典》未能提供明代以前的例句：明李东阳《麓堂诗话》有"及观其所自作，则堆叠饾饤，殊乏兴调。亦信乎创作之难也"；王夫之《姜斋诗话》有"盖创作犹鱼之初漾于洲渚"。

到底,第一条理由同样是以后世之词义绳古之词义。若凭 ποιητική 的词干来自 ποιεῖν(刘先生解为"做、创造")而主张应译为"创作",无异于先把 ποιεῖν 译作"创作",再来翻译 ποιητική。刘先生关于汉语的"诗学"一词的说法同样如此,因为,这个语词"在汉语文中指写诗论诗的学问"是现代才有的,我国古代并没有这样的"诗学"。有关写诗论诗的学问——尤其关于"大多是篇幅不长的古体或近体诗"的学问,见于"诗品""诗话""诗说"(含"词话")——所谓"诗话者,辨句法,备古今,纪盛德,录异事,正讹误也"。[1]

如果说我国古代有"诗学",显然唯有《诗》学可以当之。亚里士多德的《诗学》与我国古代的《诗》学是否可以相提并论,这个问题倒是值得提出来讨论,但我国的《诗》学显然绝非有关写诗论诗的"创作学"。

## "诗术"抑或"创作术"

应该说,亚里士多德这部讲稿的书名被译作"诗

---

[1] 许颢,《彦周诗话》,何文焕辑《历代诗话》,北京:中华书局,1981,页378。章实斋《文史通义》有"诗教"篇和"诗话"篇,没有"诗学"篇。一代鸿儒陈天倪(1879—1968)的学问统绪中亦分列《诗》学(《诗经别论》)和"诗话"(《诗论》),详见陈天倪,《尊闻室賸稿》,北京:中华书局,1997,页757以下。

学"，并无大错。即便有不妥帖之处，也比"创作学"正确。因为，如果说"诗学"译名有何不妥，仅在于"学"字尚未贴紧原文。实际上，περὶ ποιητικῆς［论诗的］作为书名还省略了τέχνης［技艺］（ποιητική是形容词，比较拉丁文 De arte poetica）。在古代目录中，亚里士多德这部讲稿的名称是 Πραγματεία τέχνης ποιητικῆς［诗术论］（亚里士多德的讲稿唯有这部以 Πραγματεία［论述］名篇，可能因为这部讲稿未完成）。

如此省略写法在古典故书中并不少见。[1]古之"术"就其"学问"含义而言，与"学"同义。虽然技术上有令人惊异的发展，古医术与如今的医学在品质上是一致的。"道术"庶几相当于如今的学术，品质却大为不同了。然而，改"诗学"为"创作学"的提法，质疑的恰恰不是"学"，而是"诗"。因此，问题关键在于：τέχνη ποιητική［诗术］可以译作"创作术"吗？或者"作诗"应该改为"创作"吗？

让我们先问这样一个问题：ποιεῖν 这个希腊语动词的义项在词典中有近十项："做、制造、生产、生效、使成为、视为、作诗、取得"（见罗念生、水建馥编，《古希

---

[1] 比如柏拉图《高尔吉亚》502c：τέχνη ῥητορική［修辞术］，以及见于《修辞学》多处的 τοῖς περὶ ποιητικῆς 用法：1372a1，1404a38，1404b7，1405a5，1419b5。详见 D.W. Lucas, *Aristotle Poetics*, Oxford 1968，页 xii-xiv 及页 53。

腊语汉语词典》),其中包含"作诗"(而非"创作"),为什么刘先生偏偏要取"做""创造"之义?倘若既可以取"做"或"创造"之义,也可以取"作诗"之义,那么,取何种含义就不当是我们今人说了算数,而要看古人亚里士多德自己取的什么"义"。解释古典故书的原文字词,必须符合原文的实际含义,要掌握某部古典故书的字、词、句的含义,当对勘同一时期的文本中的相同用法,此乃研习古典学问的基本通则,中西方概莫能外。凭靠ποιεῖν的词义在词典中有"做、创造"之义,断言亚里士多德的ποιητική当译作"创作",理由并不成立。

亚里士多德这部现存讲稿的书名恰好是起始的两个语词,于是,有人怀疑这个书名是后人追题,一如我们《论语》中的篇名。《庄子》内篇篇名三字连属,皆有意义,概括要旨,被认为是庄子自题,而外、杂篇大多取其篇首句二字或三字以名篇,则被视为编述所追题。的确,περὶ ποιητικῆς这个书名与《政治学》和《伦理学》等书名不同,让人觉得书名有可能为后世编者所追题。但亚里士多德在《政治学》(1341b39)中提到,他"在《论诗术》中 [ἐν τοῖς περὶ ποιητικῆς] 将解释净化"。由此看来,这个书名也并非没有可能是亚里士多德自题。[1]

---

[1] 亚里士多德《修辞术》的书名实际上也是开首词:"修辞术是辩证术的对应部分"(Ἡ ῥητορική ἐστιν ἀντίστροφος τῇ διαλεκτικῇ; 1354a1)。

不错，ποιητική 的词干来自于 ποιεῖν，这个动词的基本含义是"制作"，也就是凭靠某种质料制作出某种东西。[1] 但这仅是一般含义，具体含义还得看谁在"制作"。举例来说，用于神的制作就是"创造"甚至"创世"，比如"住在奥林波斯的永生者们 ποίησαν［造了］第一个即逝人类的种族"（赫西俄德，《劳作与时日》109-110）。用于人的行为就是"做事"，做事有好有坏（εὖ 或 κακῶς），其成品可以是质料性的 ποιήματα［成品］，也可以是行为上的"作为"，同样有好坏（ἀγαθὰ 或 κακά）之分。ποιεῖν πόλεμον［发动战争］（Isaeus 11.48）显然没法译成"创作战争"，ποιεῖν εἰρήνην［带来和平］（阿里斯托芬《和平》1199）也不便译为"做和平"。[2] 因此，说 ποιεῖν 的本义是"做、创作"，几乎没有意义，具体含义得看这个词语被用在什么语境中。

与此相应，动词 ποιεῖν 衍生出的名词 ποιητής［制作者］也可以有多种含义，"诗人"仅是 ποιητής 的用法之

---

[1] 荷马《伊利亚特》7.608, 7.435；赫西俄德《神谱》161。凭靠（ἀπό 或 ἐκ）某种质料制作出某种东西，参见希罗多德《原史》5.62；色诺芬《远征记》5.3.9, 3.3.9, 4.5.14。

[2] 参见 H.G.Liddell / R.Scott, *A Greek-English Lexicon*, Oxford 1953; Gerhard Friedrich (ed.), *Theologisches Wörterbuch zum Neuen Testament*, 词条 ποιέω, ποίημα, ποίησις, ποιητής, Band 6, Stuttgart, 1959, S. 456 以下，尤其 S. 464; Pierre Chantraine, *Dictionnaire étymologique de la langue grecque*, Paris, 1999.

一。如果用在神或似神者身上，ποιητὴς 就是"创始者"或"创世者"，比如 ὁ ποιητὴς καὶ πατὴρ τοῦδε τοῦ παντός[万物的创始者和万物之父]。[1] 如果用在立法者身上，就是 ποιητὴς νόμων [制礼作乐者]（托名柏拉图《释词》415b）。希伯莱文教传统中没有古希腊意义上的"诗人"，但在希伯莱圣经《七十子译本》中却有 ποιητὴς 这个词，犹太译经师们用来指称"信守律法者"。[2]

可见，名词 ποιητὴς 衍生自动词 ποιεῖν，这没有疑问，但含义与动词一样，要看用在什么文脉才能确定其实际含义。正因为这个语词既可以指创生万物的神，也可以指"诗人"，柏拉图才让他笔下的民主时代的诗人阿伽通说，爱若斯[爱欲]"这个神是智慧的诗人"（ποιητὴς ὁ θεὸς σοφός）。这话的实际含义是，肃剧诗人阿伽通把自己比作爱神，而"每个人一经爱神碰触都会成为诗人（ποιητὴς γίγνεται），即便以前不谙缪斯技艺也罢"。阿伽通用来证明这一点的例子是：

在乐术方面，爱若斯在样样制作上（ἐν κεφαλαίῳ πᾶσαν ποίησιν）都是好诗人（ποιητὴς ἀγαθός）。（《会

---

[1] 柏拉图《蒂迈欧》28c, 29e-30a; ποιητὴς καὶ πατὴρ [创始者和父]的叠词用法，亦参廊下派大师厄琵克忒特 Diss I.9.7。
[2] 见 *1 Makk*. 2.67; 英译本译作 who observe/keep the law; 中文版《圣经》高思本译作"遵行法律的人"。

饮》196e1-5）。

在古希腊，μουσικήν[乐]要么指单纯的音乐[器乐]，要么指以音乐为体的诗。这里所谓的μουσικήν即指以音乐为体的诗，用我国古人的话来说：

> 诗为乐心，声为乐体……乐辞曰诗，咏声曰歌，声来被辞，辞繁难节。（《文心雕龙·乐府》）

同样，尽管名词 ποίησις[诗作]衍生自动词 ποιεῖν，其基本含义是"制作、制成品"，但具体含义及其译法仍然要看文脉，如果是神的制成品就当译作"造物"或"受造物"。柏拉图笔下的阿伽通就把爱神抬高为创世神，他创造了一切生物："谁会反对，所有生物的制作（τήν γε τῶν ζῴων ποίησιν πάντων）都不过是爱若斯的智慧"（《会饮》197a1-2）。在阿伽通的爱欲颂中，爱若斯作为诗人并不作诗，而是创造出作诗的诗人。

在古典希腊文中，ποίησις 这个语词又的确多用于"诗"，以有别于 ποιεῖν 的其他结果（比如 πρᾶξις 或 ἐργασία）。关于动词 ποιεῖν 与名词 ποίησις 和 ποιητὴς 的关系，柏拉图笔下的第俄提玛在教诲苏格拉底时的一段说法最为著名，用来解决我们的问题非常恰切。

制作（ποίησίς）其实五花八门；毕竟，无论什么东西从没有到有，其原因就是由于种种制作。所以，凡依赖技艺制作出的成品都是制作品（ποιήσεις），所有这方面的高超艺匠都是制作家（ποιηταί）。

可是，你知道，并非所有的高超艺匠都被叫做诗人（ποιηταί），而是有别的名称。从所有的制作中（ἀπὸ δὲ πάσης τῆς ποιήσεως），我们仅仅拈出涉及乐术和节律的那一部分，然后用这名称来表达所有制作诗。毕竟，只是这一部分才被叫做诗（ποίησις），那些具有这一部分制作（τὸ μόριον τῆς ποιήσεως）[能力]的人才被称为诗人（ποιηταί）。（《会饮》205b8–c9）

这段说法十分著名，不仅因为它体现了柏拉图笔下的苏格拉底善于利用一词双关，而且揭示了作诗与制作技艺的根本差异。

从起头的"制作家"（英译 maker 或法译 fabricants 或德译 Arbeiter）到结尾的"诗人"，原文都是同一个词，第俄提玛却从一般含义的"制作"中提取出特定意义的"诗作"，而且明确说到"我们仅仅拈出涉及乐术和节律（τὰ μέτρα）的那一部分"。因此，最后的 ποιηταί 必须被译作"诗人"（西文译本通作 poet-poète-Dichter）。与第俄提玛在这里的辨析同义词中的差异相反，主张改"诗学"

为"创作学"的理由恰恰是，让特定含义的 ποιηταί［诗人］回到一般制作含义上的"制作家"。

## 诗与纪事之辩

既然如今所谓的"创作"泛指创作文艺作品，进一步的问题便在于，τέχνη ποιητική［作诗的技艺］究竟专指有音律（音步）的诗，抑或泛指所有类型的写作？如果这一语词是所有类型的写作的统称，那么，τέχνη ποιητική［作诗的技艺］译作"创作学"也未尝不可，但如果它主要指有音律（音步）的诗，那么，译作"创作学"就是错的。前面我们已经看到，柏拉图笔下的第俄提玛的说法证明，ποίησις 指有节律（音步）的诗。

接下来让我们不妨看看，亚里士多德在《论诗术》中的说法是否与此相符。

> ［1451b1–5］纪事家与诗人的差别，不在于言述时用抑或不用韵文——即便希罗多德的著述兴许也可能被改成诗行，恐怕仍旧是某种纪事，依还是不依诗行没什么差别。毋宁说，两者的差别在于，一言述曾经发生的事，一言述可以期待会发生的事。

亚里士多德很少提到纪事家和纪事作品,[1]但在《论诗术》中,他却多次暗中提到希罗多德(比如1459a24—29指涉《原史》)。在这里,亚里士多德明确提到希罗多德,以此说明纪事作品与诗作的差别。ἢ ἔμμετρα ἢ ἄμετρα [用或不用韵文] 的说法,显然不能理解为纪事作品与诗作没有形式上的差别。毋宁说,这种说法的前提恰恰是:纪事作品不是韵文,而诗是韵文——"希罗多德的著述兴许也可能被改成诗行"这话用的是虚拟式,它足以证明,希罗多德的纪事实际是用非韵文的形式写成。只不过,亚里士多德在这里要强调,韵文与否并不决定作品内容,那是可以附加的表面上的东西(比较1447b18)。比如,恩培多克勒是个自然学家,但他表达自己的静观所得时却用的是诗体。亚里士多德在这里试图用新的实质性界定来取代当时普遍采用的形式性界定来定义"诗",而我们恰好可以由此断定:按古希腊的习惯用法,ποιητὴς 特指作韵文的诗人,而非泛指所有"搞写作"的人。进一步说,在试图用"模仿"这一实质性界定取代习传的形式性界定(韵文)来定义"诗"的同时,亚里士多德又表达了他关于诗人与纪事家

---

[1] 亚里士多德在《修辞学》(1360a36)中提到,αἱ περὶ τὰς πράξεις ἱστορίαι [涉及人的行为的纪事]"对于了解政治事务"有助益;《修辞学》1409a27在说到一种文体时,提到《原史》开篇第一句。

[ἱστορικὸς]的差别何在的看法。既然这一看法没有取消纪事是非韵文的形式特征，我们也就不能说，"模仿"这一实质性界定取消了诗的韵文特征。

古代希腊没有中国很古的时候就有的"史官"，古希腊的历史最早见于叙事诗，与神话传说交织在一起。希罗多德被视为西方史家第一人，他的传世之作开篇第一句就说："这里展示的是哈利卡尔纳索斯人希罗多德的探究"。如今的书名 Histories 就来自这开篇第一句中的 ἱστορίη [探究]。这个语词源于 ἱστορ [目击者或裁决法官]，意思是法官为了形成自己的判决询问见证人，由此衍生出的所谓 ἱστορικὸς [纪事家、史家] 本来与探究相关。因此，希罗多德的这部传世之作的书名一向被译作《历史》，其实是错的，如今的英译名已经改为 Inquiries，恰切的中译名当是《原史》（取"原"的"推究、考究、研究"之义：《荀子·儒效》有"俄而原仁义，分是非"；《汉书·刘向传》有"原其所以然者，谗邪并进也"；更不用说"原毁""原道""原儒"之类）。

在希罗多德那里，Histories 的含义首先指打听、探问——向那些据自己的生活习惯懂得不少事情的人们打听、探问他们所了解的事情，由此引申为探询、考察，以便找出事情的原委（参《原史》2.19.13）。到了亚里士多德生活的年代，希罗多德和修昔底德已经很有名。由于希罗多德写下《原史》的缘故，ἱστορικὸς 的意思已经与"纪事"相关,不再是"探究者"这个原义,但也不是完全没关系,因为,希罗多德毕竟受到自然哲人的影响。无论如何,ίστορίαι 以前译作"历史"(希罗多德、珀律比俄斯、塔西佗都以这个语词名篇),恐怕不妥,最好用"纪事"来对译。

在古汉语中,"纪"通"记","记述"古作"纪述":所谓"纪事之文,非法象之言也"(《论衡·正说》);所谓"世之论文者有二,曰载道,曰纪事。纪事之文当本之司马迁、班固"([宋濂]《文原》);所谓"古之帝王建鸿德者,须鸿笔之臣,褒颂纪载"(《论衡·须颂》)。作为一种史书文体,"纪"乃帝王生平事迹,也符合希罗多德的史书和后来诸多罗马纪事家的作品。

荷马时代没有"诗人"之称,而是"游吟歌手"(ἀοιδός);赫西俄德和品达之后,ποιητής 这个语词才用来称呼"乐诗人"。[1]《希英大辞典》在 ποιητής 词条下给出的义项有:制作者、工匠、发明者、画匠、制乐者、诗人、讲辞作者,而提供的例句最多的是"诗人"。希罗多德有一句著名说法:正是 ποιητής [诗人] 荷马和赫西俄德把希腊人信奉的诸神的家世交给希腊人(《原史》2.53)。希罗多德还提到,"正是那些作诗的希腊人"

---

[1] 详见 Franz Passow, *Hand-Wörterbuch der Griechischen Sprache*, Leibzig: Fr. Chr. Wilh. Vogel, 1852/2004, II/1/, S. 978。

[τούτοισι τῶν Ἑλλήνων οἱ ἐν ποιήσι γενόμενοι] 从埃及人那里学到如何根据一个人的生日推知其命运和性情的方法（《原史》2.82.4-5）。

可以说，希罗多德才是真正善于写"大块文章"的大师，"谋篇布局精心剪裁"绝妙无比，但他不是诗人。柏拉图说 πεποίηκεν Ὅμηρος [荷马写下诗行]（《王制》441c），亚里士多德说"梭伦 ποιήσαντι τὴν ἐλεγείαν [曾经作过一首诉歌]"（《雅典政制》5.2），但不会说善写文章的希罗多德或者修昔底德 πεποίηκεν [作过诗]。

"创作"是广义上的"写作"，但古希腊人的"作诗"与其他形式的"创作"比如纪事不仅有明确分别，甚至还有竞争关系。亚里士多德在《修辞学》（2.11）中说到争强好胜的人时，对举的是那些"受到诗人或文章作家[ὑπὸ ποιητῶν ἢ ὑπὸ λογογράφων] 赞颂或褒扬的人"（《修辞学》，1388b21-22），而这里的所谓文章作家主要指纪事家。

在古希腊思想史上，诗与纪事之辩具有重大意义，尽管所谓诗与纪事之辩并非真的有过一场论争，实际上是后起的纪事家出来攻击从前的诗人，颇像如今所谓争夺话语权。为了突显自己的写作，修昔底德在其《战争志》一开始不久就宣称，自己"既不像诗人那样……也不像文章作家那样"写作（οὔτε ὡς ποιηταὶ … οὔτε ὡς λογογράφοι；《伯罗奔半岛战争志》1.21），让自己与从前的诗人和文章作家（这里指纪事家）区别开来。可见，修昔底德同样把诗人与纪事家视为两类不同的文人：λογογράφοι［文章作家］用无韵文体书写过去，ποιηταὶ［诗人］则用韵文（诗体）书写过去。修昔底德显然属于文章作家（λογογράφοι）而非诗人，他宣称自己写的东西要比诗人编织的故事"更可信"（μᾶλλον πιστεύων；《战争志》1.21），还点了荷马的名，对传统所谓"荷马提供了最好的见证"的说法不以为然（《战争志》1.3；亦参 1.9）。修昔底德没有说自己是哪类 γράφος［作家］，仅仅让自己既与荷马一类诗人区别开来，[1] 又与赫卡泰俄斯（Hekataios，此人作品中的故事成分比希罗多德的作品更甚）和希罗多德一类纪事家区别开来。

修昔底德对荷马的攻击表明时代变了，传统政教的基础已经非常脆弱。修昔底德有意识地面对新的民主政治的时代处境，与此相应的是新的写作形式：代替传统 ποιητὴς［诗人］的是 λογογράφος 或 λογοποιός［文章作家］。后两个语词几乎是同义词，涵盖的文体比较广泛，既可以指散文作家（希罗多德《原史》2.143.1），也可以指编造故事的人（希罗多德称伊索为 λογοποιός）。在雅典民主兴盛期，智术师们教育出来的善写辩词和文章

---

[1] 不消说还有赫西俄德，《战争志》3.96 提到"诗人赫西俄德"（Ἡσίοδος ὁ ποιητής）。

的写手也被称为 λογογράφος［文章作家］。柏拉图笔下的斐德若羡慕地说，吕阿西斯才约摸三十出头，已经堪称"如今搞写作的人中最厉害的"（δεινότατος ὢ τῶν νῦν γράφειν;《斐德若》228a1）。也许可以说，作家越来越多，是民主政制的特征之一。倘若如此，λογογράφος 译作如今"搞创作的"兴许倒比较恰当。

## 诗与纪事之争

既然修昔底德对荷马的攻击在前，亚里士多德在《论诗术》中为"诗人"所做的辩护就可以看作是对修昔底德的回答：

> ［1451b5］诗作（ποίησις）比纪事（ἱστορίας）更为热爱智慧、更为严肃。因为，诗作更多言述普遍的东西，纪事则言述个别的东西。从一般出发，什么样的人按看似如此或必然如此说什么样的话做什么样的事，作诗所求［b10］的就是这，尽管也给［这个什么样的人］起个名，至于个别的事情，则指阿尔喀比亚德曾经所做或所遭遇的什么。

亚里士多德并非诗人，而是哲人。哲人出来为诗人辩护，就古希腊文教史而言，意义非同寻常。这段话解释为何诗作比纪事更高,用的是哲学的理据——"更富哲学意味、更为严肃"(καὶ φιλοσοφώτερον καὶ σπουδαιότερον)。所谓"普遍的东西"(τὰ καθόλου)和"个别的东西"(τὰ καθ' ἕκαστον)在亚里士多德那里是一对哲学概念:普遍的东西是理智的对象,个别的东西是感觉的对象(《论灵魂》417b22–23),从而后者在认知层次上比前者要低。这里所说的"普遍的东西"指人的性情,所谓"从一般出发,什么样的人按看似如此或必然如此说什么样的话、做什么样的事",意味着诗作的目的在于,通过编织故事来展示人的性情的"普遍性"。《论诗术》随后(1454a33–36)更明确地说到,性情是肃剧摹仿的真正对象,因为,除非通过言或行(λέγειν ἢ πράττειν)构成的故事,我们没法看见一个人的性情。性情本身是看不见的,要把不可见的性情变成可见的就得编织故事。故事是性情的摹像,性情是故事的出发点。依据性情的一般来编织故事,就是所谓诗言述"可以期待会发生的事情"(οἷα ἂν γένοιτο),而非像纪事那样言述"曾经发生的事情"(τὰ γενόμενα)。

可是,希罗多德和修昔底德的纪事作品也探究人的性情与曾经发生的事情的关系。倘若如此,诗作与纪事的差别究竟何在,诗作又何以高于纪事?

在《尼各马可伦理学》的开场白中我们可以读到:一般来讲,年轻人"欠缺"掌握自己的能力,总是感情支配，乐于追求个别的东西（ἕκαστα），只有少数年轻人能"按逻格斯（κατὰ λόγον）来对待和践行自己的追求"（1095a4-9）。联系到《论诗术》中"纪事则言述个别的东西"的说法，我们看到，这无异于说纪事不是"按逻格斯"来写作。

亚里士多德在这里以阿尔喀比亚德这个历史人物为例来说明纪事作品的特质——为什么偏偏是这个例子？据我看，这很有可能是在暗指修昔底德的《战争志》，因为，阿尔喀比亚德是《战争志》中的一个重要人物。[1] 阿尔喀比亚德的性情特别突出，以此作为个例，修昔底德也想说明一般，从而，纪事作品也带有哲学意味，或者说也力求从个别上升到一般（上升到哲学）。既然如此，让阿尔喀比亚德进入戏剧诗，岂不正好是活生生的典型？然而，正因为阿尔喀比亚德是个非常突显自己性情的曾经行动过的人，反倒不适合诗作所要追求的"普遍性"。诗作呈现"什么样的人说什么样的话、做出什么样的事情"，为的是表达性情之一般，而非性情之个别。纪事记叙真实的某个人（比如阿尔喀比亚德）实际的所作所为，也力图引出某种普遍的道理，因此，纪事作品并非就没有"哲学意味"（亚里士多德说诗作"更富哲学

---

[1] 修昔底德笔下的阿尔喀比亚德，参见福特，《统治的热望》，未已等译，吴用校，北京：华夏出版社，2010。

意味",用的是形容词比较级)。但纪事通过曾经有过的个别来展示一般(从个别到一般),诗作则从一般出发来编织个别,与具体个人的偶然性情有别。

就展示一般而言,诗作编织的个别故事比纪事依据的个别事件更少受到限制,因为这个个别是按"普遍性"编织出来的。纪事作品中展露的人物性情恰恰因为太特别、太具体,观者不会想到与自己有什么相干。戏剧中出现的人物性情虽然也是个别的、具体的,却既"看似如此"又"必然如此",从而让人感到自己也可能就是如此这般性情。

在《论诗术》中,亚里士多德用肃剧诗人来反驳或回应修昔底德对诗人提出的挑战,肃剧诗人似乎取代了荷马的位置。然而,在《论诗术》中,作为叙事诗人的荷马与肃剧诗人们的关系,被亚里士多德黏得很紧。这意味着,通过阐述肃剧诗人的写作方式,亚里士多德为诗人传统辩护,回应了修昔底德在民主时代所挑起的诗与纪事的竞争。或者说,修昔底德以纪事原则挑战荷马,亚里士多德以戏剧诗人的原则挑战纪事原则,从而显得是在维护雅典的诗教传统。

一百多年后,纪事家珀律比俄斯(公元前200/205-前120)站在修昔底德一边回击亚里士多德,明确批评古希腊肃剧诗人,要求"纪事书"(ἱστορίας)不要学戏剧诗人,用夸张的图景让自己的读者感到毛骨悚然,不应"像肃剧诗人那样"（καθάπερ οἱ τραγῳδιογράφοι），"去设想人物可能会说的话"，去计算对所发生的事件来说仅仅是可能的偶然结果，而是应该纪载"真正发生过的事情"（κατ᾽ ἀλήθειαν αὐτῶν），以及人们真正说过的话。"肃剧与纪事的目的（τὸ γὰρ τέλος ἱστορίας καὶ τραγῳδίας）并不相同，而是完全相反"，因为，肃剧诗人的目的是，用自己笔下的人物嘴里说出来的逼真的话语让观众感到惊怵或灵魂着迷（ἐκπλῆξαι καὶ ψυχαγωγῆσαι；比较《论诗术》1450a33），而纪事家的任务则从来都是，用事实的真相和讲述来"教导和说服热爱学习的人"。肃剧展现的是"兴许会发生的事情"（ἡγεῖται），"即使它不真实"（κἂν ᾖ ψεῦδος），纪事则要提供真相（τἀληθὲς；《罗马兴志》2.56.10–12，比较 2.17.6，3.48.8）。[1]

这些说法表明，珀律比俄斯熟悉亚里士多德在《论诗术》中贬低纪事时所说过的那些话，从他用 τερατεία 来指称"肃剧式的纪事家"（《罗马兴志》2.58.12，2.59.3；3.58.9；15.34.1）来看，当时还有不少纪事家在模仿肃剧诗人。不难看到，珀律比俄斯同意亚里士多德对诗与纪事的性质所作的区分，但他不同意亚里士多德的结论：肃剧比纪事更有哲学意味、更严肃。

---

[1] 比较沃尔班克，《纪事与肃剧》，见刘小枫编，《西方古代的天下观》，杨志城、安蕡等译，北京：华夏出版社，2018，页27–60。

与修昔底德一样，珀律比俄斯不仅让纪事家与诗人区别开来，而且与其他类型的用非韵文写作的人区别开来。不同的是，由于要与希罗多德划清界限，修昔底德似乎刻意避免用 ἱστορία 或 ἱστορεῖν［探究］，把写作纪事作品的人称为 ὁ συγγραφεύς［编修者］，与荷马式的 ὁ ποιητής［诗人］分庭抗礼，珀律比俄斯则并不避讳用"纪事家"（ἱστοριογράφος），而且将他与富于辞藻、讲究文体的文章家区别开来。[1]

　　古代的文法学家和目录家提到修昔底德《战争志》的书名时，都是用该书的起始句"修昔底德编修"（ξυνέγραψε），这个语词的含义是凭靠收集的材料撰写，故称修昔底德为"编修者"（ὁ συγγράφευς），但这个词实际上与"纪事家"（ἱστοριογράφος）并没有什么差别。[2] 我们倒是应该意识到，在珀律比俄斯的时代，泛希腊地区的城邦政制已经名存实亡。与修昔底德的写作不同，珀律比俄斯不是基于城邦政制、为了城邦政制而纪事，而是为了新的大帝国政制而纪事——也许正因为如此，珀律比俄斯很少依傍希腊的古典作家。

　　因此，如果亚里士多德在《论诗术》中的确回应了

---

[1]《罗马兴志》12.28: τῆς τῶν ἱστοριογράφων καὶ λογογράφων［纪事家与文章家］。

[2] 参见 Frank J.Walbank, *A Historical Commentary on Polybios*, Oxford: 1957-1979, 2.56.10-12 笺释。

修昔底德挑起的诗与纪事的优劣之战,那末就可以说,亚里士多德与修昔底德一样,都基于城邦政制。在亚里士多德之后,超越城邦来思考的哲学(廊下派和伊壁鸠鲁派)才逐渐开始走红,这与城邦政制衰落、亚历山大帝国崛起以及随后罗马形成帝国态势相关。亚里士多德虽然在马其顿长大,但他所受的教育以及思想和学问,都仍然是城邦政制式的。亚里士多德在《论诗术》这部讲稿中的举例,以荷马和肃剧诗人为主,没有谈到各种抒情诗(包括合唱凯歌)、诉歌等等,而荷马叙事诗和肃剧诗恰好是雅典曾经有过的最值得重视的两种政制形式(王政和民主政制)的表征——荷马叙事诗属于王政(或贵族政制,柏拉图笔下的苏格拉底在《王制》445d3-5说过,这是一种政体形相的两个叫法)。总之,《论诗术》明显关乎古希腊的城邦"诗教",绝非讨论一般意义上的"文艺创作"——如今不少学者喜欢从现代所谓"戏剧学"的角度来绎释《论诗术》,不仅非常吃力,而且最终一无所获。

## 诗与政制

倘若《论诗术》中的讨论与雅典政制紧密相关,从而显得试图通过传承荷马叙事诗和肃剧诗来表达哲学,亚里士多德的"诗学"就当被看作城邦学(如今称为

"政治学")的一部分——用我们的表述来讲,《诗》学属于"国学"。在我国古代,最早所谓"诗人"指《诗》的作者——《楚辞·九辩》有"窃慕诗人之遗风兮,愿托志乎素餐";《文心雕龙·情采》有"昔诗人什篇,为情而造文"。汉语的"国"字古义,不仅指"国",也指城邑、部落、国都、王侯封地、有独特习俗的地域甚至家乡,与古希腊语的"城邦"一词庶几相合(与现代意义的"国家"不合)。如今所谓"国学"的含义首先指与"西学"对应的中国古学,但"国学"的古义则首先是与城邦政制一体的教化:"乐师掌国学之政,以教国子小舞"[以年幼少時教之舞](《周礼·春官·乐师》)。"国"之政体规定、形塑"学","学"依托于"国"之政体[礼],如韩愈(768-824)所谓"教诲于国学也,严以有礼,扶善遏过"(《窦公墓志铭》)。明人朱朝瑛(1605—1670)的《读诗略记》在说到《周礼》中所谓"国学"时,把"学"与"国"的关系界定为"学政":

> 辟雍,即虞庠也,周之郊学,其国学谓之成均。《周礼》成均之法,掌于大司乐,以建国之学政,而合国之子弟。所属之职,皆以教国子为事者。此即有虞"典乐教胄"之意,盖以乐之入人也深、化人也易。故辟雍亦设有钟鼓,凡造士之地,皆为奏乐之所焉。《庄子》曰"文王有辟雍之乐"是也。自汉

以来，郡国遣士受业，必诣太常，古意犹存，而学政浸衰矣。周家成均之外，又有三代之学，大抵皆与成均合建者。[1]

日耳曼部族西迁颠覆罗马帝国西部之际，华夏帝国同样面临分崩离析的危机，这时，"国学"起到了庚继国体的政制作用。据当时的纪事家沈约（441—513）记叙：

> 庠序黉校之士，传经聚徒之业，自黄初至于晋末，百余年中，儒教尽矣。高祖［武帝刘裕］受命，议创国学，宫车早晏，道未及行。迄于元嘉，甫获克就，雅风盛烈，未及曩时，而济济焉，颇有前王之遗典。[2]

这里的"议创"实为庚继，因为"国学"制度立于汉代。"国学"从低延伸到高（可类比为如今的从中小学延伸到大学），端赖于经学的确立。汉代博士制度的"国学"，实际内容为国家规定的经学（《隋书·经籍志》谓三《礼》"唯郑注立于国学"），《诗》学则是如此"国学"

---

[1] 朱朝瑛，《读诗略记》卷五，《景印文渊阁四库全书》第82册，台北：台湾商务印书馆，1986，页506。
[2] 沈约，《宋书》卷五十五，北京：中华书局，2018，页1695。

的源头和统纲:

> 经学四教,以《诗》为宗。孔子先作《诗》,故《诗》统群经。孔子教人亦重《诗》。[1]

倘若如此,我国古代的"诗学"就是城邦学(国学)的基础。一般来讲,说《春秋》及其三传体现了我们"城邦学"的要核比较恰当,因为《春秋》隐含政法微言。我们如今比较难以理解的是,《诗》与政法有何相干?廖平则告诉我们,《诗》与《春秋》乃虚实不同:

> 《诗》者,志[即"志在《春秋》"之"志"]也。获麟以前,意原在《诗》,足包《春秋》《书》《礼》《乐》,故欲治经,必从《诗》始。纬云:"志在《春秋》,行在《孝经》。"行事中庸,志意神化,《春秋》与《诗》,对本行事也。其又云"志"者,则以对《孝经》言之。实则《诗》与《春秋》虚实不同。(《知圣篇》,页15)

廖平对"诗言志"的"志"作了城邦学的解释,我

---

[1] 廖平,《知圣篇》,潘林、曾海军校注,北京:华夏出版社,2021,页15(以下随文注页码)。

们可以放心的是,这种解释不是来自柏拉图,而是来自汉代经学家——《春秋》和《孝经》都涉及我们祖宗的宗法传统。如果说这是我们的"城邦学",当没有什么问题。但廖平强调:《诗》学不仅是我们的"城邦学"的源头,而且是进入城邦学的门径:

> 《诗》乃志之本,盖《春秋》名分之书,不能任意轩轾;《诗》则言无方物,可以便文起义[《尚书》《春秋》如今人之文,《诗》《易》如今人之诗。体例不同,宗旨自别]。(《知圣篇》,页15—16)

《春秋》三传中,《公羊传》的品格最具城邦学性质,在廖平看来,《诗》学与《公羊》学有隐深的内在关联。

> 《公羊》"主人习其读而不知其罪",此本《诗》说,即后世所谓"言者无罪,闻者足戒"。故凡纬说、子书非常可骇之论,皆《易》《诗》专说。故欲明《诗》《易》,须先立此旨。(《知圣篇》,页16)

我们的城邦学自有其关切的题旨,但与柏拉图的《王制》(*Politeia*)对观,我们会发现关切的问题颇有一致之处:王者应该是什么样的人。廖平虽然没有读过柏拉图,却不仅高调指出《春秋公羊》学与《诗》学的血脉关系，而且点明了《春秋公羊》学与《庄子》的内在关联，连接点便是王者问题。

> 纬云孔子受命为黑统，即玄鸟、玄王；《庄子》所谓玄圣、素王之说，从《商颂》而寓之。《文王》篇"本支百世"，即王鲁；"商之孙子"，即素王。故屡言受命、天命，此素王根本也。孟子以周公、仲尼继帝王之后，荀子以周公、仲尼为大儒，此从《鲁》《殷》二《颂》而出者也。三统之说，本于三《颂》，凡一切旧说，皆当以此统之。(《知圣篇》，页16)

王者问题之后，城邦学的应有之题是政制问题，这明显是《春秋》经及其三传的主题。但廖平告诉我们，这一论题的源头仍然在《诗》：

> 董子王鲁制，寓于《鲁颂》。周公及["世及"之"及"]。武王制礼作乐，故以王寓之。以其说解《诗》，则有征信；董、何以说《春秋》，则不免附会矣。纬书新周，不可说《春秋》，而《诗》以鲁后周，即此意。《诗》明云："其命维新"，是经意直以《周颂》为继周之新周，非果述姬周也。(《知圣篇》，页16)

"武王制礼作乐，故以王寓之"，这让我们联想到孔子的著名说法，即"述而不作，信而好古"。"作"固然有"撰写"的含义（所谓"作《易》者其有忧患乎"），但也有"劳作"的意思（《周易·系辞下》有"日出而作，日入而息"），甚至有"动作"的意思（《后汉书·方术列传下》所谓"体有不快，起作一禽之戏"）。可见，汉语"作"字的用法同样需要视文脉而定。比如，孔子所谓"述而不作"的"作"，意思就并非"撰写"。因为，这里的"述"指"传旧""循旧"，也就是承继旧制礼乐（所谓"循于旧章"）。与此相应，"作"指"新制作礼乐"，或者说更新礼乐（"新周"）。总之，这里所谓"述"和"作"的对象都是典章制度之类的礼乐，绝非如今所谓文人"创作"的文学作品——如朱子所言，"作非圣人不能，而述则贤者可及"。[1] 因此，"述而不作"的意思是，"孔子无位，不敢作礼乐，而但可述之也"。

南宋末期儒生王昭禹《周礼详解》有言：

> 夫乐者，圣人之所乐也，可以善民心，其感人也深，其移风易俗，故先王著其教焉。中正则雅，淫哇则郑。凡建国禁其淫过凶慢之声者，所以尚中正也。淫声则不正，过声则不中，凶声则不善，慢

---

[1] 朱熹，《四书章句集注》卷四，北京：中华书局，2016，页93。

声则不肃。凡此皆大司乐之所禁也。"颜渊问为邦",孔子告以"放郑声"者,亦以此也。[1]

南宋大臣卫湜(字正叔,昆山人)《礼记集说》在解释"述而不作"时用到"创作"两字连属,明显指"创制"礼乐:

> 古者谓圣人,虽缘人情制为五礼,然皆稽考前古,事循厥始,不敢创作也。或损或益,乘时之宜,然亦弗敢忘乎其初也。[2]

清儒《日讲礼记解义》解释"述而不作"时用到"创作"两字连属,同样如此:

> 凡器与文,总莫非情之所寓。故惟知礼乐之情者,为能因情立文而创作于前;识礼乐之文者,为能考文会情而传述于后。盖作者生而知其情,是之谓圣;述者学而识其文,是之谓明。明圣之称非可

---

[1] 王昭禹,《周礼详解》卷二十,《景印文渊阁四库全书》第91册,前揭,页422。
[2] 卫湜,《礼记集说》卷六十一,《景印文渊阁四库全书》第118册,前揭,页302。

袭取,正以其能述作之谓也。[1]

"城邦学"谈论政制离不了比较,礼乐规定了我们的城邦学的品质,也为我们城邦学的政制比较奠立了基准。古希腊城邦学的政制比较有两个维度:各种政体的比较,尤其王政、僭政、民主政制的比较。因为,经僭政开路,民主政制已经成为雅典城邦的现实。再就是本邦政制与外邦政制的比较,无论何种比较,在古希腊城邦学中,何为比较的基准,明显陷入混战状态,这是民主政制带来的必然结果。在我们的"城邦学"中,同样可以看到这两个维度的政制比较:王霸之辨和夷夏之辨。与古希腊城邦学不同,我们城邦学的政制比较的基准要明确且稳固得多:毫不动摇地以礼为基准。

> 凡民之生也,必以正平,所以失之者,必以喜乐哀怒。节怒莫若乐,节乐莫若礼,守礼莫若敬。外敬而内静者,必反其性。(《管子·心术下》)

正因为我们的古代"城邦"没有出现民主政制,即便出现了实际上的礼崩乐坏的政治状况,礼乐的政制正

---

[1] 爱新觉罗·玄烨御定,鄂尔泰、张廷玉等编撰,《日讲礼记解义》卷四十一,《景印文渊阁四库全书》第123册,前揭,页477。

当性也没有被动摇。也正因为如此,在特定的处境中,夷夏之辨会成为突出的问题。这些情形我们都清楚,但廖平提醒我们,政制比较这一论题的源头仍然在《诗》。

> 先儒改周之文,从殷之质,亦从此出。"鲁商"二字即"文质","文质"即"中外""华洋"之替字。中国古无质家,所谓质,皆指海外。一文一质,谓中外互相取法。为今之天下言之,非古所有。绌杞之例,亦本于《诗》,《春秋》杞不称公,《三颂》绌杞不言,是其本意。(《知圣篇》,页17)

清末民初的廖平要求我们反复考虑一个看起来很好理解、其实非常难以理解的传统经学问题:为什么孔子特别重视诗教,为什么孔子花很大精力删诗。我们的古典文字有个好处,无须在字面上去倒腾,可以直接看原文——我们看廖子怎么说:

> 今凡周亡、孔子王,一切骇人听闻之说,皆以归附于《诗》。治经者知此意,然后以读别经,则迎刃而解。他经不复言此,而意已明,方可以收言语、政事、文章之效。《诗》为志,则《书》为行;《春秋》为志,则《孝经》为行。实则《春秋》与《书》同为行,《春秋》《尚书》皆分《诗》之一体。《周》

《召》伯道,分为《春秋》;《王》《郑》《齐》王道,分为《尚书》。特以较《孝经》,则《春秋》为志,而《孝经》为行耳。今本此义,作为义疏,不拘三家之书,以孔子之微言为主。使学者读《诗》,明本志,而后孟子"以意逆志"之效明。孔子重《诗》之教,显以此为经学之总归,六经之管辖,与《论语》同也。(《知圣篇》,页 17—18)

《诗》学作为我们的"城邦学"的门径,不仅见于与其他各经的关系,也不仅见于《诗》的义疏四家。因为,既然"收言语、政事、文章之效",那么,后世发为议论的子书、记载政事的史书和发乎心志的文章和诗篇,也都当归宗《诗》学。用今天的话说,《诗》学是"国学"的基础和源头,中国古典诗学的骨骼。忘却我们的《诗》学,仅知道有"创作学",仅仅表明我们已经彻底进入了民主政制时代。

## 民主时代的"述"与"作"

古希腊同样有自己的诗教传统,如已经看到的那样,如此传统随着民主政制的兴起而式微。不过,攻击荷马并非纪事作家修昔底德起的头,首先冲击诗教传统的是自然哲人,然后是智术师派。就拆毁传统政制伦理而言,古希腊的自然哲人起了带头作用,尽管好些自然哲人用韵文写作。荷马诗作本是雅典政教的基础,修昔底德说荷马诗作不可信(《战争志》1.10.3),严格说来是在追随自然哲人。著名自然哲人克塞诺梵尼和赫拉克利特攻击诗人编造虚谎故事,指责"诗人多假话";[1] 赫拉克利特甚至主张,应该清除荷马的影响,还说赫西俄德不过是"众人的教师"(辑语 57)。

希罗多德与自然哲人的关系和修昔底德与智术师们的关系,说明纪事作家的写作绝非单纯的纪载。显而易见,《原史》和《伯罗奔半岛战争志》虽然记叙的是雅典城邦经历的战争,却都重述了整个希腊的"历史"(参见《战争志》1.10-20;《原史》的重述占半本多篇幅)。难道希罗多德和修昔底德掌握了荷马没有掌握的"史料"?显然不是。重述"历史"凭靠的并非是"史料",而是精神原则即所谓"真实"。珀律比俄斯批评肃剧诗人讲述的不是真实,不仅与修昔底德对荷马的批评相同,也与柏拉图笔下的苏格拉底在《王制》中对荷马的批评相同。

由此来看,亚里士多德在《论诗术》中抬高诗教贬抑纪事,意义至深至远。因为,用"述而不作"来衡量,自然哲人、纪事作家(希罗多德、修昔底德)和柏

---

[1] Xenophanes, frs. 1, 11–12, 14–16, 22, 34; Heraclitus, A22–3, frs. 40, 42, 56–7, 104.

拉图都是"作"而不是"述"——亚里士多德的《论诗术》甚至是在教授如何"作"诗的技艺。唯有肃剧诗人是"作"还是"述",不易断言,因为,虽然埃斯库罗斯自称其诗作不过是荷马桌上的面包屑,三位肃剧诗人的差异实在太大。

我们的诗教传统并非由孔子建立,而是循于周制。《周礼》"大师教六诗","以六德为之本,以六律为之音"。宋儒王柏(1197—1274)《鲁斋集》说:

> 周公祖述虞舜,命夔典乐之教,于是诏太师教以六诗。是以诗之为教,最居其先,然其所以为教者,未有训诂传注之可说,不过曰此为风、此为雅颂、此为赋比兴而已,使学者循六义而歌之,玩味其辞意,以涵泳其性情。[1]

孔子的"述而不作"是在礼崩乐坏的政制局面中说的。如今孔子被视为世界性的大哲之一,倘若孔子可称为"哲人",那末,显而易见的是,与古希腊大哲们挑战传统诗教不同,孔子的"述而不作"体现了夫子持守传统诗教的姿态。按清人陆陇其(1630—1692)的理解,

---

[1] 王柏,《鲁斋集》卷三,王云五主编,《丛书集成初编》第2402册,上海:商务印书馆,1936,页55。

孔子这样说有"防异端之意":

> 夫子之时,其实不容更作,但述如夫子,即谓之作,亦无不可;必谓之述者,是其谦处,而防异端之意,亦在其内。[1]

何为"异端"?对礼教来说,哲学就是"异端"。倘若孔子有哲人品性,"述而不作"便无异于隐藏了自己的如此品性,以防泛滥成灾。其实,无须等到离我们更近的清人,元人陈天祥(1230—1316)在《四书辨疑》中已经说过:

> 夫子自谓"述而不作",继之以"信而好古",此"作"字正为异端妄作,非谓圣人之创作也。盖"述"谓明其理之所有,"作"谓创其理之所无。循天人之际、自然之理,以明夫三纲五常、固有之道,若六经之言者,通谓之"述";出天理所有、人伦纲常之外,若杨墨之言者,通谓之"作"。"盖有不知而作之者,我无是也",与此章义同。[2]

---

[1] 陆陇其,《四书讲义困勉录》卷十,《景印文渊阁四库全书》第209册,前揭,页283。
[2] 陈天祥,《四书辨疑》卷四,光洁点校,北京:中国社会科学出版社,2021,页74。

"杨墨之言者,通谓之'作'",倘若如此,在礼崩乐坏的处境中,孔子对哲人起而"创作"不是已经有所预见吗?

话说回来,即便孔子身处的时代礼崩乐坏,毕竟还不是一个民主政制的时代。让我们来对观一下柏拉图笔下的苏格拉底的处境。在《卡尔米德》中,柏拉图记叙了苏格拉底刚从战场上回来就与几个雅典老熟人和新朋友的一场谈话,当时,苏格拉底想要了解一下"今儿哲学会有怎样的状况以及年轻人(τῶν νέων)的状况"(153d4-5)。可见,在苏格拉底身处的民主政制时代,哲学已经进入"市场",尤其对年轻人颇有影响。柏拉图的此"作"不仅对我们理解这里的问题颇有启发,也对理解 ποιεῖν 的含义有启发。

按柏拉图的记叙,苏格拉底与年轻人卡尔米德讨论到"节制"(σωφροσύνη)这一传统美德时,卡尔米德引了荷马的诗句(161a3),然后说,关于何谓"节制",眼下在雅典已经流传着新观点:"节制据说就是做自己的事"(161b5)。言下之意,荷马古诗已经不足为训。苏格拉底马上指出,一定是受新派哲人一类"聪明人"的影响,卡尔米德才会这样子说(161c1)。苏格拉底心里清楚,卡尔米德的说法来自他的老辈子、智术师克里提阿。当时,克里提阿就在现场,卡尔米德故意持克里提阿的观点与苏格拉底对阵,使得克里提阿在一旁觉得自己"简直就像一个诗人面对糟蹋了自己的诗作的演员"（162d2-3），对卡尔米德非常生气。卡尔米德故意败北，为的是抛出克里提阿，让苏格拉底和克里提阿两位老辈子直接对阵。柏拉图在这里用到"诗人与演员"[ποιητής ὑποκριτῇ]，所谓"诗人"显然指民主时代的肃剧诗人。

果然，苏格拉底接下来就与克里提阿交上了火，继续谈论何谓"节制"。让人费解的是，两人的对话却围绕着ποιεῖν的含义展开。苏格拉底问克里提阿，是否同意"所有工匠都制作某种东西"（ποιεῖν τι; 162e8）。克里提阿表示同意，但随后又说，"制作与做事"（τὸ ποιεῖν καὶ τὸ πράττειν）"不是一回事"，进而声称，按赫西俄德的看法，"劳作与制作（τὸ ἐργάζεσθαι καὶ τὸ ποιεῖν）并非一回事"（163b2-3）。在这里，克里提阿看似依傍古诗人赫西俄德，其实，通过他的类似于如今解构主义的拿手好戏——"语词拆析"（περὶ ονομάτων διαιροῦντος）解构了古诗人的言辞：话题本来是具体的美德，克里提阿却玩弄三个语义近似或语义部分重叠的语词（ποιεῖν-πράττειν-ἐργάζεσθαι），借此贬低ποιεῖν。

苏格拉底和柏拉图面临的处境与孔子不同，倒与我们如今的处境相似：语义分析哲学已经取代了传统诗教。在这样的处境中，智术兴盛、"作"家蜂起一点不奇怪。面对这样的局面，倘若要坚持"述而不作"，实在非常困难。柏拉图尝试的是在"作"方面下功夫：模仿诗人荷马的叙事、化用肃剧诗人的形式，形塑出民主政治时代的英雄人物苏格拉底。我们可以注意到，柏拉图笔下的苏格拉底在指责古代诗人时与自然哲人和修昔底德不同，他没有指责赫西俄德和荷马一类诗人编造假故事，而是说他们编的故事并不"美好"（《王制》377d3-e1），似乎编织美好的假故事还是必要的。最为重要的是，柏拉图没有褫夺"诗人"这个名号，而是通过"作"（编织故事）致力于自己成为诗人，让阅读者在诗作构造出来的世界中反观自己的性情。在柏拉图笔下，甚至连苏格拉底本人最终也成了诗人（参见《斐多》的开场和终场）。通过自己的"作"，柏拉图使得"诗"重新获得教化的主导权，成为后民主时代有效抵制智术式哲学教化的中坚。

柏拉图的苏格拉底在《王制》最后说到：

> 我们大概也要许可诗的拥护者——他们自己并非诗人，而是热爱诗的人们（φιλοποιηταὶ）——不用节律的方式（ἄνευ μέτρου）申述理由，说明诗不仅令人愉快，而且有益于种种政制和世人的生活。（《王制》607d6-9）

在《论诗术》中，亚里士多德就体现为一个"热爱诗的人"。他以非韵文的形式申述理由，说明肃剧诗如何不仅令人愉快，而且有益于雅典政制的健康和在其中生活的人们。阐发 ποιητική［诗术］与其词干 ποιεῖν［做］的原始语义关系,可以看作是亚里士多德所申述的理由之一。在《论诗术》第三章结尾处,亚里士多德提到,多里斯人声称,他们是肃剧和谐剧的首创者,亚里士多德援引多利斯人的用词为证:他们把"做"(τὸ ποιεῖν)称为 δρᾶν,雅典人则称为 πράττεν［践行］(1448b1-2)。[1] 亚里士多德用 ποιεῖν［做］的原初含义来揭示荷马叙事诗和肃剧诗的品质,意在突显这两类诗作的伦理含义。叙事诗和戏剧诗有一个共同特征:展示某个人的具体行动［做人］,尽管展示的方式不同。叙事诗通过第三者叙述的方式来展现某个人的做人,戏剧诗则通过演员的表演直接展示某个人的做人。[2] 在这里,亚里士多德利用的是动词 ποιεῖν 的"做"的含义,而非"创作"的含义:无论"做"什么,起初都必须模仿——做人和做事概莫能外。从而,学做好［人］(或好事)还是学做坏［人］(或坏事)便成了基本问题。

《论诗术》的主体是讲肃剧诗,尽管谐剧更明显地体现了诗与纪事的区别(1451b12),肃剧却被视为诗的典范,这是为什么呢?传统的叙事诗摹仿英雄,但在民

---

[1] 比较柏拉图《卡尔米德》中的克里提阿以 ἐργαζεσθαι 贬低 ποιεῖν 和 πράττειν。
[2] 参见戴维斯,《哲学之诗:亚里士多德〈诗学〉解诂》,陈明珠译,北京:华夏出版社,2012。

主时代，英雄不再是人们愿意或能够模仿的对象。民主时代的戏剧诗要么摹仿不那么好的人（比如谐剧，参见1448a18，1449a32），要么摹仿品格含糊的人：虽是好人却有过错，或者有过错但并非坏人（比如肃剧）。亚里士多德推崇肃剧，很有可能是因为，肃剧能够更好地展示民主政治时代中人的德性及其面临的困境。

## 结语

就亚里士多德这部讲稿的现有中译书名而言，崔延强本的译名《论诗》最贴紧原文。这个译名是苗立田先生拟定的，理由是凡希腊语原文标题冠有 peri 者一律译作"论"，以 ka 结尾的书名才译为"学"。[1] 这种译法坚持按"诗"来理解 ποιητική，堪称正解。不足之处在于，《论诗》译法没有注意到原文的省略，漏掉"技艺"。原文的省略是原文的习惯，在任何情况下，中译还是补全为好，因此，恰切的译法当是"论诗术"。何况，"技艺"这个语词在这里非常重要。亚里士多德在《尼各马可伦理学》开篇就说：

---

[1] 参见《亚里士多德全集》卷九，后记，北京：中国人民大学出版社，1994，页689。

> 每种技艺和探究,同样地,人的每种实践和选择,都以某种好为目的。所以有人就说,所有事物都以好为目的——但是应当看到,目的之中也有区别。它有时是实现活动本身,有时是活动以外的产品。(1094a)

亚里士多德以全称语式把"技艺"界定为人的有目的的实践行为——"以某种好为目的"的"做",从而,技艺是人的有所追求的道德"实践能力",这种能力(δύναμις)体现为某种类型的ἐπιστήμη [知识]。如果所有技艺行为都指向某种好的目的,这种行为本身必然包含选择:这样做或做这样而非那样做或做那样,否则,不可能实现追求"某种好"这一目的。亚里士多德接下来举的例子有医术(为了人身的健康)、造船术(为了航行的安稳)、战术(为了战胜敌人)等等。

诗术为了什么"好"?为了城邦的共同生活更好、更高贵。诗术之"术"要实现这一目的,首先得拥有关于人的性情的知识——人的行动有好有坏、有对有错、有正义有不义、有高有低,凡此无不受制于人的性情。于是,诗术必以性情论(《伦理学》)为基础。诗术之"术"旨在教化,教化从属于城邦政制,于是,诗术最终归属于政治术——亚里士多德在《政治学》最后一卷中讨论教育时,诗乐被视为重点:既是培育好城邦民的教育方式，也是城邦民受教育的目标。

反观我们的诗教传统，却无须诗术与性情论（《伦理学》）和政治术（《政治学》）的如此分割和关联。一句"乐者，天地之命，中和之纪，人情之所不能免也"（《礼记·乐记》），言简意赅，三者都涵盖其中。但我们不可忘记，亚里士多德生活在后民主时代；如果我们面临与亚里士多德同样的后民主处境，又当如何就很难说了。不管怎样，如果我们接受把"诗学"改为"创作学"的建议，不仅《论诗术》这部讲稿主要讨论荷马叙事诗和民主时期的肃剧诗的文本事实被抹去，亚里士多德在民主之后的时代解释具有政制作用的"诗"的良苦用心，也随之一并被抹去。

［附注］本文原刊《中山大学学报》2009第5期，收入文集《比较古典学发凡》（复旦大学出版社，2015）时略有扩充。这里的文本调整了文献注释格式，补充了文献，并有少量文字上的修改。